현대 종교철학의 이해

종교에 대한 후기 근대적 접근

현대 종교철학의 이해

2000년 3월 10일 초판 인쇄
2000년 3월 15일 초판 발행

지은이 · 배국원
펴낸이 · 백규서
펴낸곳 · 도서출판 동연
출판등록 · 1992년 6월 12일 제2-1383호
주소 · 서울시 종로구 창신동 668-14 (110-540)
전화 · 3675-2122 / 팩스 · 3675-2124

값 10,000원
ISBN 89-75467-28-X

현대 종교철학의 이해
종교에 대한 후기근대적 접근

버국원 지음

이 책을 올해 미수米壽를 맞이하시는 어머니 방호선 원장님께 드립니다

차 례

머 리 말

21세기를 시작하는 지금 이 시간 각 분야에서는 지나간 100년의 시간과 그 궤적을 정리하려는 움직임이 다각적으로 활발하게 진행되고 있다. 20세기는 무수한 격동과 경이, 혼란과 좌절로 점철된 한 세기였음이 분명하다. '종교'에 관한 연구에 있어서도 20세기에 들어서서 괄목할 만한 변화와 발전, 논란과 변증이 계속 이어져 왔다. 혹시 충분한 시간과 역량이 주어진다면 금세기에 진행된 종교에 관한 논의들을 차분히 정리해 보고 싶은 욕심을 가져 보기도 한다. 이제 20세기가 완전히 저물고 21세기가 시작하는 시간이 된다고 생각하니 부족하기 짝이 없지만 지난 수년간이 주제에 관하여 연구해 왔던 자료들을 한 군데로 모아야겠다는 결심을 하게 되었다. 아직 20세기 전체를 정리할 역량은 없지만 적어도 학생과 선생으로서 지냈던 지난 시간 동안 계속해 왔던 연구만큼은 한 번 정리하고픈 마음에서이다.

이 책의 주제는 최근에 진행되고 있는 종교철학과 종교학의 연구 방향에 대한 고찰을 통해 이 학문들이 현대 상황에 대해 가지는 의미를 조명하는 것이다. 최근 20여 년 동안 종교철학과 종교학에서는 그 어느 때보다도 더 활달한 논의와 급진적인 변화가 진행되어 왔다. 두 학문 모두 탐구의 주제는 '종교'이다. 종교에 대한 철학적 반성을 목표로 하는 종교철학은 종교의 본질을 논의하고, 세계 종교들에 대한 다각적인 성찰을 지향하는 종교학은 여러 종교들에 관한 정보를 축적한다. 즉 종교(Religion)와 종교들(Religionen)에 대한 일종의 학문적 분업이 종교철학과 종교학 사이에 이루어졌다고 할 수 있을 것이다. 최근 두 학문이 이룩한 성과를 한마디로 말한다면 곧 종교철학은 종교를 이해하는 기존 방법에 대한 질적 변화를, 종교학은 여러 종교들의 자료에 대한 양적 변화를 주도하고 있다고 보여진다. 이처럼 종교에 대한 질과 양의 변화로 인해 가장 직접적으로, 즉각적으로 영향을 받게 되는 분야가 곧 신학, 특히 신학적 방법론이라고 생각된다. 그것은 전통적으로 기독교 신학이 언제나 철학과의 대화를 통해 자기 정체성을 모색해 왔으며 이제 새롭게 종교학과의 대화를 통해서 새로운 정체성을 확립하는 단계에 접어들고 있기 때문이다.

따라서 이 책이 목표하는 바는 최근의 종교철학과 종교학에서 진행되고 있는 논의들을 검토하고 나아가 그런 논의들이 신학적 방법론에 미치는 의미를 살펴보는 것이다. 먼저 제1장, 「최근 종교철학의 경향」에서 최근 종교철학에서 진행되어 왔던 논의의 전체적인 윤곽을 잡아보고자 하였다. 이 장은 『종교철학연구』(원광대학교 출판부, 1996)에 수록되었던 「현대영미종교철학의 연구경향과 과제」를 약간 보완한 것이다. 최근 영미 철학의 가장 큰 논제는 무엇보다 '철학의 종말'(End of Philosophy) 논쟁이라고 할 수 있다. 가장 간략한 의미에서 '철학의 종말'은 곧 데카르트로부터 시작된 근대철학의 종말, 특히 인식론의 붕괴를 지칭한다. 마치 성배聖杯를 찾아 나섰던 원탁의 기사들처럼 근대 철학자들은 인식의 고정된 기초를 추구해 왔다. 그러나 아직도 그 확실한 기초를 찾지 못했다는 실망감, 그리고 결코 찾을 수 없을지도 모른다는 절망감, 나아가 그런 기초 따위는 아예 존재하지 않을지도 모른다는 허탈감이 확산되면서 인식론에 대한 규탄은 철학 자체에 대한 탄핵으로 확산되어 왔다. 이른바 '데카르트적 불안'(the Cartesian anxiety)이 이성과 합리성의 수호자로 자처해 왔던 철학자들 사이에 무겁게 드리워져 있는 것이다.

최근의 종교철학자들은 바로 이러한 데카르트적 불안에 대한 반성을 통해 '종교'의 의미를 재정립하려는 노력을 보여주고 있다. 이 장에서는 개혁주의 인식론, 반기초주의, 해체주의, 종교다원주의 등 최근에 활발하게 논의되고 있는 다양한 움직임에 대한 간략한 소개를 통해 최근 종교철학의 흐름을 개관하고 앞으로의 과제를 살펴보고 있다.

제2장, 제3장, 제4장은 현대 종교철학의 중요한 논의들을 구체적으로 소개하는 장들이다. 여기서 중심이 되는 주제는 각각 '신앙' '신념' 및 '교리'이다. 전통적으로 종교와 밀접한 관계를 가지는 이 주제들이 과연 오늘날 어떻게 이해되고 있는지를 대표적 학자들의 저서를 통해 살펴보려는 것이다. 철학자 비트겐슈타인, 종교철학자 플란팅가, 신학자 린드벡을 다루고 있는 이 글들은 모두 『복음과 실천』 제16집, 제17집, 제18집에 차례대로 발표되었던 글들이다. 이들 세 사람은 모두 후기분석철학 상황에서 종교의 새로운 가능성에 대한 모색을 하고 있다는 공통점을 가지고 있다.

먼저 제2장 「교리 없는 신앙」은 철학자 비트겐슈타인의 생애와 초기 사상에 대한 분석을 통해 특정한 교리에 얽매이지 않는 신앙의 가능성을 타진하려는 글이다. 비트겐슈타인이 물론 교회나 종교단체에 참석하는 등의 종교생활을 영위하였던 상식적인 의미의 '종교인'이 아니었다는 것은 분명하다. 그러나 최근 발표되고 있는 문헌들을 살펴보면 비록 종교인은 아니었어도 비트겐슈타인이 종교적 관심만은 평생 잊어버린 적이 없었던 것으로 평가되고 있다. 심지어 논리실증주의적 관점으로 경도된 초기 비트겐슈타인마저도 이러한 종교적인 관점의 시각에서 볼 때만 제대로 이해될 수 있다는 충격적인 주장도 설득력 있게 들리기 시작하였다

홍미로운 사실은 비트겐슈타인에게 '종교'란 증명되거나 검증되어야 하는 명제가 아니라 증거되고 실천되어야 하는 삶의 형태라는 점이다. 그는 교리나 신조 등에 대하여 지독한 반감을 감추려 하지 않았던 반면 성자들의 삶이나 신비가들의 체험에 대해서는 지나칠 정도의 호감을 표시하곤 하였다. 즉 그에게 종교는 그 어떤 진리주장(truth-claim)이 아니라 진한 진리체험(truth-experiencing)이었다. 종교가 실천(praxis)을 저버리고 이론(theoria)에 몰두할 때 종교의 타락이 있다고 그는 본능적으로 반발하였던 것 같다. 비트겐슈타인은 비단 언어뿐 아니라 상징, 제의 등 폭넓은 의미에서의 종교언어가 내포하고 있는 실존적 내면성을 읽음으로써 종교적 삶의 형태를 이해하는데 새로운 철학적 전기를 마련하였다고 평가된다.

제3장 「신념의 논리」는 알빈 플란팅가의 '신념의 기본성'에 관한 고찰을 통해 현대 종교철학에서 논의되는 신념에 관한 논의를 살펴보고 있다. 플란팅가는 현재 영미종교철학자 가운데 가장 중요한 인물의 하나로서 이른바 개혁주의 인식론이라는 학파를 이끌고 있는 철학자이다. 초기의 논리실증주의자들부터 시작하여 현재까지 대부분의 분석철학자들이 종교, 특히 기독교에 대하여 상당히 적대적인 입장을 견지해 왔음이 사실이다. 그러나 플란팅가를 대표로 하는 개혁주의 인식론 진영의 철학자들은 대부분 분석철학 전통에 서 있으면서도 개혁주의적 신앙을 고수하는 사람들이라는 특징을 가진다. 따라서 이들은 흔히 기독교 신앙을 반박하는 주요 무기로 사용되어 왔던 논리분석의 방법을 오히려 개혁신앙의 교리를 옹호하는 데 활용하려고 시도하고 있다. 그 중에서도 플란팅가의 '신념의 기본성' 논쟁은 상당히 독창적인 것으로 기독교 신앙 변증의 새로운 차원을 열었다고 평가되고 있다.

그러나 플란팅가의 변증론이 과연 기독교인의 신앙을 충실히 변호하는지에 대해서는 많은 논란이 이어지고 있다. 가령 고도로 전문적인 상징논리학을 동원한 신 존재 증명이 삶의 의미를 상실한 현대인들에게 얼마나 효과적인 변증력을 발휘할 수 있는지 의문인 것이다. 어떤 의미에서는 개혁주의 인식론이 현대판 스콜라주의(scholasticism)에 해당하지 않을까 하는 우려도 있다. 여하간 우리 나라에는 거의 소개되지 않았다고 생각되어 여기서는 일단 플란팅가를 기본적으로 소개하는 것에 만족하였다.

제4장 「교리의 본질」은 린드벡의 같은 제목의 저서에 대한 분석을 통하여 전통적으로 '교리'를 수호해 왔던 신학자들이 어떻게 새롭게 교리에 대한 개념 정립을 서두르고 있는지를 살펴보고 있다. 최근 10여 년 동안 가장 많이 논의된 신학자 중의 한 사람인 린드벡은 후기분석철학적 논의를 신학적 방법론에 적용하는 대표주자라고 할 수 있다. 그에 따르면 이성의 종말, 합리성의 몰락, 철학의 해체 등의 철학 논쟁이 지시하는 것은 다름아닌 신학의 해방 가능성이다. 즉 지난 수백 년 간 근대철학의 인식론적 굴레에 묶여 왔건 신학이 드디어 자신만의 자율성을 당당히 선포할 수 있는 기회가 찾아왔다는 것이다. 이른바 더 이상 철학자들이나 비평가들을 향하여 '변명이 필요 없는 신학'(Unapologetic Theology)으로서의 후기자유주의 신학 가능성을 린드벡은 역설하고 있다.

그러나 이 말이 곧 기독교의 정통 교리를 옹호할 수 있다는 뜻으로 성급하게 해석되어서는 안 된다고 린드벡은 경고한다. 이성의 종말 논쟁은 철학의 해체뿐만 아니라 전통적 교리의 해체를 요구하기 때문이다. 린드벡에 의하면 신학의 진정한 해방 및 자율성 수립은 다름아닌 '교리의 본질'을 새롭게 해석하는 데 있다. 린드벡은 교리의 새로운 의미를 종교에 대한 이론의 맥락에서 찾고자 한다. 종교란 마치 문화나 언어 같은 것으로 그것들은 인간이 세계를 이해할 수 있는 총체적 준거틀(frame of reference)의 역할을 하는 의미연결체들이다. 종교란 개인적인 경험이라기보다는 집단적인 경험이며 교리는 그런 경험에 대한 내부적인 규제 기능을 가진다는 것이다.

그렇다면 과연 '종교'란 무엇인가? 종교를 탐구대상으로 삼는 학문은 물론 종교학이다. 제5장과 제6장은 종교학에 관한 연구로 최근 종교학에서 논의되는 의제들에 대한 검토를 통하여 '종교'의 의미를 살펴보고자 하였다. 태어난 지 불과 100여 년이 지난 종교학은 수천 년의 역사를 자랑하는 철학이나 신학에 견주어 볼 때 이제 막 걸음마를 하기 시작한 학문이라고 여겨지기도 한다. 그러나 금세기 후반에 들어서 영국과 독일 등 서구 여러 나라와 특히 미국과 캐나다에서 종교학은 놀라운 속도로 성장하였다. 어느 국사학자가 고구려와 백제에 비해 신라가 '후진적 건강성'을 가졌다고 지적한 것처럼 종교학이라는 신생 학문은 특히 북미 대륙이라는 학문적 후발국가에서 이러한 후진적 건강성을 마음껏 발휘할 기회를 부여받았는지도 모른다.

제5장 「종교학과 신학」은 전국 신학대학협의회에서 발표하였던 「신학교육에 있어서의 종교학의 의미」를 조금 보완한 것으로 『한국신학과 신학교육』(대한기독교서회, 1994)에 수록되었던 글이다. 종교학은 지난 2,000년 동안 때로는 상호보완적으로 때로는 상호 배타적인 관계로 복잡하게 연결되어 왔던 신학과 철학의 관계에 새로운 긴장을 조성하고 있다. 흔히 헤브라이즘과 헬레니즘, 복음과 문화, 케뤼그마(kerygma)와 필로소피아(philosophia), 신앙과 이성, 신본주의와 인본주의, 하나님의 도성과 인간의 왕국 등의 이항 대립으로 표현되는 문제의식이 서구 기독교 역사 전체를 관통해 왔음은 주지의 사실이다. 이러한 문제들은 각각 독특한 의미와 내용을 담고 있지만 큰 범주에 놓고 볼 때는 역시 신학과 철학이라는 두 학문적 영역 사이에서 발생한 문제라고 할 수 있을 것이다. 즉 신학과 철학은 서구적 지성이 '종교'에 관하여 씨름해 온 모든 문제를 상징한다고 해도 지나친 말은 아니다. 1,600년 전 아우구스티누스가 고백하였던 말은 아직도 서구인들의 의식 깊은 곳에서 맴돌고 있는

것으로 보인다. "나는 신과 나의 영혼을 알기 원한다. 그밖에는 아무 것도 없는가? 그렇다. 그밖에는 아무 것도 없다."

젊은 아우구스티누스가 고뇌하였던 신과 자아라는 궁극적인 문제를 탐구하기 위한 학문적 소산이었던 신학과 철학에 종교학은 이제 새로운 도전을 던지고 있다. 한마디로 말해 종교학이 말하고자 하는 것은 신과 자아의 문제가 결코 서구인만의 문제의식이 아니었으며 기독교 신학과 서구 철학만이 그 해답을 독점하고 있는 학문도 아니라는 점이다. 종교학은 절대자를 찾는 갈망이 수많은 다른 종교 전통에도 뚜렷하였음을 우리에게 보여준다. 또한 종교학은 참된 자아의 실상을 추구하는 열정이 다른 문화에서도 지극하였음을 분명히 들어내 준다. 즉 종교학이 제공하는 전망은 1) 서구의 전통적 문제의식이 얼마나 세계적인 것이었음에도 불구하고, 2) 그 해답은 얼마나 한정적이었는가 하는 것이다. 이처럼 종교학은 기존의 신학과 철학의 내용이 편협하였음을 폭로하고 새로운 방향을 제시하고자 한다. 그것은 요즘 유행하는 말로 '해체'하고 '건설'하려는 이중적 계기를 뜻한다고 할 수 있다. 이른바 'deconstruction'이라는 현대의 유행어는 흔히 오해되듯 단순한 해체만을 의미하는 것이 아니라(destruction), 또한 건설의 동기를 포함하는 것이다(de-construction). 바로 여기에 종교학이 신학과 철학에 던지는 도전의 의미가 있고 그것은 곧 종교학의 포스트모던적 성격을 지시한다.

종교학은 그 발생 동기부터 '기독교 이후'(After Christianity)라는 지평을 열기 위해 태동한 학문이었음을 분명히 지적할 수 있다. '기독교 이후'에 대한 종교학의 성과는 단적으로 말해 기독교가 종교의 모든 것이 아니라(the religion), 여러 종교들 가운데 '하나의' 종교(a religion)라는 사실을 일깨워 주었다는 데 있다. 그러나 종교학이 '기독교 이후'를 지향한다고 해서 곧 기독교를 지양한다는 뜻으로 오해되면 안될 것이다. 종교학은 반기독교적 내용을 추구하려는 것이 아니고 기독교라는 한정된 잣

대로 세계와 신과 인간을 해석해 왔던 서구적 시각을 지양하자는 학문이
기 때문이다. 즉 헤겔의 '지양止揚'(Aufgehobung)이 간직한 깊은 의미처럼
기독교적 시각을 극복하면서 다시 고양한다는 변증법적 계기를 말하고
자 한다는 것이 더욱 정확할 수 있다. 다시 말해 종교학은 '기독교 이후'
의 반성을 통해 오히려 폭넓고 새로운 지평을 기독교에 선물해 줄 수 있
다고 자신하는 학문인 것이다.

제6장 「종교학의 비교방법론」은 서울대학교 비교문화연구소 주최로
열린 세미나에서 발표한 글로 『비교문화연구』 제2집에 실렸던 것이다.
종교학에서 가장 중요한 '비교'의 방법에 대한 연구를 다루고 있는 이 글
을 통해 종교학의 근본 목적과 시행착오, 그리고 성과와 앞으로의 방향
을 간략하게 제시하고자 하였다. 종교학이 궁극적으로 목표하는 것은 진
정한 '우리'에 대한 지식이다. 종교학에서의 '비교'란 곧 타자를 통해 자
신을 발견하고 나아가 우리 모두의 참 모습을 알려는 방법인 것이다. 신
학적 비교, 진화론적 비교, 역사적 비교, 현상학적 비교, 주제별 비교 등
여러 비교방법론을 통해 종교학자들은 인간의 종교성에 관한 이해를 증
진시켜 왔다. 초기의 신학적 영향, 철학적 영향에 대한 반성을 거쳐 종교
학의 자생적인 방법론을 정립하는 과정을 개관함으로써 타학문과의 연
관 및 차별성을 살펴볼 수 있을 것이다.

마지막으로 제7장 「포스트모더니즘과 그 이후」는 지난 10년간 우리
나라 지성계에서 가장 많이 거론되었던 포스트모더니즘에 관한 논의를
살펴보고 종교 연구에 미치는 의미를 정리하고자 하는 글이다. 사실 포
스트모던이라는 단어는 이제 더 이상 충격적이지도 신선하지도 않다.
1980년 프랑스의 르 몽드 지가 "지금 유럽에 포스트모던이라는 유령이
출몰하고 있다"고 보도할 때만 해도 포스트모던이라는 단어는 서구 지식
인들을 전전긍긍하게 내몰던 정체 불명의 개념이었다. 불과 10년 전 우
리 나라에 이 말이 처음 거론되기 시작하였을 때에도 역시 많은 사람들

은 무슨 유령영화를 대하듯 께름직하면서도 자꾸 더 알고 싶은 호기심을 억제하지 못했다. 고전적 종교학자인 루돌프 오토가 말하듯 이른바 '두려우면서도 황홀한 신비'(mysterium tremendum et fascinans)같은 이중성이 포스트모던이라는 단어를 더욱 유행시키게 하였다고 할 수도 있다. 그러나 이제 포스트모던은 더 이상 유령같이 두렵지도 신비롭지도 않게 되었다. 밝은 조명 아래 정체가 드러난 초라한 유령처럼 포스트모던은 이제 그 정체를 우리에게 드러내고 말았다. 이제 분명해진 것은 포스트모던이 더 이상 소문이 아니라 우리의 현실이라는 사실이다. 포스트모던은 유령이 아니라 실재이그 20세기 마지막 10년을 살아가고 있는 우리들이 숨쉬고 있는 삶의 세계이다.

일찍이 19세기 말에 니체는 "신이 죽었다면 모든 것이 가능하다"라고 광인狂人의 입을 빌어 광포한 예언을 토한 적이 있었다. 흔히 "신은 죽었다"라는 니체의 서명 뒤에 "니체는 죽었다"라고 신이 다시 서명했다고 농담하곤 했다. 그러나 그런 재담은 이제 당분간이나마 삼가지 않으면 안되게 되었다. 니체의 망령은 언제부터인가 다시 살아나서 포스트모더니스트들의 정신적 지주가 되고 있으며, 그의 예언처럼 정말 모든 것이 가능한, 미국인들이 즐겨 말하듯 'Anything goes!'의 세계로 우리는 빨려 들어가고 있는 것같이 느껴진다. 물론 과연 "신이 죽었는가?" 하는 명제는 불분명할 뿐더러 이제는 아무도 관심을 갖지 않는 말이 된 것 같지만 여하튼 현대인들은 신의 둔제와는 무관하게 "모든 것이 가능하다"고 다시금 흥분하기 시작하는 것 같다. 판도라의 상자를 꽁꽁 잠그고 있던 '근대'라는 육중한 자물쇠가 풀린 다음 반이성, 비합리성, 적 그리스도, 육체, 생명, 반체계, 선악의 피안, 초인의 논리 같은 니체의 분신들이 어지럽게 난무하고 있는 것이다.

과연 포스트모더니즘이란 무엇이며 그 이후의 종교연구는 어떻게 진행될 것인가? 이러한 질문을 답하려는 이 장은 『현대와 신학』 제18집에

18

실렸던 「포스트모더니즘의 신학적 반성」과 『복음과 실천』 제15집에 실렸던 「포스트모더니즘 소묘 II」 두 논문에 기초하고 있다. 포스트모더니즘의 정체에 관해서는 이제 어느 정도 확실한 진단을 내릴 수 있게 된 것 같다. 그러나 포스트모더니즘과 종교와의 관계는 너무 복잡하게 얽혀 있어서 아직도 그 분명한 윤곽이 드러나고 있지 않은 상태이다. 예를 들어 이슬람의 근본주의, 서구의 뉴에이지(new age) 운동과 재등장하기 시작한 이방신앙(paganism), 주술(magic)과 정령신앙(animism)을 위시한 여러 토착종교들의 활성화 등은 포스트모더니즘과 어떤 연관을 가지는가? 이처럼 다양한 질문들이 앞으로 종교학자들을 자극하고 그들의 연구와 분석을 기다리고 있다고 생각된다. 여기서는 일단 포스트모더니즘이 기독교에 주는 의미를 분석하려고 하였다. 과연 포스트모더니즘 이후의 기독교는 어디로 가는 것일까? 물론 우리는 미래의 정확한 향방을 알지 못한다. 바로 그렇기 때문에 어쩌면 하나의 우화寓話를 던져보는 것이 지금으로서는 가장 정직한 대답이 될지도 모른다는 마음에서 "이성가理性家의 희비극喜悲劇" 이야기로 마치고자 하였다. 아무쪼록 이 책이 던지는 여러 어리석은 질문[愚問]이 읽는 이들을 통해 훌륭한 통찰과 질책[賢答]으로 되돌아올 수 있기를 바라는 마음이다.

이 책을 출판할 수 있도록 도와주신 많은 분들에게 감사드린다. 특히 격려와 수고를 아끼지 않은 동연출판사 백규서 사장에게 감사드린다. 마지막으로 언제나 힘과 기쁨을 더하여 주는 나의 사랑하는 가족 ― 어머니, 수정, 민경 ― 에게 큰 감사를 드린다.

2000년 1월
잠실에서

제1장
최근 종교철학의 경향

1. 주제 읽기

이 장에서 우리가 얻고자 하는 목표는 현대 영미 종교철학의 연구 동향에 대한 폭넓은 개관과 총론적 이해이다. 현대 영미 종교철학의 첫인상은 놀라울 정도로 다양한 양상이다. 영미 종교철학은 오늘날 그 어느 때보다도 왕성한 다양성을 자랑하고 있다. 그러나 얼핏 보기에는 어지러울 정도로 각양각색의 종교철학적 의견들이 난무하는 것 같지만 분석해 보면 대략 두 가지 원인으로 그 현상을 압축할 수 있다. 첫째는 현대 사회와 특히 영미 사회의 다양한 삶의 구성이고, 둘째는 종교철학이 갖는 내재적 다양성이다. 즉 현대 영미 종교철학의 다원화 현상은 분명한 근거가 있는 다양함으로 혼란스럽기보다는 오히려 자랑스러운 현상인 것이다. 나아가 다양함 그 자체가 철학적 반성의 주제가 되고 있다는 점에서 지난날 여러 의견의 난립과는 확연히 구분되고 있다는 특성도 주목할 필요가 있다. 다시 말해 영미 종교철학은 지금 다원화 문제를 일종의 화두로 삼고 종교철학의 내용 자체에 대한 획기적인 재정립을 모색하는 산고를 겪고 있다고 보여진다. 다양한 여러 견해의 난립이 혼란스러운 현상에 그치는 것이 아니라 실제적인 본질의 의미로 등장하고 있다는 점이 야말로 현대 영미 종교철학의 가장 중요한 특성이자 공헌이다. 이러한 현대 영미 종교철학을 한마디로 규정짓는다면 곧 포스트모더니티의 종교철학이라고 할 수 있을 것이다.

현대 영미 종교철학의 전반적 상황을 조감하는 데 최선의 경제적 방법은 주어진 주제어들인 '현대' '영미' '종교철학'을 하나씩 음미하는 길이다. 간략하게나마 각 단어의 윤곽이 드러남에 따라 전체적 주제의 테두리와 내용도 밝혀질 것이다. 사실 여러 학파들의 의견들을 제대로 소개하는 작업은 지면의 제약과 능력의 한계로 인해 어려운 일이다.[1] 따라서 이 장에서는 현대 영미 종교철학의 다원성의 근거를 확인하고 몇 가지 대표적 주장들을 간단히 소개하는 것에 만족하려 한다.

1) 현대라는 의미의 개념 설정

우리가 처음 답해야 하는 문제는 '현대'의 의미를 보다 분명히 하는 것이다. 그것은 "현상을 정하는 것은 다름아닌 척도이다"라는 포앙카레(Poincare)의 경구처럼 우리들이 다루어야 할 현상이 어떻게 개념 설정되느냐에 따라서 전혀 다르게 이해될 수 있기 때문이다. 흔히 '현대'라는 말은 대체로 다음 세 가지 중 하나를 의미한다. 1) 18세기 말부터 20세기 초(modern), 2) 20세기 후반(contemporary), 3) 최근 일이십 년간(recent) 이상 세 가지 각기 다른 영어 단어로 표현될 수 있다. 따라서 보통 '현대철

---

1) 저명한 철학사가인 존 패스무어는 최근 영미 철학에 대한 그의 저서 첫머리를 한탄으로 시작하고 있다. "혼란스럽고, 잘 개념화되지도 않았고, 목표와 방법이 엄청나게 다양한 현대 영미 철학적 움직임을 과연 어떻게 간략하고 포괄적으로 설명할 수 있을 것인가? 그 답은 곧 불가능하다." John Passmore, *Recent Philosophers* (La Salle: Open Court, 1985), p. 1. 더욱 혼란스럽고 더욱 다양한 현대 영미 종교철학의 경우는 아예 너무나 불가능해 보였는지 패스무어의 저서에 상응하는 책이 아직 시도조차 되지 못하고 있다.

학'이라고 칭하는 현상은 적어도 세 가지 다른 시기의 철학적 움직임을 지칭한다고 세분될 수 있다. 이처럼 어떤 '현대'의 테두리 안에 현대 영미 종교철학을 설정할 것인가에 따라 우리의 논의 대상은 달라질 수밖에 없다. 여기서는 주로 '최근'의 의미로 국한된 '현대'에 초점을 맞추려고 한다.[2]

그렇다면 최근 20년 정도에 과연 우리가 관심을 가질 만한 철학적 변화가 있었는가? 실제로 지난 20여 년 간 영미 철학계에는 굉장히 중요한 논의가 활발하게 진행되어 왔다. 그 다양한 시각과 내용에도 불구하고 이 논제를 한마디로 이름짓는다면 곧 포스트모더니티 논쟁이라고 할 수 있을 것이다. 특별히 종교철학계에는 그 논쟁의 여파가 심각하게 미쳐 최근 영미 종교철학자들의 관심과 발표는 어떤 의미로든 바로 이 문제에 연결되어 있다고 할 수 있을 만큼 포스트모더니티 논쟁이 중요한 과제로 등장하였다.

이른바 포스트모더니즘어 관한 논의는 그 동안 많이 소개되었고 우리 나라에서도 이에 대해 지난 수년간 활발한 의견 교환이 진행되어 왔다. 포스트모더니즘이란 21세기를 여는 사상의 새로운 패러다임이라는 주장에서부터 아예 서구의 부르주아 소비문화가 창조한 허구에 불과하다는 주장까지 극과 극을 달리는 시각들이 지면을 어지럽혀 오고 있다. 그런가 하면 신문이나 방송 등 대중매체를 통해 그 내용과 진위 여부가 논의된다는 사실 바로 그 자체가 포스트모더니즘의 모든 것이 아니냐는 냉소적 반응도 이어진다. 포스트모더니즘이 과연 무엇이냐는 논란은 이처럼 지나치게 소모적이었던 느낌이 없지 않다.[3] 그러나 포스트모더니즘에

---

2) 18～20세기의 '근·현대'(modern) 종교철학은 조감하는 데는 James Collins, *God in Modern Philosophy* (Chicago: Herry Regnery Co., 1959)와 Edward Craig, *The Mind of God and the Works of Man* (Oxford: Clarendon, 1937) 두 권을, 금세기 초반부터 1970년까지의 '현대'(contemporary) 종교철학은 John MacQuarrie, *Twentieth Century Religious Thought: The Frontiers of Philosophy and Theology, 1900～1970* (London: SCM Press, 1971) 참조.

대한 다양한 평가에도 불구하고 주목할 만한 것은 대부분의 필자들이 종전과는 전혀 다른 새로운 형태의 사고가 존재하기 시작하였다는 사실만큼은 부정하지 않는다는 점이다. 결국 포스트모더니즘이라는 용어는 20세기 말 현대 사회를 대변할 수 있는 개념으로 자리잡았다고 볼 수 있을 것이다.[4]

철학계에서도 그 동안 포스트모더니즘 시비에 관계된 논란이 활발하게 진행되어 왔다. 그러나 엄격히 말한다면 철학계의 논쟁은 포스트모더니즘이라기보다는 포스트모더니티 문제라고 구분지을 필요가 있다. 이 두 가지 모두 이른바 '모던'(modern)을 극복, 부정, 지양 혹은 발전적 해체한다는 의미에서 '포스트'(post)라는 접두어를 달고 있다는 공통점을 가지고 있다. 그러나 포스트모더니즘 논의는 주로 문학·건축·미술·무용 분야에서 진행되었고 그 시비의 대상도 멀리는 금세기 초의 모더니즘이거나 가깝게는 50년대의 하이모더니즘(High Modernism)이었다. 반면 철학자들이 문제삼는 대상은 다름아닌 지난 수백 년간의 근대철학 그 자체라는 점을 주목하여야 한다. 즉 데카르트가 "나는 생각한다 고로 존재한다"는 명제로 초석을 놓은 후 부단히 이성의 명증성과 자명성(clear and

---

3) 정정호·강내희 엮음,『포스트모더니즘론』(서울: 도서출판 터, 1989); 김욱동 편저,『포스트모더니즘의 이해』(서울: 문학과 지성사, 1990); 정정호·강내희 엮음,『포스트모더니즘의 쟁점』(서울: 도서출판 터, 1991); Steven Connor, *Postmodernist Culture* (Oxford: Basil Blackwell, 1989); David Harvey, *The Condition of Postmodernity* (Oxford: Basil Blackwell, 1989) 등 참조.

4) 이합 하산(Ihab Hassan)은 그의 유명한 논문,「포스트모더니즘의 개념 정립을 위하여」에서 포스트모더니즘의 인물들로 20세기의 수많은 예술가, 사상가, 비평가, 소설가, 음악가들의 이름을 나열하고 있다(모두 58명!). 이렇게 다양하고 이질적인 이름들 속에서 포스트모더니즘에 대한 어떤 공통분모적 특성을 도출해 낸다는 것은 불가능해 보이기도 한다. 그러나 하산은 포스트모더니즘이란 다름아닌 바로 이러한 이질성과 다양성을 지칭하는 말이라고 역설한다. 이합 하산,「포스트모더니즘의 개념 정립을 위하여」, 김욱동 편저,『포스트모더니즘의 이해』(서울: 문학과 지성사, 1990), 56쪽.

distinct)을 추구해 온 근대철학 전체를 비판하고 부정한다는 엄청난 역사적 무게를 지닌 논쟁이기 때문에 포스트모더니티라는 용어로 차별화시킬 필요가 있는 것이다.5)

포스트모더니티에 관련된 여러 논제 가운데 종교철학에 가장 직접적으로 영향을 미치는 것은 이른바 '철학의 종말'(the end of philosophy) 논쟁이다. 철학이라는 학문 자체의 효용성에 대한 철학자들의 반성은 20세기 철학계에 가장 중요한 사건이라고 평할 수 있다.6) 물론 철학의 몰락을 예고하는 전주곡은 이미 19세기 중반부터 분명히 들리고 있었다. 헤겔 이후 철학자들인 키에르케고르, 니체 등이 오늘날 포스트모던 철학의 선구자로 활발히 재조명되는 이유가 여기에 있다고 할 수 있다.7) 하여간 일찍이 금세기 초부터 철학의 업적과 위상에 대한 시비는 지칠 줄 모르고 계속되어 왔다. 유럽에서는 후설, 하이데거 등으로 이어지는 현상학 전통에서 철학과 유럽의 위기에 대한 예언자적 진단이 활발하게 전개되

---

5) 여러 저자들이 포스트모더니즘과 포스트모더니티를 의도적으로 구별하여 사용하고 있다. 제7장 참조.

6) Kenneth Baynes, James Bohman. and Thomas McCarthy, eds., *After Philosophy: End or Transformation?* (Cambridge: The MIT Press, 1987); Avner Cohne and Marcelo Dascal, eds., *The Institution of Philosophy: A Discipline in Crisis?* (La Salle, Ill.: Open Court, 1989). 이른바 '철학의 위기' 혹은 '철학의 종말'에 관한 많은 책들 중에서 특히 이 두 권은 영미 철학자와 대륙 철학자들의 문제 접근을 함께 소개하고 대화를 시도하고 있어 더욱 눈길을 끈다. 또한 이 두 권 모두 그 제목이 물음표로 끝나고 있는 것을 주목하기 바란다. 마치 오늘날의 서구 철학은 하나의 열린 질문, 공개된 물음표라는 사실을 상기시키는 것 같다. James Ogilvy, ed., *Revisioning Philosophy* (Albany: State University of New York Press, 1992)와 Lawrence E. Cahoone, *The Ends of Philosophy* (Albany: State University of New York Press, 1995) 참조.

7) Daniel T. O'Hara, ed., *Why Nietzsche Now?* (Bloomington: Indiana University Press, 1985), Peter Levine, *Nietzsche and the Modern Crisis of the Humanities* (Albany: State University of New York Press, 1995); Martin J. Matustik & Merald Westphal, eds., *Kierkegaard in Post/Modernity* (Bloomington: Indiana University Press, 1995), Michael Weston, *Kierkegaard & Modern Continental Philosophy* (London: Routledge, 1994), Robert John Scheffler Manning, "Kierkegaard and PostModernity", *Philosophy Today* (Summer 1993) 등 참조.

었다.8) 또한 영국의 케임브리지에서는 철학의 의미와 한계에 대해 깊이
고뇌하던 비트겐슈타인이라는 철학적 천재를 통해 철학의 본질에 대한
획기적인 재해석이 준비되고 있었다.9) 미국 하버드의 논리분석철학의
거장인 콰인은 분석철학의 기본원칙에 대한 의문을 제기하며 철학의 새
로운 기초를 타진하게 된다.10)

80년대부터 영미 철학계에 본격적으로 거론되기 시작한 철학의 종말
논란은 대체로 위의 현상학과 분석철학의 두 가지 계보에서 파생되었다
고 보여진다. 첫째는 후설과 하이데거 이후의 공백을 메우려는 프랑스
사상계의 이른바 '후기구조주의'(post-structuralism) 계열에 포함시킬 수
있는 사상가들인 미셸 푸코, 자크 데리다, 자크 라캉 등에게서 영향받은
학자들이다.11) 둘째는 비트겐슈타인과 콰인이 보인 가능성을 극대화하
려는 영미 철학계의 '후기분석철학'(postanalytic philosophy) 계열로 넬슨
굿맨, 리처드 로티, 힐러리 퍼트남, 토마스 쿤 등의 영향력이 돋보이는
진영이다.12) 영미 철학계와 종교철학계에는 물론 후기분석철학의 논란
이 훨씬 큰 비중을 가지고 있다. 영미의 기준으로 본다면 푸코, 데리다,
라캉 등은 '철학자'라는 전문적인 명칭보다는 '문화사상가' 같은 폭넓은
칭호가 더 어울린다 하겠다. 반기초주의(antifoundationalism), 비트겐슈타

---

8) Edmund Husserl, *The Crisis of European Sciences and Transcendental Phenomenology*, trans. by David Carr (Evanston: Northwestern University Press, 1970); Martin Heidegger, *The End of Philosophy*, trans. by Joan Stambaugh (New York: Harper & Row, 1973).

9) P. M. S. Hacker, *Insight and Illusion: Wittgenstein on Philosophy and the Metaphysics of Experience* (New York: Oxford University Press, 1972); 발터 슐츠, 『철학의 부정: 비트겐슈타인 비판』 안형관·양우석 역 (대구: 이문출판사, 1988).

10) Willard Van Orman Quine, "Two Dogmas of Empiricism," *From a Logical Point of View* (New York: Harper, 1963).

11) Allan Megill, *Prophets of Extremity: Nietzsche, Heidegger, Foucault, Derrida* (Berkeley: University of California Press, 1985).

12) John Rajchman and Cornel West, eds., *Post-analytic Philosophy* (New York: Columbia University Press, 1985).

인적 신앙우선주의(Wittgensteinian fideism), 종교언어의 은유적 의미
(metaphoric theory of religious language), 이야기 이론 및 신학(narrative
theory and theology), 후기자유주의 신학(post-liberal theology) 등 종교철
학적 움직임은 모두 후기분석철학의 문맥 속에 자리매김될 수 있다. 그
러나 푸코나 데리다로부터 영향받은 소장 영미 종교철학자들도 나름대
로 해체신학(deconstruction theology), 과격한 해석학(radical hermeneutics)
등의 급진적인 주장을 활발히 개진하고 있다. 흥미로운 사실은 후기분석
철학의 계열로 분류할 수 있는 종교철학들이 대체적으로 전통적 기독교
신앙의 새로운 변증이라는 우파적인 색채가 강한 반면 후기 구조주의 계
열인 해체신학 등은 기독교를 부정 혹은 아예 무시하는 좌파적 경향이
두드러진다는 점이다. 우리는 대표적으로 반기초주의와 해체신학을 각
각 살펴보려고 한다.

2) 영미의 기질적 소양

이제 우리는 '영미'라는 말의 의미에 천착할 필요가 있다. 지역적으로
영어 사용권의 영국과 미국을 뜻하는 것이 분명한 이 말의 철학적 함축
성은 무엇인가? 사상과 철학은 결국 민족성과 기질의 반영이라는 에머슨
의 통찰이 독일 계통의 대륙 철학과 영미 철학의 차이에서만큼 잘 드러
나는 경우도 없다. 용기를 내어 한마디로 그 차이를 규정하여 본다면 독
일 철학은 종합적, 관념적이고 영미 철학은 분석적, 논리적이다. 거창한
비판의 체계를 설계한 칸트와 웅대한 관념의 체계를 완성한 헤겔이 독일
철학의 대표라면, 지치지 않는 회의론자였던 데이비드 흄과 실용주의와
심리철학의 기초를 세웠던 윌리엄 제임스가 영미 철학의 영웅이 된다.
특별히 20세기는 영미의 분석적 철학 기질이 마음껏 꽃피운 시간이었다.
오스트리아에서 시작된 논리실증주의가 미국과 영국에서 분석철학, 논
리철학, 언어철학 등으로 꽃피울 수 있었던 사실은 2차대전이라는 당시

상황만으로는 설명될 수 없다. 마치 기다리고나 있었다는 듯 영미의 젊은 철학도들이 망명한 '비엔나 학파'(Wien Kreis)를 받아들이고 크게 발전시킬 수 있었던 것은 역시 영미의 기질적 소양이 이에 적합하였기 때문이었다. 일평생 철학에 대한 안이한 정답에 안주하기를 거부하고 대신 끊임없이 질문함으로 철학의 새 지평을 연 비트겐슈타인이 그의 모국보다는 영국과 미국에서 더 막강한 영향력을 발휘하게 된 까닭도 여기에 있다고 하겠다.13)

영미 철학자들의 분석 일변도 기질은 영미 계통의 종교철학을 이해하는 데에도 필수적이다. 가령 신에 관하여 발표되는 논문들의 제목만 몇 개 살펴보더라도 얼마나 이들의 취향이 분석적인지를 알 수 있다. "전능자가 하나 이상 있을 수 있을까?" "왜 신은 더 빨리 세상을 창조하지 않았는가?" "신이 아담을 창조하지 말아야 했을까?" "신도 잊어버릴 수 있는가?" "신이 자신의 마음을 정할 수 있을까?" "신이 자신의 최선을 다해야만 하는가?" 그리고 가장 결정적으로 "신은 자신이 신이라는 사실을 아는가?" "신은 필연적으로 신인가?" 등등이다.14) 물론 모든 영미 종교

---

13) 단언적 명제로 간결하게 구성되었던 초기의 『철학 논고』와는 대조적으로 비트겐슈타인의 후기 저작인 『철학적 탐구』는 처음부터 끝까지 연속된 질문의 형식을 가진 특이한 책이다. 따라서 주석가들은 끊임없이 보이지 않는 '질문자'(Interlocutor)와 저자(Author himself) 사이에 주고받는 질문의 행간을 읽어야 하는 부담을 안고 있다. 도서관 서가를 가득 채운 주석서들을 보면 이 유고작을 남기고 서거한 비트겐슈타인이 열린 질문으로서의 철학함(philosophieren)에 얼마나 성공적이었는가를 역설적으로 짐작할 수 있다. 하버드의 굿맨 교수는 비트겐슈타인의 철학을 "마치 고양이가 쥐를 잡고 노는 듯한 철학"이라고 재미있게 평하고 있다. 비트겐슈타인은 논리, 언어, 철학 가능성 등에 대해 그 누구보다도 진지한 성찰을 수행하였던 철학자이지만 적어도 그의 스타일만큼은 경쾌하고 재빠른 순발력을 자랑하고 있기 때문이다. Nelson Goodman, *Of Mind and Other Matters* (Cambridge: Harvard University Press, 1984), p. 191.

14) T. W. Bartel, "Could there be more than one Almighty?," *Religious Studies*, Vol. 29, no. 4 (December, 1993); Brian Leftow, "Why didn't God create the world sooner?," *Religious Studies*, Vol. 27, no. 2 (June, 1991); Evans Fales, "Should God not have created

철학자가 이러한 유형의 논문만을 발표하는 것은 아니만 전반적으로 말해 문제를 분석적으로 접근한다는 기질은 공감을 얻고 있다.[15]

영미 종교철학의 분석적 성향에 관한 또 다른 좋은 예는 종교철학의 전통적 주제 중의 하나인 신 존재 증명에서 찾아볼 수 있다. 종교철학자란 다름아닌 신 존재 증명을 검토하는 사람이라는 느낌이 들 정도로 영미 종교철학자들은 아직도 지칠 줄 모르고 신 존재에 관한 찬반 논증에

Adam?," *Faith and Philosophy*, Vol. 9, no. 2 (April, 1992); Margaret Paron, "Can God Forget?," *Scottish Journal of Theology*, Vol. 35 (1992); Tomis Kapitan, "Can God make up his mind?," *International Journal of Philosophy of Religion*, Vol. 15 (1984); William Hasker, "Must God do his best?," *International Journal of Philosophy of Religion*, Vol. 16 (1984); Richard Creel, "Can God know that he is God?," *Religious Studies*, Vol. 16, no. 2 (June, 1980); James F. Sennett, "Is God Essentially God?," *Religious Studies*, Vol. 30 (September, 1994); Axel D. Steuer & James W. McClendon, Jr., eds., *Is God God?* (Nashville: Abingdon, 1981).

15) 이와 관련하여 또 한 가지 지적할 것은 영미 철학자들이 대체적으로 철학사에 대한 관심이 저조하다는 점이다. 철학자라고 다 같은 철학자가 아니고 심각하게 '철학'을 하는 사람과 '철학사'를 공부하는 사람들로 나눌 수 있다는 콰인의 말은 이러한 분위기를 잘 대변하고 있다. 그의 자서전을 보면 '흄'이나 '라이프니츠' 등의 철학사 과목을 의무적으로 가르쳐야 했던 것이 얼마나 지겨웠던가 하는 회상이 실려 있다. "흄이 생각했던 것을 알아 내서 학생들에게 알려 주는 일은 진리를 알아 내서 학생들에게 알려 주는 일보다 훨씬 매력 없는 일이었다." 그가 말하는 진리란 물론 콰인 자신이 '철학'하여 발견하는 논리적 진리를 의미한다. W. V. Quire, *The Time of My Life* (Cambridge: MIT Press, 1985), p. 194. 실제로 콰인이 평생 가르쳤던 하버드 철학과에는 아직도 칸트나 헤겔 등 '죽은 철학자'들을 가르칠 전임교수가 한 명도 없는 실정이다.
분석철학자들에 비해 종교철학자들은 철학사에 대한 관심이 더 많은 편이다. 파스칼, 칸트, 헤겔, 키에르케고르 등 근대 사상가는 물론 플라톤, 아리스토텔레스 필론, 플로티노스, 아우구스티누스, 안셀무스, 아퀴나스 등의 종교사상에 관한 단행본들도 계속 출판되고 있다. 영미 종교철학계에서 특히 중요한 역사적 인물들은 조나단 에드워드, 흄, 윌리엄 제임스, 비트겐슈타인 등이다. 그러나 역시 이러한 관심은 '철학사적' 고찰에 그칠 뿐이라는 것이 전체적 분위기이다. Keith E. Yandell, *Hume's "Inexplicable Mystery": His Views on Religion* (Philadelphia: Temple University Press, 1990); William Joseph Gavin, *William James and the Reinstatement of the Vague* (Philadelphia: Temple University Press, 1992) 등 참조.

대단히 열성적이다. 특히 이른바 '존재론적 증명'(the ontological argument)에 관한 관심은 상당히 영미계의 특성을 잘 보여 준다. 잘 알려진 것처럼 수많은 신 증명 시도들이 거의 모두 후험적(a posteriori) 증명 가능성에 기초하고 있는 반면 유독 존재론적 증명은 선험적(a priori) 증명 이라는 특징을 지니고 있다. 신의 임재에 관한 경험과 관찰보다는 '신'이 라는 언어에 대한 논리 분석만으로 신 존재의 자명성을 드러내려는 논증 이기에 영미 종교철학자들에게 더 매력적이지 않은가 짐작되는 것이다. 비트겐슈타인의 미국제자였던 노먼 말콤과 화이트헤드를 따르는 찰스 하트손이 각각 안셀무스의 논증을 부활시킨 이래 존재론적 증명은 종교 철학자들이 자신의 논리학과 분석력을 시험하는 일종의 논리 연습장이 된 느낌이다.[16) 우리 나라에는 잘 알려지지 않고 지나갔지만 50년대, 60

---

16) Norman Malcolm, "Anselm's Ontological Argument," *The Philosophical Review*, Vol. XXIX. no. 1 (January 1960); Charles Hartshorne, *Anselm's Discovery: A Re-examination of the Ontological Argument for God's Existence* (La Salle: Open Court, 1965). 말콤과 하트손의 '발견'은 안셀무스의 숨겨진 제2논증, 곧 신 존재의 필연성(necessity)에 관한 것이다. 위 논문들 및 찬반 의견들은 다음 두 권에 잘 정리되어 있다. Alvin Plantinga, ed., *The Ontological Argument: From St. Anselm to Contemporary Philosophers* (New York: Doubleday, 1965); John H. Hick & Arthur C. McGill, eds., *The Many-Faced Argument: Recent Studies on the Ontological Argument for the Existence of God* (New York: Macmillan, 1967). 존재론적 증명에 관해 최근 발표된 논문들의 보기는 다음과 같다. Patrick Grim, "In Behalf of 'In Behalf of the Fool'," *International Journal of Philosophy of Religion*, Vol. 13 (1982); William Robinson, "The Ontological Argument," *International Journal of Philosophy of Religion*, Vol. 16 (1984); Thomas Morris, *Anselmian Explorations* (Notre Dame: University of Notre Dame Press, 1987); P. J. McGrath, "The Refutation of the Ontological Argument," *The Philosophical Quarterly*, Vol. XL (1990); Richard M. Gale, *On the Nature and Existence of God* (Cambridge: Cambridge University Press, 1991); James F. Sennett, "Universe Indexed Properties and the Fate of the Ontological Argument," *Religious Studies*, Vol. 27, no. 1 (March, 1991); Katherine Rogers, "Anselm on praising a necessarily perfect being," *Philosophy of Religion*, Vol. 34 (1993); William Vallicella, "Has the ontological argument been refuted?," *Religious Studies*, Vol. 29, no. 1 (March, 1993); P. J. McGrath, "Does the ontological argument beg the question?," *Religious Studies*, Vol. 30 (1994); Yuval

년대 영미 종교철학계를 풍미하였던 종교언어와 검증 문제라는 논제 역
시 영미의 분석적 기질을 이해하지 않고서는 파악하기 힘든 현상이었
다.17) 우리가 살펴보려는 개혁주의 인식론(reformed epistemology)이라는
미국의 독특한 종교철학은 바로 이러한 기질의 결정적 산물이라고 할 수
있다.

　이처럼 영미 철학자들에게 있어 분석적 태도는 그 도가 지나쳐 유치
하다 싶을 정도까지 이르더라도 잘못이 아니라 칭찬받을 장점으로 간주
된다(not vice but virtue). 그러나 지나친 분석 중심주의는 영미 철학계에
부담으로 작용하기도 하였다. 영미 철학은 과도한 논변 싸움으로 인해
분석과 비판의 순기능적인 한도를 넘어 그만 분석이 부담이 되는 경지에
이르렀다는 자아비판의 소리가 높아진 바 있다. 후기 분석철학은 바로
이와 같은 비생산적, 역기능적 측면에 식상한 철학자들의 자성에서 기인
한다. 후기분석철학의 선두주자인 리처드 로티는 미국철학회의 소모적
논쟁을 날카롭게 지적하고 있다 : "(분석철학에서) 중요한 것은 공통 문
제나 공통 계보가 아니라 공통 (논쟁) 기술(skill)이라는 것이다…… . '과
학적'이란 곧 '논쟁적'을 의미하게 된 것이다."18) 미국에서 새삼스럽게

Steinitz, "Contradictions are ontological arguments," *Religious Studies*, Vol. 30, no. 4 (Dec. 1994).

17) 국내에서는 황필호 교수가 편역한 『분석철학과 종교』(서울: 종로서적, 1984)가 거의 유일한 소개서였던 것 같다. 이 주제에 관한 결정적인 안내서는 Malcolm L. Diamond & Thomas V. Litzenburg, Jr., eds., *The Logic of God: Theology and Verification* (Indianapolis: The Bobbs-Merrill Co., 1975)이다. 종교언어 문제는 물론 영미 종교철학자들만의 전유물은 아니었다. 그러나 여기서 상술할 수는 없지만 하이데거의 언어는 '존재의 집'(Haus des Sein)이라는 개념에 기초하여 언어의 존재적, 역사적 측면을 강조하였던 에벨링, 융엘 등 독일 신학자들의 접근법과 언어와 사물의 일치라는 검증을 중시하였던 영미 학자들의 태도는 근본적인 차이를 보인다. Gerhard Ebeling, *Introduction to a Theological Theory of Language*, trans. by R. A. Wilson (Philadelphia: Fortress, 1973) & Eberhard Jungel, *God as the Mystery of the World*, trans. by Darrell L. Guder (Grand Rapids: Eerdmans, 1983).

실용주의에 대한 관심이 높아지고 있는 것은 분석철학의 폐단을 극복함
과 동시에 미국적 철학 기질을 활성화시키기 위한 돌파구라고 여겨진
다.19)

3) 종교철학이란 무엇인가

그러나 정말 심각한 문제는 '종교철학'의 테두리를 정하는 일이다. 과
연 '종교철학'이란 무엇인가? 바로 여기에 우리의 진정한 어려움이 있다.
그것은 학문으로서의 종교철학이 영원히 혼란스러운 주제이기 때문이
다. '종교에 대한 철학적 반성'이라고 가장 간단히 정의될 수 있는 종교
철학이지만 실제로 '종교'와 '철학'이라는 두 단어만큼 광범위하게, 각양
각색으로 정의되고 사용되어 온 개념도 찾기 힘들다는 사실을 상기할 필
요가 있다. 이른바 '궁극적 관심'으로서의 종교와 '근원적 물음'으로서의
철학이라는 상식화된 일반적 정의를 염두에 둔다면 종교철학이란 그야
말로 '궁극적 관심에 대한 근원적 질문'으로서 인간 사고작용의 거의 모
든 것을 포함할 만큼 넓은 뜻을 가질 수밖에 없다. 어떤 개념의 정의가
지나치게 포괄적이라면 그 개념이 사실상 효용가치가 없다는 것은 상식
이다. 세상의 모든 것이 검은 색이라고 주장하는 사람이 있다면 그는 편
집병자이거나 색깔이라는 말의 의미를 분별하지 못하는 사람이거나 둘
중의 하나일 것이다. 학문으로서의 종교철학이 갖는 위험부담의 하나는
바로 이처럼 그 개념의 그물을 너무 넓게 펼쳐 모든 것을 포함하려다가

---

18) Richard Rorty, "Philosophy in America Today," *Consequences of Pragmatism* (Minneapolis:
University of Minnesota Press, 1982), p. 220.

19) Cornel West, *The American Evasion of Philosophy: A Geneology of Pragmatism* (Madison:
university of Wisconsin Press, 1989), 특히 Ch.5 참조. David Hall, *Richard Rorty: Prophet
and Poet of the New Pragmatism* (Albany: State University of New York Press, 1994); 김동식,
『로티의 신실용주의』 (서울: 서광사, 1994). Hilary Putnam, *Pragmatism: an Open Question*
(Oxford: Blackwell, 1995).

아무런 학문적 정체성도 가지지 못하게 되는 일이다.

물론 우리는 여기서 종교철학이라는 학문에 대한 정의를 도출하려는 것은 아니다. 다만 주어진 주제를 보다 효율적으로 다루기 위해서 몇 가지 문제점을 짚어 보려는 것뿐이다. 그러기 위해서는 종교철학이라는 근본적 물음보다 종교철학자들이란 누구인가 하는 질문이 훨씬 더 실제적일 수 있다. 과연 누가 현대 영미 종교철학자들인가? 그야 당연히 종교철학과에서 가르치는 학자들이 아니겠느냐는 대답은 지극히 상식적으로 들리지만 내용적으로는 공허하다. 영국과 미국 내 대학에 '종교철학과'가 설치된 곳은 거의 없기 때문이다.[20] 그렇다면 종교철학자는 어디에서 그들의 종교철학을 강의하는가? 가령 몇몇 대학교의 종합 커리큘럼을 잠깐 살펴보는 것만으로도 우리는 종교철학이 당면해야 하는 자아정체성의 위기를 쉽게 감지할 수 있다. 종교철학은 철학과, 신학과, 종교학과 모두에서 강의될 수 있는 과목이다. 그러나 실제로는 그 어떤 과에서도 강의를 개설하지 않고 있는 경우가 더욱 많은 것이 영국과 미국의 현실이다. 대학에서조차 종교철학은 영원한 학문적 미아迷兒처럼 보여지는 것이다.[21] 철학적 신학자라는 이름이 어울리는 폴 틸리히가 자신의 학문적

---

20) 미국의 예를 든다면 작은 규모의 대학들은 보통 '철학과 종교'(Philosophy and Religion) 전공을 두고 두 학문을 폭넓게 가르친다. 규모가 큰 대학의 경우 철학과, 종교학과, 신학과들을 따로 설치하고 있으나 종교철학과를 따로 두고 있는 대학은 별로 없다. 그런 의미에서 우리 나라의 감리교신학대학과 강남대학교에 설치된 '종교철학과'는 상당히 획기적이라고 할 수 있다. 다만 두 대학 모두 종교철학과가 '신학부'에 속해 있다는 사실을 주목할 필요가 있을 것이다.

21) 흥미로운 사실은 미국의 경우 일반대학 소속의 신과대학(Divinity School)들에서는 대체적으로 종교철학 강의가 활발하지 않은 반면 대부분 교파 신학교(Seminary)들에서는 종교철학 과목을 의무적으로 가르친다는 점이다. 물론 교리의 제약상 대부분의 강의 내용은 기독교 신앙에 근거를 둔 '기독교 철학'(Christian Philosophy)인 셈이지만 이들 복음적 신학교들이 자유주의적 신학교들보다 종교철학의 필요성을 더 강조하고 있음은 주목할 만하다. 가이슬러, 뉴포트, 내쉬 등은 복음주의 진영에서는 잘 알려진 종교철학자들로서 종교철학의 여러 문제들을 알기 쉽게 소개하는 많은

운명은 철학과 신학 두 학문의 '경계선 사이'(On the Boundaries)를 끊임 없이 넘나드는 방외인方外人(a marginal scholar) 학자가 되는 것이었다고 술회한 것은 종교철학의 양면성을 잘 대변하고 있다.[22]

이처럼 종교철학이 갖는 개념적 광의성과 학과적 애매성으로 인해 과연 누가 종교철학자인지를 가려 내고 토론하는 일은 어려운 작업이 아닐 수 없다. 영미 신학자, 철학자, 비교종교학자들 모두 넓은 의미에서는 종교철학자들이라고 주장할 수 있으며 또 반대로 자신만이 진정한 종교철학자라고 강변할 수 있기 때문이다. 가령 철학자들은 신학자들의 종교철학을 흔히 교리적이라는 이유로 평가절하하기 마련이다. 그러나 영국의 대표적 종교철학자라고 자타가 공인하는 옥스퍼드 대학의 스윈번은 평생 기독교 교리에 대한 철학적 토대를 제공하기 위해 심각한 철학적 저술들을 발표해 왔다.[23] 반면 신학자들은 철학자들의 종교철학 논의가 논

책들을 저술하였다. Ronald H. Nash, *Faith & Reason: Searching for a Rational Faith* (Grand Rapids: Zondervan, 1988); Norman Geisler & Winfried Corduan, *Philosophy of Religion*, 2nd ed. (Grand Rapids: Baker, 1988); John P. Newport, *Life's Ultimate Questions: A Contemporary Philosophy of Religion* (Dallas: Word, 1989). 유럽에 비해 상대적으로 개신교 보수주의가 왕성한 미국에는 이른바 '기독교 철학'이 그만큼 활발하다. Thomas V. Morris, ed., *Philosophy and the Christian Faith* (Notre Dame: University of Notre Dame Press, 1988); Thomas P. Flint, ed., *Christian Philosophy* (Notre Dame: University of Notre Dame Press, 1990) 등 참조.

22) Paul Tillich, *On the Boundary: An Autobiographical Sketch* (New York: Charles Scribner's Sons, 1966).

23) 일련의 무게 있는 철학적 저서들을 통해 스윈번은 기독교 신앙의 합리성과 철학적 기초를 모색해 왔다. Richard Swinburne, *The Coherence of Theism*, (Oxford: Clarendon, 1977); *Faith and Reason* (Oxford: Clarendon, 1981); *The Evolution of the Soul* (Oxford: Clarendon, 1986) (이 책은 Gifford 강좌임). 1990년부터 스윈번은 구체적으로 삼위일체설, 기독론 등과 같은 정통 기독교 교리에 대한 철학적 변증 작업에 몰두하고 있다. *Responsibility and Atonement* (Oxford: Clarendon, 1990); *Revelation* (Oxford: Clarendon, 1992); *The Christian God* (Oxford: Clarendon, 1994). 스윈번의 저서와 영향력을 알기 위해서는 그에게 봉헌된 Alan G. Padgett, ed., *Reason and the Christian Religion* (Oxford: Clarendon, 1994)을 볼 것.

리성에만 치우친 편파적인 것이라고 매도하는 경향이 짙다. 버트란드 러셀의 『나는 왜 기독교인 아닌가』 등의 작품은 종교 심성을 이해하지 못한 한 철학자의 단상에 지나지 않는다는 평이다.[24) 그러나 우리는 안소니 플루, 카이 닐슨과 같이 공공연하게 무신론을 주장하면서도 심각하게 종교를 분석하여 온 학자를 역시 중요한 현대 종교철학자라고 자리매김할 수밖에 없을 것이다.[25) 그런가 하면 니니안 스마트, 라이몬드 파니카와 같은 종교학자들은 기존의 신학과 철학의 갈등이라는 이분법을 뛰어넘어 전 세계 종교에 대한 철학적 성찰을 수행하는 것이야말로 진정한 종교철학의 미래라고 주장한다.[26) 그러나 미래를 논하기 이전에 아직도 종교철학 현재의 최대 현안은 종교와 과학과의 관계가 아니냐고 반문하는 이안 바버, 아서 피콕 같은 학자들도 우리는 현대의 대표적 종교철학

---

24) Burtland Russell, *Why I am not a Christian* (London: George Allen & Unwin, 1957). 그에 대한 신학자들의 반응을 보기 의해서는 이 책에 실린 저명한 철학사가이자 예수회 신부였던 코플스톤과 러셀이 '신 존재 증명'에 관하여 나눈 BBC방송 대담을 읽어 볼 만하다. John Hick, ed., *The Existence of God* (New York: Macmillan, 1964), pp. 167 – 191에 재수록.

25) Anthony Flew, *God & Philosophy* (New York: Dell, 1966) 이른바 '비트겐슈타인적 신앙우선주의'(Wittgensteinian fideism)이라는 용어를 개발한 닐슨은 흥미로운 인물이다. 그는 무신론적 종교철학자야말로 가장 바람직하게 종교에 대한 비판을 수행할 수 있다고 주장한다. 곧 근대 대학이 주장하는 이른바 '방법론적 무신론'(methodological atheism)의 가장 극단적인 예가 곧 무신론적 종교철학인 셈이다! Kai Nielsen, *Philosophy & Atheism* (Buffalo: Prometheus Books, 1985) & *An Introduction to the Philosophy of Religion* (New York: St. Martin's Press, 1982). 맥키와 마이클 마틴의 경우도 이와 비슷하다. J. L. Mackie, *The Miracle of Theism* (Oxford: Clarendon, 1982) Michael Martin, *Atheism: A Philosophical Justification* (Philadelphia: Temple University Press, 1990).

26) 모두 University of California Santa Barbara의 종교학과 교수였던 스마트와 파니카는 서양 철학, 기독교 신학에 정통하면서 비교종교학을 추구하였다는 공통점을 갖고 있다. Ninian Smart, *Reasons and Faiths: An Investigation of Religious Discourse, Christian and Non-Christian* (London: Routledge & Kegan Paul, 1958) & Raimundo Panikkar, *Myth, Faith and Hermeneutics: Cross-Cultural Studies* (New York: Paulist Press, 1979) 등.

자 반열에 추가하여야 한다.27) 위와 같이 종교철학 내용 자체에 대한 다양한 시각을 고려할 때 현대 영미 종교철학자를 논한다는 것은 어떤 경우에라도 지극히 선별적이고 편파적일 수밖에 없다.

그러나 종교철학이 갖는 본연적 모호함이 더 이상 단점이지 않다는 사실에 주목할 필요가 있다. 모든 것의 경계선이 흐려지고 애매하게 되는 포스트모던 시대에서 종교철학의 학문적 불확실성은 오히려 장점으로 부각된다. 이른바 '학제간學際間'(interdisciplinary) 연구, 즉 여러 학문의 상호보완적 연결이 현재 대학 사회에서 각광받고 있지만 종교철학은 이미 오래 전부터 학제간 연구를 수행해 온 셈이다. 종교철학이란 학문은 그 탄생과 이름부터가 (기독교) 종교와 (서구) 철학이라는 두 학문 사이의 교류에서 비롯된 것이다. 그리고 지난 2,000년 동안 종교철학은 끊임없이 기독교 신학과 서구 철학의 신앙과 이성간의 창조적 긴장 속에서 성장해 왔다.

최근 20여 년 간 영미 종교철학계에는 종교철학의 학제간적 성격에 대한 중요한 변화가 있었다. 그것은 기존의 신학과 철학 이외에 **종교학**이라는 새로운 영역이 종교철학의 배경으로 등장한 것이다. 종교학은 이제 겨우 100년을 넘긴 신생 학문이지만 그 동안 급속한 발달을 거듭하였다. 특별히 제2차 세계대전 이후 미국에서 종교학의 성장은 괄목할 만하다.28) 미국 내 일반 대학에 있던 전통적 신학과들이 거의 종교학과로 간판을 바꿀 만큼 종교학이 자리잡게 되었다. 종교학의 대두와 더불어 기

---

27) Ian G. Barbour, *Religion in an Age of Science*, Vol. 1 (London: SCM Press, 1990) & *Ethics in an Age of Technology*, Vol. 2 (London: SCM Press, 1992). 이 두 권은 1989－1991년 Gifford 강좌임. Arthur Peacocke, *Technology for a Scientific Age: Being and Becoming--Natural, Divine and Human*, enlarged ed. (Minneapolis: Fortress, 1993).

28) Joseph M. Kitagawa, "Humanistic and Theological History of Religions with Special Reference to the North American Scene," *The History of Religion: Understanding Human Experience* (Atlanta: Scholars Press, 1987), pp. 113－132.

존의 '신학'은 종교학이 다루는 여러 종교 중 하나인 기독교 신학 (Christian theology)으로 재정립하게 된다.29) 종교학이 신학에 가져다 준 충격은 종교철학의 내용에도 큰 시사를 준다. 이제 더 이상 종교철학은 신학과 철학의 문제가 아니라 종교학과 철학의 문제로 자리바꿈할 단계에 와 있는 것이다. 종교철학은 어떤 의미에서는 종교학의 한 분야로 정립되는 것이 가장 바람직할지 모른다. 일종의 통합과학으로서의 종교학과 그 한 분야로서의 종교철학의 가능성이 점쳐지고 있다. 지난 2,000년 동안 기독교 신학과 서구 철학과의 창조적 긴장 관계 속에서 성장해 왔던 종교철학이 이제 세계 종교들과 세계 철학과의 변증을 주도하는 학문이 될 가능성이다. 현재 영미 종교철학계에는 이처럼 여러 종교들에 관한 철학적 반성이라는 진정한 의미의 '종교철학'이라는 이름값을 되찾고 새로운 학문적 정체성을 정립할 수 있다는 기대가 점점 높아 가고 있다.

이상 우리는 '현대'의 포스트모더니티 문제, '영미'의 분석적 경향, 그리고 '종교철학'의 본연적 모호함 등을 살펴보았다. 이제 현대 영미 종교철학이라는 주제는 대략 그 윤곽을 드러내 보인다. 근본적으로 분석적 성향이 강한 영미 종교철학은 역시 계속하여, 1) 논리 분석을 위주로 하는 철학 작업에 임하고 있으나, 2) 최근 포스트모더니티의 상황을 맞이하여 발상의 대전환을 시험하고 있으며, 3) 이러한 위기는 종교철학의 정체성을 재정립하는 기회가 되고 있다는 것이다. 이제 우리는 구체적인 개

---

29) 물론 기독교가 과연 '종교'인지 아닌지에 대한 논란을 무시할 수는 없다. 그러나 기독교는 '복음'과 '말씀'이지 '종교'가 아니라고 칼 바르트에 의해 촉발된 이 논쟁은 순전히 '기독교 신학적' 논쟁이지 종교학적 논란의 여지는 없다. 종교학적 입장에서 볼 때 기독교는 엄연한 하나의 '종교'임이 분명하다. 종교학은 여러 종교들을 동일한 기준으로 관찰하여 일반적 진리를 얻고자 하는 학문이고 기독교 신학은 기독교 종교의 의미를 설명하고 그 내면적 진리를 증거하려는 학문이다. 종교학자 요아힘 바하의 말은 신학자들에게 좋은 충고와 위로가 된다. "루비나 에메랄드를 그저 보석이라고 부른다고 덜 빤짝거립니까?" Joachim Wach, *The Comparative Study of Religions* (New York: Columbia University Press, 1958), p. 9.

별 주장들을 살펴보려고 하는데 1)의 대표적 사례로 개혁주의 인식론을, 2)의 사례로 반기초주의와 해체주의를, 3)의 보기로 종교다원주의의 철학을 간단히 소개하고자 한다.

2. 개혁주의 인식론

오늘날 영미 종교철학계의 다양하고 많은 움직임 가운데 뚜렷하게 하나의 학파를 형성하고 있다고 말할 수 있는 것이 바로 개혁주의 인식론 (reformed epistemology)이다. 20세기 영미 종교철학계를 대표할 수 있는 가장 독창적인 학파를 논하려면 전반부에는 과정철학(process philosophy)이고, 후반부에는 개혁주의 인식론이라고 말할 수 있을 것 같다.30) 개혁주의 인식론은 이름 그대로 신교의 칼빈주의 혹은 개혁주의 노선에 입각하여 기독교 신앙에 대한 변증을 시도하려는 움직임이다. 그렇다면 철학이라기보다는 신학이나 호교론이 아니냐는 의심을 받을 만하다. 그러나 개혁주의 인식론 학파의 구성원들은 대부분 직업적 철학자이다. 그들은 개혁주의 신앙관에 공감할 뿐이지 신학자가 되려고 하지 않는다. 이 학파의 거장인 알빈 플란팅가가 좋은 예로 그는 미국 철학회 서부지역 회장까지 역임한 인정받는 철학자이다. 대부분 분석철학적 수업을 충실히 받은 철학자들로 구성된 이 학파의 진정한 독창성은 바로 그 변증 방법

---

30) 물론 20세기 후반부에도 과정철학은 활발히 논의되고 있고 특히 클레어몬트 (Claremont) 대학의 존 콥(John Cobb)의 지도 아래 과정신학(process theology)은 가장 미국적인 현대신학으로 자리잡았다. 콥의 후계자들은 포스트모던 신학의 중요한 대안으로서, 또 미국의 실용주의 및 경험주의와 연결된 '경험신학'의 문맥에서 확대 해석된 과정신학의 가능성을 위해 노력하고 있다. David Ray Griffin, et. al., *Varieties of Postmodern Theology* (Albany: State University of New York Press, 1989); Randolph Crump Miller, ed., *Empirical Theology: A Handbook* (Birmingham: Religious Education Press, 1992).

에 있다. 이들은 뛰어난 논리적 분석에 의거하여 기독교 신앙의 철학적 기초를 변증하려 한다. 어떤 의미로는 현대판 신 스콜라철학이라고 할 만큼 이들의 강점은 논리학을 이용한 논쟁에 있다. 한마디로 영미 철학의 분석적 성향과 미국의 보수적 신교 신앙이 결합되어 나타난 종교철학이라고 할 수 있다.

개혁주의 인식론은 사실 플란팅가 한 사람이 평생 동안 고군분투한 끝에 탄생한 학파라고 해도 과언은 아니다. 그의 주도력 아래 이 학파는 최근 20년 동안 미국 종교철학계의 최대 모임으로 성장하게 되었다. 플란팅가의 철학은 이 학파의 특성을 잘 보여 준다.[31] 우리는 흔히 철학자들에게서 어떤 '사상'을 기대하지만 영미 철학자들은 심각한 사상보다는 명석한 '방법'이야말로 철학자를 철학자답게 만든다고 자부한다. 플란팅가 역시 독특한 철학적 내용보다는 날카로운 논리를 앞세우는 학자이다. 그는 상대방 주장의 허점을 드러내는 논리적 용병술의 귀재로 명성을 얻기 시작하였다. 초기 플란팅가는 주로 무신론적 주장들의 논리적 약점을 폭로하기를 즐겼다. 그 중 대표적인 것이 이른바 거증 책임(burden of proof)을 상대방에게 넘기는 전술이다. 이제껏 신 존재 증명 등은 언제나 유신론자, 신학자들이 증명할 책임을 안고 있다고 생각되었다. 만약 신학자가 신 존재 증명에 실패한다면 곧 신의 존재는 증명되지 않았다는 것이다. 그러나 플란팅가는 무신론자 반대자들도 똑같이 신 부재 증명을 할 책임이 있다고 주장한다. 만약 그들이 신이 없다는 것을 증명하는 데

---

31) 플란팅가는 아직 국내에 거의 알려지지 않았다고 볼 수 있다. Alvin Plantinga & Nicholas Wolterstroff, *Faith and Rationality: Reason and Belief in God* (Notre Dame: University of Notre Dame Press, 1983); Dewey J. Hoitenga, Jr., *Faith and Reason from Plato to Plantinga: An Introduction to Reformed Epistemology* (Albany: State University of New York Press, 1991); James E. Tomberlin, ed., *Alvin Plantinga* (Dordrecht-Holland: D. Reidel Pub., 1985); Linda Zagzebski, ed., *Rational Faith: Catholic Responses to Reformed Epistemology* (Notre Dame: University of Notre Dame Press, 1993) 등 참조.

실패한다면 그 누구도 신이 없다고 단언해서는 안 된다는 것이다. 유신
론자들과 무신론자들은 50 대 50으로 똑같이 거증 책임을 가져야 할 것
이다. 만약 어느 한 쪽도 충분한 증거를 제출할 수 없다면 이 논쟁은 무
승부가 될 수밖에 없다는 주장이다.[32] 오히려 무신론자들이 확실히 자신
의 주장을 입증하지 못하는 한 신학자들의 주장은 정당한 것이라고 그는
강변한다.[33]

다시 말해 플란팅가의 기본 전략은 이른바 '투 쿼큐'(tu quoque) 즉 '너
역시 마찬가지' 논쟁의 전형적인 예라고 할 수 있다. 사돈 남 말하기 혹

32) 이 점에 관해서 무신론적 철학자들은 물론 다른 입장을 보인다. 예를 들어 스크리
번(Michael Scriven)은 유신론, 무신론 논쟁 모두가 실패할 경우라면 무신론을 택하는
것이 '당연하다"고 말한다. 그러나 플란팅가는 대체 "신이 존재한다"라는 명제와
"신이 존재하지 않는다"는 명제 간의 논리적 차이가 무엇인가를 거듭 질문한다.
왜 이 두 명제의 논리적 위상이 틀리게 취급되어야 하는가? "신이 존재하지 않는다"
는 부정적 형식 명제가 "신은 존재한다"라는 긍정적 형식의 명제보다 더 특별한
취급을 받는다면 그것은 "순전히 임의적인 지적인 제국주의"일 뿐이라고 반박하는
것이다. Plantinga, "Reason and Belief in God," in Alvin Plantinga & Nicholas Wolterstroff,
Faith and Rationality: Reason and Belief in God (Notre Dame: University of Notre Dame
Press, 1983), p. 28. 최근에 출판된 신 존재 증명에 관한 흥미로운 저서에서 유신론자
와 무신론자 철학자가 바로 이 거증 문제에 관해 열띤 공방을 펴고 있다. Terry
L. Miethe and Anthony G. N. Flew, *Does God Exist?: A Believer and an Atheist Debate*
(San Francisco: Harper SanFrancisco, 1991). 또 소극적 무신론(negative atheism)과 적극
적 무신론(positive atheism)을 구분하고 있는 Michael Martin, *Atheism: A Philosophical
Justification* (Philadelphia: Temple University Press, 1990) 참조.
33) 우리 나라 형법 제 27조에도 나와 있듯이 피의자는 유죄라는 확실한 판결이 나오기
전까지는 무죄이다. 이러한 재판이나 변호사 등의 법률적인 이미지는 사실 영미
분석철학자들을 이해하는 데 큰 도움이 된다고 생각된다. 리처드 로티도 분석철학
자의 제일 좋은 모델은 다름아닌 '변호사'라고 말하고 있다. Rorty, *Consequences of
Pragmatism*, p. 221. 특히 미국 사회에서 '변호사'가 가지는 이미지와 어울린다는 뜻이
라고 볼 수 있다. 말꼬투리를 잡는 논쟁을 통하여 천하의 죄인도 무죄로 만들 수
있는 변호사일수록 '훌륭하고 유능한' 변호사라고 칭찬받는 것이 미국의 현실이라
고 한다. 미국 분석철학자들의 "머리카락을 쪼개는 듯한"(hairsplitting) 비생산적인
논리 공방이 이런 '유능한' 변호사들을 연상시킨다는 빗댐이다. 플란팅가는 신 존재
를 증명하기 위한 '유능한' 미국 변호사와도 같다.

은 물귀신 작전으로 유신론자뿐만 아니라 무신론자도 신에 관한 한 결정
적 우위를 확보하고 있지 않음을 폭로하려는 방법인 것이다.[34] 그래서
플란팅가는 신학이라는 말에 대응하는 '비신학'(atheology)이라는 말을 만
들어 비신학자들의 거증 책임을 촉구한다.[35] 전기前期 플란팅가가 이처
럼 상대편의 약점을 공략하는 소극적 변증론에 머물렀다면 후기後期 플
란팅가는 소위 '신념의 기본성'(basicality of belief) 주장을 통해 적극적으
로 기독교 신앙의 철학적 정당성을 확보하려 한다. 간단히 말해 그 골자
는 누구나 다 자신의 신념을 가질 권리가 있고 특히 기독교적 신앙은 최
근 인식론의 이론에 비추어 볼 때 극히 정당한 것이라는 주장이다. 신념
의 기본성에 관한 자세한 내용을 여기서는 상술하기는 곤란하고(제3장
참조) 플란팅가의 개혁주의 인식톤이 갖는 철학사적 의의만을 잠시 살펴
보려고 한다.

근대철학의 중심 과제는 인식론인데 영미 철학자들은 인식론 중에서
도 특히 신념의 정당성 문제에 관하여 부단한 논쟁을 벌여 왔다.[36] 데이

---

34) 바트리는 플란팅가와 같은 주장을 'tu quoque'로 규정짓고 그 문제점들을 비판하고
   있다. William Warren Bartley. III, *The Retreat to Commitment*, 2nd ed. (La Salle: Open
   Court, 1984), p. 71 ff. 종교철학사적으로 볼 때 플란팅가의 논쟁은 1950년대에 유명했
   던 '정원사의 비유'에 대한 재해석이라고 할 수 있다. 안소니 플루 등 무신론적 종교철
   학자들은 이 비유가 "보이지 않는 정원사인지는 몰라도 하여간 분명히 있기는 있다"
   는 식으로 신의 존재를 억지로 강변하는 유신론자들을 조롱하는 비유라고 해석해
   왔다. 그러나 사실 이 비유를 처음 만들었던 존 위스덤의 의도는 유신론자나 무신론자
   나 모두 결정적 증거를 가지고 있지 못하다는 점을 강조하기 위함이었다는 해석이다.
   John Wisdom, "Gods," Ronald E. Santoni, ed., *Religious Language and the Problem of Religious
   Language* (Bloomington: Indiana University Press, 1968), pp. 295 - 314에 자수록.
35) Alvin C. Plantinga, *God, Freedom and Evil* (Grand Rapids: Eerdmans, 1974). 그러나
   앞으로 보게 될 것처럼 해체신학자 마크 테일러도 역시 'atheology'라는 용어를 사용
   하고 있으나 그 내용은 전혀 다르다
36) Radu J. Bogdan, ed., *Belief* (Oxford: Clarendon, 1986); Lynne Rudder Baker, *Saving
   Belief: A Critique of Physicalism* (Princeton: Princeton University Press, 1987); William G.
   Lycan, *Judgement and Justification* (Cambridge: Cambridge University Press, 1988); Robert

비드 흄이 "현명한 사람은…… 증거에 비례하여 신념을 지닌다"라고 단언한 이후 증거를 가지지 못한 신앙과 신념은 열등하다는 이른바 '증거주의'(evidentialism)가 영미 철학의 대세를 이루었다. 증거주의는 나아가 '기초주의'(foundationalism)라는 더 세련된 이론으로 발전하게 되었다.

　기초주의란 어떤 신념이 합리적인 신념이 되기 위해서는 기초를 형성하는 확실한 명제들과 연결되지 않으면 안 된다는 주장이다. 증거주의와 기초주의의 영향으로 영미 종교철학자들은 종교적 신념, 특히 기독교 신앙의 철학적 증거와 기초를 진단하는 작업에 열성이었다. 플란팅가의 신념의 기본성 주장은 증거주의와 기초주의 자체가 증거가 없고 기초가 불확실함을 밝혀 근대 이후 계속된 증거주의와 기초주의의 속박으로부터 벗어나려는 노력인 것이다.

　영미 종교철학의 문맥에서 볼 때 개혁주의 인식론은 상당히 흥미로운 발상이다. 초기 논리실증주의자들이 종교적 신념에 관해 극도의 불신감을 피력하였던 것이 불과 반세기 전인데 이제 그 후예들인 개혁주의 인식론자들은 같은 논리학을 사용하여 기독교 신앙의 정당성을 옹호하게 된 것이다. 또한 근대 인식론의 기본 명제에 대한 새로운 인식론적 도전이라는 의미를 지니고 있다. 그러나 개혁주의 인식론은 많은 문제를 안고 있음이 분명하다. 플란팅가의 주장처럼 기독교인들의 신에 대한 신앙이 그 기본적 권리를 보장받을 수 있다면 타종교인들의 신앙 역시 인식적 기본성을 보장받을 수 있다는 말인가? 나아가 귀신, 유령, 풍수지리, 사주팔자에 대한 '신념' 역시 기본성을 요구할 수 있을 터인데 그렇다면 모든 신념은 동일한 정당성을 가지는가? 개혁주의 인식론자들은 이러한

Audi, *Belief, Justification, and Knowledge* (Belmont, Cal.: Wadsworth, 1988); P. Moser, *Knowledge and Evidence* (New York: Cambridge University Press, 1989); Mark Crimmins, *Talk About Belief* (Cambridge: MIT Press, 1992), Alvin Plantinga, *Warrant: the Current Debate* (Oxford: Oxford University Press, 1992); *idem, Warrant & Proper Function* (Oxford: Oxford University Press, 1993) 등이 최근 이 주제에 관하여 발표된 책들이다.

종교다원화 문제에 대해서는 아직까지 침묵하고 있다. 그들의 관심은 어디까지나 기독교 신앙, 그것도 개혁주의적 신앙의 철학적 변증에 국한되어 있을 뿐이다. 그러나 그들의 의도와는 정반대로 '신념의 기본성' 논증은 타종교적 신념의 정당성을 역설하는 데에도 도움을 줄 가능성을 가지고 있다. 결론적으로 개혁주의 인식론은 포스트모던의 시대에 새로 등장한 변증론의 의미를 지닌다. 그들 스스로는 기독교 신앙의 정당성만을 목표로 하고 있지만 결과적으로 볼 때 모든 종교적 신념에 대한 철학적 정지 작업을 해 준 셈이다.

3. 반기초주의와 해체주의

기독교 보수 진영의 개혁주의 인식론은 스스로 원하지 않았는데도 불구하고 포스트모더니티에 대한 종교철학적 반응의 한 가능성을 보여 주었다. 이에 비해 보다 자유주의적 노선에 속한 기독교 종교철학자들은 포스트모더니티의 이슈를 정식으로 문제삼고 신학과 종교철학의 새로운 위상 정립에 고심하고 있다. 자유 진영의 신학자들은 사실 개혁주의 인식론자들의 지원 사격이 도움이 된다고 생각하지 않았고 오히려 신앙의 순수성을 논리적 궤변으로 훼손시킨다는 반응을 보였다. 현대인에게 필요한 진정한 변증론이란 말장난과 논리 싸움에서 이기는 것이 아니라 현대인의 삶의 경험에 가장 적절하고 요긴한 내용을 들려 주는 것이라는 반응이다.[37] 따라서 이들은 현대 상황, 즉 포스트모더니티의 상황을 심

---

37) 가령 하버드 대학의 신학자 고든 카우프만(Gordon Kaufman)은 플란팅가가 제기하는 것 같은 종교철학 논쟁이 왜 신학자들의 관심을 끌 수 없는지를 지적한다. 점차적으로 깊어 가는 종교다원주의 상황, 문화 – 언어적 상대성에 대한 중요함, 그리고 무엇보다도 우리들 주변의 엄청난 고통의 문제 등을 생각한다면 플란팅가와 같은 신념 논쟁은 극히 공허할 수밖에 없다는 비판이다. Gorden Kaufman, "Evidentialism:

각하게 받아들이고 그것에 대응하는 새로운 내용을 담기 위해 노력하고
있다.

그러나 포스트모더니티의 상황을 어떻게 받아들이는가에 따라 그 반
응도 다양할 수밖에 없다. 이미 간략히 언급한 것처럼 포스트모더니티에
대한 종교철학적 반응들에는 반기초주의, 비트겐슈타인적 신앙우선주의,
종교언어의 은유적 의미, 이야기 이론 및 신학, 후기자유주의 신학, 해체
신학, 과격한 해석학 등을 꼽을 수 있다. 이들 가운데 반기초주의와 해체
신학 두 가지 움직임을 간단히 살펴보려고 한다. 이 둘은 모두 포스트모
더니티를 중심 과제로 삼고 있다는 공통점을 가지고 있으나 그 상황에
대한 인식은 전혀 이질적이다. 반기초주의자들이 포스트모더니티야말로
기독교를 위한 새로운 가능성을 제공해 준다고 믿는 반면 해체주의자들
은 포스트모더니티는 곧 기독교의 종말 혹은 포스트 기독교의 가능성을
보여 준다고 주장한다. 마치 헤겔 사후에 포스트헤겔리안들이 좌파와 우
파로 첨예하게 대립했듯이 근대의 죽음을 앞에 두고 지금 영미 종교철학
자들은 어떤 표정을 연출해야 할지 심각한 논란을 펼치고 있는 것이
다.38)

1) 반기초주의

먼저 반기초주의는 보통 antifoundationalism 혹은 nonfoundationalism

A Theologian's Response," *Faith and Philosophy*, Vol. 6, no. 1 (January 1989), pp. 35 – 46.
이에 반해 플란팅가는 카우프만 같은 '초현학적 신학자들'(supersophisticates)이야말
로 현학적인 말장난으로 기독교 신앙을 오염시키고 있다고 답한다. Alvin Plantinga,
"Reason and Belief in God," *Ibid*., p. 71. 플란팅가는 특별히 카우프만의 '진정한 신'(the
real God)과 '가용한 신'(the available God)의 구분 등을 염두에 두고 있다고 보여진다.
Gordon D. Kaufman, *God the Problem* (Cambridge: Harvard University Press, 1972), pp.
82 – 115.

38) Lawrence S. Stepelevich, ed., *The Young Hegelians: An Anthology* (New York: Cambridge
University Press, 1983).

이라고 칭해지는 움직임으로, 이미 하나의 뚜렷한 학파를 형성했다기보다는 아직 일종의 분위기라고 하는 편이 더 정확할지도 모른다. 그러나 포스트모더니티의 전반적 분위기가 반기초주의적이라는 점에 그 중요성이 있다. 즉 넓은 의미에서는 포스트모더니티 철학 전체를 통틀어 반기초주의 철학이라고 명할 수도 있는 셈이다. 종교철학의 반기초주의는 이러한 전체적인 반기초주의 흐름에 영향받은 일군의 학자들이 종교적 신념에 대한 새로운 해석을 시도하는 경향 전반을 지시하는 개념이라고 할 수 있다.

문자 그대로 반기초주의는 기초주의에 반대하여 나타난 주장이다. 그렇다면 기초주의란 과연 무엇인가? 형이상학과 존재론 등 철학의 각 분야마다 나름대로의 기초주의를 말할 수 있지만 우선적으로 기초주의는 인식론의 문제이다. 최근 출판된 인식론 사전에 따르면 기초주의란 "한 개인에 의해 소유된 정당화된 신념(justified belief) 체계의 구조에 관한 견해"로서 인식의 자명하고 확실한 기초를 추구하고 지지하는 주장을 말한다.[39] 물론 고대 그리스 철학 시대부터 철학자들은 확실한 진리를 추구해 왔다. 그러나 인식의 자명성과 확실성을 유독 중요하게 부각시키면서 그 기초가 생각하는 자아(res cogitans)에 있다고 주장하기 시작한 철학자는 데카르트였다. 즉 기초주의는 데카르트의 "나는 생각한다 고로 존재한다"는 명제야말로 모든 다른 명제들의 기초가 된다는 신념에서 비롯되었다고 해도 과언이 아니다.[40] 이후 전개된 근대철학의 역사는 곧 기초주의의 역사로서 근대철학의 최우선 과제는 데카르트의 유지를 따라 모든 인식의 자명하고 확실한 기초를 찾아 내는 일이었다. 인식론이 근대

---

39) William Alston, "Foundationalism," in Jonathan Dancy and Ernest Sosa eds., *A Companion to Epistemology* (Oxford: Blackwell, 1992), p. 144.

40) "기초주의가 데카르트에 의해 만들어졌다기보다는 유행하게 되었다고 말하는 것이 더 정확하다." Tom Rockmore, "Introduction," *Antifoundationalism Old and New*, eds., by Tom Rockmore & Beth J. Singer (Philadelphia: Temple University Press, 1992), p. 7.

철학의 가장 중요한 분야로 등장하게 된 것은 이러한 기초주의의 당연한 결과였다.[41]

  그러나 이제 포스트모던 시대에 이르러 수백 년에 걸친 근대철학의 기초주의 행진은 참담한 실패로 끝나고 말았다는 것이 바로 반기초주의 주장의 핵심이다. '생각하는 자아'의 이성과 합리성이 근대철학의 기초로 군림해 왔으나 포스트모더니스트들은 더 이상 이성과 합리성의 권위를 신뢰하지 않는다. 나아가 더 이상 '생각하는 자아'가 가장 확실한 최후의 보루라고 믿지도 않는다. 이성은 몰락했고 자아는 종말을 고했다.[42] 푸코는 이른바 '지식의 고고학'(archaeology of knowledge)을 통해 사회에서 소외되고 억눌린 자들을 착취하는 도구로 전락한 이성을 고발한다 : "이성은 고문이다."(La torture, c'est la raison)[43] 리처드 로티는 근대 인식론의 파산을 선언한다. 멀게는 이데아 이론으로 유명한 플라톤으로부터 가깝게는 절대정신을 주장한 헤겔에 이르기까지 철학자들은 언제나 자신들이야말로 참된 '인식'(episteme)을 달성한 인식적 엘리트이며 인식론(epistemology)이야말로 철학이 가장 자랑할 만한 분야라고 자부해 왔다. 그러나 로티는 사물의 참된 모습을 비추는 인식의 거울로서의 철학이 지닌 허구성을 그의 문제작 『철학과 자연의 거울』에서 폭로한다. 객관적 인식이란 결국 주관적 해석의 환상에 지나지 않을 뿐이기 때문에 인식론의 몰락이 남긴 텅 빈 공간은 이제 해석학으로 채워질 것이라고 주장한다.[44]

---

41) Robert C. Solomon, *Continental Philosophy Since 1750: The Rise and Fall of the Self* (Oxford: Oxford University Press, 1988), p. 6.
42) 모든 현대 철학자들이 인식의 주체였던 주관적 자아에 대해 아직 완전히 사망선고를 내리는 데 동의하지는 않더라도 달마이어의 유명한 표현처럼 '주관성의 황혼'에 접어들었음을 부정하는 사람은 없는 것 같다. Fred R. Dallmayr, *Twilight of Subjectivity: Contributions to a Post-Individualist Theory of Politics* (Amherst: University of Massachusetts Press, 1981).
43) 송두율, 『현대와 사상』 (서울: 한길사, 1990), 162쪽 재인용.

반기초주의 문제는 이처럼 이성과 합리성의 몰락 혹은 철학의 종말 논쟁이라는 엄청난 사건과 긴밀히 연결되어 있다. 그러나 우리 관심의 초점은 구체적으로 반기초주의가 종교철학에 주는 의미이다.[45] 많은 종교철학자, 신학자들은 기초주의의 종언이 신학과 종교철학에 새로운 출발의 가능성을 시사한다고 흥분한다. 포스트모더니티는 이름 그대로 위기 즉 위험한 기회를 제공한다는 것이다. 그래서인지 철학자들보다도 오히려 종교철학자들이 반기초주의 인식론의 역사적 의의에 관해 좋은 글들을 더 많이 발표하고 있는 느낌이다.[46] 그 역사적 중요성이란 곧 근대 수백년 동안 계속되었던 종교에 대한 편견을 바로잡을 수 있는 기회를 말한다. 계몽주의 이후로 철학자들은 이성의 원칙을 앞세워서 종교와 신학이라는 영역에 대하여 끊임없이 비판적이고 부정적인 판단을 내려 왔다. 때문에 신학자들은 지난 몇 세기 동안 철학자들의 비판으로부터 신앙을 보호하고 변명하는 소극적 자세로 일관하여 온 것이 사실이었다. 혹시라도 철학적 비판을 아예 무시하거나 정면으로 대결하게 되면 전근

---

44) Richard Rorty, *Philosophy and the Mirror of Nature* (Princeton: Princeton University Press, 1979), pp. 315–6.

45) 그러나 물론 합리성을 매도하기보다 계몽주의가 남긴 이 '미완성 계획'을 수호하고 완성시켜야 한다는 하버마스와 칼 오토 아펠의 의견을 따르는 현대 영미 종교철학자들도 있다. Paul Lakeland, *Theology and Critical Theory* (Nashville: Abingdon, 1990); Don S. Browing & Francis Schussler Fiorenza, eds., *Habermas, Modernity, and Public Theology* (New York: Crossroad, 1992) 등. Axel Honneth & Thomas McCarthy, eds., *Philosophical Interventions in the Unfinished Project of Enlightenment* (Cambridge: MIT Press, 1992) 참조.

46) 프린스턴의 제프리 스타우트, 하버드의 코넬 웨스트, 케임브리지의 존 밀뱅크 등의 저서 참조. Jeffrey Stout, *The Flight from Authority: Religion, Morality and the Quest for Autonomy* (Notre Dame: University of Notre Dame Press, 1981); Cornel West, *The American Evasion of Philosophy: A Geneology of Pragmatism* (Madison: University of Wisconsin Press, 1989); John Milbank, *Theology and Social Theory: Beyond Secular Reason* (Oxford: Blackwell, 1990). 이 주제에 관한 좋은 요약은 다음 두 권에서 볼 수 있다. William C. Placher, *Unapologetic Theology: A Christian Voice in a Pluralistic Conversation* (Louisville: Westerminster/ John Knox Press, 1989); John E. Thiel, *Nonfoundationalism* (Minneapolis: Fortress, 1994).

대적, 시대착오적, 보수주의적, 분리주의적 신학자라는 비난을 감수해야
만 했다. 『이성의 한계 내에서의 종교』라는 칸트의 저서는 근대에서 신
학이 움직일 수 있었던 공간이 얼마나 숨막히는 것이었는지를 여실히 말
해 준다. 신학이 하나의 정식 '학문'(theology as a discipline)으로 인정받기
위해서는 철저히 '이성'이 그어주는 경계선 안에 거하는 것으로 만족하
지 않을 수 없었던 것이다. 그러나 포스트모더니티와 철학의 종말 논제
는 이러한 상황이 역전될 수 있는 가능성을 강하게 시사하여 준다. 철학
과 이성의 몰락이 사실이라면 그것은 신학이 드디어 근대 수세기에 걸친
학문적 '바빌론 노수'에서 놓여날 수 있음을 의미하는 것이다. 플래처의
책 제목이 웅변하듯 이제 신학은 더 이상 '변명이 필요 없는 신
학'(Unapologetic Theology)이 되어야 한다는 것이다.[47]

영미 종교철학자들은 반기초주의의 의미를 주로 종교적 신념에 관한
연구에 적용하기 시작하였다. 전통적으로 종교적 신념의 정당성(justifica-
tion of religious belief) 문제는 신 존재 증명과 더불어 영미 종교철학의
주요 관심사항이었다. 개혁주의 인식론자들을 제외하고도 많은 종교철
학자들이 바로 이 종교적 인식론(religious epistemology)에 관해 끊임없이
논란을 거듭하고 있다.[48] 그런데 반기초주의자들은 이제 더 이상 종교적

---

47) William C. Placher, *Unapologetic Theology: A Christian Voice in a Pluralistic Conversation*
(Louisville: Westerminster / John Knox Press, 1989).

48) 이 문제에 관해 비교적 최근에 출간된 저서들만 골라서 소개하는 것만으로도 '종교
적 인식론'이 얼마나 뜨거운 이슈인지를 짐작할 수 있을 것이다. Richard Swinburne,
The Coherence of Theism (Oxford: Clarendon, 1977); Basil Mitchell, *The Justification of Religious
Belief* (New York: Oxford University Press, 1981); Frederick Crossan, ed. *The Anatomy
of Religious Belief* (Notre Dame: University of Notre Dame Press, 1981); J. Kellenberger,
The Cognitivity of Religion (Berkeley: University of California Press, 1985); Leroy S. Rouner,
ed. *Knowing Religiously* (Notre Dame: University of Notre Dame Press, 1985); Robert Audi
& William J. Wainwright, eds., *Rationality, Religious Belief, & Moral Commitment* (Ithaca:
Cornell University Press, 1986); George I. Mavrodes, *Revelation in Religious Belief*
(Philadelphia: Temple University Press, 1988); Wentzel van Huyssteen, *Theology and the*

신념의 정당성 문제에 집착할 필요가 없음을 주장한다. 개인의 종교적 신념이 어떻게 정당화될 수 있느냐는 문제는 인식의 최종 근거가 '생각하는 자아'에 있다던 근대철학적 사고에서 비롯된 문제의식이었을 뿐이다. 오히려 중요한 것은 인식의 개인적 기초가 아니라 그 사회적 기초이다. 곧 공동체의 인식론적 기능이 중요시되기 시작하는 것이다. 비트겐슈타인의 '언어놀이'(language game), 콰인의 '의미통전론'(meaning holism), 윌프레드 셀라의 '소여성의 신화'(myth of the given), 클리포드 기어츠의 문화 이론 등 여러 다양한 이론들이 공동으로 강조하는 것이 바로 우리들 인식의 사회적 성격이다. 따라서 종교적 신념의 경우에도 예전처럼 신념의 검증 가능성과 근거 여부를 따지기보다 그것의 문화적 문맥, 공동체적 중요성, 사회적 효용성 등이 더욱 문제시되는 것이다. 윤리학자 매킨타이어가 이성이란 결국 '누구의 이성'(whose rationality?)이냐를 문제삼아야 한다고 하면서 윤리의 공동체(communitas)적 성격을 재삼 강조하는 것, 사회학자 로버트 벨러 등이 미국의 고질적 개인주의에 대한 반성을 시도하는 것, 종교철학자 맥클렌던이 종교언어의 언어 — 행위(speech-acts)적 사회적 검증성을 역설하는 것, 등등은 모두 반기초주의 종교철학의 다양한 면모를 보여 준다.[49] 나아가 린드벡이 교리의 본질을

Justification of Faith (Grand Rapids: Eerdmans, 1989); William P. Alston, Perceiving God: the Epistemology of Religious Experience (Ithaca: Cornell University Press, 1991) R. Douglas Geivett & Brendan Sweetman, eds., Contemporary Perspectives on Religious Epistemology (New York: Oxford University Press, 1992); Keith E. Yandell, The Epistemology of Religious Experience (Cambridge: Cambridge University Press, 1993); C. Stephen Evans & Merold Westphal, eds., Christian Perspectives on Religious Knowledge (Grand Rapids: Eerdmans, 1993); Elizabeth S. Radcliff & Carol J. White, eds., Faith in Theory and Practice: Essays on Justifying Religious Belief (Chicago: Open Court, 1993); Pascal Boyer, ed., Cognitive Aspects of Religious Symbolism (Cambridge: Cambridge University Press, 1993); Frank T. Birtel, ed., Reasoned Faith: Essays on the Interplay of Faith and Reason (New York: Crossroad, 1993).

49) Alasdair MacIntyre, Whose Justice? Which Rationality? (Notre Dame: University of Notre Dame Press, 1988); Robert N. Bellah, et. al., Habits of the Heart: Individualism and

문화적 — 언어적 본질이라고 역설하고 한스 프라이가 성서 이야기(narra-tives)의 의미를 기독교인들 삶의 세계를 형성하는 도구로 강조하는 것, 또 리케르의 은유와 이야기 이론(metaphoric and narrative theories) 등도 넓은 의미로 반기초주의적 정신의 표출이 된다고 할 수 있다.50)

2) 해체신학

개혁주의 인식론이나 반기초주의가 기독교 신앙과 종교적 신념에 대한 변증의 성격을 가졌다면 해체신학(deconstruction theology)은 강력한 기독교 이후(After Christianity)의 성격을 가진 운동이다. 사실 신의 죽음을 노래하는 해체신학은 '신학'이라고 부르기에는 너무나 이질적이고 너무나 과격한 주장이다. 그렇다고 종교철학이나 철학이라고 부르기에도

Commitment in American Life (Berkeley: University of California Press, 1985); James W. McClendon, Jr. & James M. Smith, Convictions: Defusing Religious Relativism, rev. ed. (Valley forge: Trinity, 1994); Stanley Hauerwas, Nancey Murphy, Mark Nation, eds., Theology Without Foundations: Religious Practice and the Future of Theological Truth (Nashville: Abingdon, 1994). 비트겐슈타인적 신앙우선주의의 대표인 필립스의 최근 연구도 이러한 방향으로 나아가고 있다. D. Z. Phillips, Faith After Foundationalism (London: Routledge, 1988). Yong Huang, "Foundation of Religious Beliefs after Foundationalism: Wittgenstein between Nielsen and Philips," Religious Studies, Vol. 31, no. 2 (June 1995).

50) 린드벡과 프라이는 모두 예일 대학의 신학교수로 이른바 '예일 학파'의 주인공들이다. George Lindbeck, The Nature of Doctrine: Religion and Theology in a Postliberal Age (Philadelphia: Westminster, 1984); Hans W. Frei, Theology & Narrative: Selected Essays, eds. by George Hunsinger & William C. Placher (New York: Oxford University Press, 1993). 프랑스 철학자이면서 시카고 신학대학에서 오랫동안 가르쳤던 폴 리케르는 중요한 종교철학자이다. 현상학, 해석학, 상징론, 은유 이론, 이야기 이론 등 다양한 주제에 관하여 끊임없이 발표하여 온 리케르는 그 자신의 말처럼 사상적 '긴 우회의 길'(long detour)을 거친 그의 일생을 통해 현대 종교철학의 모든 변화를 한 몸에 보여주는 인물이다. 최근 그의 종교철학 소논문들을 모은 책이 발간되었다. Paul Ricoeur, Figuring the Sacred: Religion, Narrative and Imagination (Minneapolis: Fortress, 1995). 종교언어의 은유적 의미에 관한 최근 연구를 위해서는 Janet Martin Soskice, Metaphor and Religious Language (Oxford: Clarendon Press, 1985); Mary Gerhart & Allan Russell, Metaphoric Process (Fort Worth: Texas Christian University Press, 1984) 참조.

적합하지 않은 것은 이들이 궁극적으로는 신神뿐만 아니라 자아, 존재, 철학 등 거의 모든 기존의 개념들을 해체하고 부정하기 때문이다. 해체 신학자들은 존재하는 모든 사상과 개념들에 대해 분노하는 이단아들이다. 그것은 그들이 '존재'를 '사고'하게 만드는 '개념'의 '차별성'에 대해 들끓는 분노로 차 있기 때문이다. 또한 그들은 자신들의 몸짓을 허무주의나 회의주의로 간주하는 시선에 대해서도 경멸을 감추지 않는다. 이미 존재-현존(onto-presence)을 우위로 삼는 차별적 사고에 오염된 시각으로는 결코 자신들의 순수한 해체 몸부림을 이해할 수 없다는 것이다. 마치 불교 선사들이 공空의 의미 자체를 공하게 비워야 할 것[空亦復空]으로 설파하듯 해체신학자들은 자신들의 해체 자체가 해체되어야 함을 역시 강조한다. 아니 강조하고 난 후 다시 해체하여야 함을 다시 강조하며 해체한다.

과연 해체신학자들을 그렇게 분노하게 만드는 개념의 차별성이란 무엇인가? 그것은 한마디로 서구의 고질적인 이원론을 지칭한다. 이들은 플라톤 이후로부터 내려온 서구 사상사 전체를 차별의 역사로 규정하고 우리들 사고에 깊이 뿌리박힌 이원론적 구분의 관습을 근절시켜야 한다고 주장하는 것이다. 성과 속, 영원과 순간, 존재와 비존재, 현존과 부재, 질서와 혼돈, 의미와 모순, 빛과 어두움, 선과 악, 영적인 것과 육적인 것, 중심과 변두리, 의미와 무의미 등 이원론적 구분은 너무나 만연해 있어 당연한 사실로 받아들여지고 있다. 그러나 언제나 그 중 하나가 다른 하나보다 우위를 차지하고 그 위에 군림하고 그것을 멸시한다는 점에서 서양의 이원론은 단순한 구분이 아닌 차별이며 가치의 폭행인 것이다. 모든 이원론의 근원은, 혹은 절정은 물론 절대자라는 개념이다. 특히 기독교의 신은 창조주로서 피조물 위에 영원히 군림하는 개념이다. 키에르케고르의 유명한 구절처럼 "하나님은 하늘에 계시고 인간은 땅 위에 있다"는 명제야말로 서구 이원론의 금자탑이다. 해체신학자들의 임무는 이 금자탑을 바벨탑처럼 공사 중지시키고 해체하는 데 있다. "자, 우리가 올라가서 신들의 언어를 혼잡케 하여 그들이 서로 알아듣지 못하게 하자 하고는 해체신학자들이 신학자들을 온 지면에 흩은고로 그들이 차별의 성쌓기를 그쳤더라. 그러므로 그 이름을 바벨이라 하니 이는 해체신학자들이 신에 대한 모든 언어를 온 지면에 흩었음이라." 한마디로 말해 해체신학은 오늘날 영미 종교철학의 큰 스캔들이 아닐 수 없다.

해체신학자들이 무엇을 말하고자 하는가를 알기란 결코 쉽지 않다. 그러나 그들이 어디서 왔는지를 알기란 그다지 어렵지 않다. 해체신학자들의 정신적 지주는 프랑스의 해체주의 사상가인 자크 데리다이다. 성경을 위시하여 모든 텍스트의 권위를 가차없이 분해하는 해체신학자들이지만 난해하기로 악명 높은 데리다의 『그라마톨로지』(*Grammatology*)만큼은 새로운 경전처럼 떠받든다.[51] 나아가 해체신학자들의 명예고문이 있다면 그는 60년대 사신신학死神神學(Death of God Theology)의 기수로 역시 악명이 높던 토마스 알타이저이다. 60년대가 지나면서 신이 죽었다던 알타이저의 신학이야말로 죽고 말았다고 수군거렸는데 80년대에 들어서면서 그는 해체신학의 깃발 아래 성난 젊은 학자들을 모아 멋있게 부활한 셈이다. 해체신학의 탄생 헌장이 된 책의 서문에서 라쉬케는 다음과 같이 선언한다. "어떤 낯선 의제라기보다는 20세기 신학의 내부적인 운동으로 생각되어야 하는 해체는 결론적으로 신의 죽음을 문자로 쓴 것이며, '살'[肉]이 '말씀'을 포섭, 대신하는 것이고, 내면적 임재의 대홍수이다."[52]

---

51) Jacques Derrida, *Of Grammatology*, trans. by Gayatri Chakravorty Spivak (Baltimore: Johns Hopkins University Press, 1974).

52) Carl A. Raschke, "The Deconstruction of God", in Thomas J. J. Altizer, et. al. *Deconstruction & Theology* (New York: Crossroad, 1982), p. 3. 그러나 사신신학이나 해체신학이 곧 '무신론'이라고 말할 수는 없다. 이들은 '초월적 기의記意'(the transcendental signified)로서의 '신'이 죽었음을 주장하지 그 신이 없음을 말하는 것이 아니기 때문

해체신학자들이 무엇을 말하고자 하는지(what) 분명치 않다면 대신 어떻게 말하는가는(how) 누구에게나 분명하다. 데리다의 탁월한 조어력造語力을 흠모하는 그들의 주무기는 화려한 수사학(rhetoric)과 현란한 말장난(pun)이다. "신이란 모든 곳에 존재하는 중심을 이름함인데, 그 모든 곳은 단지 자신만이 존재하는 아무 데도 없는 곳에 있음으로서만 모든 곳에 존재하며, 따라서 의식과 언설의 부재 내지는 침묵 안에서 아무 곳에도 없는 것이다"라는 알타이저의 말이 무엇을 뜻함인지 그 자신도 잘 모를지 몰라도 그 수사학적 충격만은 누구도 부정하지 못할 만큼 강렬한 것이다.[53] 실상 해체주의자들의 수사학은 나름대로 근거 있는 수사학이다. 데리다는 이미 차연差延(differance), 산종散種(dissemination), 흔적痕迹(trace) 등의 생경한 용어들을 통해 언어란 스스로의 의미를 구별짓고 미루며 그 뜻을 널리 뿌리고 의미의 발자취를 길게 남기는 생명체임을 역설하였다.[54] 그렇다면 수사학이야말로 언어의 자생력을 실증하여 주는 가장 좋은 본보기가 될 수밖에 없을 것이다. 모든 확실한 것이 무너진 포스트모던 시대에 신의 임재는 바로 이 언어와 수사학의 강력한 힘에 의존할 수밖에 없다. "오로지 기독교 신의 죽음의 여파로서만 신의 무소부재함이 압도적으로 명확해진다."[55]

이다. 오히려 신의 의미를 극복하고자 하는 이들에게 있어 신의 존재는 역설적으로 너무나 충만하게 느껴질 수밖에 없다. 케빈 하트에 따르면 해체신학의 주공격 대상은 유신론(theism)의 '신'(theos)이 아니라 바로 '론'(ism)이다. Kevin Hart, *The Trespass of the Sign: Deconstruction, Theology, and Philosophy* (Cambridge: Cambridge University Press, 1989), p. 42.

53) Thomas J. J. Altizer, "History as Apocalypse," in *Deconstruction & Theology* (New York: Crossroad, 1982), p. 155.

54) 데리다의 해체철학에 대한 입문서로는 김형효 교수의 『데리다의 해체철학』(서울: 민음사, 1993)이 훌륭하다.

55) Altizer, *Ibid.*, p. 157. 알타이저의 최근 저서 참조. *History as Apocalypse* (Albany: State University of New York Press, 1985), *The Genesis of God: A Theological Genealogy* (Louisville: Westminster / John Knox, 1993).

　해체신학을 제대로 '설명'한다는 것은 어려운 정도가 아니라 아예 불
가능한지도 모른다. 다시 한 번 선방禪房의 말을 빌린다면 그야말로 설명
을 하면 할수록 착오만 생기는[開口錯] 우를 범할지 모른다. 해체신학을
이해하려 하기보다는 오히려 느끼려고 노력하는 편이 훨씬 바람직할 것
같기도 하다. 해체신학자들 가운데 특별히 강한 느낌을 전달해 줄 수 있
는 인물은 윌리엄스 대학의 마크 테일러이다. 왕성한 저작 활동을 통해
그는 해체의 종교적 의미를 가장 잘 표현하고 있다. 그의 대표작인 『오
류 범하기』는 놀랄 만큼 '체계적'인 체계 해체 작업이다.[56] 그는 '포스트
모던 반신학'(a/theology)이라는 부제를 가진 이 책에서 신의 죽음, 자아
의 증발, 역사의 종말, 도서(Book)의 종결 등을 논파해 나간다. 그 결과로
등장하게 되는 포스트모던 반신학은 알 수 없는 신에 대한 인간들의 생
각을 계속 적어 나가고, 끊임없이 변하는 자아의 흔적들을 표시해 나가
며, 역사 속에서 찾아지지 않는 섭리를 찾아 헤매며, 성서를 이해하기보
다 오해해 나가기를 두려워하지 않는 『오류 범하기』의 신학이 된다. 테
일러는 해체신학자들 가운데 가장 독창적이고 가장 광범위한 영향력을
가진 소장학자로 이미 철학뿐만 아니라 미술·사진·음악 등 문화 전
반에 대한 대담한 해체 작업을 시도하면서 포스트모던 문화에 숨겨진 신
학적 해체의 흔적을 읽는 데 성공하고 있다고 보여진다. 신학과 문화의
긴밀한 상관관계를 역설하였던 폴 틸리히 이후에 문화에 대해 이만한 식
견과 영향력을 발휘한 종교철학자는 아직 없다고 할 수 있다.[57]

---

56) Mark C. Taylor, *Erring: A Postmodern A/theology* (Chicago: University of Chicago Press,
　　1984).

57) *Erring* 이외 테일러 저서들은 다음과 같다. *Journeys to Selfhood: Hegel & Kierkegaard*
　　(Berkeley: University of California Press, 1980); *De-constructing Theology* (New York:
　　Crossroad, 1982); *Altarity* (Chicago: University of Chicago Press, 1987); *Tears* (Albany:
　　State University of New York Press, 1990); *Disfiguring: Art, Architecture, Religion* (Chicago:
　　University of Chicago Press, 1992); *Nots* l (Chicago: University of Chicago Press, 1993).
　　해체신학에 관계된 최근 서적을 몇 권 소개한다. Robert P. Scharlemann, ed., *Theology*

한 가지 더 부연할 것은 해체신학과 타종교와의 연결 가능성이다. '기독교 이후'를 모색하는 해체신학인지라 자연히 기독교와 서구 철학 이외 타전통과의 대화가 가능하지 않을까 생각해 볼 수 있다. 또한 불교의 공空과 도교의 무위無爲 등과는 좋은 비교를 이룰 수 있으리라는 막연한 기대가 들기도 한다. 하지만 아직까지 데리다 자신과 마크 테일러 등은 이 문제에 관해 별 관심을 나타내지 않고 있는 것 같다. 그들의 시선은 오로지 20세기 말 마지막 시간을 숨쉬고 있는 서구에 고정되어 있다. 마치 자신들이 조금이라도 한눈을 팔면 이 거대한 문명이 임종의 병상에서 도망가기라도 할 것처럼 서구만을 응시하고 있는 것이다. 그러나 해체철학과 타종교와의 대화는 일각에서 조심스럽게 진행되고 있다. 불교 중관中觀사상과 데리다를 접목시키려는 시도, 유대교『탈무드』의 해석학에 대한 해체주의적 접근, 인도 사상과 데리다와의 만남 등이 시도되었다.58) 최근에 나온 이른바 '부정신학'(negative theology)과 데리다와의 비교도 이런 문맥에서 이해될 수 있다.59)

---

at the End of the Century (Charlottesville: University Press of Virginia, 1990); Daniel Guerriere, ed., Phenomenology of the Truth Proper to Religion (Albany: State University of New York Press, 1990); Robert P. Scharlemann, ed., Negation and Theology (Charlottesville: University Press of Virginia, 1992); Edith Wyschogrod, Saints and Postmodernism: Revisioning Moral Philosophy (Chicago: University of Chicago Press, 1993); Walter Lowe, Theology and Difference: The Wound of Reason (Bloonington: Indiana University Press, 1993).

58) Robert Magliola, Derrida on the Mend (West Lafayette: Purdue University Press, 1984); Susan A. Handelman, The Slayers of Moses: the Emergence of Rabbinic Interpretation in Modern Literary Theory (Albany: State University of New York Press, 1982); Harold Coward, Derrida and Indian Philosophy (Albany: State University of New York Press, 1990).

59) Harold Coward and Toby Foshay, eds., Derrida and Negative Theology (Albany: State University of New York Press, 1992). 이 책은 데리다 자신이 부정신학에 대한 반응을 싣고 있어 더욱 흥미롭다. Jacques Derrida, "How to Avoid speaking: Denials," Ibid., pp. 73-142. 그는 위僞-디오뉘시우스와 엑카르트의 부정신학과 같이 언어와 인식을 초월하는 "초본질자에 대한 존재론적 망설임"으로서의 부정신학에는 찬성하지 않지만(p. 78) '부정신학'이라는 말이 자신에게 얼마나 도전이 되는지를 장황하게

4. 종교다원주의와 종교철학

1) 제3의 충격

지금까지 간단히 살펴본 개혁주의 인식론, 반기초주의, 해체주의 등의 현대 영미 종교철학 동향들은 모두 서양 철학사의 뿌리깊은 문제들에 대한 새로운 해석이라는 공통점을 안고 있다. 종교적 신념의 정당성에 관한 반격으로서의 개혁주의 인식론, 근대 수백 년 동안 계속된 이성의 우위에 대한 재해석으로서의 반기초주의, 그리고 플라톤으로부터 내려오는 존재론적 편견을 수정하기 위한 해체주의라는 의미에서 이들은 모두 서양 철학의 내부적 긴장이 표면화된 움직임들이다. 이와는 별도로 지금 영미 종교철학계에는 외부적 요인으로부터 비롯되는 긴장감이 표출되기 시작하고 있다. 그것은 타문화권의 여러 종교와의 만남에서 비롯되는 긴장감을 말한다.

현대가 이른바 '종교다원주의 시대'라는 말은 널리 알려지고 받아들여졌다. 그러나 이 말의 역사적 의의는 그다지 잘 알려지지 않은 느낌이다. 종교다원주의 시대의 역사적 중요성을 위해서 흔히 인용되는 말은 저명한 역사가 토인비의 논평이다. 그는 후대의 역사가들이 20세기의 가장 중요한 사건으로 원자폭탄의 발명이나 세계대전이 아니라 종교 간의 만남을 꼽을 것이라고 예언하였다고 한다.[60] 방대한 저서 『역사의 연구』의 저자인 토인비의 권위가 실린 이 논평은 무시할 수 없는 무게를 가지고 있다. 저명한 종교사학자 윌프레드 스미스는 '제3의 충격'이라는 말로 종교 간의 만남이 갖는 의미를 좀더 자세히 설명한다. 지난 2,000년 동안

밝히고 있다.

60) John B. Carman, *Majesty & Meekness: A Comparative Study of Contrast and Harmony in the Concept of God* (Grand Rapids: Eerdmans, 1994), p. 22에서 재인용. Arnold Toynbee, *An Historian's Approach to Religion* (London: Oxford University Press, 1956) 참조.

서구문명과 기독교는 두 번의 의미심장한 충격을 경험하였다. 그 첫번째
는 그리스 철학과의 만남이고 두 번째는 근대과학과의 만남이다. 이제
세 번째의 큰 만남인 세계 종교의 도전이 엄청난 충격을 예고하며 찾아
오고 있다는 것이다.[61]

토인비나 스미스가 종교다원주의 시대의 역사적 의의를 이토록 중대
시하는 것은 물론 일차적으로는 서구의 역사적 문맥을 중시하는 탓이다.
지난 2,000년 간 서양의 종교는 공식적으로 기독교 하나뿐이었다. 초기
의 여러 '이방'종교들(pagans)이 제거되고 교화된 이후로 서구에는 여러
'이단들'(heresies)만이 무수했을 뿐 타종교는 전혀 발붙일 수가 없었다. 결
과적으로 서구에서 '종교사'는 씌어질 수 없었고 그 대신 '교회사'는 찬란
한 위용을 자랑하고 있다.[62] 태어나면서부터 누구나 영세를 받고 평생
교회에 다니다가 교회 묘지에 묻혀 왔던 서구인들에게는 종교(religio)란
다름아닌 곧 기독교 신앙(pietas)과 문화(cultus) 그 자체였다. 이러한 역사
적 배경으로 볼 때 20세기에 들어서서 서구인들이 타종교들을 접하고 그
들을 이해하고 어느 종교를 선택하기까지 되었다는 것은 대단한 충격이
아닐 수 없었던 것이다.[63]

---

61) Wilfred Cantwell Smith, "Christianity's Third Great Challenge," *The Christian Century*
(April 27, 1960) & *The Faith of Other Men* (New York: New American Library, 1965),
p. 123. 우리는 과학에 힘입어 은하수가 존재하는 사실을 설명할 수 있게 되었으나
과연 "바하가바드 기타가 존재한다는 사실은 어떻게 설명할 수 있는가?"라고 스미
스는 서구 청중에게 물음을 던진다. *Ibid.*, p. 133.
62) 동양종교사, 한국종교사 등에 비해 서양종교사라는 용어는 아직 생소하다. 그러나
종교학자들은 이제야말로 서구교회사가 아닌 서양종교사가 씌어져야 한다는 것에
동감하고 있다. 엘리아데가 잘 보여주는 것처럼 교회사의 이면에 숨겨져 있는 여러
종교적 요인간의 긴장은 흥미로운 것이다. Mircea Eliade, *A History of Religious Ideas*,
Vol. II (Chicago: University of chicago Press, 1982), p. 396 ff & passim.
63) 종교다원주의의 역사적, 사회적 충격을 잘 설명하고 있는 사람은 종교사회학자
피터 버거이다. 일련의 저서를 통해 버거는 현대 영미 사회에서 종교가 개인적인
선택(religious preference)의 문제가 되고, 여러 종교들이 신자들을 찾아 나서는 '시장

따라서 종교다원주의에 관해 기독교 신학자들이 제일 먼저 흥분하고 나선 것은 충분히 이해되고 남는다. 지난 20여 년 간 신학계에서는 종교신학(theology of religions), 다원주의(pluralism), 신神중심주의(theocentrism) 등의 새로운 용어들이 난무하는 가운데 종교다원주의 시대에 걸맞은 신학을 정립하기 위한 논쟁이 뜨겁게 달아올랐다. 과연 타종교에도 구원이 가능하냐는 구원론 논의부터 시작하여 기독론, 신론, 종말론 등의 영역으로 종교다원주의 문제는 급속히 확산되고 있다. 지금까지 발표된 논문과 저서들만 해도 이미 감당할 수 없을 정도로 방대한 양에 달한다. 신학자들의 열기가 너무 뜨거운 탓인지 보통 종교다원주의라고 하면 신학적 논쟁을 연상하기도 한다.64)

그러나 종교철학에서의 종교다원주의가 가지는 의미는 구원론 등의 신학적 논쟁과 구분되어야 한다. 지금 영미 종교철학계에 논의되고 있는 종교다원주의 문제는 대략 세 가지로 요약할 수 있을 것 같다. 첫째 세계 종교들에 대한 정보의 놀라운 증가이다. 1세기 전에 비해서, 아니 불과 10년 전에 비해서 서구인들은 다른 종교들에 관하여 놀랄 만큼 많이 알게 되었다. 세계 여러 종교들의 주요 경전들이 거의 다 번역되어 서점에서 일반 독자들을 기다리고 있다. 불교의 경우 영어로 번역된 불경이 한국어로 번역된 불경보다 더 많을 정도이다. 일본 불교의 고전들과 티베트의 비의서秘意書들까지 번역이 되고 있는 현 상황을 가리켜 법륜法輪의 큰 바퀴가 세 번째 구르기 시작하였다고 말하는 것도 과장만은 아니라고 보여진다.65) 경전뿐만 아니라 각 종교의 중요한 주석서, 철학적 저

상황'(market situation)이 연출되고 있음을 분석한다. Peter Berger, *The Sacred Canopy: Elements of a Sociological Theory of Religion* (New York: Doubleday, 1967), p. 138 등.

64) 김종서, "종교다원주의와 한국신학적 의미," 한국기독학회 엮음,『창조의 보존과 한국신학』(서울: 대한기독교서회, 1992), 407 - 45쪽; Paul f. Knitter, *No Other Name?: A Critical Survey of Christian Attitudes Toward the World Religions* (Maryknoll: Orbis, 1985).

65) 불교는 기독교, 이슬람과 더불어 세계에서 가장 왕성한 선교 정신의 종교이다.

서들도 앞다투어 번역되고 있다. 중국사상의 경우 주희周熹, 왕양명王陽明 등은 물론 왕필王弼, 소강절邵康節 등의 저서까지도 상세한 주석을 곁들인 번역들이 선보이고 있다. 이는 물론 이미 언급한 것처럼 종교학의 발전이 가져온 결과이다. 종교철학자들은 종교학자로부터 많은 도움을 받고 있는 셈이다. 대체적으로 철학자들은 빨리어, 아랍어, 티베트어 등 원어로 된 서적들을 읽을 수 있는 훈련이 부족한 데 비해 전문지식을 가진 종교학자들이 필요한 중요문서들을 번역하여 주고 있다.

2) 비교종교철학의 가능성

정보의 양적 증가는 필히 사상의 질적 변화를 일으킨다는 것을 역사는 잘 증언하고 있다. 다른 종교와 사상에 대한 넘쳐나는 정보는 이제 철학자들의 사색에 압박을 주고 있다. 철학자들은 더 이상 자신들만의 서양 철학적 문제에만 집착할 수 없게 되어가고 있는 것이다. 아리스토텔레스와 아퀴나스만 읽고 덕을 논하는 시대는 끝나고 맹자와 퇴계의 덕론이 참조되는 시간이 되었다. 프레게와 러셀의 수리논리학에만 관심 있던 논리학자가 바이쉐시카勝論와 니야야正理 학파의 논리에 눈을 돌리고, 후설과 하이데거의 현상학이 나가르쥬나龍樹의 중론과 바수반두世親의 유식론을 통해 새롭게 해석될 수도 있다.[66] 영미 종교철학자들은 신학자들이 이미 경험했던 당혹감을 지금 맛보기 시작하고 있다. 마르틴 루터의 '오직 믿

또한 경전을 타언어로 번역하는 열성은 역사적으로 기독교보다 더 앞섰고 더 강렬하였다. 붓다의 처음 설법인 초전법륜初轉法輪부터 시작된 트리피타카[三藏]가 중국과 티베트의 대장경으로 번역된 이래 지금 서구어로 번역되는 대역사가 일고 있음을 시사하고 있다.

66) Lee H. Yearley, *Mensius and Aquinas: Theories of Virtue and Conceptions of Courage* (Albany: State University of New York Press, 1991); Bimal K. Martilal, *Buddhist Logic and Epistemology* (Hague: Dordrecht, 1986); Steven Laycock, *Mind as Mirror and the Mirroring of Mind: Buddhist Reflections on Western Phenomenology* (Albany: State University of New York Press, 1994) 등.

음만으로'(sola fidei)만을 알고 있던 서구 신학자들에게 정토신종 창시자 신란親鸞의 "오직 아미타에 귀의함으로"(namu amitabha)와 바이슈나 신도들의 "오직 크리슈나에 대한 헌신만으로"(bhakti)는 충격일 수밖에 없었다. 이제 종교철학자들도 신에 대한 심각한 사색이 전 세계와 전 세기에 걸쳐 진행되어 왔다는 평범한 진리를 새삼 발견하고 놀라고 있는 중이다. 잘 모르던 시절에는 그저 조잡한 미신이라고만 치부하였던 이방 종교들에 상카라, 라마누자, 알 가잘리, 루미 등과 같은 심오한 사상가들의 철학적 유산이 숨어 있음을 알게 된 것이다.67)

이러한 관심은 이른바 비교종교철학의 가능성을 예고하고 있다. 물론 진정한 비교종교철학이란 아직도 요원한 꿈인지도 모른다. 세계 여러 종교 사상 전통들에 대하여 쏟아지는 그 많은 정보들을 섭렵하고 체계화하는 작업은 이제 겨우 첫 걸음마를 뗀 상태일 뿐이다.68) 플라톤, 아리스토텔레스, 원효, 아퀴나스, 알 가잘리, 주희, 헤겔 등이 모두 당시의 다양한 사상들을 종합할 수 있었던 천재들이었던 것처럼 우리 시대는 아직 비교종교철학을 완성시키기 위해 어느 천재를 기다리고 있는지 모른다. 그러

---

67) Francis X. Clooney, *Theology After Vedanta: An Experiment in Comparative Theology* (Albany: State University of New York Press, 1993); John B. Carman, *Majesty & Meekness: A Comparative Study of Contrast and Harmony in the Concept of God* (Grand Rapids: Eerdmans, 1994); John Hick, *An Interpretation of Religion: Human Responses to the Transcendent* (New Haven: Yale University Press, 1989).

68) 지금까지 상당한 진척을 보이고 있는 분야는 비교윤리와 비교신비주의 연구이다. 비교윤리에 관해서는 하버드-시카고-버클리 대학 연구팀이 공동으로 펴낸 800쪽에 달하는 비교윤리 문헌집이 두드러진다. John Carman & Mark Juergensmeyer, eds., *A Bibliographic Guide to the Comparative Study of Ethics* (Cambridge: Cambridge University Press, 1991). 비교신비주의에 대한 많은 문헌 중 다음 서적에는 종교철학자들의 다양한 접근 방법들이 소개되어 있다. Steven T. Katz, *Mysticism and Religious Traditions* (Oxford: Oxford University Press, 1983); Robert K. C. Forman, ed., *The Problem of Pure Consciousness: Mysticism and Philosophy* (Oxford: Oxford University Press, 1990); Steven T. Katz, ed., *Mysticism and Language* (New York: Oxford University Press, 1992).

나 어떤 천재라도 수많은 범재들이 그 길을 준비해 준 다음에야 나타난
다. 어느 메시아라도 선지자들의 외로운 외침이 울려 퍼진 뒤에야 출현
하고 한 송이 모란꽃마저 소쩍새의 피맺힌 울음이 다한 뒤에 피는 법이
라고 한다. 오늘날 영미 종교철학계에는 진정한 비교종교철학의 탄생을
위하여 열심히 길을 닦아 주고 준비해 주는 종교학이라는 든든한 동반자
가 있다. 종교학자들이 전해 주는 많은 정보들로 인해 비교종교철학은
더 이상 관념적 접근이 아니라 구체적, 경험적 접근을 통해 차근차근 윤
곽을 드러내 가고 있다고 보여진다.

3) 지식과 구원의 조화

이러한 정보의 증가와 비교론적 접근은 서양 철학의 고립성을 점점
더 선명하게 드러내는 효과를 지닌다. 무엇보다 서양에서의 '철학'과 '종
교'에 대한 심각한 반성이 요청되고 있고 바로 이 점이 종교철학에 대한
제일 큰 도전이 되고 있다.[69] 서양에서 철학과 종교 두 영역의 구분은
전통적인 것으로 종교에 대한 철학적 반성으로서의 종교철학은 이 구분
때문에 가능했던 학문이었다. 특히 히브리적인 것과 그리스적인 것의 갈
등과 보완이라는 역사적 전개와 어울려 종교철학은 신앙과 이성의 문제
를 분석, 해석하는 작업을 주임무로 삼아 왔다. 그러나 다른 전통들에 대
한 이해가 깊어 갈수록 철학과 종교를 가르는 이분법에 근본적 의문이

---

69) '종교'에 대한 역사적 반성을 다룬 작품은 이미 현대 종교학에서 고전의 자리를
차지한 Wilfred Cantwell Smith의 *The Meaning and End of Religion* (New York: Harper
& Row, 1964)이다. 스미스는 서구에서 '종교' 개념이 발생할 때부터 중세를 거쳐
현대에 이르기까지의 역사적 전개를 치밀하게 분석한다. 나아가 다른 전통들의 서
구적 '종교'에 상응하는 개념들도 비교종교학적으로 검토한다(the meaning of
religion). 그의 결론은 '종교' 개념이 특별히 근대 서구(Modern West)에 이르러 심하
게 오염되었기 때문에 더 이상 사용을 중단하여야 한다는 것이다(the end of religion).
그 대신 스미스는 '신앙'(faith)과 '전통'(tradition) 개념을 사용할 것을 제안한다.

제기되고 있다. 타문화에서도 서양과 같이 철학과 종교를 날카롭게 구분할 수 있는가? 가령 인도 전통의 경우 종교가와 철학자를 구분한다는 것은 결코 쉽지 않다. 불이론적不二論的 베단타주의의 상카라를 철학자로, 한정限定 불이론적 베단타주의의 라마누자를 신학자로 구분한다는 것은 지극히 인위적이다. 비록 상카라가 지식(jnana)을 강조했고 라마누자는 헌신(bhakti)을 더 내세운 차이는 있지만 이들은 모든 지식이 구원을 위한 지식(salvific knowledge)임을 분명히 밝히고 있는 것이다.[70]

신앙과 이성의 문제에 사로잡혀 왔던 서구 종교철학자들에게 다른 전통들의 지식과 구원의 조화는 신선한 충격이다. 윌프레드 스미스의 '믿음'(faith)에 대한 연구는 이런 의미에서 중요하다. 그는 인간이 초월(자)을 지향하는 고유한 자질을 '믿음'이라 규정짓고(faith as human quality) 전 세계 전통을 통하여 역사적으로 증거된 초월적 믿음을 밝히고 있다. 그 과정에서 드러난 사실은 서구 문화, 특히 근대 서구 문화가 이 고유한 믿음의 자질을 잃어 가고 있다는 것이다. 스미스는 근대 서구 철학의 인식론에 대한 일방적 관심이 '믿음'을 교리적, 명제적, 사변적 '신앙, 신념'(belief)으로 변질시켜 놓았다고 질타한다.[71] 전 세계의 문맥에 놓고 볼 때 서구 철학적 전통은 언제부터인가 지식의 구원적 효과(salvific efficacy)를 상실하고 있는 것으로 조명된다. 주로 종교적 신념(religious belief)의 정당성 문제를 다루어 왔던 근·현대 종교철학자들은 결국 '엉뚱한 나무를 보고 짖는' 결과를 안게 되었다는 것이다.[72] 최근 발행되고 있는 세계 종교 전통들에 대한 '세계영성靈性'(world spirituality) 총서는 이미 스미스의 지적을 실행에 옮기고 있는 듯하다.[73] '영성'이라고 하면 보통 신학적

---

70) Karl Potter, *Presuppositions of Indian Philosophy* (Banarsidas, India : Motilal. 1992).

71) Wilfred Cantwell Smith, *Faith and Belief* (Princeton: Princeton University Press, 1979).

72) Wilfred Cantwell Smith, *Belief and History* (Charlottesville: University Press of Virginia, 1977), p. 69. 이 책은 근대 서구에서 'belief'라는 단어가 어떻게 변질되었는가에 대한 자세한 연구서이다.

용어로만 생각하기 쉬우나 이 총서의 편집자들은 이 단어만큼 세계 종교
들과 철학들을 함께 묶는 데 적절한 말이 없다고 판단하고 있다.[74]

결론적으로 종교다원주의는 현대 영미 종교철학자들에게 종교철학의
의미를 다시 정립할 것을 요구하고 있다. 그것은 과연 철학이란 무엇이
며 서구의 전유물일 수 있는가를 질문함을 뜻한다. 또 종교의 본질에 관
한 재평가를 의미하며 결국 진정한 의미의 종교철학의 내용과 범위에 대
한 심각한 반성을 뜻한다. 시카고 대학을 중심으로 최근 출판되기 시작
한 '비교종교철학' 기획물 등은 바로 이러한 문제들에 대한 시도로 앞으
로 많은 공헌을 하리라 기대된다.[75]

---

73) 뉴욕의 Crossroad 출판사가 기획한 시리즈로 고대 아시아부터 시작하여 근대 신지
주의에 이르기까지 총 25권의 단행본이 1989년부터 출판되고 있다. 각 방면의 전문
가가 대거 참가하고 있는 이 총서는 당분간 이 분야에 있어 중요한 지침서가 될
전망이다.

74) 이 총서에는 불교, 도교, 그리고 유교의 영성에 대한 단행본도 들어있다. '유교의
영성'(Confucian Spirituality)이라는 말이 오히려 동양인들에게는 어색하게 들릴지도
모른다. 우리는 그 동안 이른바 '동양 철학'이라는 말에 너무 익숙해져 있는 까닭이
다. 그러나 거경궁리居敬窮理와 진심지성盡心知誠를 논하던 유학자들을 돌이켜 본
다면 오히려 '영성'이라는 단어가 '철학'이라는 말보다는 더 원래의 의미에 충실한
것일 수도 있다. 유가가 과연 종교인가 철학인가에 대한 고전적 논쟁은 사실 어떤
의미에서는 서구적 이분법에 따른 것이었다. 신학과 철학의 구분에 익숙한 서구학
자들이 타전통을 대할 때마다 어디까지가 철학이고 어디부터가 종교인지 분명한
선을 긋고 싶어하는 습관이 전염되고 강요된 탓이다. 그것은 비유컨대 마치 고추장
을 보면서 잼인가 버터인가를 묻는 서양사람에게 답을 주려고 고심하는 것과 같을
지도 모른다. 반면 우리는 한 번도 잼이 고추장인가 된장인가를 되물어 본 적은
없었던 것이다. '종교'나 '철학'이라는 수입된 포장지 대신 그 본연의 유교정신을
드러낼 수 있는 단어를 찾는 작업이 진행되고 있어 흥미롭다.

75) Frank Reynolds and David Tracy, eds., *Myth and Philosophy* (Albany: State University
of New York Press, 1990); idem, *Discourse and Practice* (Albany: State University of New
York Press, 1992); idem, *Religion and Practical Reason* (Albany: State University of New
York Press, 1994). 종교철학의 새 의미 혹은 비교종교철학의 정립에 관하여는 첫째
책에 있는 David Tracy의 논문 "On the Origins of Philosophy of Religion: The Need
for a New Narrative of Its founding"과 세 번째 책에 수록된 Franklin I. Gamwell의

5. 21세기를 향하여

지금까지 우리는 현대 영미 종교철학의 전반적 성격을 살펴보고 몇 가지 대표적 주장들을 간단히 검토해 보았다. 전통적 기독교 신앙을 새롭게 변증하려는 움직임으로부터 기독교 이후를 모색하는 흐름에 이르기까지 현재 영미 종교철학계에는 참으로 다양한 주장들이 목소리를 높이고 있다. 영미 종교철학자들이 공동으로 풀어야 하는 문제는 과연 어떻게 이런 다양성을 즐기면서도 지나친 상대주의에 빠지지 않느냐는 것이다. 상대주의의 문제는 현재 영미 종교철학의 가장 큰 과제임이 분명하다.

이 글에서 전혀 다루지 못한 분야는 악의 문제, 종교언어, 종교경험, 신비주의 등 전통적 종교철학의 주제들에 관한 최근의 연구 동향들이다. 그 중에서도 특히 종교경험에 관한 논의는 앞으로 큰 활기를 띠게 될 전망이다. 그것은 앞으로 21세기에는 우리 인간의 경험이 완전히 새로운 차원으로 전개될 가능성이 있기 때문이다. 이른바 테크노피아의 도래가 눈앞에 다가와 있다고 한다. 과학은 점점 더 엄청난 가속도가 붙어 더욱 눈부시게 발전하리라고 전망된다. 보드리야르가 간파한 것처럼 테크놀로지의 발달은 우리를 '시뮬라시옹'(simulation)의 세계로 이끌어 가고 있다.[76] 그것은 문자 그대로 모방으로 가득 찬 세계이고 가짜와 진짜의 구별이 창백해져가는 세계일 것이다. 이른바 '가상현실'(virtual reality)이라는 거의 진짜 같은 가짜 현실 가능성이 급속도로 우리 주위에 상업적 성공을 거두기 시작하고 있다. 가상현실의 테크놀로지는 가짜와 진짜의 구

논문 "A Forward to Comparative Philosophy of Religion"을 참조할 것. Thomas Dean, ed., *Religious Pluralism and Truth: Essays on Cross-Cultural Philosophy of Religion* (Albany: State University of New York Press, 1995)에도 유사한 논문들이 수록되어 있다.
76) 장 폴 보드리야르, 『시뮬라시옹』 하태환 역 (서울: 민음사, 1992).

분을 모호하게 할 뿐만 아니라 아예 진짜보다도 더 진짜 같은 가짜를 만들어 내는 것을 목표로 하고 있다. 종교경험의 문제를 다루는 종교철학의 입장에서 볼 때 이러한 가상현실을 가능케 하는 모방된 경험이 가져올 여파는 결코 작지 않으리라고 전망된다. 가짜가 진짜보다 더 진짜 같은 시뮬라시옹 시대의 형이상학에서는 전통적이던 실재와 현상의 이분법이 사라질 수밖에 없을 것이다. 그렇다면 언제나 아리스토텔레스, 헤겔, 화이트헤드 등 철학적 형이상학에 기초해 왔던 종교철학은 어떻게 변해 갈 것인가 궁금하지 않을 수 없다.

실제로 우리들의 삶을 해석해 왔던 전통적 용어들이 컴퓨터의 영향으로 급격히 퇴색하고 있다고 전문가들은 지적한다. 가령 공간, 현실, 현존, 본문 등의 전통적 개념들 대신에 전자공간(cyberspace), 가상현실(virtual reality), 원격현존(telepresence), 중복본문(hypertext) 등의 생소한 용어가 신세대의 삶을 설명하는 철학적 용어들로 부각되고 있다. 미국 MIT 대학의 네그로폰테 교수가 유행시킨 말처럼 "이제는 디지털이다"(Being Digital!)라고 할 만큼 우리들의 삶은 급속히 종래의 물리적 환경을 넘어서서 미래의 전자적 세계로 움직이고 있음이 분명하다.[77] 가장 좋은 예는 기존의 도서관과 내일의 디지털 도서관과의 비교일 것이다. 종전에는 도서관 서가에 꽂혀 있는 특정한 책 한 권을 특정한 시간에 특정한 한 사람만이 읽을 수 있었는데 반해 전자도서관에서는 전화선을 통해 세계 어디에서든지 아무 때든지 누구든지 동시에 읽을 수 있게 된다는 것이다.[78]

이와 관련해 주목받는 분야는 심리철학과 인지과학(cognitive science)

---

77) Nicholas Negroponte, *Being Digital* (New York: Vintage Books, 1995).

78) 가상현실과 가상공간의 철학적 의의에 관하여는 다음의 서적들을 참조: Michael Heim, *The Metaphysics of Virtual Reality* (New York: Oxford University Press, 1993); Benjamin Woolley, *Virtual Worlds: A Journey in Hype and Hyperreality* (Oxford: Blackwell, 1992).

이다. 인간의 사고 작용의 주체인 이른바 '정신'(mind)에 관하여 철학자들은 끊임없이 토론해 왔지만 과연 정신이 무엇인지에 대하여 결론을 얻을 수는 없었다. 그런데 지금 과학계, 사회과학계에서 활발하게 진행되고 있는 정신에 관한 '과학적' 연구는 그 동안 정신을 토론해 온 철학자들에게 큰 충격을 주고 있다. 과연 정신이라는 '실체'는 존재하는가? 아니면 정신이란 결국 하나의 거대한 신경 – 화학작용의 컴퓨터일 뿐인가? 인지과학은 특히 종교철학에 엄청난 충격을 가져올지 모른다. 이른바 물리주의(physicalism)가 득세한다면 모든 종교적 견해는 결국 물리적 화학적 신경반응으로 환원, 축소되어 설명될 수 있을 것이다. 그것은 곧 열반적정涅槃寂靜의 공허함을 흠모하는 불교도와, 브라흐만과의 신비로운 합일을 열망하는 힌두교도와의 차이가 그들 뇌의 분비물과 구조로 설명될 수 있다는 이야기가 될지 모른다. 다듬어진 예배 격식을 통해 신성함을 추구하는 성공회 교인들과, 하늘로부터 내려오는 뜨거운 방언의 불을 추구하는 순복음교회 교인들과의 차이도 역시 뇌 지도(brain map) 어느 한 구석에 숨어 있는 비밀일 수도 있다는 이야기가 될 수 있다. 이러한 환원주의적 설명보다 더 위험한 것은 어쩌면 사랑, 미움, 분노, 그리움 등 인간 고유의 정서마저도 대리 경험할 수 있는 테크놀로지가 출현할지도 모른다는 사실일 것이다. 마치 진통제 한 알 사 먹으면 통증이 사라지듯 이제 약국에서 사랑 한 알, 그리움 한 병 사 먹으면 애인도 필요 없는 세상이 올지 모른다. 정말 그러다간 무슨 '열반 드링크' '은혜 주스' 같은 것을 사고 팔게 될지도 모르는 일이다. 이미 오래 전에 헉슬리가 경고했던 것처럼 시뮬라시옹으로 가득 찬 『멋진 신세계』(Brave New world)는 결국 기술문명이 이룩한 천국(utopia, technopia)이 아니라 지옥(dystopia)이 될 수도 있을 것이다.

지금까지 살펴본 것처럼 현대 영미 종교철학은 다양하고 활발하게 움직이고 있다. 앞으로 20년 뒤에 종교철학이 어떻게 변해 있을지 확신 있게 말할 수 있는 사람은 물론 아무도 없다. 그러나 분명한 것은 21세기에서도 종교철학은 여전히 다양하고 활발하게 진행되고 있으리라는 사실이다. 그것은 어떠한 경우에서라도 인간은 근본적으로 종교적 인간(homo religiosus)이었음을 역사가 증거하고 있기 때문이고 또 나아가 인간은 자기 자신에 대하여 묻기를 포기한 적이 없다는 사실을 역사가 잘 보여주고 있기 때문이다. 따라서 과연 어떠한 형태와 내용의 종교철학이 전개될지는 모르지만 인간의 종교성에 대한 근본적 질문, 곧 종교철학은 힘차게 계속될 것이 분명하다.

제2장
고리 없는 신앙:
비트겐슈타인적 신앙 가능성

1. 철학의 전설

비트겐슈타인(Ludwig Wittgenstein)은 20세기 철학의 전설이다. 현대 철학의 중요한 운동 중 두 개를 창시하고 그 모두를 스스로 부정했다는 사실만으로도[1] 영웅을 갖지 못한 현대인들에게 이미 신선한 자극이 아 닐 수 없다. 신화와 전설이 사라져 버린 콘크리트 회색 도시 숲에 사는 우리들에게 그의 이름은 야릇한 기대감을 불러일으킨다. 그것은 거의 모 든 철학자가 입을 모아 그의 '천재성'을 찬양하기 때문이다.[2] 또 그것은 그를 알았던 사람들이 들려 주는 그의 삶이 얼마나 파격적이며 비상식적 인 것이었는지 너무나 흥미롭기 때문이다. 천재성과 파격성! 바로 그 두

---

1) Georg Henrik von Wright, "Biographical Sketch," in Norman Malcolm, *Ludwig Wittgenstein: A Memoir* (London: Oxford University Press, 1958), p. 1.

2) 비트겐슈타인의 천재성에 대한 가장 열렬한 지지자는 영국의 저명한 철학자 버트 란드 러셀이었다. 그는 한 편지에서 비트겐슈타인에 대해 이렇게 적고 있다. "전통적 으로 정열적이고, 심오하고, 집중력 있고 압도적이라고 생각되어 온 천재에 해당하 는 인물로는 내가 알았던 사람 중에 제일 완벽한 대표이다." Ray Monk, *Ludwig Wittgenstein: The Duty of Genius* (New York: Penguin Books, 1990), p. 46에서 재인용.

가지가 일반 청중이 철학적 영웅에게서 기대하는 것 아닌가?

　위대한 사람은 보통 죽은 뒤에 그의 위대함이 더욱 드러난다고 한다. 영웅은 목숨을 바친 후에 비로소 신화가 된다. 비트겐슈타인이 서거한 지 40년이 넘은 오늘날 그의 빈자리는 더욱 커져만 가는 것 같다. 그러나 그는 이미 살아 생전에도 걸어다니는 전설이었다. 그에 대한 소문은 당시 케임브리지 대학생들 사이에 벌써 신화가 되어 있었음이 분명하다. 그에게 중독된 추종자들은 그가 하는 말과 메모들을 보물처럼 주워담았다. 그런 까닭에 평생 50쪽 남짓의 얇은 팜플렛 하나만을 '출판'한 그가 사후에는 방대한 문헌의 '저자'가 되는 영광 / 수치를 누리게 되었다.[3]

　이 장은 비트겐슈타인 신화에 관한 한 연구이다. 그러나 그가 남긴 철학적 유산은 너무나 방대하여 우리에게 허용된 능력과 시간으로는 감히 둘러 볼 용기를 가질 수 없다. 첫걸음을 내딛기조차 미안한 것 같은 어마어마한 비트겐슈타인의 철학 왕국의 위엄에 지레 질린 탓이기도 하다.[4] 그래서 우리는 대신 그에 대한 간단한 스케치를 하나 그려 보려고 한다. 그것은 비트겐슈타인의 '종교적 가능성'에 관한 도상圖上 연습이다. 공식적인 의미에서 결코 한번도 어느 종교에 대한 신앙을 고백한 적이 없음이 분명한데도 그와 종교가 관련됐다는 이야기는 꽤나 무성하다. 심지어

---

3) 비트겐슈타인의 유고遺稿(Nachlass)에 대한 자세한 정보는 폰 리히트(von Wright)의 "The Wittgenstein Papers"에 수록되어 있다. V. A. and S. G. Shanker, eds., *Ludwig Wittgenstein: Critical Assessments*, Vol. 5. *A Wittgenstein Bibliography* (London: Croom Helm, 1986), pp. 1 – 30.

4) 비트겐슈타인의 영향력은 현대철학의 많은 중요한 문제들에 미치고 있다. 심리철학, 수학철학, 논리학, 규칙성의 문제, 사적 언어私的言語 문제, 형이상학, 상대주의 논쟁 등 금세기의 철학적 문제치고 그의 영향권 밖에 머물 수 있던 논제가 희소하다고 볼 수 있다.

우리는 비트겐슈타인에 관한 거의 모든 1차 자료들과 2차 자료들을 모아 놓은 S. G. Shanker에게 감사해야 할 것이다. 1986년에 출판된 이 자료집에는 모두 5,868개의 2차 자료들이 소개되고 있다! V. A. and S. G. Shanker, *Ibid*.

'비트겐슈타인적 신앙주의'라는 말까지 심심찮게 나돌 만큼 종교는 그에 대한 전설의 한 부분이 되었다. '비트겐슈타인의 신앙'과 '비트겐슈타인적 신앙주의'에 관한 연구는 여기저기에서 진행되어 왔다. 그러나 그 둘 사이를 연결지을 수 있는 논리적 고리가 부족하였다는 지적이 많다. 이 글은 바로 그 고리의 역할을 맡아 보려고 한다. 즉 비트겐슈타인과 종교에 관련된 이야기의 실마리를 풀어 보려는 시도라고 할 수 있을 것이다. 비트겐슈타인적 신앙과 신앙주의가 어떻게 '가능할 수 있었는가' 하는 것이 이 글의 초점인 것이다.

2. 비트겐슈타인적 신앙주의

먼저 '비트겐슈타인적 신앙주의'(Wittgensteinian Fideism)라는 용어를 살펴보는 것부터 시작하고자 한다. 이 용어를 국내에 처음으로 '비트겐슈타인적 신앙형태주의'라고 소개한 황필호 교수가 지적한 바와 같이 이 것은 비트겐슈타인의(Wittgenstein's) 신앙에 관한 것이 아니라 비트겐슈타인적(Wittgensteinian)인 신앙에 대한 것이다.[5] 곧 이 말이 지시하는 바는 비트겐슈타인 개인의 신앙관에 대한 것이 아니라는 점을 분명히 할 필요가 있다. 그러나 이렇게 명쾌해 보이는 구분이 보여 주는 것은 이 두 가지를 혼동하지 말라는 것 이상은 아니다. 실제로 더 중요하면서도 아직 설명되지 않은 것은 주인된 명사에 대한 질문이다.[6] 도대체 왜 '비

---

5) 황필호, 『분석철학과 종교』(서울: 종로서적, 1984), 211쪽.
6) '적的'이라는 말은 한 번쯤은 새삼 생각해 볼 만한 말이다. 문법적으로 말한다면 이 말이 붙는 명사마다 어김없이 형용사가 된다. 의미론적으로는 안팎 경계가 분명한 명사의 의미에서 어딘가 모호한 형용사의 의미로 변화되고 마는 것이다. 그래서인지 '적' 자는 상당히 철학적이라고 할 수 있다. 이렇듯 '적'은 명사의 엄격함을 형용사의 부드러움으로 순화시켜 주는 마술을 지녔다. 그렇다고 이 말이 아무 명사

트겐슈타인'이라는 말이 등장하였나? 비트겐슈타인 자신의 신앙이 아니라는 것은 분명하다고 하더라도 도대체 왜 하필 그의 이름 뒤에 '적的' 자字를 붙이지 않으면 안되었나? 그것은 역시 우리가 이 '비트겐슈타인적' 신앙을 알기 위해서는 결국 '비트겐슈타인의' 신앙을 알아야지만 이 말을 책임 있게 쓸 수 있다는 말 아닌가? 이 글은 비트겐슈타인적 신앙주의를 더 잘 이해할 수 있기 위해서는 바로 비트겐슈타인 자신의 신앙에 대한 이해가 선행되어야 한다는 전제를 가지고 씌어졌다. 또 하나 숨은 전제가 있다면 그것은 비트겐슈타인적 신앙주의가 현대신학에서 아직 살아 있는 중요한 가능성 중의 하나라는 점이다. 물론 이러한 전제를 논하고 증명하는 것이 이 글의 주제는 아니다.

'Wittgensteinian fideism'이라는 말을 처음으로 쓰기 시작한 사람은 카이 닐슨(Kai Nielsen)이라고 보여진다.[7] 닐슨은 영미 종교철학계에는 잘 알려진 종교철학자이다. 그는 아주 독특한 종교철학자인데 그것은 그가 신神의 존재를 부정하고 종교적 주장에 대해 날카로운 비판을 전개하는 종교철학자이기 때문이다.[8] 즉 닐슨은 무신론적 무종교적 종교철학자라고 할 수 있다.[9] 닐슨이 하필 'fideism'이라는 말을 채택한 이유가 있다면 종교에 대한 그의 이러한 부정적 편견이 중요한 동기를 제공하였다고 생각할 수 있겠다. 왜냐하면 일반적으로 'fideism'은 거의 '맹목적 신앙'에 가까운 뜻[語義]을 가지고 있기 때문이다. 'fideism'이라는 용어 자체는 종교

뒤에 아무 거리낌도 받지 않고 마음껏 접속되어 아무런 의미를 뜻할 수 있는 자유를 가졌다는 것은 아니다. '적'의 형용사는 끝까지 주인된 명사의 의미를 벗어날 수는 없다. 단지 그 엄격한 의미의 경계를 잠시 낮추고 늦출 뿐이다.

7) Kai Nielsen, "Wittgensteinian Fideism," *Philosophy*, Vol. XLII (July, 1967), pp. 191 – 201.

8) Kai Nielsen, *Contemporary Critiques of Religion* (London: Macmillan, 1971); *Skepticism* (New York: St. Martin's Press, 1973); *Philosophy & Atheism* (Buffalo: Prometheus books, 1985); *Ethics without God* (Buffalo: Prometheus Books, revised ed., 1990)

9) 여기서 '적的' 자의 마력은 여실히 드러난다. 논리적으로 모순되는 개념도 한마디로 묶어 수식할 수 있는 뻔뻔함이 곧 '적的'의 힘이다.

철학에서 낯익은 말이다. 신앙을 뜻하는 라틴어 'fides'에 'ism'을 합한 형식이니까 보통 '신앙주의'로 번역되곤 한다. 이 말이 쓰이기 시작한 것은 일반적으로 프랑스 종교철학자 오귀스트 사바티에(Auguste Sabatier, 1839～1901) 이후라고 공식화되어 있다.[10] 그는 슐라이어마허(Friedrich D. E. Schleiermacher)의 '종교적 감정' 이론을 받아들여 이성보다 감정과 상징의 중요성을 강조하기 위하여 이 용어를 소개하였다. 그러나 사바티에의 의도와는 상관없이 'fideism'은 주관적 신앙의 절대적 우선성을 지칭하는 뜻으로 이해되었고 나아가 신앙의 이성적 근거 자체를 전면 부정하는 반이성주의反理性主義를 의미하게 되었다. 특별히 'fideism'을 반박하는 데 앞장선 사람들은 가톨릭 토마스주의(Thomism) 신학자들이었다. 그 결과 제1차 바티칸공의회에서는 'fideism'을 공식적으로 금지하기까지 하였던 것이다.[11]

'Fideism'은 이처럼 부정적인 어감이 더 강하게 느껴지는 용어라고 하겠다. 그렇다면 'Wittgensteinian fideism'은 일차적으로는 '비트겐수타인적 맹목적 신앙'의 의미를 가진다고 볼 수 있다. 물론 닐슨이 이렇게 '맹목적 신앙주의'라는 강한 뜻으로 이 용어를 사용한다고 공표하고 있는 것은 아니다. 그러나 얼핏 듣기에 느껴지는 어감은 거의 신앙의 주관성에 대한 경멸을 담고 있다고 하겠다. 반드시 맹목적 신앙이라는 의미는 아니라 할지라도 닐슨이 'Wittgensteinian fideism'을 통하여 말하고자 하는 뜻은 곧 비트겐슈타인의 이론을 끌어들여 신앙에 대한 논리적 검증을 의도적으로 차단하고 신앙의 우위를 강변하려는 입장이라고 풀이할 수 있겠고 또 그런 입장에 대한 어느 정도 경멸의 느낌도 감추고 있다고 할

---

10) "Fideism,"in F. L. Cross, ed., *The Oxford Dictionary of the Christian Church* (Oxford: Oxford University Press, 1983), p. 511.
11) "Fideism," in Joseph A. Komonchak, Mary Collins, & Dermot A. Lane eds., *The New Dictionary of Theology* (Wilmington; Michael Glazier, 1987), p. 397.

수 있겠다.[12]

그러나 'fideism'이 반드시 주관주의, 맹목주의 등의 부정적 용법으로만 쓰이라는 법은 없다. 닐슨이 처음 조롱 섞인 의도로 이 용어를 소개한 것이 분명하다 하더라도 그 내용이 과연 어떻게 전개되느냐에 따라서 말의 역사는 얼마든지 바뀔 수 있는 것이기 때문이다. 흥미로운 것은 '믿음'을 주장하는 신학자들 대부분은 이 용어를 혐오하지만 '이성'을 앞세우는 철학자들은 오히려 이 용어의 긍정적 측면을 인정할 때가 많다는 사실이다. 쉬운 예로 신학사전과 철학사전들에 나온 'fideism' 항목을 비교해 보면 오히려 철학사전들이 이 용어에 대해 더욱 상세하고 긍정적인 설명을 시도하고 있음을 볼 수 있다. 가령 유명한 맥밀란 철학사전은 'Fideism'을 논하면서 극단적 신앙주의와 온건한 신앙주의를 구분하여 설명하고 있다. "나는 불합리하기 때문에 믿는다"(credo quia absurdum est)라는 역설적 명제로 유명한 테르툴리아누스(Tertullianus)로부터 시작하여 베일(Pierre Bayle), 키에르케고르(Kierkegaard) 등이 극단적 신앙주의자들로 분류된다. 20세기의 러시아 정교회 신학자인 세스토프(Shestov)가 "2+2=5"를 믿을 수 있는 것이 용기 있는 신앙이라고 한 것은 이런 극단적 입장 중에서도 극단적인 예로 소개되고 있다.[13]

그렇지만 대부분의 신학자들은 온건한 신앙주의자들이라고 할 수 있다. 아우구스티누스(Augustinus)와 안셀무스(Anselmus)가 공식화했던 "나는 이해하기 위하여 믿는다"(credo ut intelligam)는 표어는 기독교 신학자

---

12) 이러한 어감 때문에 정작 '비트겐슈타인적 신앙주의자'들은 이 말에 대해 굉장한 거부감을 가지고 있다. 그들 중 제일 잘 알려진 D. Z. Phillips는 거듭해서 자신의 입장이 결코 반지성주의(anti-intellectualism)가 아니라는 점을 강조한다. D. Z. Phillips, "Wittgenstein's Full Stop," in Irving Block, ed., *Perspectives on the Philosophy of Wittgenstein* (Cambridge: MIT Press, 1981), p. 181.

13) Richard Popkin, "Fideism," in Paul Edwards, ed., *The Encyclopedia of Philosophy* Vol. 3, (New York: Macmillan, 1967), p. 201.

들의 입장을 가장 잘 대변하고 있다고 보여진다. 두말 할 필요도 없이 신앙과 이성의 갈등은 기독교 2000년 전 역사를 통틀어 간단없이 진행되어 온 논제이다. 서구의 종교철학이란 곧 신앙과 이성의 문제 그 이상도 이하도 아니라고 한마디로 요약할 수 있는 것이다. 그러나 이 갈등에 대한 신학적 정답은 언제나 주어져 있었고 앞으로도 변할 수 없을 것이다. 시대마다 사람에 따라 변한 것이 있다면 오직 어떻게 신앙과 이성을 조화시키는가 하는 방식의 차이였을 뿐이었다.14) 이런 맥락에서 본다면 기독교 철학자와 신학자가 모두 빠짐없이 신앙주의자(fideists)들이라고 하는 것은 결코 이상할 것이 없다고 할 수 있다. 이렇게 'Wittgensteinian fideism'이라는 말의 시작과 부정적, 긍정적 느낌을 모두 저울질해 볼 때 이 말을 대략 '비트겐슈타인적 신앙주의' 정도로 번역하는 것이 무난하지 않을까 생각된다.15)

그러면 과연 비트겐슈타인적 신앙주의의 내용은 무엇인가? 이 질문에 대한 자세한 대답을 시도하려면 결국 20세기 영미 철학과 신학의 모든 흐름을 짚어 볼 수 있어야 어느 정도 정확한 윤곽을 그릴 수 있을 것이기 때문에 여기서는 간략한 대답에 만족하기로 해야 할 것이다.16) '비트겐

---

14) Brand Blanshard, *Reason and Belief* (London; George Allen & Unwin, 1974); Ingolf U. Dalferth, *Theology and Philosophy* (Oxford: Basil Blackwell, 1988).

15) 이미 언급한 것처럼 황필호 교수는 이 말을 '비트겐슈타인적 신앙형태주의'라고 번역하였다. (황필호, 같은 책, 206 - 29쪽). 특히 '형태'라는 말이 삽입된 것은 아마 '삶의 형태'(forms of life)라는 개념을 강조하기 위한 까닭이라고 생각된다. 그러나 '신앙형태주의'라는 말은 원어原語하고도 틀릴 뿐더러 그 개념을 파악하기도 상당히 어려운 것 같다.

16) 잘 알려진 것처럼 20세기 철학에 가장 큰 논제는 곧 언어의 문제(the problem of language)였다. 자주 인용되는 『언어적 전환』이라는 책 제목이 잘 함축하는 것처럼 20세기 초부터 철학적 관심의 초점은 온통 언어에 집중되었다. 근 1세기를 지나오면서 언어 문제에 대한 철학자들의 접근 방식과 답변은 참으로 다양했다고 하겠다. 특히 전통적으로 큰 기질적 차이를 보여 왔던 영미 철학과 대륙 철학의 경우는 언어의 문제에 있어서도 예외는 아니어서, 영미 철학자들이 주로 언어의 논리적

슈타인적 신앙주의'란 모든 '삶의 형태'(forms of life)들이 자기 나름대로
의 '언어놀이'(language games)를 가지고 있다고 주장한 후기 비트겐슈타
인 철학에 영향받아서, 종교와 신앙은 독자적인 삶의 형태이므로 종교적
언어와 진리주장(religious languages & truth-claims)들은 자율적 의미를 보
장받을 수 있다는 이론이라고 정의할 수 있다. 사실 이 말을 처음 소개한
닐슨 자신만큼 그 내용을 잘 분석해 주는 사람도 없는 것 같다. 그에 따
르면 다음과 같은 "어두운 말들(dark sayings)이 합쳐서" 비트겐슈타인적
신앙주의를 만들게 된다는 것이다.[17]

1) 언어의 형태들은 삶의 형태들이다.

2) 주어진(given) 것은 삶의 형태들이다.

3) 일상 언어는 있는 그대로 괜찮은 것이다.

4) 철학자의 임무는 언어나 삶의 형태들을 평가하거나 비판하는 것이 아니
   라, 그것들이 어떻게 운용되는가에 대한 철학적 의구심을 극복하는 데 필
   요한 만큼 필요할 때마다 그것들을 기술하는 것이다.

5) 삶의 독특한 형태들인 다양한 담론談論 형식들은 모두 그들 자신의 논리
   를 가지고 있다.

성격에 탐구의 초점을 맞출 때 독일 철학자들은 주로 언어의 존재론적 의미를 조명
하고 있었다. 그러나 언어에 대한 관심만은 언제나 공통적이고 지속적인 것이어서
20세기를 불과 몇 년 남긴 지금 이 시점까지도 언어의 문제는 철학적 상상력을
자극하는 제일 좋은 논제가 되고 있다고 보여진다. 다만 20세기 초에는 영미 철학의
논리분석적 사고의 '언어적 전환'(The Linguistic Turn)이 강세를 이뤘다면 20세기
후반부에는 또 다른 책 제목이 시사하듯 대륙 철학적 '해석적 전환'(The Interpretive
Turn)이 대세를 이끌고 있는 듯하다. Richard Rorty, ed., *The Linguistic Turn* (Chicago:
University of Chicago, 1967); David R. Hiley, James F. Bohman, & Richard Shusterman,
eds., *The Interpretive Turn: Philosophy, Science, Culture* (Ithaca: Cornell University Press, 1991).

17) Kai Nielsen, "Wittgensteinian Fideism," *Philosophy*, Vol. XLII, no. 161 (July, 1967),
pp. 192 – 3.

6) 하나의 전체로서 간주된 삶의 홑태들은 비평에 의해 고쳐질 수 없다. 각 담론 형식(mode of discourse)들은 있는 그대로 있을 것이다. 왜냐하면 각자는 스스로의 기준을 가지고 있고 또 각자는 스스로의 명증성, 실재, 합리성의 기준을 정할 수 있기 때문이다.

7) 명증성, 실재, 합리성 등 포괄적이고 논란을 불러일으키는 개념들은 조직적으로 모호한 것이다. 그들의 정확한 의미는 삶의 구체적인 문맥에서 결정되는 수밖에 없다.

8) 어떤 철학자가 (아니면 그 누구라도) 담론 형식들이나, 혹은 똑같은 뜻으로, 삶의 방식들 전체를 정당하게 비판할 수 있는 그런 아르키메우스적 기준점은 찾을 수 없다. 왜냐하면 기별적 담론 형식들은 합리성 / 비합리성, 명증성 / 비명증성, 실재 / 비실재에 대한 각자의 독특한 기준을 가지고 있기 때문이다.

이상의 요지에 입각하여 종교언어의 의미와 종교적 신념(religious belief)의 정당성을 역설하는 저자들에는 달라스 하이(Dallas M. High), 패트릭 쉐리(Patrick Sherry), 제임스 리치먼드(James Richimond), 폴 호머(Paul Holmer), 그리고 가장 왕성한 저술 활동을 하고 있는 필립스(D. Z. Phillips) 등을 꼽을 수 있다.[18] 그러나 위에 거론한 이름들은 모두 주제에 대한 단행본을 출판한 저자들만을 거명한 것이고 논문 등을 통해 토론에 참가한 사람들까지 헤아린다면 엄청난 숫자에 이를 것이다.[19] 어떻게 보

---

18) D. Z. Phillips, *Religion Without Explanation* (Oxford; Basil Blackwell, 1976); *The Concept of Prayer* (New York: Seabury, 1981); *Faith After Foundationalism* (London: Routledge, 1988). 필립스는 이외에도 다수의 저작이 있다. Dallas M. High, *Language, Persons, and Belief* (New York: Oxford University Press, 1967); James Richmond, *Theology and Metaphysics* (New York: Schocken, 1971); Patrick Sherry, *Religion, Truth and Language-Games* (London; Macmillan, 1977); Paul Holmer, *The Grammar of Faith* (New York: Harper & Row, 1978).

19) D. Z. Phillips, ed., *Religion and Understanding* (Oxford: Basil Blackwell, 1967); Dallas M. High, ed., *New Essays on Religious Language* (New York: Oxford University Press, 1969);

면 비트겐슈타인 이후의 모든 영미 신학과 종교철학은 광범위한 의미에
서 비트겐슈타인적 신앙주의의 연장이라고 볼 수 있을 듯하다. 가령 몇
년 전에 출판된 퍼거스 커(Fergus Kerr)의 비트겐슈타인 연구서는 특히
자아의 문제에 초점을 맞추어 비트겐슈타인의 심리철학과 신학을 연결
시키는 역작이다.20) 비트겐슈타인의 영향력은 인접 사회과학에서도 두
드러진다. 보통 피터 윈치(Peter Winch)의 저서가 비트겐슈타인적 사회과
학 방법론의 원조를 이룬다고 간주되고 있다.21) 최근 신학자들이 활발하
게 사회과학적 연구방법과의 접목을 시도함에 따라 비트겐슈타인적 신
앙주의의 논쟁도 새로운 차원으로 발전할 가능성도 보이고 있다.

비트겐슈타인적 신앙주의에 관한 위의 간단한 소개에서 가장 핵심이
되는 개념은 역시 '삶의 형태'와 '언어 놀이'이다. 그리고 이것은 후기 비
트겐슈타인 철학의 가장 중심이 되는 두 개념이기도 한 것이다. 따라서
비트겐슈타인적 신앙주의는 주로 후기 비트겐슈타인의 철학과 밀접한
관련을 가져 왔고 상대적으로 전기 비트겐슈타인의 철학에 대해서는 무
관심하였다고 볼 수 있다. 물론 그럴 만한 충분한 이유가 있었다는 점을
먼저 인식할 필요가 있을 것이다. 전기 비트겐슈타인의 철학은 일반적으
로 냉철한 논리적인 엄정성을 요구하는 철학으로 인식되어 왔고 '검증의
원칙'(Verification Principle)으로 악명 높은 이른바 '비엔나 학파'(the
Vienna Circle, Wiener Kreis)의 원조가 된다고 여겨졌기 때문이다. 잘 알
려진 것처럼 그들 주장의 골자는 곧 경험적으로 검증될 수 없는 모든 명

Royal Institute of Philosophy Lectures, *Talk of God* (New York: Macmillan, 1969); Richard
H. Bell, ed., *The Grammar of the Heart* (San Francisco: Harper & Row, 1988). 대략 이런
저서들에 수록된 논문들이 비트겐슈타인적 신앙주의의 경향을 띠고 있다고 할 수
있다.

20) Fergus Kerr, *Theology after Wittgenstein* (Oxford: Basil Blackwell, 1986).

21) Peter Winch, *The Idea of a Social Science and its Relation to Philosophy* (New York: Humanities
Press, 1958).

제는 무의미(meaningless, sinnlos)한 명제이며 그 제일 좋은 예가 다름아닌 신학적 명제들이라는 것이었다.[22) 반면에 후기 비트겐슈타인은 자기의 전기 사상을 부정하면서 특히 명제의 논리성만을 문제삼던 이전의 태도에서 명제의 용법(usage)을 더욱 중요시하는 입장으로 전환하였다. 이제 신학적 명제들은 논리적 엄정성의 잣대에 의해서가 아니라 활용도의 기준에 의해 의미를 평가받게 된 것이라 여겨졌다. 따라서 신학자들의 관점에서는 전기 비트겐슈타인은 악동이고 후기 비트겐슈타인은 은인처럼 생각된 것이 당연한 것이었는지 모른다.

그러나 전·후기 비트겐슈타인에 대한 이러한 단순논리적 구분은 많은 문제점을 안고 있다. 비트겐슈타인이 1951년 서거한 이후 지금까지 철학자들은 과연 전기와 후기 비트겐슈타인이 내용적으로 얼마만큼 단절되며 얼마만큼 연속되는지에 대해 끊임없이 논쟁을 계속해 왔다. 그런데 최근에 들어서는 비트겐슈타인의 철학에 대한 새로운 시각을 보여 주려는 야심적인 저작들이 연이어 발표되고 있다.[23) 이들의 공통적인 특징은 첫째 전, 후기로 나누던 종래 관점에서 벗어나 '하나'의 비트겐슈타인을 강조하며, 둘째 그의 전체 삶과 철학을 관통하여 나타나는 주제들을 조명하고, 셋째 비트겐슈타인 철학의 사상사적 배경을 밝히려고 노력하는 데 있다. 새로운 연구가 여태껏 추구하였고 또 발굴하는 데 성공한 것은

---

22) 종교언어와 '검증 원칙'에 관한 가장 중요한 논문들은『신의 논리』안에 모두 수록되어 있다. Malcolm L. Diamond & Thomas V. Litzenburg, Jr., eds., *The Logic of God: Theology and Verification* (Indianapolis: Bobbs-Merrill, 1975). 기타 입문적 소개를 위해서는 다음 두 권을 참조할 것. 황필호,『분석철학과 종교』(서울: 종로서적, 1984); 마이클 코라도,『분석철학』, 곽강제 옮김 (서울; 서광사, 1986).

23) Allan Janik & Stephen Toulmin, *Wittgenstein's Vienna* (New York: Simon & Schuster, 1973); James C. Edwards, *Ethics without Philosophy: Wittgenstein and the Moral Life* (Tampa: University of South Florida, 1982); Russell Nieli, *Wittgenstein: From Mysticism to Ordinary Language* (Albany; State University of New York Press, 1987); Ray Monk, *Ludwig Wittgenstein: The Duty of Genius* (New York; Penguin Books, 1990).

비트겐슈타인이 윤리적, 종교적, 실존적 문제에 대해 가졌던 강렬한 관심이었다. 이런 연구 경향은 비트겐슈타인에 대한 논리학, 수학철학, 심리철학, 언어철학 등의 기존 접근법과 비교할 때 상당히 파격적이 아닐 수 없다. 새 경향이 종래의 비트겐슈타인적 신앙주의에 미치는 영향도 대단하리라고 믿어진다. 그것은 한마디로 말해 이전처럼 전기 비트겐슈타인을 무시하고 계속 비트겐슈타인적 신앙주의를 말한다는 것은 더 이상 아무 의미도 없을 것임을 뜻한다. 여태껏 신학자들이 기피해 왔던 『논리철학 논고』(Tractatus)의 비트겐슈타인을 다시 심각하게 읽어야 하는 필요성이 제기된 것이다. 그것은 자닉(A. Janik)과 툴민(Toulmin)이 지적하듯 지난 50여 년 간의 Tractatus 해석은 논리실증주의자들에 의해서 독점되고 오도되어 왔기 때문이다.24) 이제 우리는 남은 시간에 Tractatus 를 잠시 살피면서 비트겐슈타인의 종교 가능성의 단서를 알아보기로 하려 한다.

3. 어느 희한한 삶

먼저 간략하게나마 다시 한 번 그의 생애에 대해 언급할 가치가 있을 것 같다. 비트겐슈타인의 생애에 대해 읽는 사람은 어느 누구나 무슨 한 편의 드라마를 대하는 듯한 기분을 갖지 않을 수가 없다. 사람에 따라서 그것은 대하드라마처럼 느껴지기도, 모노드라마처럼 혹은 심지어 사이코 드라마처럼 느껴지기도 할 것이다.25) 이런 다양한 인상들이 모두 나

---

24) Allan Janik & Stephen Toulmin, *Ibid.*, p. 145.
25) 많은 논란을 불러일으켰던 비트겐슈타인 자서전의 어느 저자는 그의 '심리적 허세'에 관해 언급하고 있다. W. W. Bartley, III, *Wittgenstein* (La Salle: Open Court, 1973; revised & enlarged, 1985), pp. 192－7, "Wittgenstein as Psychopomp."

름대로 정당화될 수 있을 정도로 그의 삶은 수많은 모습과 기복을 가지고 있다. 우리는 그의 생애에서 궁극적으로는 한 편의 종교극을 읽어 보려고 목적하기도 한다. 여하튼 그 어떤 종류의 드라마라고 생각하던 간에 그의 삶이 어느 드라마보다도 더 드라마틱하다는 데에는 별로 이의가 있을 수 없다. 그의 생애가 너무나 극적이고 너무나 파격적인 굴절이 많기 때문에 자칫 잘못하다가는 무슨 주간지나 여성지 기사 같은 호기심만을 유발시키지 않나 하는 걱정도 앞서는 것이다.

서둘러 그 삶의 개요만 간추린다면 이런 것이다. 루드비히 비트겐슈타인은 1889년 4월 26일 오스트리아 비엔나의 갑부 집 여덟 번째 아이로 태어났다. 비행기 설계사가 되려고 공부하던 그는 '철학'에 대한 열정에 사로잡혀서 당시 수학철학의 대가인 케임브리지 대학의 버트란드 러셀에게 배우러 간다. 일 년도 못 되어 그는 러셀의 촉망받는 수제자가 되었고, 러셀은 비트겐슈타인이 가르칠 수 있기 위해 교수직을 물려줄까 고려했을 정도로 그의 천재성을 높이 산다. 제1차 세계대전이 일어나자 그는 오스트리아 군에 입대하게 되고 전쟁 동안 다듬었던 철학 노트를 출판하게 된다. 『논리철학 논고』(Tractatus Logico-Philosophicus)라 이름 붙은 이 팜플렛은 관계 철학자들 사이에 엄청난 반향을 몰고 왔고 일군의 비엔나 철학자들은 비트겐슈타인을 자신들의 신철학新哲學 운동의 지주로 삼으려 할 정도였다. 그러나 이 서른 살의 제대 군인이 택한 것은 철학 교수직이 아니라 놀랍게도 첫째 자신의 막대한 유산을 몽땅 남들에게 주어 버린 것과, 둘째 국민학교 선생이 되려고 사범학교에 입학한 것이었다. 벽촌에서 몇 년 간 초등학교 교사를 하다가 사임한 후 수도원 정원사로도 일하고 누이의 저택을 건축하기도 하다가 비트겐슈타인은 마흔 살의 나이에 다시 케임브리지 대학으로 공부하러 가게 된다. 그는 15년 전에 중단하였던 학사 공부를 마치려고 하였으나 대학의 규정상 불가능하였기에 '할 수 없이' 철학박사 학위를 받게 된다. 졸업논문은 이미 10

년 전에 출판한『논리철학 논고』였고, 논문 구술시험은 그가 심사위원
들에게 자기 철학을 강연하는 것으로 대신하였다. 그후 10년 간 케임브
리지 대학에서 철학을 가르치면서 심대한 영향을 주다가 제2차 세계대
전이 나자 교수직을 사임하고 병원의 일꾼으로 취직한다. 전쟁 후 잠시
강단에 복귀하였던 그는 평생의 철학 작업을 마무리하기 위해 퇴직하여
저술에 힘쓰다가 암에 걸려 1951년 4월 29일 서거하였다. 그가 남긴 원
고는『철학적 탐구』(Philosophical Investigations)라는 이름으로 후에 출판
되었는데 그 내용은 이전의 자신의 철학까지도 반박하는 획기적인 것이
었다.26)

이상이 비트겐슈타인이라는 어느 한 사람이 걸어간 생애였다. 혹시 그
가 철학자라는 직업을 갖지 않았다 하더라도 그가 살아간 길이 너무나
'철학적'이어서 일반 독자들도 흥미를 느끼지 않을 수 없을 만큼 그는 뚜
렷했던 삶을 우리에게 보여 준다. 그의 사후에 수많은 추억담과 기억들
이 다투어 출판된 것은 모두 그에 대한 강렬한 인상과 호기심, 그리고
상업적 요구에서 기인했으리라고 보인다. 그러나 그들 중 적지 않은 '추
억담'들이 거의 쓸모 없는 표피적 인상기이거나 중상모략적인 소문
(gossip)이었던 것도 사실이다. 그런데 최근에 출판된 레이 몽크(Ray
Monk)의 비트겐슈타인 평전은 종전에 난무하던 단편적인 회고담들이 풍
기던 부정적인 인상을 모두 정리하였다는 데 큰 의의가 있다.27) 총 654
쪽에 달하는 이 방대한 평전에서 몽크는 그야말로 비트겐슈타인에 관한
모든 자료를 한 권에 모아서 살아 숨쉬는 듯한 비트겐슈타인을 그려 내

---

26) 비트겐슈타인의 생애에 대한 개요는 폰 리히트 교수의 것이 정설로 남아 있다.
Georg Henrik von Wright, "Biographical Sketch," in Norman Malcolm, *Ludwig
Wittgenstein: A Memoir* (London: Oxford University Press, 1958), 국역: "비트겐슈타인의
전기적 소묘" 엄정식 편역,『비트겐슈타인과 분석철학』(서울: 서광사, 1983), 35 –
56쪽.

27) Ray Monk, *Ludwig Wittgenstein: The Duty of Genius* (New York; Penguin Books, 1990).

는 데 성공하였다. 그에 대한 소문뿐만 아니라 소문의 넓은 배경을 같이 들려 주고 있고 비트겐슈타인의 출판된 철학적 명제뿐만 아니라 출판될 수 없었던 철학적 사색까지 읽어 주고 있어 고마운 책이다. 특별히 몽크가 집념을 가지고 추적하고 있는 비트겐슈타인은 삶의 의미에 끊임없이 고뇌하던 비트겐슈타인이다. 다시 말해 흔히 알려진 것처럼 사고의 명증함을 추구하는 논리학자로서의 비트겐슈타인을 넘어서서 생의 궁극적 목적을 갈망하던 익명의 종교인으로서의 비트겐슈타인이 밝혀지고 있는 것이다. 결론적으로 몽크의 평전 이후의 비트겐슈타인 연구는 전혀 새로운 차원으로 전개될 것으로 전망된다.

4. *Tractatus* : 말할 수 있는 것과 말할 수 없는 것

비트겐슈타인은 이른바 '신앙고백적 기독교인'(a confessing Christian)이 아니었던 것은 분명하다. 유대인 혈통이면서도 어릴 때 가톨릭 세례를 받았던 그는 이미 초등학교 때 신앙을 등졌다고 고백하였다.[28] 그럼에도 불구하고 그는 자기가 "종교적인 사람은 아니지만 모든 문제를 종교적인 관점에서 보는 것을 어쩔 길 없다"는 고백도 서슴지 않고 있다.[29] 그의 '종교적인 관점'이라는 표현은 충격적인 것이다. 왜냐하면 이것은 오랫동안 신학자들이 즐겨 애용하던 표현과 일맥상통한다고 보여지기 때문이다. 가령 "하나님의 은총의 빛 안에서"(In the light of the Grace of

---

28) Monk, *Ibid.*, p. 18.

29) M.O'C. Drury, "Some Notes on Conversations with Wittgenstein" & "Conversations with Wittgenstein" in Rush Rhees, ed. *Recollections of Wittgenstein* (Oxford: Oxford University Press, 1984), p. 79. 드루리는 비트겐슈타인의 학생이었고 또 오랜 친구였다. 그의 회고담은 특히 비트겐슈타인의 종교에 대한 생각을 추측하는 데 가장 많은 자료를 제공하여 준다.

God)라는 표현은 '종교적 관점'이라는 말의 신학적 윤색이라고 해도 틀린 말은 아닐 것이다. 그러나 비트겐슈타인의 이 말에 가장 어울리는 역사적 선례는 스피노자(Spinoza)의 "영원의 형상 아래에서"(sub specie aeternitatis)라는 유명한 표어이다. 그러나 세상의 사물을 영원의 형상에 비추어 관찰하고 관조하려던 스피노자와 '종교적 관점'을 견지했다는 비트겐슈타인을 연관시키는 것이 과연 타당한가? 흥미롭게도 비트겐슈타인에 대한 주석가들은 일찍부터 그가 스피노자에게 영향받았음을 감지하였다.[30] 또한 케임브리지 대학의 무어(G. E. Moore) 교수가 비트겐슈타인이 'Logisch-Philosophische Abhandlung'이라고 명명한 책을 'Tractatus Logico-Philosophicus'라고 고쳐 불렀던 것은 바로 스피노자의 'Tractatus Theologico-Politicus'와의 연관성을 의식한 탓이었다.[31]

더욱 분명한 증거는 비트겐슈타인이 스피노자의 "영원의 형상 아래에서"라는 구절을 여러 번 심각하게 그의 철학의 과제로 받아들여 숙고하고 있었다는 사실일 것이다. "……선한 삶이란 영원의 형상 아래에서 보여진 세계인 것이다…… 보통 사물을 보는 방법은 마치 물체들 가운데서 관찰하는 것같이 보는 것이고 영원의 형상 아래에서 본다 함은 물체 밖에서 보는 방법이다. 그렇게 할 때 전 세계를 배경으로 삼게 되는 것이다."[32] 비트겐슈타인이 찾으려고 고뇌하였던 관점은 바로 이처럼 세계를 '배경'으로 삼고 볼 수 있는 관점, 물체들 속에서 물체를 보지 않고 물체 밖에서 볼 수 있는 관점이었다. 그의 모호했던 명제는 이제 그 의미를 드러낸다. "세계의 의미는 세계 밖에 놓여 있어야 한다…… 세계 속에는 가치가 있지 않다. 그리고 만약 가치가 있다면 그것은 아무 가치도

---

30) von Wright, *Ibid.*, p. 9. "간혹 스피노자적 느낌도 감지할 수 있었다."
31) 비트겐슈타인 자신도 새로운 라틴어 이름이 더 좋겠다는 편지를 출판업자에게 보내고 있다. Monk, *Ibid.*, p. 206.
32) Ludwig Wittgenstein, *Notebooks, 1914 − 1916*, trans. by G. E. M. Anscombe (New York: Harper & Row, 1964), p. 83e.

되지 못할 것이다. 정말 가치다운 가치가 있다면 그것은 생겨지고 그렇게 있는 모든 것들(alles Geschehens und So-Seins)의 밖에 놓여 있어야 할 것이다."(T 6.41)[33]

여기서 '세계 속'과 '세계 밖'의 이분법적 구분은 비트겐슈타인의 철학 전체 구조를 이해하는 데 중요한 계기가 된다. 그는 이 두 영역 혹은 두 관점과의 차이를 누구보다도 더 심각하게 받아들였던 철학자라고 생각된다. 이분법적 구분의 대 선구자는 물론 임마누엘 칸트다. 비트겐슈타인과 칸트의 철학은 여러 면에서 비슷하다고 비교되고 있다.[34] 특히 두 사람 사이의 인식론적 관심과 철학의 성격에 대한 관점은 많은 유사점을 보인다. 잘 알려진 대로 칸트는 물자체物自體(Noumena, Ding-ansich)와 현상(Phenomena) 사이의 날카로운 구분을 그의 비판철학의 기초로 삼았다. 그의 『순수이성비판』은 물자체의 세계에 대한 인식의 불가능성과 현상계에서의 인식 가능성을 논한 철학의 고전이다. 『실천이성비판』은 인식 가능성을 넘어서서 윤리 가능성에 대한 탐구를 다루고 있는 또 하나의 고전이다. 비트겐슈타인에게도 칸트와 마찬가지로 이분법적인 '세계 밖'과 '세계 속'의 구분이 근원적이다. 그것은 그가 순수이성비판적인 영역과 실천이성비판적 영역과의 구분을 날카롭게 인지하고 있었다는 것을 의미한다.

그러나 중요한 차이가 있다면 비트겐슈타인에게 있어 '세계 밖'의 영역은 너무 심각하고 심오한 것이라서 함부로 언표言表될 수 있는 것이 아니었다는 점이다. 칸트는 『순수이성비판』을 마친 뒤 자연스럽게 『실

---

33) Ludwig Wittgenstein, *Tractatus Logico-Philosophicus*, tran. by D. F. Pears & B. F. McGuiness (London: Routledge & Kegan Paul, 1961), 국역: 『논리철학 논고』, 박영식·최세만 옮김 (서울: 정음사, 1985). 여기서는 독어본, 영어판, 한국판 모두를 참즈했으며 번역은 국역판을 기초로 하여 개정한 것임. (이후로는 T 번호로 표시함).
34) 수잔 프롬, 『칸트 대 비트겐슈타인』, 김용정·배의용 공역 (서울: 동국대학교 출판부, 1988).

천이성비판』을 저술할 수 있었지만 비트겐슈타인의 경우 윤리학에 해당하는 실천이성적 저서는 쓸 수 없었다. 그것은 그에게 있어 '윤리'는 결코 언어로 논증될 수 있는 것이 아니었기 때문이다. "그렇기 때문에 윤리학의 명제들이 있을 수 있으리라는 것은 불가능하다. 명제들은 자기보다 높은 것은 표현할 수 없다."(T 6.42) "윤리학이 말로 표현될 수 없다는 것은 분명하다. 윤리학은 초월적이다."(T 6.421) 1919년에 쓴 한 편지에서 그는 *Tractatus*에 대해 다음과 같이 적고 있다.

사실상 이 책의 요점은 윤리적인 것이다…… 나는 나의 저서가 두 부분으로 구성된다고 쓰기를 원하였다. 곧 여기 씌어진 것과 내가 쓰지 않은 모든 것들, 그 두 부분이다. 그리고 정확히 이 두 번째(쓰지 않은 것들)가 중요한 부분이다…… 간단히 말해 내 생각은 곧 오늘날 많은 사람들이 떠들어대는 모든 것들에 대해 나는 침묵을 지킴으로써 그것들을 이 책에서 규정했다는 것이다.35)

그러므로 칸트와 비트겐슈타인과의 비교는 오직 『순수이성비판』과 *Tractatus*에서 끝날 수밖에 없다. 두 저서는 각각 순수이성의 '현상계'의 인식 가능성과 '세계 속'에서의 언어와 세계와의 관계를 밝힌 철학의 고전들이다. 그러나 보다 엄밀한 의미에서 *Tractatus*는 『순수이성비판』이 의도했던 것처럼 자연과학적 지식의 기초를 제공하려는 저서는 결코 아니다. 비트겐슈타인의 의도는 오히려 그 정반대인 것처럼 보이기도 한다. 그는 세계 속의 '사물들'(Dinge)의 문제에 대해서는 냉담하다. 자연과학이 발견하였다는 이른바 자연법칙이라는 것은 그것이 정말 '법칙'이라는 아무 확실한 근거도 갖지 못한다고 말한다. "귀납의 과정은 어떤 논리적

---

35) Monk, *Ibid.*, p. 178에서 재인용.

정당성도 갖지 못하고 단지 심리적인 정당성만을 가질 뿐이다."(T 6.363, 6.3631) "우리는 미래의 일들을 현지의 일들로부터 추론할 수 없다. 인과관계에 대한 믿음(Glaube)은 곧 미신(Aberglaube)이다."(T 5.1361) 즉 비트겐슈타인은 칸트 이전 데이비드 흄(David Hume)의 세계로 되돌아간다. 적어도 자연법칙과 인과관계에 대한 생각만큼은 칸트보다는 칸트를 '형이상학적 낮잠'(dogmatic slumber)에서 깨어나게 했던 흄에 더욱 근접해 있다. "태양이 내일 뜬다는 것은 하나의 가설이다. 이것은 우리가 태양이 뜰지를 알지 못한다는 것을 의미한다."(T 6.36311) 비트겐슈타인에게 있어 '안다'(to know)는 동사는 오로지 확실히 논리적으로 알 수 있을 때에만 쓸 수 있는 단어였다. "어떤 일이 일어났기 때문에 다른 일이 일어나야 한다는 강제력은 없다. 필연성은 오로지 논리적 필연성만이 있을 뿐이다."(T 6.37)[36]

'논리적 필연성'이야말로 비트겐슈타인의 모든 관심사이다. 비트겐슈타인이 이 책에서 밝히려고 주력했던 과제는 '세계'와 세계를 구성하고 있는 논리적 구조인 것이다. "세계는 사례事例인 것 모두이다."(T 1: Die Welt ist alles, was der Fall ist) "세계는 사실事實(Tatsachen)들의 총체이지 사물事物(Dinge)들의 총체가 아니다."(T 1.1) "논리적 공간 속의 사실(Tatsachen)들이 세계(Welt)이다."(T 1.13)[37] *Tractatus*는 이런 식으로 첫

---

36) 바로 이 논리적 확실성이야말로 비트겐슈타인이 그의 노트 한 구석에 다음과 같이 모호하게 적었던 이유일 것이다. "'내가 안다' 하는 것은 여기서 논리적인 통찰이다. 단지 실재론만이 이 수단에 의해서 증명될 수 없을 것이다." Ludwig Wittgenstein, *On Certainty* (New York: Harper, 1969), #59.

37) 몽크가 전해 주는 케임브리지 대학생 시절의 비트겐슈타인 예화는 그의 '논리적' 확실성에 대한 집념을 이해하는 데 많은 도움을 준다. 러셀은 어느 편지어 "나의 독일 공학도는 매우 논쟁적이고 귀찮다. 그는 이 방에 코뿔소가 없다는 것이 확실하다(certain)는 것을 인정하지 않으려 한다"고 적고 있다. 후에 러셀은 코뿔소가 없다는 것을 보여 주기 위해 온 방의 탁자, 벽장 등을 열어 보여 주어야 했다고 농담하곤 했다고 전한다. 이 예화가 말해 주는 것은 비트겐슈타인이 추구했던 확실성은 탁자

명제부터 고도로 절제된 언어 표현을 통해 철학적 함축의 극치를 보이며 진행되어 나간다. 좀더 쉽게 말한다면 아무도 그가 무슨 말을 하고 있는 지 확신이 서지 않을 정도로 그의 말은 정제되어 있고 절제되어 있는 것 이다.[38) 여태껏 그의 주석가들은 이 짧은 책에 숨은 의미를 캐어 내기 위해 얼마나 많은 책을 저술해 왔는지 모른다.[39)

    *Tractatus*의 주제는 역시 '명제'와 '실재'와의 관계이다. "명제(Satz)는 실재의 그림(ein Bild der Wirklichkeit)이다."(T 4.021) 이렇게 시작하는 이 른바 언어의 '그림 이론'(picture theory of language)은 유명한 '검증의 원 칙'(verification principle)을 한 단계, 한 단계 논리적으로 설명해 나간다.

    밑을 들추어 보고 알 수 있는 경험적 확실성이 아니라 경험과 상관없는 논리적 확실성이었다는 사실인 것이다. 즉 "세계는 사실들의 총체이지 사물들의 총체가 아니다."(T 1.1) Monk, *Ibid.*, pp. 39 - 40.

38) 비트겐슈타인의 성격은 극도로 절제되어 있고 단도직입적이었다. 그는 화려함이 나 쓸데없는 수식을 병적일 정도로 혐오했다고 한다. 이러한 그의 단면을 여실히 보여 주는 두 가지 유품 중 하나가 바로 이 *Tractatus*이다. 또 하나 기념품은 그가 감독을 맡아 건축하여 준 그의 누이 그레틀(Gretl)의 저택이다. 이 저택의 특징은 모든 장식과 수식을 배제하고 정확한 균형을 통해 정제된 균제미를 보여 주는 데 있다. 폰 리히트의 평처럼 이 건물은 *Tractatus*를 청사진으로 하여 지은 집같이 소박하 지만 강렬한 인상을 풍긴다. von Wright, *Ibid.*, p. 11. 비트겐슈타인의 큰 누이 헤르미 네(Hermine)는 더욱 상세한 예화를 들려 준다. 그의 요구는 너무나 엄격하여 시공을 하는데 '1mm의 1/2의 오차가 생겨도' 용납하지 않았다고 한다. 하루는 천장을 보다 가 어딘가 균형이 맞지 않는다고 정밀하게 다시 측정한 결과 양쪽 끝이 몇cm의 차이가 있는 것을 발견하였다. 시공업자는 울면서 천장을 뜯고 다시 시공하였다고 한다. 방열기 디자인이 마음에 맞지 않아 꼬박 1년을 소비하면서 다시 설계하기도 하였다. 또 창문틀을 꼭 마음에 맞는 것을 사야겠는데 그것만은 너무 비싸 그의 누이도 감당할 수 없었다. 후에 비트겐슈타인은 그 창문을 구입하기 위해 복권을 한 장 산 적이 있다고 고백하였다고 한다. 그의 평생에 딱 한 번 돈 투자를 하였던 경우였다. Hermine Wittgenstein, "My Brother Ludwig," Rush Rhees, ed., *Recollections of Wittgenstein* (Oxford: Oxford University Press, 1984), pp. 8 - 10.

39) 수많은 주석서 가운데 비트겐슈타인의 충실한 제자 중 하나였던 G. Elizabeth Margaret Anscombe의 주석서는 정평이 있다. *An Introduction to Wittgenstein's 'Tractatus'* (New York: Harper, 1963).

"명제는 그것이 그림인 한에서만 무엇을 말해 준다."(T 4.031) "실재는 명제에 의해 예나 아니오[眞僞]만으로 고정되어야 한다. 그러기 위해서 실재는 명제에 의해서 완전히 서술될 수 있어야 한다."(T 4.023) "한 명제를 이해한다는 것은 그 명제가 참될 때가 어떠한 경우인가를 아는 것이다."(T 4.024) 이렇게 검증된 "참된 명제들의 총체가 자연과학의 총체이다."(T 4.11) 즉 자연과학이란 검증될 수 있는 명제들로 이루어져야 하는 학문이다.

반면 철학의 임무는 자연과학과 혼동되어서는 안 된다. 철학의 목표는 '사고의 논리적 명료화'이고 철학의 결과는 여러 가지 철학적 명제들을 생산하는 것이 아니라 오로지 '명제들을 명료하게' 만드는 것이다. "생각될 수 있는 모든 것은 명료하게 생각될 수 있다. 말로 표현될 수 있는 모든 것은 명료하게 표현될 수 있다."(T 4.116) 결론적으로 철학의 본질은 "이론이 아니라 활동(Tätigkeit)"이다.(T 4.112) 철학은 곧 '생각할 수 있는 것'과 '생각할 수 없는 것'을 분명하게 구분하여 주는 활동이다. 그것은 '세계 속'과 '세계 밖'을 구분하여 줄 수 있는 활동이다. 그러나 '세계 밖'을 말한다는 것은 '논리적으로' 불가능하다. 그것은 이미 '영원의 형상 아래에서'를 통해 암시된 것처럼 '세계 밖'을 말할 수 있으려면 우리 자신이 '세계 밖'에 있으면서 '전 세계를 배경'으로 삼을 수 있어야 하는데 그것은 논리적으로 불가능하다. 따라서 '세계 밖'과 '생각할 수 없는 것'에 대하여 말한다는 것은 오로지 그것에 대하여 말하지 않는 방법을 터득함으로써만 가능해진다. 비트겐슈타인에 따르면 여기에 철학의 가장 깊은 의미가 숨겨져 있다. 철학이란 "말할 수 있는 것에 대해서는 분명하게 말할 수 있도록 하여 줌으로써 말할 수 없는 것을 알려 주는"(T 4.115) 활동인 것이다. 바로 이 시점에서 비트겐슈타인은 많은 철학자들을 괴롭힌 명제 하나를 불쑥 던져 놓는다. "보여질 수 있는 것은 말해질 수 없다."(T 4.1212, Was gezeigt werden kann, kann nicht gesagt werden)

　보통 say / show 구분이라고 말하는 이 문장은 대부분의 철학자들에게 수수께끼이긴 했으나 '세계 속'과 '말해질 수 있는 것'에만 관심이 있던 철학자들은 이 수수께끼를 해독하려는 열심을 보이지 않았다. 따라서 '말해질 수 없는 것'이지만 그러나 / 그렇기 때문에 / 그럼에도 불구하고 '보여질 수 있는 것'에 대한 비트겐슈타인의 언급은 중요하게 받아들여지지 못했다. 그러나 비트겐슈타인 자신은 바로 이것이야말로 그의 철학의 핵심이라고 생각했다는 증거가 여러 곳에서 드러난다. 우선 그는 자기의 스승 러셀이 이 문제를 전혀 이해하지 못하고 있다고 느꼈다. 그래서 그는 *Tractatus*를 소개하는 러셀의 서문序文을 읽어 본 뒤 차라리 책을 출판하지 않겠다고 고집하기도 하였다.40) 그 이유는 바로 러셀이 say / show 구분의 심각한 의의를 깨닫지 못한 채 이 책을 '소개'하려 하는 것에 대한 실망에서였다.

　　나는 선생님께서 나의 중요 주장을 잘 파악하지 못하지 않나 염려스럽습니다. 그것에 비하면 모든 논리적 명제 문제는 부수적일 뿐입니다. 이론의 핵심은 명제, 즉 언어로 말해질 수(gesagt) 있는 것(같은 의미에서 '생각되어질 수 있는 것')과, 명제에 의해 말해질 수는 없지만 단지 보여질 수(gezeigt) 있는 것에 대한 것입니다. 이것이야말로 철학의 가장 핵심적 문제(the cardinal problem of philosophy)라고 나는 믿습니다.41)

　이 같은 저자 자신의 항변에도 불구하고 say / show의 의미에 대해 대

---

40) Monk, *Ibid.*, pp. 182 - 4. 러셀은 비트겐슈타인에게 꽤나 관대하였던 것 같다. "나는 내 두 푼짜리 「서문」에는 별로 신경 쓰지 않지만 너의 책이 출판되지 않는다면 정말 섭섭할 것"이라는 러셀의 편지에 비트겐슈타인의 마음도 풀어져서 "선생님 좋을 대로 하십시오"라고 회답을 보내고 있다.

41) Anscombe, *Ibid.*, p. 161에서 재인용.

부분의 주석가들이 침묵을 고집하였던 이유는 무엇일까? 그것은 철학자들이 이러한 구분이 가져올 결과를 받아들일 수 없었기 때문이 아닐까? 말로 할 수 없고 보여질 수만 있는 것이란 곧 논리와 언어의 영역을 넘어서는 것을 의미하고 그런 것에 대한 전통적인 표현은 다름아닌 "신비적인 것"이었다.42) 그리고 논리철학자들이 제일 기피하고 싶은 주제가 있다면 그것은 '신비적인 것'이 아닐 수 없다. 바로 그러한 '신비적인 것'을 비트겐슈타인은 거듭 얘기하고 있는 것이다. "정말로 말로 표현될 수 없는 것들이 있다. 그것은 그 스스로를 보여 준다. 그것은 신비한 것(das Mystische), 그것이다."(T 6.522) 이제 비트겐슈타인의 진정한 관심사는 드디어 그 모습을 드러낸다. 그것은 그가 '쓸 수 없었던 것' '말할 수 없었던 것'이라고 말했던 것으로서 그것의 새 이름은 곧 '신비적인 것'이다. "세계를 영원의 형상 아래에서 본다는 것은 그것을 하나의 전체로, 한계지어진 전체로 본다는 것을 말한다. 세계를 한계지어진 전체로 느끼는 것, 바로 그것이 신비적인 것이다."(T 6.45) "세계가 어떠한가는 높은 존재에게는(das Höhere) 완전히 무관심한 일이다. 신은 세계 속에 자신을 드러내지 않는다."(T 6.432) "신비적인 것(das Mystische)은 세계가 어떻게 있는 것이 아니라 세계가 있다는 그것이다"(T 6.44)

여기까지 이르러서 비트겐슈타인은 자신이 철학의 '모든 문제'를 해결했다고 믿었다. 그는 세계 속의 논리적 구조, 즉 말해질 수 있는 것에 대해서 분명히 말하였고 말할 수 없는 것에 대해서 분명히 말할 수 없음을 밝혔다고 확신한 것이다. 딱딱한 철학서적들 중에서도 더욱 괴이한 *Tractatus*도 이제 결론을 내려야 하는 것이다. 비트겐슈타인은 한 친구에

---

42) 철학적 신비주의의 중요한 구분 중 하나는 'point out'과 'point to'이다. 전자는 신비의 대상을 인간의 언어로 표현해 낼 수 있는 것을 뜻하고, 후자는 대상을 언어로 표현하는 것이 불가능하기 때문에 단지 지적하고 보여 줄 수 있을 뿐이라는 사실을 의미한다.

게 *Tractatus*의 요점은 시작과 끝에 있다고 고백한 적이 있었다. "당분간 나는 네가 (이 책의) 서문과 결론을 읽기를 추천한다. 왜냐하면 그것들이 이런 요점을 가장 직접적으로 표현하고 있기 때문에."[43] 결론에 씌어 있는 것은 *Tractatus*에서 가장 유명한 다음과 같은 문장이다. "우리가 말할 수 없는 것에 대해서 우리는 침묵해야 한다."(T 7, Wovon man nicht sprechen kann, darüber muß man schweigen) 이 마지막 문장은 저자가 책을 시작할 때 서문에서 했던 말이 지나가는 농담이나 겸손이 아니었음을 새삼 깨닫게 한다. "이 책의 모든 의미는 다음과 같이 요약될 수 있다. 어떻게든 말해질 수 있는 것은 명료하게 말해질 수 있으며 말할 수 없는 것에 대해서는 침묵해야 한다…… 만약 이 책이 무슨 가치가 있다면…… 첫째는 이 책 속에 생각들이 표현되어 있다는 것이고…… 여기서 전달된 생각들의 참됨은 거부될 수 없고 결정적인 듯 보인다. 그러므로 나는 모든 본질적인 면에서 문제들의 해결책을 발견했다고 믿는다. 그리고 이렇게 믿는 데에 잘못이 없다면 이 책의 두 번째 가치는 바로 그런 문제들이 해결되었을 때 얼마나 성취한 것이 적은가 하는 것을 보여 주는 데 있다." "누구든 나를 이해하는 사람은…… 결국 나의 명제들이 아무 의미가 없음을 알게 될 것이다. (말하자면 사다리를 타고 올라간 뒤에는 그것을 내던져 버려야 할 것이다.)"(T 6.54)

5. 비트겐슈타인적 신앙 가능성

비트겐슈타인의 '세계 밖'과 '세계 속' '말할 수 없는 것'과 '말할 수 있는 것' '보여질 수 있는 것'과 '말해질 수 있는 것'이라는 일련의 이분

---

43) Monk, *Ibid.*, p. 178에서 재인용.

법적 구분은 그의 철학을 이해하는 데 필수적일 뿐 아니라 신학적 진리와의 대화를 가능하게 해 준다. 기독교 신앙의 기본 명제는 창조주 하나님의 위대함을 찬양하고 그로부터 지음을 받은 우리의 피조물성을 고백하는 것이다. 키에르케고르와 칼 바르트의 유명한 표현을 빌린다면 "하나님은 하늘에 계시고 우리는 땅에 있다는 것"(Gott im Himmel und du Mensch auf Erde)을 고백하는 것이다. 즉 창조주와 피조물 간의 이른바 '무한한 질적 차이'(unendlicher qualitativer Unterschied: infinite qualitative distinction)를 아는 것이 신학의 알파요 오메가라고 할 수 있다. 이렇게 화려한 신학적 명제를 철학적으로 번역한다면 곧 무한無限과 유한有限, 항상恒常과 무상無常, 영원永遠과 순간瞬間, 절대絶對와 상대相對, 물자체物自體와 현상現象, 혹은 세계 밖과 세계 속의 대조로 표현될 수 있을 것이다. 그러나 철학적인 이분법적 구분과 신학적 구분은 물론 그 내용 면에 있어서 굉장한 질적 차이를 가지고 있다. 철학자들의 물자체와 현상 간의 구분이 신학자들의 창조주와 피조물과의 구분에 비견될 수 있다고 함은 오로지 그 형식적(formal)인 차원에서 가능할 뿐이다. 내용적 비교를 한다면 신학자들은 철학자들이 갈하는 것이 오직 뼈대만 앙상한 메마른 내용이라 느낄 것이고 철학자들은 신학자들의 이야기가 온통 쓸데없는 군살로 덮여 있다고 느끼기 십상일 것이다.

그러나 정작 더욱 중요한 비교는 이러한 이분법적 구분의 형식성도, 내용성도 아니다. 신학자들과 철학자들의 중요한 차이는 다름아닌 이분법적 구분에 대한 개인의 접근 방법인 것이다. 다른 말로 한다면 곧 개개인의 삶의 태도라고 할 수 있다. 철학자들은 가령 절대와 상대 간의 형이상학적, 인식론적 괴리를 지적하고 분석하고 극복하는 방안을 모색할 수는 있지만 그것 때문에 절망하거나 자책하거나 끝없이 갈구하며 소망하지는 않는다. 반면 신학자라 하기에 부끄럼없는 신학자들은 언제나 끊임없이 창조주와 우리 피조물 간의 엄청난 존재론적 차이에 송구스러워하고 창조주를 닮으려고 부단히 노력하며 그와 하나되기를 열망하는 것이다. "오호라 나는 곤고한 사람이라, 이 사망의 몸에서 누가 나를 건져내랴!"(로마서 7:24)는 탄식은 오로지 신학자의 입에서만 나올 수 있는 고백이다. 그렇기 때문에 "이제는 내가 산 것이 아니요 오직 내 안에 그리스도께서 사신 것이라"(갈라디아서 2:20)는 역설이 신학자들에게는 가능해진다고 할 수 있다. 그렇기 때문에 철학자들은 탐구할 수 있지만 순교할 수는 없고 신학자들은 구원을 얻을 수는 있지만 해탈을 얻는 것은 거부한다. 철학자가 명상에 몰입할 때 신학자는 기도에 침잠하는 것이다. 매킨토쉬(MackIntosh)가 어느 신학자의 신학을 알아보려면 그의 '기도'에 대한 생각을 알면 된다고 한 말은 언제나 새롭게 들리는 명언이 아닐 수 없다.[44]

철학자와 신학자의 근본적 삶의 태도의 차이에 대한 위의 논평은 물론 지극히 정형화된 고정관념일 수도 있다. 그런데 비트겐슈타인이 보여주는 것은 이런 두 가지 근본적인 태도의 꼭 중앙에 위치하는 제3의 가능성으로서의 삶의 태도이다. 그것은 신학적이라고도 철학적이라고도 할 수 없고 굳이 말한다면 '종교적'이라고 할 수밖에 없는 독특한 삶의 태도를 말한다. 비트겐슈타인에게 "종교의 가능성이 있었다"라는 말로 많은 사람의 호기심을 불러일으킨 장본인은 노먼 말콤(Norman Malcolm)이었다. "나는 그가 종교를 하나의 '삶의 형태'(a form of life)로 간주하였다고 믿는다. 그 자신은 그 삶의 형태에 참가하지 않았으나 그는 그것에 공감을 가졌고 또 대단한 흥미를 느꼈다."[45] 말콤의 이 논평은 비트겐슈타인의 종교에 대한 공식적 태도를 정확히 요약하고 있다고 보여진다.

그러나 말콤이 '종교의 가능성'(the possibility of religion)이라고 했을 때의 '종교'란 신앙고백, 예배 참석, 규율 엄수 등 일반적으로 우리가 '종

---

44) H. R. 매킨토쉬, 『현대신학의 선구자들』, 김재준 역 (서울: 대한기독교서회, 1973), 97쪽.

45) Malcolm, *Ludwig Wittgenstein: A Memoir*, p. 72.

교'라는 말과 결부시키는 외형적인 행동을 뜻하지 않았는지 의심하게 된다. 비트겐슈타인이 종교라는 '삶의 형태'에 참가하지 않았다는 말은 결국 이러한 외형적인 기준으로밖에는 파악할 수 없을 것이기 때문이다. 그렇지만 '종교'와 '종교생활'은 혼동해서는 안 될 것이다. 종교생활은 종교의 한 부분이고 표현일 뿐이지 종교 전체는 아니다. 현대 종교학자들이 잘 보여 주는 것처럼 '종교'는 외형적 행위와 내면적 깊음을 합한 것보다도 더 큰 의미를 가지고 있다.[46] 이러한 구분은 특히 비트겐슈타인에게 있어서는 반드시 필요한 것이다. 왜냐하면 그의 생활에서 공식적인 종교생활은 없었던 반면 '종교'는 넘쳤음이 증명되고 있기 때문이다. 다른 말로 한다면 그는 기성 종교에 대해서는 상당히 부정적인 태도로 일관한 반면 개인의 종교적 삶에 대해서는 뿌리깊은 동경과 열망을 감추고 있었다고 할 수 있다.

비트겐슈타인의 '종교적 삶'의 모습은 그의 생애만큼이나 흥미롭고 극적인 면모들로 가득 차 있다. 비트겐슈타인의 '신앙'은 너무나 독특한 형태를 가지고 스스로를 수많은 에피소드 속에 감추고 있다. 그와 절친했던 친구 엥겔만(Engelmann)이 말해 주듯 "비트겐슈타인의 삶과 저술이 보여 주는 것은 새로운 영성적靈性的 태도(spiritual attitude)"라고 할 수 있다.[47] 그러나 그의 '신앙'을 밝히는 것은 다음 기회를 기다려야 하고 여기서는 이처럼 비트겐슈타인적 '신앙 가능성'만을 지적하는 것으로 만족하여야 할 것 같다.

---

46) 현대 종교학자들은 '종교'라는 것이 얼마나 다양한 면모를 가지고 있는가 하는 것에 거듭 감탄하면서 다각적인 방법으로 이 주제를 연구하고 있다. 니니안 스마트(Ninian Smart)의 경우 종교의 경험적 차원, 신화적 차원, 교리적 차원, 제의적 차원, 사회적 차원 여섯 가지를 분석한다. 『현대종교학』, 강돈구 역 (서울: 청년사, 1986)

47) Paul Engelmann, *Paul Engelmann: Letters from Ludwig Wittgenstein with a Memoir* (New York: Horizon Press, 1968), p. 135. Russell Nieli, *Wittgenstein: From Mysticism to Ordinary Language* (Albany: State University of New York Press, 1987), p. 112에서 재인용.

제3장
신념의 논리:
알빈 플란팅가의 '신념의 기본성' 문제

1. '믿음'의 문제

　이 장에서 다루려는 주제는 '믿음'에 관한 철학적 분석들 가운데 '신념'의 문제에 관한 것이다. 특히 최근 미국 종교철학계에서 큰 논란을 야기하고 있는 이른바 '개혁주의 인식론'(Reformed Epistemology)의 기수인 알빈 플란팅가(Alvin Plantinga)가 제창한 '신 존재에 대한 신념의 기본성'(basicality of belief in the existence of God) 문제를 검토하려고 한다.[1]

---

1) 기본적인 용어의 번역에 관해 분명히 할 필요가 있을 것 같다. 평범해 보이는 단어인 영어의 'faith'와 'belief'를 과연 어떻게 번역하느냐 하는 것은 사실 보통 어렵고 중요한 문제가 아니다. 현대 종교철학에서는 이 두 개념에 대한 토론이 광범위하게 진행되고 있어서 이 단어들은 거의 전문 학술용어가 되다시피 하였기 때문이다. 따라서 'faith'와 'belief'를 제대로 번역하고 그 이유를 충분히 설명한다는 것은 곧 종교철학에서의 논쟁 전반을 소개한다는 이야기가 될 것이다.

긴 이야기를 줄여서 결론만 말한다면 이 장章에서 'faith'는 '믿음' 혹은 '신앙'으로, 'belief'는 '신념'으로 번역하여 사용하였다. 먼저 'faith'는 대체적으로 신에 대한 인격적인 신뢰와 헌신을 뜻하고(실존론적). 'belief'는 신이 존재한다는 명제에 대한 긍정을 뜻한다(명제론적). 흔히 'believe in'과 'believe that'으로 구분하는 것, 혹은 마르틴 부버처럼 'Ich und Du'와 'Ich und Das'의 구분을 연상하면 되겠다.

따라서 여기서 'belief'는 보다 중립적이고 명제론적인 의미를 살리기 위해 '신념'으

플란팅가가 이끄는 개혁주의 인식론이 종교철학에 가져온 영향에 관해 우리 나라에서는 별반 토의가 없었던 것 같다. 사실 개혁주의 인식론 같은 최근 학설은 고사하고라도 믿음과 신념에 관한 고전적인 논쟁들도 제대로 소개되지 않았고 알맞게 소화되고 있지 않은 듯하다. 종교철학의 가장 중요한 논제 중 결코 **빼놓을** 수 없는 것이 바로 '믿음과 신념'(faith and belief)에 관한 철학적 분석임을 상기할 때 이는 곧 우리 나라에서 종교철학이 그만큼 많은 미완성의 과제를 안고 있음을 보여 준다고 할 수 있다.[2]

그렇지만 믿음에 관한 철학적 논쟁들은 우리에게 아직 낯설지 몰라도 '믿음'이라는 단어 자체는 너무나 친숙한 말이다. 더군다나 한국의 기독

로 번역하였다. 실제로 현대철학의 인식론에서 활발히 전개되고 있는 "discussion about the status of belief"는 결국 "신념에 관한 논쟁"이라 해야 할 것이다. 다만 이 장에서 말하고 있는 '신념'은 "신의 존재에 관한 신념"(belief in the existence of God)을 줄여서 부르는 말이라는 점을 주의할 필요가 있다. 플란팅가 자신이 이 점을 분명히 하고 있다. Alvin Plantinga, "Reason and Belief in God," in Alvin Plantinga & Nicholas Wolterstroff, eds., *Faith and Rationality: Reason and Belief in God* (Notre Dame: University of Notre Dame, 1983), p. 19. (우리가 검토할 주된 대상인 이 논문은 이후로 *RBG*로 줄여서 호칭하겠음).

신에 대한 인격적 신뢰와 실존론적 헌신으로서의 'faith'는 '믿음'과 '신앙' 두 가지로 번역되고 있는데 전자는 특별히 기독교적 의미이고 후자는 세계 종교적 의미에서다. 즉 '믿음'은 기독교에서 말하는 *pistis*와 그것에 대한 오랜 해석의 역사를 지칭하는 고유명사적 의미를 뜻하고 '신앙'은 세계 종교 전반에 걸쳐 나타나는 신에 대한 신뢰를 의미하는 보통명사라고 하겠다.

한 마디만 더 부연한다면 'God'은 여기서 주로 '신'으로 번역하였다. 그것은 '신념'과 균형을 이루어 중립적인 어감을 전달하기 위함이다. 그러나 본 장의 후반부에서 '믿음'의 의미가 더욱 두드러지는 부분에서는 자연스럽게 '하나님'으로 대체하기도 하였다. 즉 이 글에서 '신'과 '하나님'은 문맥의 편의성에 따라 자유롭게 전환하여 사용되고 있을 뿐이다.

2) 수년 전에 번역 출판된 종교철학 교과서에 플란팅가의 이론이 비교적 쉽고 자세하게 소개되어 있다. 마이클 피터슨 외, 『종교철학』하종호 옮김 (서울: 이화여자대학교 출판부, 1994), 제7장, "신에 관한 논증 없는 지식: 유신론은 기반을 필요로 하는가?" 202 − 35쪽.

교인들에게 가장 낯익고 귀중한 단어가 바로 이 '믿음'이라고 해도 과언
이 아닐 것이다. 사실 모든 기독교인이 가장 아끼는 어휘 중 하나가 두말
할 것도 없이 '믿음'이다. 한 분 하나님과 그의 독생자 그리스도에 대한
믿음이야말로 기독교인을 기독교인 되게 하는 열려진 비밀이기 때문이
다. 그런 까닭에 예수께서는 안타까운 심정으로 "믿음이 없이 표적만 구
하는 악한 세대"를 한탄하였고 "믿음이 약한 제자들을" 꾸짖으셨던 게
아닌가. 이처럼 악하고 약한 인간들이 부활과 오순절 경험을 통해 변화
되어 "믿음을 부끄러워하지 않노라"고 고백하기 시작한 것은 놀라운 사
건이 아닐 수 없었다. 그 '믿음'을 지키기 위해 "환란 중에 기뻐하며" 성
난 사자들의 먹이가 되기조차 마다하지 않았던 초기 교인들의 순교 행렬
은 세속 역사가의 눈에도 설명하기 어려운 사건으로 각인되었던 것이다.
인간들을 변화시키고 나아가 인간의 역사적 발전까지도 변화시켰던 이
믿음의 힘이 너무나 경이로웠던 까닭에 '믿음'은 결국 하나님의 선물이
라고 간증될 수밖에 없었을 것이다.

'믿음'이라는 단어는 기독교인들에게 가장 친숙한 말일 뿐 아니라 또
한 가장 위대한 말이라고 해도 지나치지 않다. "의인은 오로지 믿음으로
살리라"라는 구절은 현재의 삶뿐 아니라 죽음 뒤의 영원한 삶까지도, 육
체의 삶뿐 아니라 영혼의 삶까지도 주장하는 지상 명령이었다. 한마디로
기독교인이란 곧 '믿는 사람'이었다. 마르틴 루터가 "믿는 사람들아, 군
병 같으니"라고 찬송한 것처럼 기독교인에게 가장 어울리는 또 하나의
이름은 다름아닌 '믿는 사람'이었다. 그래서 심지어 우리 나라 말의 일상
용법에서조차 '믿는 사람' 혹은 '신자信者'라는 일반적인 표현이 우독 기
독교인들을 지칭하게 되었음을 볼 수 있다.

또한 '믿음'은 기독교인들에게 가장 역설적이고 가장 오묘한 단어이
다. 예를 들어 성경에는 분명히 믿음의 역설적 측면이 거듭해서 강조되
고 있다. 아브라함이 하나뿐인 아들 이삭을 바치기까지 순종한 믿음과

십자가 위의 도둑이 그의 마지막 순간에 고백한 믿음은 하나님 보시기에 똑같이 아름다운 믿음이라는 역설성이 그것이다. 하루종일 일한 사람과 마지막 한 시간 일한 사람이 똑같은 품삯을 받는다는 복음서의 비유는 우리의 상식을 식상하게 할 수밖에 없을지 모른다. 그러나 세상에서 손가락질 받던 세리와 창녀들이 사람들로부터 존경을 받던 바리새인보다 오히려 더 칭찬받을 믿음을 가졌다는 예수의 말씀은 '믿음'의 본질에 대하여 언제나 우리를 겸손하게 생각하도록 만든다. 상식적인 기준에서 본 열등생이 우등생보다도 오히려 더 훌륭한 믿음을 가졌다고 하는 이 말씀은 우리로 하여금 정말 "믿음은 성적순이 아니잖아요?"라고 반문하게 만드는 것이다.

믿음의 본질을 아는 것은 복음의 진수를, 천국의 비밀을, 하나님의 섭리를 가늠할 수 있는 가장 중요한 단서일 것이다. 신학교육이란 한마디로 이 '믿음'의 내용을 더욱 잘 알려는 것 이상도 이하도 아니라고 말할 수 있다. 따라서 신학대학 도서관들은 믿음에 대한 글들과 책들로 이미 초만원을 이루고 있다. 믿음의 의미를 보다 쉽게, 보다 분명하게, 보다 강하게, 보다 깊게, 보다 권위 있게 주석하기 위해 이미 어마어마한 양의 문헌들과 이론들이 씌어졌고 또 씌어질 것이다. 신약성서에서 '믿음' (*pistis*)이라는 단어가 쓰여진 범위와 내용에 관해 루돌프 불트만이 『키텔 신약성서 사전』에 기고했던 유명한 논문에서 시작해서 셀 수 없을 만큼 많은 논문이 성서에서의 '믿음'의 의미를 탐구하고 있다.[3] 또한 교회사와 교리사의 저서들은 저마다 믿음과 행위, 신앙과 이성, 믿는 자의 배교 가능성, 믿음의 효용성, 믿음의 주체 문제, 믿음의 결과 등의 주제들을 다

---

3) Rudolf Bultmann, "Pistis,"(πίστις) in *Theologisches Worterbuch zum Neuen Testament* (TWNT), Vol. VI, pp. 174 – 230. 영어 번역본인 *Theological Dictionary of New Testament* (TDNT)에 실린 논문은 특별히 단행본으로 출판되었다. Rudolf Bultmann and Artur Weiser, *Faith* (London: Adam & Charles Black, 1961).

루고 있다. 그것은 결국 바울로부터 초대 교부들, 아우구스티누스, 아퀴나스, 루터, 칼빈, 슐라이어마허, 바르트 등으로 이어지는 기독교 교리사에서 가장 중요한 문제가 다름아닌 올바른 '믿음'의 신학이었기 때문이다.[4] 최초의 예루살렘 회의로부터 시작해서 니케아 회의 등 수많은 회의를 거쳐 제2차 바티칸공의회에 이르기까지 교회사의 중요 회의들을 관통하고 있는 의제 역시 '믿음'의 문제라고 할 수 있을 것이다.

그러나 우리가 믿음의 중요성에 관하여 많이 듣는 것만큼이나 자주들을 수 있는 것이 바로 믿음의 위기에 관한 이야기들이다. 강단에서 설교되는 말씀에도, 신학자들의 저서에도, 평신도들의 대화 속에서도 믿음에 대한 위기 의식이 진하게 배어 있다. 한 주간 내내 사회생활을 하다가일요일 하루에 교회를 찾게 되는 평신도들은 이미 그 어느 성직자들이나신학자들보다도 더 예리하게 '믿음'이 당면한 어려움을 피부로 느낀다. 이 세속화된 사회와 그 삶의 문맥에서 '믿음'의 가치는 극히 고립되어 있는 것처럼 느껴지지 않을 수 없는 것이다. 성스러운 시간은 불과 일요일오전 잠깐이며 성스러운 장소인 교회는 거대한 도시에서 휘황찬란한 건물들 사이에 포위되어 있는 것만 같게 보인다. 중세 때 마을 한복판 언덕위에 세워져 주민들의 경배를 받던 교회가 지금은 상가 건물 지하층에세 들어 있지 않은가?[5] 그래서인지 믿음의 기쁨에 대한 설교만큼이나 빈번하게 믿음을 지키기가 얼마나 힘든지에 대한 설교가 평신도들을 향하여 들려진다. "이 세상을 이기라! 이 세상을 멀리하라! 이 세상은 악하니

---

4) 믿음의 문제에 대한 역사적 조감을 위해서는 Louis P. Pojman, *Religious Belief and the Will* (London: Routledge & Kegan Faul, 1986) 참조.

5) 교회 건물에 대한 이러한 공간적 비유(metaphor)는 흥미로울 뿐만 아니라 사실 세속화된 사회에서의 교회와 신앙의 위상을 다른 어느 이론보다도 더 선명하게 보여준다. 실상 '세속화'(secularization)라는 말의 근원은 "교회의 땅을 빼앗기다"라는 것에서 유래하였다고 한다. 기독교에 디친 세속화의 문제에 대한 많은 훌륭한 저서 가운데 하비 콕스의 『세속도시』는 아직도 새롭게 다시 한 번 읽을 가치가 있는 책이다.

라!" 그러다 보니 믿음의 내용에 대한 긍정적 권면보다는 불신앙에 반대하는 부정적 충고가 더 주종을 이루기도 한다. 아니, 그것보다도 정말 큰 문제는 이렇게 거듭되는 설교를 통하여 그만 세상에 대한 부정이 곧 믿음에 대한 긍정이라고 손쉽게 단정하는 습관이 생기는 것일는지 모른다.

신학자의 임무는 이처럼 세속화된 현대 사회에서 믿음이 당면하는 고립의 위험과 그 설교의 어려움을 심각하게 진단하고 처방을 내리는 데 있다. 과연 '믿음'의 의미는 무엇이며 특별히 오늘을 사는 우리에게 있어 그 의미는 무엇인가? 과연 우리는 무엇을 믿을 수 있고 무엇을 믿을 수 없는가? 기독교에서 가장 전통적인 고백서의 하나인 「사도신경」에 관한 해설서를 최근에 출판한 한스 큉은 다음과 같이 말문을 열고 있다. "어느 현대인이라도 즉각적으로 '과연 우리가 이 사도신경 전체를 믿을 수 있단 말인가?'라고 묻지 않을 수 없을 것이다."[6] 큉은 곧 이어 그의 문제의식을 더욱 자세히 설명하고 있다. "코페르니쿠스 이후 400여 년, 갈릴레이 이후 300여 년, 칸트 이후 200여 년, 그리고 다윈 이후 100여 년이 된 지금(그들 모두는 애초에 로마 교황청에 의해 배워서는 안 되는 이론으로 정죄받은 적 있지만), 나는 「사도신경」의 모든 말 한 마디 한 마디가 코페르니쿠스ー 이후, 칸트ー 이후, 다윈ー 이후 그리고 아인슈타인ー 이후의 언어로 번역되어야만 마땅하다고 생각한다……."[7]

과연 큉 자신이 자기가 말한 교리의 번역에 성공하고 있는지는 여기서 우리의 관심사가 아니다. 대신 문제의 핵심은 큉이 코페르니쿠스, 갈릴레이, 칸트, 다윈 등 서구 근대의 주요 사상가들과의 연대기적 상관관계를 통해 믿음의 위기를 파악하고 있다는 사실이다. 즉 다시 말해 그는 믿음의 위기가 바로 근대에서 발생했으며 서구 근대야말로 기독교 신앙

---

6) Hans Küng, *Credo: The Apostles' Creed Explained for Today*, translated by John Bowden (London: SCM Press, 1993), p. 7.

7) *Ibid.*, p. 9.

에 큰 도전을 준 시대라는 것을 분명히 하고 있는 것이다. 바로 이 점을 현대 신학자들 대부분이 공감하기 때문에 신학자로서의 임무는 곧 기독교 신앙과 근대정신을 어떻게 조화시키느냐는 데 있다고 간주하게 되었다. 그 결과는 근대신학 전체가 '호교론적 신학'(apologetic theology) 혹은 '변명하는 신학'으로 전락하는 것으로 나타났다고 조지 린드벡(George Lindbeck)은 지적한다.[8]

'서구 근대'(the Modern West)라는 시대는 인류의 역사 발전에서 특히 매력적인 시기다. 바로 이 기간 동안 과학문명이 싹트고 정치혁명이 진행되고 산업발전을 이룩하기 시작했음은 주지의 사실이다. 곧 근대는 인류를 무지에서 깨어나게 하고 암흑으로부터 광명으로 이끌게 한다는 자신감에 가득 차 있던 시대였다. 그래서 근대인들은 중세의 '암흑 시대'(Dark Age)가 끝나고 빛으로 가득 찬 '광명 시대'(Enlightenment, Aufklärung)가 열렸다는 흥분을 가지고 있었다. 우리가 보통 '계몽주의'라

---

8) George A. Lindbeck, *The Nature of Doctrine: Religion and Theology in a Postliberal Age* (Philadelphia: Westminster Press, 1984), passim. 여기서 'apologetic'이라는 말은 전통적인 '변증론'이라는 적극적 의미보다는 오히려 '변명적, 사과하는'이라는 소극적 어감을 가지고 있음을 유념할 필요가 있다. 근대신학 전반에 관한 이러한 부정적 평가는 린드벡과 한스 프라이(Hans Frei)를 중심으로 한 이른바 예일 학파의 주요 특징 중의 하나라고 할 수 있다. 그래서 예일 학파의 일원인 윌리엄 플래춰의 책은 제목부터 『변명이 필요 없는 신학』이라는 도전적인 것이다. William C. Placher, *Unapologetic Theology: A Christian Voice in a Pluralistic Conversation* (Louisville, KY: Westminster / John Knox, 1989).
예일 대학의 교리사 교수 린드벡이 근대신학 전체를 일종의 '호교론적 신학'이라고 평한 것은 나름대로 일리가 있는 주장이라고 보여진다. 그는 위의 저서에서 교리사를 '인식 – 명제적' '경험 – 표현적' '문화 – 언어적' 세 차원으로 분류하고 근대신학의 여러 이론들이 대체적으로 '경험 – 표현적' 유형에 속하며 그것은 곧 근대인으로서의 삶의 경험을 신학적으로 해석하여 표현하려는 신학들이라고 주장한다. 『종교론: 교양 있는 문화적 경멸자에게 고함』이라는 슐라이어마허의 저서가 근대신학의 효시가 된다는 사실은 근대신학이 이처럼 '경험 – 표현적' 호교론의 동기에서 비롯되었음을 잘 시사해 준다. 이어서 트뢸취와 틸리히의 '상관 방법'이 또 하나의 좋은 예가 될 것이다.

고 번역하는 이 말은 원어적 어감으로는 곧 '빛이 비추인 시대'인 것이다.

그러나 20세기 마지막을 살고 있는 우리는 '근대'에 대한 무한한 신뢰를 이제 더 이상 가지지 못한 세대이다. 오히려 우리는 이미 '근대 이후' 혹은 '포스트모던'의 시작을 얘기하고 있다. 즉 과거에 근대인들이 중세 천 년을 한눈에 조감하며 '암흑 시대'라고 평할 수 있었던 것처럼 우리도 근대 수백 년을 되돌아보며 한마디로 평가할 수 있는 전략적 고지에 서게 되었다고 할 수 있다. 이것은 특히 신학자들에게 서구 근대를 조감할 수 있는 특권을 허락하여 주는 것 같다. '신에 대한 믿음'을 전공하는 신학자들의 눈에도 과연 중세가 암흑의 시대였으며 근대는 광명의 시대였다는 근대인들의 상식이 올바른 것일 수 있을까? 오히려 포스트모던의 고지에 서서 '믿음'의 시각으로 역사를 돌이켜본다면 차라리 중세의 찬란한 신앙의 광명이 근대에 들어서서 암흑의 시대로 바뀌었음을 관찰할 수 있지 않을까?

이처럼 우리는 지금 지난 근대 수백 년의 역사를 재평가할 수 있는 좋은 관망대에 이르러 있다. 특히 근대에 발생하였던 믿음의 위기에 관해 여러 가지 흥미로운 관측들이 제시되고 있다.[9] 그것들 중 하나가 바로

---

9) 서구 근대에서 믿음의 위기에 대한 가장 통렬한 비판은 종교철학자나 신학자 아닌 종교학자 윌프레드 캔트웰 스미스에 의해 수행되었다. 그는 『신념과 역사』라는 저서에서 '믿음' 혹은 '신앙'(faith)이 어떻게 근대 서구에서 '신념'(belief)으로 변질되고 오염되어 갔는지를 역사적으로 추적하고 있다. Wilfred Cantwell Smith, *Belief and History* (Charlottesville: University Press of Virginia, 1977). 이 저서는 신앙과 이성의 문제를 추구하는 종교철학자들에게 신선한 충격을 준 바 있다.

그러나 '믿음' 문제에 대한 스미스의 더욱 큰 공헌은 그의 역작인 『신앙과 신념』 속에 담겨 있다. 그는 이 책에서 '신앙'과 '신념'이 질적으로 틀린 것임에도 불구하고 근대인들은 신념을 신앙으로 착각하고 대치해 왔다고 통박한다. 나아가 '신앙'은 인류에게 고유한 자질임을 역설하면서 '보편적 신앙' 혹은 '신앙의 보편성'을 강조한다. *Faith and Belief* (Princeton: Princeton University Press, 1979). 종교사학자로서의 폭넓은 지식과 성찰에 의거한 그의 주장은 『세계신학을 향하여』라는 저서에서 일종의 종교신학의 기초를 탐구하는 데로 이어지게 된다. *Towards a World Theology*

우리의 주제인 플란팅가의 종교철학적 접근이다. 그는 근대에서 야기된 '믿음'의 문제를 새로운 시각에서 재평가하는 독창적인 제안을 내놓고 있다. 종교철학자로서 플란팅가는 믿음의 위기가 유래된 철학적 기원을 조사하고 믿음의 구조에 대한 철학자들의 편견을 수정하려 한다. 결론부터 미리 말한다면 신에 대한 믿음은 지극히 '이성적'이고 '합리적'이라는 것이다. '믿음'을 다시 '믿음'답게 재환원시키려는 그의 노력을 보고 '포스트모던적 종교철학자'라고 평하는 사람도 있음은 흥미로운 일이 아닐 수 없다.

2. 알빈 플란팅가와 개혁주의 인식론

알빈 플란팅가(Alvin Plantinga)라는 이름은 아직 국내에 지극히 생소한 것 같다. 일반인은 고사하고 신학을 전공하였거나 심지어 종교철학을 전공하는 이들에게조차 잘 알려진 편이 아니다. 과연 그는 누구인가? 한마디로 말해 플란팅가는 현재 미국 최고의 종교철학자라는 영예를 받기에 합당한 사람이라고 할 수 있다. 지난 30년 간 그는 미국에서 종교철학의 새로운 영역을 개척하고 확장시키는 데 지대한 영향력을 행사해 왔다. 그의 학문적 성과로 인해 흔히 '개혁주의 인식론' 혹은 '칼빈주의 종교철학'으로 지칭되는 하나의 새로운 형식(jenre)이 형성되었다고 해도 과언은 아니다.10)

(Philadelphia: Westminster Press, 1983). 스미스의 사상은 종교다원주의 논쟁에 큰 영향을 주었고 특히 '신神중심주의'를 주장하는 존 힉의 이론적 뒷받침이 되고 있다. John Hick, *An Interpretation of Religion: Human Responses to the Transcendent* (New Haven: Yale University Press, 1989), p. xiii 등. 그러나 스미스 자신은 힉의 신학적 주장에 전적으로 동의하지 않는다는 사실을 강조할 필요가 있을 것이다.
10) 대체적으로 말해 전통적, 보수적, 또는 정통적 기독교 신앙관에 입각하여 분석철학

플란팅가는 무엇보다 먼저 철학계에서 인정받는 철학자로서 미국철학회 서부지역 회장을 역임할 정도로 탄탄한 철학적 기반을 자랑한다. 그가 1963년에 발표한『필요성의 본질』은 분석철학에서 중요한 문제 중의 하나인 필요성에 대한 내용을 담은 중요한 저서로 인정받고 있다.[11] 그러나 플란팅가를 특별한 철학자로 만드는 것은 그의 철학적 역량이 아니라 다름아닌 그의 신앙관이다. 그는 자타가 공인하는 칼빈주의자이고 그것도 문자 그대로 타협할 줄 모르는 칼빈주의자라는 데에 그의 독특함이 있다. 그는 미국에서 화란 개혁주의의 본산인 칼빈 대학(Calvin College in Grand Rapids, Michigan)을 졸업하고 모교에서 20여 년 간 후진을 양성한 정통 칼빈주의자이다. 유명한 철학자들과 저명한 개혁주의 신학자들은 물론 수없이 많지만 보수적인 칼빈주의 신앙관과 뛰어난 분석철학적 논리성을 함께 가지고 있는 한 사람의 학자를 만나기란 쉬운 일이 아니다. 플란팅가의 독특한 매력과 업적은 바로 여기에 기인한다고 할 수 있다.

그의 생애에 대해 조금 더 상세히 소개할 필요가 있을 것 같다. 그는 1932년 미시간의 앤 아버(Ann Arbor)에서 태어났다. 태어날 당시 미시간 주립대학 철학과 박사과정 학생이었던 아버지 코넬리우스 플란팅가(Cornelius A. Plantinga)는 화란 개혁주의 교회의 목사였고 칼빈 대학의 심리학 및 철학 교수로 오래 봉직하였다. 이 대학의 주요 이념은 화란의 유명한 정치가이자 암스테르담 자유대학을 창시한 교육자였던 아브라함 카이퍼(Abraham Kuyper)에게서 깊은 영향을 받고 있었다.

적 방법을 가지고 기독교 교리를 변증하려는 일군의 종교철학자들이 바로 이들이라고 할 수 있다. 플란팅가를 위시하여 윌리엄 알스톤(William Alston), 니콜라스 월터스트로프(Nicholas Wolterstroff), 에반스(C. S. Evans), 메롤드 웨스트팔(Merold Westphal), 토머스 모리스(Thomas Morris) 등이 주축을 이루고 있고 자신들의 전문학술지인 *Faith and Philosophy* 등을 통하여 왕성한 발표 활동을 하고 있다. 그러나 이들 모두가 한 목소리를 내고 있는 것은 물론 아니며 특히 칼빈주의적 배경은 몇몇 사람들에게 국한되어 있기 때문에 '칼빈주의적 종교철학'이라고 부르는 것은 오해인 것 같다.

11) Alvin Plantinga, *The Nature of Necessity* (Oxford: Oxford University Press, 1963).

알빈 플란팅가는 처음에는 하버드 대학 철학과에 입학하여 두세 학기 정도를 다녔다고 한다. 그러다가 어느 봄방학 때 자기 부친이 있는 칼빈 대학에 놀러 가서 그 학교의 철학 교수인 젤레마(William Harry Jellema)의 강의를 청강하게 되었다. 마침 그 강의는 '근대와 근대철학'에 관한 것으로 지난 수백 년 동안 근대철학이 얼마나 기독교 신앙을 오도하였고 오염시켰는지에 대해 열강하는 것을 듣고 플란팅가는 깊은 감명을 받아 급기야 하버드를 포기하고 칼빈 대학으로 전학하게 되었다. (젤레마 등의 칼빈주의적 근대철학 해석에는 동의하지 않는다고 하여도 그처럼 명문대학의 철학과 학생을 전학시킬 만한 열정과 박식함이 부럽지 않을 수 없다!)

플란팅가는 미시간 대학 석사를 거쳐 예일 대학 철학과에서 박사학위를 취득하였다. 젤레마가 1963년 은퇴한 후 그의 후임이 된 그는 20여 년 동안 칼빈 대학에서 많은 논문을 발표하고 제자들을 양성하였다. 칼빈 대학의 대명사였던 플란팅가가 1982년 유서 깊은 가톨릭 대학인 노트르담(University of Notre Dame)으로 옮긴 것은 상당한 소문거리를 제공하였다. 미국 중부 인디애나 주에 자리잡은 노트르담 대학의 철학과는 미국 내에서 종교철학 전공 교수와 학생 수가 가장 많은 것을 자랑하는 곳이다. 가톨릭 종교철학의 아성인 대학에 진품 칼빈주의 철학자가 과장으로 초청받아 가는 일은 아무리 도든 것이 가능한 미국이라고 해도 상상하기 어려운 일이다. 또한 그 스스로 밝히고 있듯이 파격적인 봉급과 대우를 보장받았다고 한다. 여하튼 플란팅가는 그 후부터 노트르담에서 왕성한 활동을 계속 해 오고 있다.[2]

12) 보다 자세한 내용을 위해서는 플란팅가 자신이 쓴 자서전적 수필을 참조할 것. Alvin Plantinga, "A Christian Life Partly Lived," in Kelly James Clark, ed. *Philosophers who Believe: The Spiritual Journeys of 11 Leading Thinkers* (Downers Grove: InterVarsity Press, 1993), pp. 45－82. 이 책에는 플란팅가 말고도 다른 저명한 철학자들의 신앙 수기가 담겨져 있어 흥미롭다.

3. 입증의 문제

그렇다면 과연 플란팅가 사상의 핵심은 무엇인가? 우리는 으레 유명한 철학자라면 자신의 '사상'을 가지고 있다고 생각하기 때문에 위의 질문은 자연스럽게 들린다. 그러나 플란팅가와 같은 영미 분석철학자에게 '사상'이라는 말은 잘 어울리지 않을 수 있다. 어떤 중요 주제를 중심으로 하나의 완벽한 사상 체계를 발전시켜 나가려는 독일이나 프랑스 철학자들과는 달리 현대 영미 철학자들은 철저히 개별 문제 중심으로 논리적 분석과 천착을 실행하는 까닭이다. 따라서 플란팅가에게서는 어떤 잘 가꾸어진 사상체계를 발견하기보다 무엇보다 먼저 잘 정리된 논쟁 방법을 읽을 수 있다. 바로 이러한 뛰어난 논증법이 철학자로서의 플란팅가의 명성을 뒷받침하고 있는 것이다. 어떤 의미에서는 영미 분석철학에서 더욱 중요하다고 생각되는 것은 사상의 내용이 아니라 그것을 표현하는 방법인 것 같은 생각이 들기도 한다. 곧 무엇을 주장하느냐는 것보다는 어떻게 주장하느냐가 철학자로서의 평판을 좌우하는 결정적 기준이 되는 셈이다. 이른바 후기분석철학(post-analytic philosophy)의 기수인 리처드 로티(Richard Rorty)는 미국 철학자들의 지나친 논리 우선주의, 논증 지상주의를 날카롭게 비판한 바 있다. "(분석철학에서) 중요한 것은 공통 문제나 공통 계보가 아니라 공통 (논쟁) 기술(skill)이라는 것이다…… '과학적'이란 곧 '논쟁적'을 의미하게 된 것이다."[13]

어찌되었건 이러한 논리적 분석과 논증의 탁월함은 특히 플란팅가에게 아주 중요한 도구이고 자산이 아닐 수 없다. 그 까닭은 그의 주장의 핵심이 다름아니라 종교에 대한 철학적 판단 그 자체를 철학적으로 분석해야 한다는 것이기 때문이다. 근대 철학자들은 지난 수백 년 간 신학적

---

13) Richard Rorty, "Philosophy in America Today," *Consequences of Pragmatism* (Minneapolis: University of Minnesota Press, 1982), p. 220.

주장들을 이리저리 마음껏 분석하고 판단해 왔다. 그러나 철학자들의 분석과 판단 그 자체가 과연 얼마나 철학적이고 논리적이었는지는 불만스럽게도 미처 심각하게 검증되지 않았다. 종교철학자로서 플란팅가의 독창성은 바로 이 점을 주목하고 주장하는 데 있다. 철학자들의 분석에 대한 분석을 하기 위해서 당연히 그의 논리적 분별력은 뛰어나지 않으면 안될 것임을 짐작할 수 있다.

사실 플란팅가 철학의 기본 발상은 지극히 단순한 것이다. 그는 철학자들이 신학자의 주장을 반박하는 것을 멈추고 이제 철학자들 스스로의 주장을 증명할 필요가 있다고 말한다. 어떤 A라는 명제를 반박하는 것과 A가 아니라는 명제 (non A, -A)를 증명하는 것과는 큰 차이가 있다는 착안이다. A에 대한 부정이 곧장 non A의 긍정을 논리적으로 보장하지 않는다. 진리주장으로서의 non A라는 명제는 역시 철저히 검증되고 증명되어야 할 것이라는 주장이다. 이처럼 플란팅가의 기본 전략은 신학적 진리에 대한 철학적 비판을 비판으로서만 받아들일 것이 아니라 그 자체를 진리명제로 취급하여 옳고 그름을 따져 보자는 것이다.

종교철학 교과서마다 빠짐없이 등장하는 이른바 '신 존재 증명'의 문제가 좋은 예가 된다. 대부분의 교과서들은 1) 우선 신이 존재한다는 명제에 대한 신학자들의 여러 논증방법들을 소개한 다음, 2) 그것들에 대한 철학자들의 반대논증을 소개한 후, 3) 결론적으로 신 존재 증명은 완벽하지 않은 논증이라고 끝맺게 된다. 신 존재 증명이 논리적으로 성립되지 않는다는 것은 결국 4) 이 논증이 실패이며 그것은 신의 존재를 부정하는 의미라고 상식적으로 해석되어 왔다.

그러나 플란팅가는 1)과 2)는 인정한다고 하여도 3)의 결론은 많은 문제가 있고 더군다나 4)의 '논리적' 해석은 지나치게 비약적이라서 사실상 '비논리적'이라고 주장한다. 신의 존재를 부정하는 철학자가 있다면 그는 스스로 1a) '신 존재 부정 논증'을 펼쳐서, 2a) 그것에 대한 신학자들의 반대 논증을 완전히 반박할 수 있어야 신은 존재하지 않는다는 자신의 명제를 진리로 성립시킬 수 있을 것이다. 만약에 이 철학자가 신학자들의 반대 논증을 논리적으로 충분히 물리칠 수 없다면, 3a) 결론적으로 '신 존재 부정 논증'은 실패이며, 4a) 그것은 신의 존재를 인정하는 의미로 해석할 수 있겠느냐고 플란팅가는 반문한다.

보다시피 여기서 플란팅가의 요점은 아주 간단한 것이다. 미국 사람들이 즐겨 쓰는 표현처럼 그는 '신 존재 증명'이라는 논증의 공을 신학자들이 무신론적 철학자들에게 던져 버리면 된다고 말한다. 이제 공은 당신들 편으로 넘어갔으니 어디 실컷 신이 존재하지 않는다는 증명을 해 보라는 말이다. 만약에 그렇게 증명할 자신이 없다면 그 공을 다시 우리에게 넘기라고 말하며 그는 미소짓는다. 플란팅가는 이와 같이 신학적 입장과 반신학적(atheological) 입장 사이의 균등한 스포츠맨십을 주장하는 것이다.[14]

---

14) '반신학적'(atheological)이라는 용어는 그가 무신론 진영의 논증 책임을 구체화하기 위하여 만든 말이다. Alvin Plantinga, *God, Freedom, and Evil* (Grand Rapids: Eerdmans, 1974), passim. 그러나 주의할 점은 플란팅가의 이 용어와 해체신학자(deconstruction theologian)인 마크 테일러의 '반反/신학神學'(a/theology)이라는 개념과 혼동하지 않는 일이다. Mark C. Talor, *Erring: A Postmodern A/theology* (Chicago: University of Chicago Press, 1984).

물론 무신론 입장의 철학자들이 여기에 쉽게 수긍하지 않는 것은 당연하다. 그들은 한마디로 이 논증의 공이 자기 진영으로 넘어 오는 것을 결코 용납하지 않으려 한다. 현재 가장 유명한 무신론적 논쟁가인 안소니 플루(Anthony Flew)는 "무신론자란 적극적으로 신의 부재를 주장하는 사람이 아니라(적극적 무신론자) 단순히 유신론자가 아닌 사람(소극적 무신론자)"일 뿐이기 때문에 아무것도 적극적으로 증명할 의무가 없다고 반박한다. 따라서 '입증'하여야 할 의무는 전적으로 유신론자에게 달려 있다는 것이다. Anthony Flew, "The Presumption of Atheism," in Terry L. Miethe and Anthony G. N. Flew, *Does God Exist?: A Believer and an Atheist Debate* (San Francisco: HarperSanFrancisco, 1991), pp. 7 − 8.

그러나 마이클 마틴 같은 무신론적 철학자들은 바로 이러한 '적극적 무신론'(positive atheism)을 '입증'하기 위하여 500여 쪽에 달하는 책을 쓰기도 한다. Michael Martin, *Atheism: A Philosophical Justification* (Philadelphia: Temple University Press, 1990).

다른 비유로 말한다면 플란팅가는 신 존재를 증명하기 위한 훌륭한
변호사와도 같다. 그의 변론의 핵심은 바로 '거증 책임'(burden of proof)
의 문제이다. 보통은 신의 존재를 주장하는 사람들이 신의 존재를 입증
할 부담을 가지고 있고 만약 증명하지 못할 때는 논증에 실패하는 것으
로 간주되었다. 그러나 플란팅가는 반대로 신의 존재를 부정하는 이들에
게도 똑같이 거증할 책임을 물어야 한다는 것이다. 유신론자들과 무신론
자들은 50 대 50으로 똑같이 거증 책임을 가져야 할 것이다. 만약 어느
한쪽도 충분한 증거를 제출할 수 없다면 이 논쟁은 무승부가 될 수밖에
없다는 주장이다.15) 또 설령 유신론 측이 더 많은 거증 책임을 가져야
한다고 하더라도 플란팅가에 따르면 이 논쟁은 결코 끝나지 않을 것이라
고 한다. 우리 나라 헌법 제27조에도 나와 있듯이 피의자는 유죄라는 확
실한 판결이 나오기 전까지는 무죄이다. 따라서 무신론자들이 확실히 자
신의 주장을 입증하지 못하는 한 신학자들의 주장은 정당한 것이라고 그
는 주장한다.16)

---

15) 이 점에 관해서도 무신론 철학자들은 다른 입장을 보인다. 예를 들어 스크리번
  (Michael Scriven)은 유신론, 무신론 논쟁 모두가 실패할 경우라면 무신론을 택하는
  것이 '당연하다'고 말한다. 그러나 플란팅가는 대체 "신이 존재한다"라는 명제와
  "신이 존재하지 않는다"는 명제 간의 논리적 차이가 무엇인가를 거듭 질문한다.
  왜 이 두 명제의 논리적 위상이 틀리게 취급되어야 하는가? "신이 존재하지 않는다"
  는 부정적 형식 명제가 "신은 존재한다"라는 긍정적 형식의 명제보다 더 특별한
  취급을 받는다면 그것은 "순전히 임의적인 지적인 제국주의"일 뿐이라고 반박하는
  것이다. Plantinga, *RBG*, p. 28.
16) 이러한 재판이나 변호사 등의 법률적인 이미지는 사실 영미 분석철학자들을 이해
  하는 데 큰 도움이 된다고 생각된다. 리처드 로티도 분석철학자의 제일 좋은 모델은
  다름아닌 '변호사'라고 말하고 있다. Rorty, *Ibid.*, p. 221. 특히 미국 사회에서 '변호사'
  가 가지는 이미지와 어울린다는 뜻이라고 볼 수 있다. 말꼬투리를 잡는 논쟁을 통하
  여 천하의 죄인도 무죄로 만들 수 있는 변호사일수록 '훌륭하고 유능한' 변호사라고
  칭찬받는 것이 미국의 현실이라고 한다. 미국 분석철학자들의 '머리카락을 쪼개는
  듯한'(hairsplitting) 비생산적인 논리 공방이 이런 '유능한' 변호사들을 연상시킨다는
  빗댐이다.

위와 같은 변론으로 인해 플란팅가는 '부정적 변증론자'(negative apolo-getician)라는 평가를 얻었다. 즉 그는 적극적으로 신학적 주장을 변증하기보다는 부정적으로 반신학적 주장의 취약성을 공격하는 변호사인 셈이다. 그런 까닭으로 인해 그는 일종의 '신앙주의자'(fideist)라고 공격받기도 하였다. 가장 논리적인 논증을 표방하고 있지만 사실 그는 자신의 신앙을 논리적인 포장지로 교묘히 은폐하는 궤변론자라는 것이다. 여기서 그는 새로운 전략을 구상하게 되고 그것은 보다 적극적으로 신앙의 논리성을 획득하려는 움직임으로 나타나게 된다. 지난 10여 년 간 그는 줄기차게 어떻게 신앙이 '합리적'이고 '이성적'일 수 있는가 하는 문제와 씨름해 오고 있다. 그 대답이 바로 '신념의 기본성'(the basicality of belief)의 개념으로 구체화된 것이다.

4. 증거주의와 기초주의의 문제

흔히 철학은 이성적, 논리적, 합리적이고 종교는 감정적, 비논리적, 비합리적이라는 식으로 손쉽게 이분화되어 왔다. 그러나 플란팅가는 이러한 상식적인 이분법에 반대하며 과연 철학이 얼마만큼 논리적, 이성적이며 종교는 왜 비이성적, 비논리적이라고 평가하는지를 질문한다. 그가 비교의 대상으로 선정한 것이 바로 '신념'(belief)의 문제이다. 우리는 수많은 신념을 가지고 살아가는데 그 중에는 상식적 신념, 철학적 신념, 그리고 신학적 신념들이 포함되어 있다. 가령 1) 지구는 둥글다, 2) 인간은 이성적인 동물이다, 3) 신은 존재한다 등이 그 각각의 예에 해당된다. 보통 1)과 2)는 정당한 신념이고 합리적이라고 간주되는데 유독 신학적 신념인 3)신은 존재한다라는 명제는 부적절하거나 주관적 신념이라고 여겨진다. 신의 존재에 대한 신념은 보편적이지 않은 까닭에 객관적, 합리적 신념이 아니라는 것이다. 플란팅가는 바로 이 문제를 분석하여 그 논리적 모순을 지적하고 신 존재에 대한 신념이 지극히 합리적이고 이성적임을 증명하려는 것이다. 그런데 많은 사람들을 놀라게 한 것은 플란팅가가 신의 존재에 대한 신념이 "전혀 증거가 없거나 증명이 없을지라도" 전적으로 옳으며 합리적, 이성적이며 적절하다고 주장한다는 점이다. 바로 그것이 그가 말하는 "신 존재에 대한 신념의 기본성" 제안이다.[17]

플란팅가는 신학적 신념을 주관적이라고 평가절하하게 만드는 두 가지 주된 원인을 지적한다. 첫째는 '증거주의'(evidentialism)이고 둘째는 '기초주의'(foundationalism)이다. 이 두 가지 모두 근대 서양 철학사 전반에 걸쳐 너무 깊게 뿌리내리고 있어서 거의 상식화될 정도이다. 특히 기초주의는 데카르트 이후 근대철학의 가장 근본적인 이념으로 군림해 오고 있다. 증거주의도 실상은 기초주의라는 원칙 위에서 가능한 개념이라고 할 수 있다. 그래서 플란팅가의 주공격 목표는 바로 기초주의이다. 신학적 신념에 대한 편견의 주범이 다름아닌 기초주의이기 때문에 그 오류를 시정하고자 하는 것이다.

먼저 증거주의란 간단히 말해 충분한 증거가 없다면 그것을 믿을 권리도 없다는 주장이다. 데이비드 흄이 말한 것처럼 "현명한 사람은…… 증거에 비례하여 신념을 지닌다"는 말이 표어가 된 셈이다. 그런데 이러한 증거주의자들의 눈에 유독 '현명하지 못하게' 보이는 사람들은 다름아닌 신의 존재를 믿는 사람들이다. 신에 대한 믿음이란 증거가 충분치 않을 뿐만 아니라 오히려 증거와 반비례하는 것처럼 보이기 때문이다.[18] 그래서 증거주의자들은 종교가와 신앙인들의 '증거 불충분한 신념'을 두

---

17) Plantinga, *RBG*, p. 17 & p. 39.
18) '믿음'에 대한 이러한 인상을 더욱 부추긴 것은 다름아닌 몇몇 '신앙주의자'(fideist)들이었음을 부정할 수 없다. 키에르케고르의 "진리는 역설적이고 역설적인 것만이 진리이다" 혹은 세스토프의 "2+2=5라고 믿을 수 있는 것이 훌륭한 믿음이다" 등이 그 예라고 하겠다.

들기는 것을 큰 소명으로 삼곤 하였다. 그 중에서 가장 유명한 사람이 이른바 「신념의 윤리」(The Ethics of Belief)라는 논문을 쓴 19세기 영국 법률가 클리포드(W. K. Clifford, 1845~1879)이다. 그의 주장은 문자 그대로 신념의 윤리적 성격에 관한 것으로서 정당한 이유 없이 신념을 가지는 것은 그 자체로 죄가 된다는 극단적인 지적이다. 그의 유명한 결론은 아직도 심심찮게 찬반 논란을 일으키고 있다. "요약컨대 언제 어느 곳에서 어느 누구든지 불충분한 증거 위에 믿는 것은 잘못된 일이다." (To sum up: it is wrong always, everywhere, and for anyone to believe anything upon insufficient evidence.)[19]

그러나 증거주의의 모순을 지적하기는 쉬운 일이라고 플란팅가는 말한다. 우리는 수많은 신념들을 가지고 있다. 내가 존재한다는 것부터 시작해서 나의 부모가 나를 낳았다는 것, 이 집이 앞으로 한 시간 내에 무너지지 않으리라는 것, 내일도 아침이 오리라는 것, 최자실은 순복음교회 목사님이었고 최진실은 인기 좋은 탤런트라는 것 등이 우리가 가지고 있는 '신념'들이라고 할 수 있다. 그러나 과연 우리들은 그런 수많은 신념들에 대한 '증거'들을 충분히 가지고 있다고 말할 수 있는가? 최자실 목사의 본명이 최진실이고 최진실이 실은 최자실이었을 가능성은 그리 어렵지 않아 보인다. 미국에는 미국 사람들이 살고 있고 미국 말을 한다는 신념의 경우는 어떨까. 정말 미국이라는 나라가 있다는 증거가 있기에 우리는 미국의 존재를 믿는 것인가? 물론 '미국'에 다녀온 사람들이 이 글을 읽는 사람들 중에도 수없이 많겠지만 과연 그곳이 '미국'이라는

---

19) 클리포드가 제기한 '신념의 윤리' 문제는 그 당시뿐만 아니라 현재까지도 열띤 논쟁의 불씨를 제공해 왔다. 가령 윌리엄 제임스(William James, 1842-1910)의 유명한 '믿으려는 의지'(The Will to Believe)라는 논문은 클리포드의 주장을 반박하기 위해 씌어졌다. 클리포드와 제임스 논문들을 비롯하여 다른 관계된 글들이 잘 정리되어 있는 다음의 책을 참조할 것. Gerald D. McCarthy, ed., *The Ethics of Belief Debate* (Atlanta: Scholars Press, 1986).

'증거'를 우리는 확실히 가지고 있다고 말할 수 있을까? 또 어느 날 갑자기 나의 출생의 비밀이 드러나서 나의 '진짜' 부모는 가락국의 김수로왕과 고구려의 평강공주라는 사실이 밝혀지지 않으리라는 충분한 증거가 있는가? 물론 이런 쓸데없는 고민을 하는 사람이 있다면 그(그녀)를 표현할 말은 수없이 많지만 그래도 가장 점잖게 말해 '돌았다'고 해야 할 것이다.

즉 플란팅가가 지적하고자 하는 것은 증거주의란 정말 '돌지 않고서는' 주장할 수 없는 이론이라는 점이다. 어떻게 그 수많은 신념들의 '증거'를 일일이 다 챙긴다는 말인가? 간단히 말해 우리는 그렇게 낭비할 만한 충분한 시간이 없는 것이다. 그렇다면 왜 유독 종교적인 신념만을 지적해서 충분한 증거가 없이 믿는 죄를 범한다고 하는가? 플란팅가는 그것을 '지적인 제국주의'라고 말한다.[20] 같은 이유로 다른 유명한 종교철학자인 필립스는 모든 명제의 증거를 요구하는 증거주의를 아예 '철학적 정령신앙(animism)'이라고까지 혹평하는 것이다.[21]

이러한 자체 모순으로 인해 증거주의는 필연적으로 기초주의라는 더 세련된 이론의 뒷받침에 의존할 수박에 없다고 플란팅가는 진단한다. 기초주의란 어떤 신념이 합리적인 신념이 되기 위해서는 우리가 믿기에 기초를 형성하는 일련의 명제들과 정당한 방법으로 연결되어야만 한다는 견해이다. 즉 기초주의는 합리적인 인지구조(noetic structure)에 대한 이론인 것이다. 인지구조란 "우리가 믿는 명제들의 집합 및 그것들과 우리 간의 특정한 관계를 말한다."[22] 우리들 신념의 인지구조는 기초적인 신념들과 비기초적인 신념들로 이루어져 있다. 기초적인 신념은 문자 그대로 더 이상 증거가 필요 없는 기초적인 사실들에 대한 신념이다. 반면

20) Plantinga, *RBG*, p. 28
21) D. Z. Phillips, *Faith after Foundationalism* (London: Routledge, 1988), p. 4 & p. 7.
22) *RBG*, p. 48.

비기초적인 신념들은 필히 증거를 필요로 하는 신념들이다. 그리고 그 증거는 오로지 기초적인 명제에 의거해서 받아들여질 수 있다.[23] 그렇다면 과연 기초적인 명제들이란 무엇이며 그 기준은 무엇인가? 철학자들은 '정당하게 기본적'(properly basic)인 사실들이 기초적인 명제를 구성하며 그 기준은 명제가 "자명하던가 혹은 감각적으로 분명하던가"(either self-evident or evident to the senses) 하는 것이라고 말한다.[24]

기초주의의 주장은 다음 세 가지 요점으로 다시 정리될 수 있다.

1) 모든 합리적 인지구조에는 기본적(basic)으로 받아들여진 일련의 신념들이 있다. 즉 다른 신념들에 근거해서 받아들여지지 않고 기본적으로 받아들여진 신념들이다.

2) 합리적인 인지구조 내의 비기본적(nonbasic)인 신념은 기본적인 신념들이 제공하는 증거에 비례하여 정당성을 갖는다.

3) 합리적인 인지구조 안에서 기본적 신념들은 자명하거나 오류불가능(감각적으로 분명하거나)하다.[25]

이상 세 가지 요점에서 1)과 2)는 우리들의 신념 체계 즉 인지구조에 대한 것이고 3)은 그 기준에 대한 것이다. 플란팅가는 인지구조에 대한

---

23) 플란팅가 자신의 정의는 다음과 같다. "기초주의에 따르면 어떤 명제는 정당하게 기초적이고 어떤 명제는 그렇지 않다. 기초적이지 않은 명제들은 증거의 토대 아래서만 이성적으로 받아들여질 수 있다. 그리고 그 증거란 궁극적으로 정당하게 기초적인 것으로 소급되어야만 한다." Op., cit.

24) 플란팅가가 '고전적 기초주의자'(classical foundationalist)라고 명명한 것은 다시 '고대와 중세 기초주의자들'과 '근대 기초주의자들'로 나뉠 수 있다. 전자가 주로 "자명하거나 감각적으로 분명한 것" (either self-evident or evident to the senses)을 내세웠다면 데카르트, 로크 등 후자는 "자명하거나 오류불가능한 것"(either self-evident or incorrigible)의 기준을 말한다. *RBG*, pp. 58-9.

25) *RBG*, p. 72.

설명으로서의 기초주의는 받아들이지만 우리의 인식 기준으로서의 기초
주의는 배척한다. 즉 기초주의가 단순히 우리의 신념 체계와 인식 구조
를 기술할(descriptive) 때는 아무 둔제가 없으나 그것의 규범을 정하려고
(normative) 할 때 모순이 생긴다는 것이다.

　"자명하거나 감각적으로 확실하다"는 것은 과연 얼마만큼 그 스스로
자명하거나 확실한 것인가? 서양 철학사의 문맥에서 볼 때 초기의 기초
주의자들은 이 원칙을 문자 그대로 신봉할 수 있었다. 가령 아퀴나스에
게 "내 앞에 한 그루 나무가 있다"(There is a tree before me)라는 명제는
감각적으로 확실하다고 받아들여질 수 있었다. 그러나 이미 데카르트에
이르러서는 "내가 한 그루 나무를 보고 있다는 것이 나에게 그럴 듯해
보인다"(It seems to me that I see a tree)라는 보다 겸손한 명제로 전환되
지 않으면 안 되었다. 즉 외계 사물인 '한 그루 나무'의 실재 그 자체를
확인할 인간의 인식 능력에 대한 반성이 진행된 탓이다. "나는 생각한다,
고로 존재한다"(Cogito ergo sum)라는 표어로 근대철학을 탄생시킨 데카
르트는 결국 '나'라는 자아가 관계되는 한도 내에서만 외부의 물체에 대
해 확신을 가질 수 있었던 것이다. 그런데 현대 철학자 치좀(Roderick
Chisholm)에 이르면 이러한 감각적 확실성은 한 걸음 더 겸손하게 후퇴
한다. 치좀에 따르면 우리가 가장 확실하게 말할 수 있는 것은 "나에게
녹색으로 보인다"(I am appeared greenly to)라는 명제라야 한다. 가장 기
본적으로 자명하고 확실하게 남는 것은 결국 '나'와 나에게 비친 원형적
인 감각자료일 뿐이다. '한 그루의 나무' 혹은 '나무가 있다'라는 명제는
이미 제2차적 사고의 결과로서 언어적 분별과 습관적 신념 때문에 가능
할 수 있다는 것이다.26)

---

26) *RBG*, p. 58. 서구 철학사에서 이러한 인식론적 변화와 불교의 인식론을 비교하는
　것은 흥미로운 일이 아닐 수 없다. 불교철학의 묘미는 우리들의 감각과 판단작용이
　습관적으로 범하는 오류를 각성시키는 데 있다고 볼 수 있다. 우리의 인식작용 혹은

여기서 플란팅가가 이끌어 내는 결론은 "자명하거나 감각적으로 확실하다"는 기본적 사실의 기준은 결국 '누구에게 확실하거나 자명하다는 의미에서'라고 수정되어야 한다는 것이다. 즉 '정당하게 기본적'이라는 것은 "누구에게 정당하게 기본적이다"(properly basic to someone)라는 의미로 사람에 따라 '상대화'(relativized to persons)되지 않으면 안 된다. 객관적 규범으로서의 기본성(basicality) 기준이 이처럼 상대화된다는 것은 곧 기초주의의 붕괴를 의미할 수밖에 없다는 것이다.[27]

5. 신념의 기본성 : '하나님을 아는 지식'

이상과 같이 플란팅가는 유신론적 신념을 부정해 왔던 근대철학의 증

인지구조 전체를 포괄하는 말이 불교에서는 곧 색수상행식色受想行識 다섯 가지인데 그 하나 하나가 결국 '비었다'[空]는 것을 깨달을 때 우리는 참 진리를 발견할 수 있다고 말한다. 그리하여 색즉시공 공즉시색色卽是空 空卽是色이며 수즉시공 공즉시수受卽是空 空卽是受 등의 유명한 구절이 나오게 되는 것이다. 마찬가지의 의미에서 우리의 언어 판단은 참된 실상을 오히려 그르치고 끊게 한다, 곧 언어도단言語道斷이라고 말한다.

27) *RBG*, p. 56. 여기서 플란팅가 자신은 더 이상 길게 설명하고 있지 않지만 현대 인식론의 입장에서 볼 때 기초주의는 이미 집중적으로 비판받아 빈사 상태에 이르렀다고 평가되고 있다. 콰인(Willard Quine)의 유명한 논문인 '경험주의의 두 가지 교리'에서 날카롭게 해체되고 있는 것이 다름아닌 기초주의의 이 두 가지 기준이라고 할 수 있다. W. V. O. Quine, "Two Dogmas of Empiricism," *From a Logical Point of View* (New York: Harper & Row, 1961). 콰인 이후 셀라(Wilfred Sellar), 굿맨(Nelsen Goodman), 퍼트남(Hilary Putnam), 파이어아벤트(Paul Feyerabend) 그리고 푸코(Michel Foucault)와 데리다(Jacques Derrida) 등 철학자들은 각자 전혀 다양한 철학적 내용들을 주장함에도 불구하고 서구 철학의 뿌리깊은 기초주의를 공격하는 데는 모두 한 목소리를 내고 있다고 보여진다. 그러나 기초주의에 대한 가장 결정적이고 가장 잘 알려진 공격으로는 역시 리처드 로티의 『철학과 자연의 거울』이라는 문제작을 들지 않을 수 없다. Richard Rorty, *Philosophy and the Mirror of Nature* (Princeton: Princeton University Press 1979).

거주의와 기초주의를 분석하고 반박하였다. 그러면 기초주의의 몰락이 그에게 뜻하는 의미는 무엇인가? 실로 플란팅가의 증거주의, 기초주의에 대한 시비는 오래된 것이다. 그는 예전부터 기초주의 인식론이 가지는 약점을 꾸준히 지적해 왔으며 이러한 기초주의의 취약성에 착안하여 유신론의 근거를 마련하려고 노력해 왔다. 예를 들어 초기의 저작인 『신과 다른 존재들』에서 그는 우리가 인식론적으로 나 이외에 다른 사람들이 존재한다는 '확실하고 결정적인' 증거와 기초를 말할 수 없다면 신의 존재에 대해서도 역시 똑같은 판단이 내려져야 할 것이라고 강변하였다. 즉 다른 사람들, 다른 정신들이 존재한다는 결정적인 증거가 확보될 수 없음에도 불구하고 그들의 존재를 믿는 것이 지극히 '합리적'인 것같이 신이 존재한다는 결정적인 논증이 불가능하더라도 신의 존재를 믿는 것은 '합리적'일 수 있다는 주장이었다.[28]

그러나 남의 불행이 곧 나의 행복이 되고, 남의 불화가 나의 화평이라고 생각한다면 그렇게 얻은 행복과 화평은 불안한 것일 수밖에 없을 것이다. 신의 존재를 믿는 신념이 진정으로 '합리적'이려면 철학적 인식론의 약점에만 의지할 수 없음이 분명하다. 그래서 플란팅가는 예전의 소극적, 방어적 전략을 뒤로 하고 보다 적극적으로 유신론적 신념을 변증하려고 시도한다. 그것은 자기가 열심으로 싸웠던 바로 그 기초주의를 끌어안음으로써 유신론적 신념에 떳떳한 '기초'를 제공하려는 시도로 나타나게 된다. 곧 기초주의의 폐허 위에 다시금 개혁주의적 기초주의의 아성을 건설하려는 의도이다. 칼빈의 신학적 유산에 의거하여 기초주의

---

28) Alvin Plantinga, *God and Other Minds: A Study of Rational Justification of Belief in God* (Ithaca: Cornell University Press, 1967), 특히 pp. 187 – 271 참조. 이러한 철학적 논증이 전문 학자들에게는 참신할 수 있지만 일반인의 상식적인 판단에는 역시 궤변으로 들릴 수밖에 없을 것이다. 플란팅가 자신도 자기 아내에게 이 책의 골자를 설명했을 때 그녀는 "아주 바보 같은 이야기군요."라고 반응하였다고 적고 있다. Plantinga, "A Christian Life Partly Lived," p. 60.

와 증거주의에 대한 새로운 해석으로서의 개혁주의적 인식론을 제안하는 것이다.

그의 개혁주의 인식론은 두 단계의 전략을 가진 것처럼 보인다. 그 하나는 수정된 기초주의를 받아들여 유신론적 신념의 정당성을 확보하는 것이고 또 하나는 새로운 기초주의를 제창하는 것이다. 전자는 상대화된 기초주의를 뜻하지만 후자는 기초주의의 절대적 측면을 의미한다. 이 두 가지 상충되는 전략을 어떻게 조화시킬 것인지에 플란팅가 철학의 성패가 달려 있다고 보여진다.

이미 살펴본 바와 같이 플란팅가는 기초주의의 세 가지 주장 중 1) 기본적 신념과, 2) 비기본적 신념으로 우리의 인지구조가 이루어져 있다는 것을 받아들였다. 그리고 3) 자명한 것과 감각적으로 분명한 것의 규범성은 3a) 사람에 따라 상대적일 수밖에 없음을 밝혔다. 이렇게 재해석된 기초주의가 지시하는 요지는 자명성과 감각적 확실성(오류불가능성)이 신념의 기본적 구조를 제공하는 것은 사실이지만 그것은 시대와 지역에 따라, 개인에 따라 상대적일 수밖에 없다는 사실이다. 바로 이 시점에서 플란팅가는 신의 존재에 대한 신념과 기초주의와의 환상적인 화해를 주선하려 한다. 그것은 수많은 사람들에게 신의 존재가 가장 '자명하고 오류불가능'하게 받아들여지고 있다는 사실을 확인함을 뜻한다.

신자들이란 신의 임재하심을 이 세상 무엇보다도 확실하게 알 수 있다고 믿는 사람들이다. 설령 하나님의 섭리와 비밀을 다 알 수 없기에 의심이 생길 때는 있다 하더라도 하나님이 존재하심 그 자체는 전혀 의심의 여지가 없는 자명한 사실로 받아들인다. 그래서 그 혹독한 시련과 고통 중에서도 욥은 하나님이 "살아 계심을 알고 있다"(I know that He lives……)라고 고백하는 것이다(19:25). 어떤 철학자들은 여기서 욥이 "알고 있다"(I know)라는 표현 대신 "믿고 있다"(I believe)라고 했어야 더 정확했으리라고 지적하기도 한다.[29] 물론 근대철학적 의미에서 '안다'는

말을 자신 있게 하기에는 이른바 '증거'가 부족하다는 뜻에서이다. 그러
나 이런 비판은 성경의 세계와 신앙의 의미를 제대로 알지 못하고 하는
말이다. 성경에는 단 한 번도 하나님의 존재를 '증명'하는 구절은 나타나
지 않는다. 그것은 전혀 그럴 필요를 느끼지 않기 때문이다. 성경은 하나
님의 존재를 증명하려는 책이 아니라 그의 영광을 찬양하는 책이다. 마
찬가지로 신자들은 신의 존재를 증명할 필요성을 전혀 느끼지 않는다.
하나님의 살아 계심은 신자들의 가장 기본적인 확신이기 때문이다.[30]

따라서 플란팅가에 의하면 신의 존재에 대한 신념은 기본적 사실이
갖추어야 할 자명성과 감각적 확실성의 두 기준을 완전히 만족시키는 것
이다. 신자들이 하나님의 살아 계심을 안다고 하는 것은 어떤 논증이나
추론의 결과가 아니라 가장 일차적인 감각의 결과이다. 가령 "신은 나에
게 말씀하셨다" "그는 나를 사랑하시고 구속하신다" "하나님은 나를 벌
하신다" 등의 명제는 신자들이 경험하는 가장 원형적인 감각자료라는 것

---

29) Vincent Brummer, *Theology & Philosophical Inquiry: An Introduction* (Philadelphia: Westminster, 1982), p. 205.

30) 성경에서 '안다'와 '믿는다'는 날카롭게 구분되기보다는 자연스럽게 연결되어 공
존하는 두 인식 형태라고 할 수 있다. 구약은 인간의 믿음이 하나님의 지식으로부터
나온다고 말한다. '하나님의 지식'이란 '하나님에 대한 지식'과 '하나님 자신의 지
식' 모두를 가리킨다. "여호와여 주께서 나를 감찰하시고 아셨나이다. 주께서 나의
앉고 일어섬을 아시며 멀리서도 나의 생각을 통촉하시오며 나의 길과 눕는 것을
감찰하시오며 나의 모든 행위를 익히 아시오니 여호와여 내 혀의 말을 알지 못하는
것이 하나도 없으시니이다……"(시 139:1 – 4).
신약에서도 역시 믿음과 지식은 분리되지 않고 연계되어 있다. 불트만에 의하면
신약에서 믿음과 지식의 결합은 특별히 '기독론적'이다. 하나님이 자기의 독생자
예수를 보내셨음을 아는 앎과 믿는 믿음은 똑같이 구원으로 이끌기 때문이다(로마
6:8 – 9, 고후 4:13 – 4, 요 6:69, 17:8, 요일 4:16). "영지주의와는 반대로 (신약에서는)
지식이 결코 믿음을 저버리고 믿음 위로 도약할 수 없음은 분명하다. 믿음과 더불어
시작한 지식은 믿음 안에서 계속된다. 그러나 모든 믿음도 역시 지식이 되어야 한다.
모든 지식이 반드시 믿음과 하나가 되듯 믿음도 지식을 통해서 참된 믿음이 되는
것이다." Rudolf Bultmann, *Faith* (London: Adam & Charles Black, 1961), p. 108.

은 확실하다. 신자들이 하나님을 경험하는 현상에 대한 광범위하고 상세한 연구를 할 수 있다면 신의 존재에 대한 신념이 얼마나 감각적으로 확실하며 얼마나 인식적으로 기본적인지를 보여 줄 수 있을 것이다.[31]

이처럼 신자들이 신의 존재에 대한 신념을 가지는 것은 인식론적으로 말해 완전히 정당하다고 플란팅가는 주장한다. 신자들이 어떤 논증이나 증거를 전혀 가지고 있지 않더라도 신의 존재를 믿는 것은 전적으로 그 자신의 인식론적 권리(epistemic rights)에 해당한다.[32] 유신론적 신념의 기본성은 이 신념이 전적으로 '합리적'이고 '이성적'임을 보장하여 준다.

신념의 기본성이 신학에 주는 의미는 다름아닌 소위 '자연신학'(natural theology, theologia naturalis)의 불필요함이다. 신자들은 자신들의 유신론적 신념에 대해 변명을 하고 증거를 제공하여야 할 어떠한 의무도 가지지 않는다. 유신론적 신념은 이미 그 자체로서 철저히 이성적이기 때문이다. 물론 신자들에게는 자신의 믿음을 불신자들에게 간증할 필요가 있고 그것은 곧 믿는 자들의 특권이기도 한 것이다. 그러나 불신자들에게 변명하고 증명하는 계기로서의 자연신학적 논증이란 전혀 불필요한 것이다. 사실 기독교인들은 처음부터 논증에 의해서 믿는 자가 된 것이 아니라 하나님의 사랑을 직접 느끼고 깨달았기 때문에 신자가 된 사람들이다. 과연 최근 철학 이론이 제기하는 문제를 자연신학이 대답해 줄 수 없을 경우에는 교회에 가지 않다가 논증이 해결되면 다시 교회에 나가겠다는 신자들이 한 명이라도 있는가?[33]

유신론적 신념의 기본성에 대한 인식론적 정당성을 확보한 후 플란팅

---

31) *RBG*, p. 81. 여기서 플란팅가는 일종의 '신 경험의 현상학'(phenomenology for the experience of God)을 암시하고 있다. 종교심리학의 고전인 윌리엄 제임스의 『종교경험의 다양성』이 바로 이러한 종교경험의 현상학에 대한 좋은 예라고 볼 수 있다. William James, *The Varieties of Religious Experience: A Study in Human Nature* (1902년 초판).

32) *RBG*, p. 72.

33) *RBG*, p. 67.

가는 다음 단계로 그의 변증의 강도를 높이게 된다. 이제 그는 신을 아는 지식이 신자들에게만 기본적인 것이 아니라 실로 인간 모두에게 기본적임을 강조하고자 하는 것이다. 바로 여기에 칼빈의 신학적 유산이 가지는 철학적 의미가 있다고 그는 주장한다. 플란팅가는 칼빈의 『기독교 강요』의 유명한 문장을 길게 인용한다.

> 인간의 심성에는 진실로 자연적 본성에 의해서 신을 아는 마음이 들어 있다. 우리는 이것을 논쟁 없이 받아들일 수 있다. 그 누구도 무지의 허울로 자신을 감추지 않게 하기 위하여 신은 그 자신이 모든 인간 속에 신의 위엄에 대한 특정한 깨달음을 심어 놓으셨다…… 유명한 이교도가 말하는 것처럼 신이 계신다는 뿌리깊은 확신을 가지지 못할 만큼 야만적인 민족도, 미개한 개인도 없는 것이다…… 따라서 이 세상의 시작으로부터 종교 없이 지낼 수 있었던 어떤 지역도, 도시도, 가정도 없었던 것을 보면 우리 모두의 심정에 각인된 신성에 대한 감각(sensus divinitatis)을 은밀히 고백하지 않을 수 없다…… 이로서 우리는 신을 아는 것이 학교에서 먼저 학습되어야 하는 교리가 아니라 우리 모두가 어머니의 뱃속에서부터 익혔고 본성적으로 결코 잊어버릴 수 없는 사실이라고 결론 지을 수 있는 것이다.[34]

칼빈이 역설하고 있는 것은 신에 대한 신념이 결코 '학습되는' 것이 아니라 인간이 가진 가장 본유적인 사실이라는 점이다. 인간이라면 누구나 지녀야 할 이 '신성에 대한 감각'(sensus divinitatis)은 따라서 인간의 가장 기본적인 신념의 하나이다. 그렇다면 수많은 무신론자들은 왜 이 신념을 가지지 못하고 있는가? 이에 대해 플란팅가는 주저없이 칼빈의 대답을 반복한다. 그것은 인간의 '죄' 때문이다. 인간의 사악함으로 인해

---

34) John Calvin, *Institutes of the Christian Religion*, book 1, chapter. 3.

하나님의 영광이 흐려졌기 때문이다. "어리석은 자는 그 마음에 이르기를 하나님이 없다 하도다. 저희는 부패하고 소행이 가증하여 선을 행하는 자가 없도다"(시 14:1)라고 이미 시편 기자는 노래하지 않았던가?

신학적으로 말해 인간에게 주어진 하나님의 형상(imago Dei)을 제대로 간직하고 있지 못하는 것은 우리의 마음이 곧 우상의 공장(fabrica idolorum)이 되었기 때문이라고 칼빈은 지적하였다. 그것을 보다 철학적으로 말한다면 신의 존재를 믿을 수 없는 사람들은 "인식적으로 보통 이하의 수준"(an epistemically substandard position)에 처한 사람들이라고 플란팅가는 꼬집는다. 그들은 마치 함께 살고 있는 자신들의 처자식이 사실은 존재하지 않는다고 주장하던가 자기 스스로가 로보트라고 믿는 사람들과 다를 바가 없다는 것이다.[35]

이제 플란팅가를 가리켜 왜 '개혁주의 인식론 철학자'라고 평하는지가 뚜렷해진다. 그는 아브라함 카이퍼(Abraham Kuyper), 바빙크(Herman Bavinck), 도예비르트(Herman Dooyerweerd) 등 화란 개혁주의 신학자들의 전통에 깊이 뿌리내리고 있음을 쉽게 알 수 있는 것이다. 이들이 공통적으로 주장하는 바는 1) 계시만이 신을 아는 참된 지식의 출처이기 때문에, 2) 이성을 통해 신을 알 수 있다는 자연신학(natural theology)이란 불가능하고 불필요하지만, 3) 그러나 철학 그 자체는 이성의 연습으로서 필요하다는 것이다. 그렇지만, 4) 인간의 전적 타락으로 인하여 이성 자체가 오염되었기 때문에, 5) 인간의 철학은 본연적으로 불완전할 수밖에 없으며, 6) 철학이 완전하기 위해서는 계시라는 은총이 반드시 필요하다고 강조한다. 결론적으로 기독교는 놀랍게도 철학의 완성인 동시에 가장 완벽한 철학이 된다는 것이다.[36]

---

35) *RBG*, p. 66.

36) Herman Dooyerweerd, *In the Twilight of Western Thought* (1972); J. M. Spier, *An Introduction to Christian Philosophy* (1954), passim.

플란팅가가 이러한 개혁주의자들의 주장을 그대로 반복하는 것은 물론 아니다. 그는 무엇보다도 먼저 철학자이지 신학자가 아니기 때문에 신학자들의 교리적 해석이 그의 주요 관심사는 아니다. 그럼에도 불구하고 개혁주의적 신학 전통은 플란팅가 철학에 가장 중요한 단서를 제공하고 있음이 분명하다. 그것은 다름아닌 '이성'에 관한 독특한 해석이다. 일반 철학에서 이성은 자율적이고 비판적인 능력으로 이해되는 것이 당연한 반면 개혁주의 전통에서 파악된 이성은 반대로 타율적이고 교조적이다. 즉 전적으로 타락한 인간의 이성은 전적으로 불완전한 것일 수밖에 없고 교조적일 수밖에 없다는 것이다. 그래서 기독교철학만이 참되게 비판적일 수 있고 비기독교철학은 필히 교조적일 수밖에 없다고 주장하게 된다. 플란팅가는 이처럼 상이한 '이성' 이해가 개혁주의 및 자신의 철학에 있어 가장 핵심적인 관건임을 확인하고 있다.[37]

6. 신스콜라 철학?

우리는 플란팅가가 제기한 '신념의 기본성' 논쟁을 검토하였다. 그 골자는 곧 개혁주의적 믿음과 논리분석적 방법 간의 결합이라고 할 수 있다. 그러나 과연 이 두 가지가 충돌 없이 조화될 수 있는가? 대부분의 신학자들과 철학자들이 철학과 신학의 만남 그 자체를 의문시하는 현대 상황에서 볼 때 그 중에서도 특히 개혁주의적 특정한 신학 내용과 논리분석이라는 한정적인 철학 방법을 결합시키려는 플란팅가의 입장은 애초부터 의심의 여지가 있다고 보여지기도 한다. 그래서인지 미국의 비중 있는 신학자들은 대부분 플란팅가와 그의 학파의 철학적 업적을 백안시

---

37) *RBG*, p. 90.

124

하고 있는 느낌이다. 가령 하버드 대학교의 신학자 고든 카우프만(Gorden Kaufman)은 플란팅가가 제기하는 것 같은 종교철학 논쟁이 왜 신학자들의 관심을 끌 수 없는지를 지적한다. 점차적으로 깊어 가는 종교다원주의 상황, 문화 – 언어적 상대성에 대한 중요함, 그리고 무엇보다도 우리들 주변의 엄청난 고통의 문제 등을 생각한다면 플란팅가와 같은 신념 논쟁은 극히 공허할 수밖에 없다는 비판이다.38)

카우프만이 적절히 지적한 것처럼 현재 종교철학자들의 논쟁은 사실 너무나 전문적이고 논리적으로 치우쳐서 공리공담적 현학이 되어 버릴 위험을 안고 있음을 부정할 길 없다. 또 같은 종교철학자들 사이에서도 플란팅가의 제안은 철학적, 논리적 주장이라기보다는 신앙을 합리화하는 신앙주의, 심지어 궤변으로까지 치부되기도 한다.39) 플란팅가의 개혁주의 인식론은 어떤 의미에서 새로운 신교 스콜라 철학(a new Protestant Scholasticism)이라고 말할 수 있다. 그는 중요한 사상가라기보다는 재치 있는 철학자 혹은 머리 좋은 현학가 정도로 간주되는 것이다.

그러나 적어도 동기적인 측면에서는 플란팅가의 의도가 현학적이지 않고 순수한 것이었다고 말할 수 있다. 즉 그의 목적은 무엇보다 기독교인들의 하나님에 대한 믿음이 신학적으로 기본적이며 철학적으로 정당하다는 점을 보여 주려는 것 이상도 이하도 아닌 것이다. 이 점에서 그는 오히려 틸리히(Paul Tillich)나 카우프만 같이 '초현학적인 신학자들'(super-sophisticates)의 신학적 주장을 궤변이라고 의심하고 싶어한다. 신은 '존재 그 자체'(Being Itself)이기 때문에 차라리 "신은 존재하지 않는다"(God

---

38) Gordon Kaufman, "Evidentialism: A Theologian's Response," *Faith and Philosophy*, Vol. 6, no. 1 (January 1989), pp. 35 – 46. 카우프만의 이 논문은 열띤 찬반 논쟁을 유발하였다.

39) William J. Abraham, *An Introduction to the Philosophy of Religion* (Englewood Cliffs, N. J.: Prentice-Hall, 1985), pp. 87 – 97; J. Kellenberger, *The Cognitivity of Religion: Three Perspectives* (Berkeley: University of California Press, 1985), p. 100 ff.

does not exist)라고 역설적으로 표현했던 틸리히 같은 사람이야말르 현학적이고 말장난을 하고 있지 않느냐고 묻고 있는 것이다.[40]

그러나 신학자들의 냉담한 반응에도 불구하고 플란팅가는 적어도 한 사람의 신학자, 그것도 아주 중요한 신학자 한 사람만큼은 자기의 철학적 변증을 지지하리라고 믿는다. '말씀의 신학자' 칼 바르트가 바로 그 사람이다. "이성이 그리스도 위에 군림하는 것"을 반대하였고 자연신학에 대해 단호히 '아니오'(Nein!)라고 선포했던 바르트에게서 플란팅가는 심정적 동질감을 확인한다.[41] 공개적으로 반 가톨릭 입장을 감추지 않았던 바르트처럼 플란팅가 역시 가톨릭의 전통적인 '존재의 유비'(analogia entis)를 비판하고 '신앙의 유비'(analogia fidei)를 주장하는 것이다.[42]

또 한 가지 바르트와 플란팅가와의 중요한 연결점은 이른바 '존재론적 증명'에 관한 공동 관심이다.[43] 안셀무스가 창안했다고 하는 이 논쟁은 지난 근 천 년 동안 그리그 지금까지도 수많은 철학자와 신학자를 괴롭히고 매혹시켜 왔다. 그 복잡하게 얽힌 찬반 토론을 생략하고 핵심을 살펴본다면 존재론적 증명이 말하고자 하는 취지는 곧 신의 존재는 필수적이기 때문에 우리가 그의 존재를 논리적으로 부정할 수 없다는 것이다.

---

40) *RBG*, p. 16.

41) *RBG*, p. 71.

42) 플란팅가는 특별히 토마스 아퀴나스의 신학을 '증거주의'의 전형적 예로 거론하며 비판한다. 이에 대해 가톨릭 신학자인 헨리 비치(Henry B. Veatch)는 플란팅가와 개혁주의 인식론자들이 토미즘 학자들에게 결투 신청을 하는 것으로 받아들일 수밖에 없다고 반응하고 있다. Leonard A. Kennedy, ed., *Thomistic Papers IV* (Houston: Center for Thomistic Studies, 1988) Norman Kretzmann, "Evidence Against Anti-Evidentialism," in Kelly James Clark, ed., *Our Knowledge of God: Essays on Natural and Philosophical Theology* (Dordrecht: Kluwer Academic Publishers, 1992), p. 34, f.n. 8에서 재인용.

43) Karl Barth, *Anselm: Fides Quærens Intellectum* (Richmond: John Knox Press, 1962); Alvin Plantinga, ed., *The Ontological Argument: From St. Anselm to Contemporary Philosophers* (New York: Doubleday, 1965).

플란팅가의 신념의 기본성 문제는 중요한 의미에서 존재론적 증명의 일
환으로 평가될 수 있다. 다만 그의 제안은 신 존재의 필수성을 증명하기
보다는 그 신에 대한 인간 신념의 필수성을 입증하려는 시도라고 생각된
다. 플란팅가의 철학이 현대 종교철학자들 사이에서 심각하게 토론되는
이유는 바로 이러한 사상적인 연결성에서 기인한다고 보여진다. 그를 따
르는 일군의 복음주의적 기독교 철학자들을 제외하고라도 케니(Anthony
Kenny), 힉(John Hick), 필립스(D. Z. Phillips) 등 중요한 종교철학자들은
신념의 기본성 문제가 미치는 영향을 심각하게 받아들이고 있는 것이
다.44)

　　그러나 플란팅가의 제안이 수많은 문제와 논리적 취약점을 가지고 있
음 또한 분명하다. 그가 말하는 새로운 기초주의의 상대적인 측면과 절
대적인 측면은 어떻게 조화될 수 있는가? 만약 기독교인들의 하나님에
대한 신앙이 그 기본적 권리를 보장받는다면 타종교인들의 신앙도 역시
인식적 기본성을 보장받을 수 있는가? 아니 아예 귀신, 유령, 풍수지리,
사주팔자 등에 관한 '신념' 역시 그 기본성을 자랑할 수 있다는 말인가?
만약 아니라면 올바른 신념과 잘못된 신념을 나누는 그 기준은 과연 무
엇인가? 또 플란팅가의 개혁주의적 이성관은 과연 옹호될 수 있는가? 그
것은 혹시 기독교 신앙의 합리성을 확보하기보다는 오히려 더욱 고립시
키고 편협하게 만드는 결과를 가져오지 않는가?

　　플란팅가의 철학에 대한 이러한 비판들은 중요하고 또 정당하다고 믿
는다. 그러나 우리는 그러한 작업을 다른 기회로 미뤄야 할 것 같다.

---

44) Anthony Kenny, *What is Faith?: Essays in Philosophy of Religion* (Oxford: Oxford University
　　Press, 1992); John Hick, *An Interpretation of Religion: Human Responses to the Transendent*
　　(New Haven: Yale University Press, 1989), pp. 210 - 30; D. Z. Phillips, *Faith After
　　Foundationalism* (London: Routledge, 1988).

제4장
교리의 본질:
조지 린드벡의 후기자유주의 신학의 가능성

1. '새 술은 새 부대에'

　'새 술은 새 부대에' 넣어야 한다는 성서 말씀만큼 신학자들이 심각하게 받아들여 왔던 구절이 또 있을까? 이념과 사변의 성을 쌓아 가며 그곳에 거주하기를 고집하는 듯한 신학자들은 흔히 생동감 넘치는 신앙을 외면하고 차디찬 이론의 신학만을 앞세운다는 비난을 받곤 한다. 또한 신학자들은 살아 있는 하나님의 '말씀'인 성경 대신에 죽은 철학자들의 저서로 자신들의 학문적 공간을 장식한다고 평신도들로부터 의심에 찬 시선을 감내하기도 한다. 특히 지난 200여 년 간 이른바 '근대신학'이 시작된 이후로 신학자들을 향한 일반인들의 이러한 비난과 의심은 갈수록 깊어 가고 해마다 확신을 더해 가는 것 같다. 여태까지의 근대신학의 역사와 오늘날 현대신학의 진행을 열린 마음으로 관찰해 본다면 위와 같은 지적에 십분 동의할 수밖에 없을지 모른다. 중세 때에는 신학자들만이 성경을 읽을 수 있는 권리가 있었던 사실을 우리는 잘 알고 있다. 마르틴 루터가 평민들을 위하여 성경을 독일어로 번역하기 전까지 오로지 신부들만이 라틴어를 알고 라틴어 성서를 읽을 수 있었다. 그러나 이제 성경은 어느 책보다도 더 많은 언어로 번역되었고 어느 신문보다도 더 많이 출판되어 흔하게 되었다. 하나님 말씀에 대한 독점이 철저히 해제된 오늘날 신학자들은 성경에 대하여 어떤 직업적 권리를 주장하는가? 혹시 그것은 유독 신학자들만이 성경을 읽지 않아도 괜찮다는 역설적인 주장으로 나타나고 있지나 않은가?

그러나 근대와 현대 신학자들도 나름대로 성서를 심각하게 받아들이고 있음에 틀림없을 것이다. 그 중에서도 가장 심각하게 받아들여진 구절이 있다면 바로 '새 술은 새 부대에'라는 말이지 않을까? 기쁜 소식 복음은 언제나 새로운 상황의 새 세대를 위하여 새롭게 해석되고 포장되어야 한다는 사명 의식이 근대 신학자들을 신학자 되게 했던 까닭이다. 기독교 2,000년의 역사에서 볼 때 '근대신학'(modern theology)이란 지난 200년 동안만 두각을 보이고 있는 신학이라고 볼 수 있다. '근대'(modernus)라는 말이 원래 '현재의' 뜻이라는 어원이 말해 주듯 근대신학은 현재의 세대를 위한 복음의 새로운 선포라는 사명감을 가지고 탄생한 신학이다. 따라서 '현재'(modernus)라는 말의 무게를 짊어지려는 것이 근대 및 현대 신학자들의 직업적 십자가이기도 하였다. 바로 이러한 노력이 지나쳐서 신학자들은 성서를 읽기보다는 '현재 상황'을 읽는 데 더 급급한 것 같다는 인상을 주어 왔는지도 모른다.[1]

---

1) 흥미로운 관찰은 전통적인 '두 성서 이론'(Two Books Theory)이 현대신학에도 적용될 수 있다는 점이다. 중세부터 근대에 이르기까지 신학자들은 하나님이 '말씀으로서의 성서'(Book of the Bible)와 '자연으로서의 성서'(Book of the Nature)를 인간에게 주셨다고 말해 왔다. 자연과학의 발달이 이러한 두 성서 이론에 감명받아 '자연의 책' 속에 숨은 창조주의 비밀을 탐구하려는 기독교 과학자들의 활약에 기인한다는 역사적 사실이 종종 지적되었다. R. Hooykaas, *Religion and the Rise of Modern Science* (Grand Rapids: Eerdmans, 1972); Stanley L. Jaki, *The Road of Science and the Ways to God* (Chicago: University of Chicago Press, 1978) 등 참조.

비유컨대 오늘날 신학자들은 자연의 책 대신에 사회와 상황의 책을 부단히 탐구하는 사람들이다. '말씀의 신학자'로 유명한 칼 바르트도 신학도는 언제나 한 손에는

2. 후기자유주의 신학과 예일학파

이제 현대 신학자들이 무엇을 하는 사람인가는 분명해진다. 그들은 한 손에 '현재 상황'을, 다른 한 손에는 '성서'를 들고 이 두 개의 책을 읽고 이해하여 언제나 새 시대를 위한 새로운 복음의 선포를 게을리하지 말아야 하는 사람이라고 스스로를 인식하고 있는 것이다. 오른손과 왼손의 무게 균형을 잡는 것이야말로 신학자에게는 무엇보다도 중요한 예술적 행위라고 기대해 볼 수 있다. 그러나 근대신학의 역사는 이 이론적 균형을 성취한다는 것이 얼마나 실천하기 어려운 이상인가 하는 사실을 극명히 보여 준다. 조금이라도 어느 한편에 무게가 더한다고 보일 때는 가차없이 '자유' 혹은 '보수'라고 매도해 버리고 마는 우리들의 상식적 판단이 그 어려움을 잘 증거하고 있는 셈이다. '새 시대를 위한 복음'이라는 지상 명령의 엄정함은 자유와 보수라는 양단논법에 의해 이미 갈가리 찢기고 말았는지 모른다. 심지어 '복음'이라는 가장 순수한 말도 사라지고 굳이 '복음주의'라고 표현해야만 안심이 될 만큼 신학자들에 대한 의심이 뿌리깊이 자리잡지 않았는가?

지난 10여 년 간 미국 신학계에서 활발히 논의되고 있는 소위 '후기자유주의 신학'(postliberal theology)이라는 이름의 현대신학은 바로 이러한 딜레마에 대한 아주 흥미로운 해답을 시도하고 있는 신학이다. 후기자유주의 신학자들은 현대 상황과 성서의 불균형, 자유와 보수의 갈등이 야기하는 위기감을 심각히 받아들이고 하나의 돌파구를 열려고 노력하고 있다. 최근에 쏟아져 나온 수없이 많은 신학적 제안들 가운데 후기자유주의 신학만큼 현대신학의 근본적 갈등구조를 잘 파악하고 풀어 보려는 신학도 없다고 생각된다. 한편으로는 현대철학, 사회과학, 종교학 등이

성서를, 다른 한 손에는 신문을 들고 읽어야 된다고 말하지 않았던가?

제시하는 새로운 종교관을 과감히 수용하면서도 다른 한편으로는 성서의 중요성과 전통적 교리의 타당성을 수호하려는 신학이 바로 후기자유주의 신학이다. 아마 이러한 노력 때문에 다른 어떤 신학적 주장보다도 짧은 시간에 더 많은 독자들을 확보하고 나날이 논쟁의 강도를 더해 가고 있다고 보여진다.

이 신학의 매력은 이미 언급한 것처럼 복음과 상황, 자유와 보수의 두 뿔을 모두 잡아 새로운 종합을 제시하려는 데 있다. 그래서 이들의 주장이 과연 자유적인지 보수적인지 기존의 흑백논리로만 규정하려 든다면 너무나 모호하다는 점이 후기자유주의의 매력 포인트인 것 같다. 어떻게 보면 가장 '보수적'인 것도 같고 어떻게 보면 가장 '자유적'인 것 같게 여겨질 만큼 양면적 요소가 한 덩어리가 되어 녹아 있다. 물론 후기자유주의가 진정한 의미에서 새로운 종합(a new synthesis)이 되려는지 아니면 또 하나의 일시적인 새로운 잡종(a new hybrid)으로 끝나고 말 것인지 우리는 아직 알 수 없다. 이 시점에서 말할 수 있는 것은 이 신학이 상당히 흥미로운 대안으로 등장하고 있고 우리가 관심을 기울일 가치가 충분하다는 사실이다.

'후기자유주의'(postliberal)라는 이름 자체가 전형적인 보수주의와 자유주의의 이분법적 구분을 뛰어넘는다는 의미에서 붙여진 것이다. 아직 영어사전에 등록되지도 않은 이 단어는 '후기後期, 탈脫, 이후以後, 넘어서' 등을 의미하는 'post'와 '자유적'을 뜻하는 'liberal'을 합쳐서 만든 말이다. 즉 자유주의를 넘어서는 신학, 자유주의 이후 신학, 탈자유주의 신학, 혹은 후기자유주의 신학 등으로 번역될 수 있는 신조어이다. 따라서 이 단어를 이해하는 핵심은 바로 'post'를 어떻게 해석하는가에 달려 있다 해도 과언이 아니다. 최근 전세계적으로 유행하고 있는 (혹은 유행했던) 소위 '포스트모더니즘'의 논의에서 '포스트'라는 접두어를 과연 어떻게 이해해야 하는가는 문제와 직결된다고 할 수 있다. 실제로 포스트리버럴 신학은 문화 - 사상계 전반에 걸쳐 광범위하게 진행되어 온 포스트모더니즘 현상에 대한 심각한 신학적 반응이라고 평가할 수 있다. 한마디로 말해 포스트리버럴 신학은 철저히 포스트모던적 신학인 것이다.[2]

우리 나라의 학자들 사이에는 포스트모더니즘의 'post'를 과연 어떻게 해석할 것인지에 대해 대체적으로 두 가지 안이 제시되었다. 한편에서는 '포스트'를 보다 적극적 의미로 해석하여 근대를 벗어나는 '탈 근대'라고 풀이하였고 다른 이들은 보다 시대사적 의미로 해석하여 '후기 근대'라고 풀이하였다.[3] 여기서 우리는 포스트리버럴 신학을 자유주의 신학을 벗어난다는 적극적 개념의 '탈자유주의 신학'이 아니라 자유주의 신학 다음에 오는 신학이라는 의미에서 '후기자유주의 신학'이라고 부를 것을 제안한다. 앞으로 검토를 통해 더욱 분명하게 되기를 희망하는 것처럼 자유주의 신학의 한계와 모순을 폭로하는 포스트리버럴 신학이지만 그 역시 자유주의 신학의 한 산물임을 부정할 길 없다. 즉 자유주의 신학을

---

2) 린드벡은 자신의 신학 이름이 'postmodern' 'postrevisionist' 'post-neo-orthodox' 등으로 불려도 무방하나 역시 'postliberal'이 제일 어울린다고 말한다. George Lindbeck, *The Nature of Doctrine: Religion and Theology in a Postliberal Age* (Philadelphia: The Westminster Press, 1984), p. 135, f.n. 1. 후기자유주의 신학을 포스트모던 신학으로 분류할 것인지 아닌지를 말하기 위해서는 '포스트모던 신학'이 과연 무엇이냐는 더 큰 논의가 선결되어야 할 것이다. 최근에 출판된 두 가지 신학사전을 보면 이 문제가 각각 다르게 취급되고 있음을 볼 수 있다. 1992년 Abingdon사에서 나온 사전에는 'Postmodern Theology' 항목에서 후기자유주의 신학을 다루고 있다. ('Postliberal Theology' 항목은 없음.) 반면 1993년 Blackwell사가 발간한 현대 신학사전에는 'Postliberalism'을 따로 다루고 있는 대신 'Postmodern Theology'라는 항목은 아예 없다. (대신 'Postmodernism'이라는 항목 아래 철학, 사회과학, 신학을 모두 취급함.) Donald W. Musser & Joseph L. Price, eds., *A New Handbook of Christian Theology* (Nashville: Abingdon, 1992); Alister E. McGrath, ed., *The Blackwell Encyclopedia of Modern Christian Thought* (Oxford: Basil Blackwell, 1993).

3) 대표적으로 송두율이 전자에, 한정선이 후자에 해당된다. 송두율, 『현대와 사상』 (서울: 한길사, 1990), 157쪽; 한정선·안드레아스 호이어 지음, 『현대와 후기현대의 논쟁』 (서울: 서광사, 1991), 13쪽.

넘어서려 하지만 자유주의와의 철저한 단절은 스스로의 뿌리와 줄기를 잘라 내는 자기 모순이 되고 말 것이다. 마치 모더니즘의 문제점을 폭로하는 포스트모더니즘이 결국 모더니즘과 떼려야 뗄 수 없는 관계에 있는 것처럼 포스트리버럴 신학도 리버럴 신학적 전통의 연장선상에서 그 시대사적 의미를 찾아야 할 것이다. 이러한 의미에서 '후기자유주의 신학'이라고 번역하는 것이 가장 무난하면서도 그 실질적 내용에 적합하지 않을까 생각된다.[4]

후기자유주의 신학은 예일(Yale) 대학교 신학대학의 산물이다. 지금 미국에서 신학적 춤 장단이 신나게 울려 퍼지는 동네는 바로 예일 대학교이다. 포스트리버럴 신학이라는 단어를 처음 소개한 사람이 바로 예일의 역사신학 교수인 조지 린드벡(George Lindbeck)이다. 그리고 이 신학의 이론적 기초를 제공해 준 학자는 예일에서 조직신학을 가르쳤던 한스 프라이(Hans Frei)였다고 보여진다. 조금 더 역사적 뿌리의 밑둥을 파고든다면 린드벡과 프라이의 스승이었던 예일의 유명한 신학자 리처드 니버(Richard H. Niebuhr)의 영향력을 지적할 수 있을 것이다. 지금 현재 미국 각지에서 후기자유주의 신학을 발표하고 발전시켜 나가고 있는 학자들도 거의 모두가 예일 출신들이다. 이처럼 후기자유주의 신학은 예일 신학대학을 떠나서는 생각할 수 없을 정도로 발생에서 발전에 이르기까지 깊은 연관을 맺고 있다.[5]

---

4) 이미 일각에서 사용되는 것과 같이 '자유주의 – 이후 신학'이라는 번역도 또 하나의 좋은 대안이 될 수 있다. 어찌 보면 이 말은 포스트리버럴 신학자들의 주장을 더욱 구체적으로 전달해 주는 장점을 가지고 있다고 보여진다. 그러나 첫째, 포스트리버럴 신학 논쟁을 전반적인 포스트모더니즘 문제와 연결시킨다는 의미에서 그리고 둘째, '자유주의 – 이후' 신학이라는 표현 자체가 아무래도 인위적인 것 같다는 면에서 역시 '후기자유주의 신학'이 좀더 무난할 것으로 생각된다. 나아가서는 '후기 근대'와 '후기자유주의 신학'이라는 번역어들이 포스트모더니즘이나 포스트리버럴 신학은 모더니즘과 자유주의 신학의 말기적 반성이라는 점을 강조하는 장점도 가지고 있다.

그 중에서도 특히 네 명의 예일 신학자들을 언급할 필요가 있다. 먼저 후기자유주의 신학과 관련되어 최근 제일 주목받는 사람은 린드벡이다. 무엇보다 그는 이 신학을 출생시켰고 그 이름까지 명명한 최고의 공로자로 인정받고 있다. 두 번째로 반드시 언급되어야 할 사람은 예일의 조직 신학 교수였던 한스 프라이이다. 그는 아직까지 린드벡만큼 많은 주목을 받지는 못했지만 어떻게 보면 더 중요한 인물이라고도 할 수 있다. 예일 내에서 프라이의 영향력이 오랫동안 다른 어느 누구의 영향력보다도 중요했음에도 불구하고 외부에 잘 알려지지 않았던 것은 그가 생전에 많은 글을 발표하지 않은 탓이다. 그러나 1974년에 출판된 그의 대표작인『성서적 이야기의 몰락』은 벌써부터 예일 학파의 가장 중요한 문서 중 하나로 인정되었다.[6] 또한 이 책은 후기자유주의 신학의 근간이 될 뿐 아니라 보다 직접적으로는 이른바 '이야기 신학'(narrative theology)의 기본 교재가 되었다. 그런 까닭에 프라이는 실상 후기자유주의 신학자라기보다는 이야기 신학자로 더 많이 알려져 있기도 하다.[7] 지난 2년 간 그의 유

---

5) 그 중 몇몇만을 손꼽아 본다면 하버드 신학대학교 학장인 로널드 티만(Ronald Thiemann), 듀크 대학의 윤리학자인 스탠리 하우와스(Stanley Hauerwas), 웨슬리안 대학의 스티븐 크라이스(Steven Crites), 서든 메소디스트 대학의 찰스 우드(Charles Wood) 등이 그들이다.

그러나 '예일 학파'라는 이름에 관련되는 모든 학자들이 다 기꺼이 이 명칭을 받아들이는 것은 물론 아니다. 개개인마다 독특한 시각과 주장이 있기 때문에 도마 금으로 '학파'로 취급받는 것을 부담스러워하는 것이다. Wallace, *The Second Naivete: Barth, Ricoeur, and the New Yale Theology* (Macon GA: Mercer University Press, 1990). p. 88.

6) Hans W. Frei, *The Eclipse of Biblical Narrative: A Study in Eighteenth and Nineteenth Century Hermeneutics* (New Haven: Yale University Press, 1974).

7) 여기서 우리는 이야기 신학과 후기자유주의 신학이 한 배에서 나온 쌍둥이 신학임을 짐작할 수 있을 것이다. 두 신학 모두 기독교가 근대 자유주의적 신학의 위협에 의해 자기 정체성을 박탈당할지 모른다는 위기감에서 비롯되고 있다는 공통점을 가지고 있다. 단지 그 해답을 이야기 신학은 성서적 기사記事의 자율성에서 찾으려 하고, 후기자유주의 신학은 교리적 고백의 자율성에서 찾으려 하는 점이 틀리다고 할 수 있다.

고작 두 권이 연달아 발표되었는데 이후 프라이에 대한 평가는 새로워
질 것으로 기대된다.[8] 프라이를 말할 때 빼놓을 수 없는 요소는 그의 칼
바르트에 대한 끊임없는 애정과 존경이다. 프라이를 통해 바르트의 사상
은 이야기 신학의 뼈대를 형성하게 될 뿐만 아니라 린드벡의 후기자유주
의 신학의 중요한 요소로 자리잡게 된다.[9]

　마지막으로 데이비드 켈시(David Kelsey)와 폴 호머(Paul Holmer)도 언
급될 필요가 있다. 현대신학의 문맥에서 성서의 의미를 재정립하는 데에
주로 관심을 보여 온 켈시는 조직신학 교수로서 대체적으로 프라이의 노
선을 따르고 있다.[10] 종교철학 교수였던 호머는 직접적으로 후기자유주

그러나 한 가지 주의를 요하는 점은 후기자유주의 신학은 예일 학파와 밀접한 관계
를 맺고 있어 거의 그들의 전유물이라고 할 수 있지만 이야기 신학의 경우는 예일
학파에만 국한되지 않는다는 사실이다. 가령 시카고 대학의 폴 리쾨르(Paul Ricoeur)
도 이야기 신학의 중요한 이론가 중의 한 사람이다. Gary Comstock, "Truth or
Meaning: Ricoeur versus Frei on Biblical Narrative," *The Journal of Religion* Vol. 66, no.
2 (April, 1986) 참조. 또 보통 이야기 신학이라고 할 때는 프라이와 같은 조직신학적
이야기 신학뿐만 아니라 성서비평학의 '이야기 비평학'(narrative criticism)도 포함시
킨다. 그렇게 볼 때 이야기 신학은 상당히 광범위한 현상을 지칭한다고 말할 수
있다.

8) Hans W. Frei, *Types of Christian Theology*, eds. by George Hunsinger and William C.
Placher (New Haven: Yale University Press, 1992); Hans W. Frei, *Theology & Narrative:
Selected Essays*, eds. by George Hunsinger and William C. Placher (Oxford: Oxford University
Press, 1993).

9) William C. Placher, "Introduction," in Hans W. Frei, *Theology & Narrative: Selected Essays*,
p. 14. 린드벡도 칼 바르트와 한스 프라이의 영향을 받았음을 명시하고 있다. "나아
가 특별히 신학적인 측면에서 (성경) 이야기에 대한 칼 바르트의 주석적 강조는
간접적으로 나의 본문내재성의 개념에 대한 주요한 원천이 되었다……" Lindbeck,
Ibid., p. 135. 그리고 굳이 '간접적으로'(at second hand)라고 부연한 구절에 대한 각주
를 덧붙이면서 특히 프라이와의 대화를 통해 바르트를 배워 왔다고 밝히고 있다.
Ibid, p. 138, f.n. 35.

10) David H. Kelsey, *The Uses of Scripture in Recent Theology* (Philadelphia: Fortress Press,
1975) & *Between Athens and Berlin: The Theological Education Debate* (Grand Rapids:
Eerdmans, 1993).

의 신학을 형성하는 데 큰 공헌을 했다고 말하기는 힘들다. 무엇보다 그
는 종교철학 교수였지 조직신학이나 역사신학 교수가 아니었기 때문에
종교철학이라는 학문의 성격상 직접 신학적 사상을 창안하기보다는 그
것을 측면에서 응원하고 분석하는 입장을 견지하였으리라고 생각된다.
그럼에도 불구하고 굳이 그를 지적하고자 하는 이유는 호머가 오래 전부
터 예일에서 비트겐슈타인의 신학적 중요성을 강의해 오고 있었다는 사
실 때문이다. 즉 호머는 후기자유주의 신학의 이론적 근간의 하나인 후
기 비트겐슈타인이라는 연결고리를 제공한 사람으로 평가되는 것이
다.11) 후에 논의되겠지만 린드벡의 '문법으로서의 신학' 개념은 비트겐슈
타인의 '문법으로서의 언어'에 근거를 두고 있는데 그 둘을 연결하는 고
리는 다름아닌 호머의 '문법으로서의 신앙' 개념임을 알 수 있다.12)

3. 린드벡의 '교리의 본질'

'후기자유주의 신학'이라는 단어가 처음으로 등장한 것은 린드벡이
1984년에 출판한 『교리의 본질』에서였다. 불과 140여 쪽의 이 얇은 책
이 영미 신학계에 가져온 충격은 대단하였다. 출판 직후부터 지금까지
10년 넘게 영미 신학자들은 주로 린드벡의 제안을 검토하는 데 정열을
불태우고 있는 것처럼 보인다.13) 대부분의 문제작이 그렇듯이 이 책도

---

11) 린드벡은 비트겐슈타인이 그의 사고에 끼친 주요 자극 중 하나였다고 말하고 (*Ibid.*,
    p. 24) "나는 특별히 나의 동료 폴 호머에게 비트겐슈타인의 신학적 중요성에 관한
    이해를 빚지고 있다"고 덧붙인다. (*Ibid.*, p. 28, f.n. 28.)
12) Paul L. Holmer, *The Grammar of Faith* (New York: Harper & Row, 1978). 또한 호머에게
    증정된 논문집에 그의 다양한 영향을 보여주는 여러 논문들이 수록되어 있다.
    Richard H. Bell, ed., *The Grammar of the Heart: New Essays in Moral Philosophy & Theology*
    (New York: Harper & Row, 1988).
13) 린드벡의 저서에 대한 논쟁의 열기는 주요 신학 학술지들이 그의 제안을 토론하기

찬성과 반대의 양 극단적 반응을 불러일으켰다. 많은 신학자들이 린드벡에게 고무되어 신학의 가능성을 다시 한 번 새롭게 다짐하기도 하고 혹은 린드벡이야말로 신학의 종말을 역설적으로 반증하고 있다고 허탈해하기도 한다.

후기자유주의 신학의 가장 기초 교과서로 이미 자리잡은 이 책은 그러나 엄밀한 의미에서는 조직신학 텍스트라기보다 신학적 서론 즉 프롤레고메나에 해당한다고 말하는 것이 더욱 정확할 것이다.14) 후기자유주의 신학의 본격적인 내용을 기대하고 이 책을 펼치는 사람은 실망을 금치 못할 것이다. 대신 신학의 가능성 여부에 관한 극도로 농축된 방법론적 토론을 읽어 나가게 된다. 다른 말로 한다면 이 책은 후기자유주의 신학의 구체적 내용을 다루는 것이 아니라 그 이론적 형식성을 검토하려는 저서이다. 따라서 『교리의 본질』은 지극히 방법론적이며 형식적(formal)인 논쟁으로 일관하고 있기 때문에 제대로 이해하기가 상당히 어

위해 조직하였던 세미나를 몇 개 거론함으로 짐작할 수 있을 것이다. "Review Symposium: Lindbeck's The Nature of Doctrine," *Thomist* 49 (1985), pp. 392 – 472; "Special Symposium: Lindbeck's The Nature of Doctrine," *Modern Theology* 4:2 (January, 1988), pp. 107 – 209; Frederic B. Burnham, ed., *Postmodern Theology: Christian Faith in a Pluralist World* (San Francisco: Harper & Row, 1989), 『포스트모던 신학』, 세계신학연구원 역 (서울: 조명문화사, 1991); Bruce D. Marshall, ed., *Theology and Dialogue: Essays in Conversation with George Lindbeck* (Notre Dame: University of Notre Dame Press, 1990). 특히 이 마지막 책 뒤에는 린드벡의 자세한 저술 목록이 실려 있다.

14) 린드벡 자신도 서문에서 이 책은 앞으로 그가 출판할 본격적인 신학 텍스트를 위한 프롤레고메나라고 밝히고 있다. *Ibid.*, p. 8. 그가 약속한 위의 저서는 후기자유주의 신학뿐만 아니라 린드벡 자신의 신학적 배경을 이해하는 데에도 많은 도움을 줄 것이다. 현재 린드벡의 사상적 배경을 정확하게 집어내기란 그리 쉬운 일은 아니다. 무엇보다도 그는 독자들이 자신의 배경을 충분히 분석할 수 있을 만큼 많은 집필을 하지 않고 있기 때문이다. 예일 대학의 역사신학자로서 그의 저술은 주로 역사신학적 전문 분야에 한정되어 왔다. 『교리의 본질』을 발표하기 전까지 린드벡은 어떤 독창적인 사상을 가진 신학자라기보다는 교회사 연구에 공헌한 루터교 학자로 인식되어 왔다. 따라서 그의 사상적 배경을 논하는 일은 어떤 의미에서 아직은 시기상조인 듯한 느낌이 들기도 한다.

려운 책이기도 하다. 얇지만 까다로운 이 책은 린드벡 자신이 조심스럽게 밝히듯 후기자유주의 신학을 펼쳐 보이는 대신 그것을 '향한'(toward a postliberal theology) 가능성을 타진하려는 목적을 지니고 있다.

무엇보다 이 책을 저술한 저자의 의도를 이해하는 것이 중요하리라고 생각된다. 그 첫째는 기독교 여러 전통들 간의 대화 가능성 혹은 교회일치에 관한(ecumanical) 관심이다. 루터교 역사신학자로서 린드벡은 교회사에 나타난 여러 다양한 교리들을 연구해 왔고 또 가톨릭과의 대화에 앞장서 왔다. 이러한 경험의 배경에서 과연 기독교 안의 여러 상이한 '교리'들을 어떻게 이해해야만 그들 간의 '대화'를 가능케 할 수 있을까 하는 문제에 고심하게·된 것이다. 기존의 교리관들은 자신이 속한 전통의 교리에 충실하면서도 타전통 교리들과의 의미 있는 교류를 모색하기에 합당한 교리 이론을 제시하지 못한다고 평가되었다. 그래서 그는 각자의 신학 전통을 살리면서도 교회일치 운동(ecumenism)에 이바지할 수 있는 교리의 이해를 찾게 되었다는 것이다.[15] 이러한 에큐메니컬적 관심 때문에 둘째, 린드벡은 주로 여러 전통들의 교리들이 가진 공통분모를 찾고자 노력한다. 그것은 교리들의 공통적인 형식성을 밝히려는 시도를 뜻한다. 따라서 이 책에 나타난 린드벡의 의도는 다분히 방법론적이고 형식적인 탐구이다. 여러 교리들을 분석하는 그의 접근 방법이 지나치게 기술적(descriptive)인 것 같은 인상을 주는 이유가 바로 여기에 있다고 하겠다.[16]

---

15) Ibid., pp. 7 - 8. 그러나 린드벡의 '에큐메니컬' 관심은 주로 기독교 내에 국한된 것이다. 그가 말하는 '대화'는 흔히 생각하듯 '종교 간의 대화'(inter-religious dialogue)가 아니라 '종교 내의 대화'(intra-religious dialogue)임을 주의할 필요가 있다. 대체로 그는 전자에 대해 소극적이고 후자에 대해 적극적인 것 같아 보인다. 후기자유주의 신학의 관심은 언제나 바깥보다는 안쪽으로 향하여 있다.

16) 실제로 이러한 기술적 성격은 이 책의 기본 의도를 이해하는 것뿐만 아니라 후기자유주의 신학 내용을 이해하는 데에도 도움을 준다. 이 신학은 근본적으로 '기술적 학문'(a descriptive discipline)임을 주장하기 때문이다. Alister E. McGrath, *Christian*

『교리의 본질』에서 논의되고 있는 후기자유주의 신학 가능성에 대한 방법론적 탐구는 다음 두 가지의 초점을 가지고 있다. 하나는 현대철학, 종교학, 사회학 등의 이론적 지평 아래 새롭게 정립된 '종교'에 대한 이해이고, 다른 하나는 이러한 새로운 종교관에 기초한 '교리'의 새로운 해석이다. 좀더 구체적으로 말하면 린드벡은 1) 최근 각광받는 문화 – 언어적 종교이론(cultural-linguistic theory of religion)의 중요성을 역설하고, 2) 그것에 비추어 교리의 본질을 조명하였을 때 결과로 나타나는 교리의 규칙이론(rule theory of the doctrine)이 신학적, 에큐메니컬적 효용성을 가질 수 있을지 여부를 검토하고 있다. 이 두 가지 논의가 성공적으로 개진될 수 있다면 이제 신학도 과거의 접근 방식을 벗어 버리고 새로운 의미와 가능성을 가지게 될 것이라는 주장이다. 즉 후기자유주의 신학의 가능성은 문화 – 언어적 종교 이론과 규칙론적 교리 이론, 두 가지 이론적 기초에 근거하고 있다고 요약될 수 있다.

이 두 가지 이론들은 상호 보완적이고 상호 의존적으로 연결되어 있다고 린드벡은 강조한다.[17] 그러나 엄격한 의미에서 교리의 규칙론적 이론은 종교의 문화 – 언어적 이해에서 파생된 것이라고 할 수 있다. 즉 '교리의 본질'이 무엇인가에 대한 린드벡의 탐구는 실상 '종교'에 대한 이해를 거울삼아 이루어지고 있는 것이다. 따라서 그 스스로 서문에서 밝히고 있듯이 비록 이 책의 제목은 『교리의 본질』이지만 실제로 내용 자체는 '종교의 본질'에 관한 현대적 이해에 깊이 뿌리내리고 있음을 볼 수 있다.[18] 결론을 미리 앞당겨 말한다면 린드벡의 '종교의 본질' 논쟁은 상당한 설득력을 가진 반면 오히려 주제가 되는 '교리의 본질' 논의는 많은 문제점을 보여 주고 있다고 생각된다. 그 자신의 말처럼 이 책이 차라리

Theology: An Introduction (Oxford: Blackwell, 1994), p. 110.

17) Lindbeck, *Ibid.*, p. 8.

18) *Ibid.*, p. 10.

종교에 관한 하나의 이론서적으로만 제시되었더라면 더욱 좋았을지도 모른다.[19] 다른 말로 한다면 그의 종교이론은 '종교학적'으로 잘 받아들 여지는 반면 그의 교리이론은 신학적으로 많은 논란을 제기하는 것이다. 그런 의미에서는 린드벡의 시도가 기술적(descriptive) 성격의 종고학과 규범적(normative) 성격의 신학과의 대화가 얼마만큼 가능한가 하는 질문 에 대한 좋은 시금석이 될 수 있을지도 모른다.

린드벡이 제안하는 종교와 교리의 관계는 사실 굉장히 획기적인 인식 의 전환이라고 보여진다. 이러한 새로운 관계에 대한 인식이 곧 포스트 리버럴 혹은 후기자유주의적 인식의 가장 중요한 특성이 된다고 린드벡 은 역설하고 있는 것이다. 후기자유주의 신학적 인식의 독창성을 제대로 이해하기 위해서는 이 주장을 기존의 신학적 입장과 비교할 필요가 있 다. 우선 종교이론과 교리이론을 연결시켜 신학의 가능성을 논의한다는 것 자체가 대다수 신학도에게는 낯설게 느껴질 수 있다. 교리의 본질이 과연 무엇이냐는 문제가 각자의 신학적 입장에 따라 다양하게 답변될 수 있기 때문에 교리와 신학의 상호 연관성은 당연하게 받아들여진다. 하지 만 기독교 신학과 교리의 특수한 내용이 '종교'이론의 일반적 내용과 상 관이 있다는 지적은 쉽게 납득되기 힘들어 보인다. 즐겨 인용되는 것처 럼 기독교의 가장 큰 특징의 하나는 이른바 '특수성의 스캔들'(scandal of particularity)이다.[20] 그래서 신학자들은 보편적 진리를 표방한 일반 학문 들이 신학의 고유함을 훼손시킬 위험에 대하여 끊임없이 경고를 발하여

---

19) *Ibid.*, p. 8.
20) 특수성의 스캔들이란 간단히 말해 인간의 구원은 누구나 깨닫거나 얻을 수 있는 일반적 법칙이나 득도로 가능하지 않고 오로지 특수한 일련의 사항들을 믿음으로 받아들임으로 가능하다는 역설적 사실을 강조하기 위한 수사학이라고 하겠다. 즉 하나뿐인 하나님의 하나뿐인 독생자가 2,000년 전 유대 땅이라는 특정한 시공간에 예수라는 특정한 인물로 화육하여 인간의 죄를 위해 대속 죽음을 당하고 부활하여 죽음의 권세를 이겼다는 내용은 결코 보편적(general)인 진리가 아니라 특수한 (particular) 진리인 것임을 말하고 있다.

오고 있다. "예루살렘과 아덴이 무슨 상관이 있느뇨?"라던 초대 교부 테르툴리아누스로부터 "복음은 종교의 지양이고 기독교는 종교가 아니다"라는 20세기의 칼 바르트에 이르기까지 신학자들은 특히 '종교'와는 일정한 거리를 유지하도록 가르쳐 오지 않았던가?21)

　역사신학자로서 린드벡은 물론 전통적으로 기독교 교리와 일반 종교가 상호 무관하게 혹은 상호 배타적으로 이해되었던 사실을 누구보다도 더 잘 알고 있다. 교리의 순수성과 절대성을 주장하는 보수진영의 신학자들이 볼 때 교리관과 종교관이 연계되어야 한다는 주장은 상당히 파격적으로, 혹은 모욕적으로까지 들릴 것임에 틀림없다. 그러나 이제 더 이상 신학과 교리에 대한 개념이 종교 이론과 무관하게 전개될 수 없는 시대사의 한 지점에 이르렀음을 린드벡은 역설하고자 하는 것이다. 그의 표현에 따르면 스스로를 고립시켜 왔던 신학자들은 신학이 일종의 '학문적 게토(ghetto)'가 되는 것을 막아야 할 의무가 있다.22)

　종교와 교리에 관한 린드벡의 주장을 자유주의 신학과 비교하는 것은 더욱 흥미 있는 일이다. 사실 교리관과 종교관이 연계되어 이해되어야 한다는 것은 이미 자유주의 신학자들의 신학과 상황, 복음과 문화의 연결에 대한 주장에서 충분히 예견되었다. 실제로 근대 자유주의 신학의 시대를 열었던 저서는 슐라이어마허의 『종교론』으로 이 유명한 문제작

---

21) 바르트는 복음과 종교, 신앙과 불신앙을 구분하고 복음에 대한 신앙으로서의 "기독교는 종교가 아니다"라는 신정통주의 선언을 하게 된다. 기독교는 세계종교사의 문맥이 아니라 이른바 '구속사'(Heilsgeschichte)의 문맥에서 읽어야 하기 때문에 그리스도를 통한 "신의 계시는 종교의 폐기"를 뜻한다는 것이다. Karl Barth, *Church Dogmatics*, Vol. 1, Pt. 2, Ch. 17, "The Revelation of God as the Abolition of Religion."

22) Lindbeck, *Ibid.*, p. 25. 그러나 흥미로운 것은 결과적으로 린드벡 자신이 신학을 더욱 게토화化하였다고 공격받는다는 사실이다. William J. Abraham, "The State of Christian Theology in North America," *The Great Ideas Today 1991* (Chicago: Encyclopaedia Britannica, 1991), pp. 262 - 4. 아브라함은 린드벡이야말로 사실상 신학을 다른 학문의 '바빌론 노수'로 만들고 있다고 지적한다.

은 기독교 교리의 의미를 '종교'의 이해를 통해 변증하려는 시도였다. 또 그 뒤를 이은 트뢸취나 틸리히의 세계 종교들에 대한 신학적 관심도 모두 잘 알려져 있다. 이른바 '종교사학파'(Religionsgeschichtlicheschule)의 기수였던 트뢸취는 한평생 신학과 종교 간의 관계에 대하여 고심하였던 신학자로 유명하다.[23] 그리고 비록 그의 말년에 이르러서이지만 틸리히 도 신학과 종교의 관계를 심각하게 받아들였었다.[24] 그렇다면 린드벡의 주장은 결국 자유주의 신학의 새로운 변형이거나 그 연장선상에 있는 것에 불과하다고 할 수 있지 않은가?

그러나 린드벡이 말하는 종교와 교리의 관계는 자유주의 신학자들이 상정했던 그것과는 현격한 차이가 있다. 슐라이어마허, 트뢸취, 틸리히 등이 관심 가졌던 문제는 기독교와 세계 종교들의 관계성이었고 그 관계 가 신학에 미칠 영향이었다. 흔히 말하는 종교다원주의 문제가 바로 자 유주의 신학자들이 즐겨 제기하는 문제인 셈이고 그 대답은 '종교신학' (Theology of Religions)이라는 형태로 시도되고 있다. 하지만 린드벡은 종 교다원주의나 종교신학에는 별반 관심이 없을 뿐만 아니라 오히려 상당 히 부정적이다.[25] 그의 종교에 대한 관심은 어디까지나 방법론적 차원에

---

23) 세계종교사의 문맥에서 하나의 종교로서의 기독교를 이해하자는 트뢸취의 제안은 기독교가 절대적인가 상대적인가 하는 논란을 촉발시킨다. Ernst Troeltsch, *The Absoluteness of Christianity and the History of Religions*, trans. by David Reid (Richmond: John Knox Press, 1971). 그는 기독교의 절대성 주장에 비판적이면서도 모든 종교들 발전의 "수렴점일 뿐 아니라 완성점"으로서의 기독교의 "상대적 절대성"을 주장하 였다. *Ibid*., p. 114. 그러나 그가 사망하기 직전에 완성한 원고에서 기독교의 "상대적 절대성" 평가가 일종의 "문화제국주의적 과오"였다고 고백하고 그 대신 기독교의 "절대적 상대성"을 주장한 것은 유명한 일이다. Ernst Troeltsch, *Christian Thought: Its History and Application* (Westport: Hyperion Press, 1979), pp. 3－35.

24) Paul Tillich, "The Significance of the History of Religions for the Systematic Theologians," in Paul Tillich, *The Future of Religions* (New York: Harper & Row, 1966).

25) 린드벡이 종교 간의 대화 자체에 부정적인 것은 아니다. 여러 종교들 간의 대화를 통해 더욱 많은 진리를 깨달을 수 있는 가능성 등은 긍정적으로 받아들인다. *Ibid*.,

머물러 있다. 즉 종교가 무엇인가에 대한 이해를 통해 기독교라는 하나의 종교 형식을 이해하고자 하는 것뿐이다. 기독교를 객관적으로 볼 수 있는 관점을 제공한다는 의미에서 종교 이론을 수용하는 것이다. 자유주의자들과 같이 종교를 통해 신학적 내용을 수정한다는 발상은 린드벡에게 낯선 것으로 보인다.

린드벡이 볼 때 자유주의신학의 오류는 보수주의 신학에서 지적하듯 신학과 세계, 복음과 문화를 연결시킨 자체에 기인하는 것이 아니라 오히려 철저히 연결시키지 못하였다는 데서 유래한다. 즉 자유주의 신학자들이 신학적 변증의 목적에 국한하여 문화와 세상의 학문을 수용했던 사실은 결국 그들의 한계를 드러내고 마는 결과를 가져왔다. 린드벡은 이제 이러한 관계를 철저히 역전시켜 일반 학문적 입장에서 신학과 교리를 수용할 것을 제안하는 것이다. 포스트모던의 새로운 인식 상황에서 종전처럼 교리적 우위성이나 신학적 선입견을 고집하는 것은 시대착오적일 수밖에 없다. 오히려 신학은 자신의 방법론적인 위상을 철저히 객관화함으로써 자신만의 고유한 영역을 확보할 수 있다고 역설하는 것이다.

4. 종교 - 교리 이론의 세 가지 유형

위에서 간단히 요약한 린드벡의 주장은 좀더 구체적으로 세 가지 유형으로 분석할 수 있다. 역사신학자의 입장에서 그는 교리의 발전 유형을 3단계로 나눈다. 시대사적으로 전 근대, 근대, 후기 근대로 나눌 때 각 시대는 신학적으로 말해 자유주의 신학 이전, 자유주의, 자유주의 신학 이후의 성격을 가진다. 그리고 각 시대에 해당하는 교리 유형은 각각 인식 - 명제

---

p. 53 & passim. 그러나 그가 문제삼는 것은 이른바 다원주의자(pluralism)들이 주장하는 타종교를 통한 구원 가능성이다. *Ibid.*, pp. 55 - 63.

적(preliberal cognitive-propositional), 경험 – 표현적(liberal experiential-expressive), 그리고 문화 – 언어적(postliberal culturallinguistic) 형태로 나타난다고 린드벡은 지적하고 있다.26) 이 세 가지 유형론은 린드벡의 후기자유주의 신학을 이해하는 데 가장 중요하고 핵심 내용이다.

1) 인식 – 명제적(cognitive-propositional) 교리관

먼저 명제론적 교리관이란 교리의 참뜻은 그 명제를 통해 지시되는 진리에 있다는 입장을 말한다. 즉 명제로 나타난 교리적 진리가 가장 참되고 중요하다는 입장이다. 교회 교리를 외부 실재들에 대한 정보를 주는 명제들이거나 진리주장이라 여기기 때문에 다른 말로 표현한다면 이 입장은 명제의 인지적(cognitive) 측면을 강조한다고 말할 수도 있다. 한마디로 "종교의 인식론적 요소를 강조하고 교회 교리가 객관적인 실재들에 대한 정보를 주는 명제들이거나 진리 주장들로 역할하는 방식을 주장"하는 방식이 곧 명제론적 교리관이다.27)

기독교 신학이 전통적으로 고수해 온 진리관이 바로 이러하다는 것은 두말 할 필요 없이 분명하다. 성경 말씀은 '일점 일획'도 변할 수 없는 진리의 명제들이라고 받아들여졌고 수많은 교리와 신조, 고백들도 모두 불변의 진리를 담은 명제들로 신앙되었다. 명제의 중요성이 다른 어떤 것보다도 우선이었기 때문에 '바른 말씀'을 뜻하는 'ortho+dox'라는 표현이 곧 '정통'을 의미하게까지 되었다.28) 대체적으로 근대 이전의 신학은

---

26) *Ibid.*, p. 112 ff.

27) *Ibid.*, p. 16.

28) 서양에서 '정통'이라는 말이 '바른 말, 바른 명제'에서 유래되었다는 사실은 굉장히 시사하는 바가 많다. 비교론적 관점에서 볼 때 유독 서양의 사고방식만이 '바른 명제'를 가장 정통적인 것이라고 강조하고 있다고 보여지기 때문이다. 가령 불교, 힌두교, 유교 등의 동양문화권에서는 '바른 명제'[正言, orthodox]보다는 오히려 '바른 행실'[正行, orthopraxis]이 더욱 정통의 권위를 지니는 것으로 여겨져 왔다. 같은 서구권인 유대교나 이슬람의 경우에 있어서도 상대적으로 말해 '정통'의 권위는

이 입장을 고수하였다고 볼 수 있다.

또한 정통 신학자들뿐만 아니라 이단들도 인식 — 명제적 입장을 견지해 왔다는 사실에도 주의할 필요가 있다. 교리에 나타난 명제가 옳지 않고 다른 명제가 옳다고 믿기 때문에 이단들은 문자 그대로 목숨을 걸며 새 명제를 내세우곤 했던 것이다. 교황 비가류설(infallibility)에 대한 의문을 제기하다가 목숨을 잃지는 않았지만 가톨릭 교수직을 잃고 말았던 오늘날의 한스 큉의 경우도 역시 마찬가지로 교리의 명제적 진리에 얽힌 싸움의 피해자라고 할 수 있다.29) 더욱 흥미로운 것은 기독교 반대론자들도 결국 기독교 교리의 명제들을 반대하는 명제론자라는 사실이다. 신학적 명제들을 모두 '무의미하다'(meaningless)고 공격했던 논리실증주의자들이 그 좋은 예가 될 것이다.30)

명제론자들에게 교리는 한 번 진리이면 영원히 진리이고 한 번 그릇된 것이면 영원히 그릇된 것이다. 따라서 이들의 최대 약점은 곧 교리의 변화를 설명할 수 없다는 데 있다. 가령 지동설은 오랫동안 이단으로 간주되어 왔으며 불과 몇 년 전에야 교황청에서 천동설의 오류를 공식적으로 선포하였다. 어제의 오류가 오늘날 진리로 인정될 수 있다면 오늘의 이단이 내일의 정통이 되지 말라는 법도 없지 않은가? 명제론자들은 이

역시 보다 '바른 행동'에 무게가 실려져 있었음을 볼 수 있다. 또 같은 기독교 신학 내에서도 비서구적 신학인 남미의 해방신학이 유독 '바른 행실'(orthopraxis)을 강조하고 있는 것이 좋은 반증이 될 수 있을 것이다. Clodovis Boff, *Theology and Praxis: Epistemological Foundations*, trans. by Robert Barr (Maryknoll: Orbis, 1987).

29) Lindbeck, *Ibid.*, p. 26, f.n. 3. Hans Küeng, *Infallible? An Inquiry* (New York: Doubleday & Co., 1971)

30) 논리실증주의자들에 의하면 어떤 명제가 틀렸다는 사실과 무의미하다는 것은 질적으로 구분되어야 한다. 명제가 틀렸다는 것은 오히려 일종의 찬사에 가깝다. 적어도 그것은 진위를 구분할 수 있을 만큼 '의미적'(meaningful)이기 때문이다. Malcolm L. Diamond, "Introduction," in *The Logic of God: Theology and Verification*, eds., by Malcolm L. Diamond & Thomas V. Litzenburg, Jr. (Indianapolis: Bobbs-Merrill Co., 1975), p. 18.

러한 질문에 언제나 답변이 궁색할 수밖에 없다.

2) 경험 - 표현적(experiential-expressive) 교리관

경험 - 표현적 교리관은 교리의 근거를 명제에서 찾지 않고 인간의 경험에서 찾는 태도를 의미한다. 교회의 교리와 신학적 명제들이 진리가 될 수 있는 근거는 그것들이 얼마나 우리의 종교적 경험을 잘 반영하느냐에 달려 있다는 입장이다. 종교경험의 우위성은 슐라이어마허 이후 근대 자유주의 신학의 불변의 원칙으로 군림해 왔다. 최근의 많은 신학들도 결국은 이 경험 - 표현적 진리관의 소산이라고 볼 수 있다. 즉 여성신학은 여성들의 경험을, 해방신학은 억눌린 이들의 경험을, 흑인신학은 흑인들의 경험을 표현하려는 시도인 것이다.

거시적인 시각에서 보면 서구 근대의 가장 큰 특색 중 하나가 바로 인간 경험에 대한 강조였다고 할 수 있다. 서구 근대의 여명을 준비하였던 몇 가지 역사적 흐름이 모두 경험을 중시하였던 사실을 되새겨 볼 필요가 있을 것이다. 중세 말기에 나타난 유명론이란 다름아닌 죽은 글자가 아니라 산 경험에 권위를 부여하려던 움직임이었다. 이러한 유명론자들이 근대의 선구자가 되는 것은 우연이 아닌 것이다. 종교개혁의 기본 정신도 역시 인간 경험을 강조하는 것이었다. 마르틴 루터의 "오직 믿음만으로"(sola fidei)라는 원칙은 신 앞에 서는 나 자신의 경험이 다른 어떤 권위에도 우선한다는 신념을 확인한 것이다.[31] 그리고 무엇보다도 중요한 사건은 데카르트의 '생각하는 자아'가 보장하여 주는 경험의 철학적 확실성이었다. 데카르트로부터 시작한 근대철학이 가장 중요시한 것은 인식의 근거로서 '사고하는 주체'이다. 흔히 근대철학을 가리켜 "주체로의 전환"(the turn to the subject)이라고 표현하는 것은 이러한 역사적 소이

---

31) S. P. 램브레히트, 『서양 철학사』 (을유문화사, 1963), 310쪽.

에 기인한다.[32]

    따라서 경험 – 표현적 자유주의는 철저히 근대정신의 산물이라고 규
정지을 수 있다. 그들은 교리의 명제를 문자 그대로의 진리라고 받아들
이기보다는 그 명제들이 표현하는 인간 경험을 읽고자 노력한다. 즉 그
들에게 있어 교리란 "내면적 감정, 태도, 혹은 실존적 삶의 방향성을 나
타내는 비정보적이고 비서술적인(noninformational, nondiscursive) 상징"이
되는 것이다.[33] 그렇기 때문에 교리의 형태는 똑같이 남아 있더라도 그
속에 담긴 종교적인 의미들은 시대에 따라 다양하게 변화할 수밖에 없
다. "일반적 원칙은 교리가 비서술적 상징으로 작용하는 한 그들은 다양
한 의미를 가지며 따라서 의미의 변화 또는 심지어는 의미의 전적인 상
실에까지 처할 수 있다는 것이다."[34]

    경험 – 표현적 자유주의가 가진 최대의 장점은 역시 교리의 의미를 새
시대에 맞게 재해석할 수 있다는 점일 것이다. 또한 여러 다양한 교리들
이 제기하는 문제들을 하나의 중심 개념을 통해 통합할 수 있는 능력을
가지고 있다. 그러나 이 입장은 상대주의와 획일주의의 위험을 동시에
안고 있다. 곧 교리의 구속력과 연속성을 설명하지 못하고 시대에 맞추
어 상대적으로 해석할 위험이 그 하나이고, 나름대로 특색 있는 교리들
을 모두 똑같은 경험의 소산이라고 약분해 버릴 위험이 그 다른 하나이
다.

    최근 종교다원주의를 주장하는 신학자들이야말로 그 좋은 예가 아닐
수 없다고 린드벡은 지적한다. 이들은 여러 종교들 간의 다양한 상이한
교리적 표현들을 '성스러움'(Das Heilige; Rudolf Otto), '궁극적 관심'(the

---

32) Robert C. Solomon, *Continental Philosophy Since 1750: The Rise and Fall of the Self* (Oxford:
   Oxford University Press, 1988), pp. 1 – 15.
33) Lindbeck, *Ibid.*, p. 16.
34) *Ibid.*, p. 17.

ultimate concern; Paul Tillich), 혹은 '실재'(the Reality; John Hick) 등의 한 가지 보편개념으로 평준화해 버린다. 야웨와 브라흐만과 부처와 알라는 모두 인간의 궁극적 관심이 추구하는 성스러운 실재의 여러 이름들이 되고 마는 것이다. 힉이 말하듯 "하느님은 여러 이름을 가졌다!"[35] 그러나 과연 기독교의 중생 체험과 불교의 득도 경험이 똑같은 것이며 이들의 궁극적 종착점인 천국과 열반도 결국 같은 장소라고 말할 수 있을까? 환상 중에 기독교인은 그리스도를 보게 되고 불교인은 관음보살을 만나게 되지 않는가?[36] 이처럼 종교들 간의 다양함과 차이들은 오히려 '통약 불가능'한 것이 아닐까?라고 린드벡은 반문한다.[37]

3) 문화 - 언어적(cultural-linguistic) 교리관

자유주의 신학 이전의 명제론자들은 변하지 않는 진리를 강조하는 장점은 가졌으나 변화에는 취약하였다. 자유주의 신학의 경험 - 표현론자들은 다원성과 변화를 강조할 수는 있었으나 상대주의적이 되기 쉬운 약점이 문제였다.[38] 이러한 전통과 혁신 사이의 양극화를 극복할 수 있는 새로운 모델의 필요성이 요청된 것이다. 책머리의 첫 문장에서 린드벡은

---

35) John Hick, *God Has Many Names* (Philadelphia: Westminster, 1982), 국역, 『하느님은 많은 이름을 가졌다』(도서출판 창, 1993).

36) 신비경험에 대한 문화 - 언어적 분석으로는 스티븐 카츠의 유명한 논문 참조. Steven T. Katz, "Language, Epistemology, and Mysticism," in *Mysticism and Philosophical Analysis*, ed. by Steven T. Katz (New York: Oxford University Press, 1978), pp. 22 - 74.

37) Lindbeck, *Ibid.*, p. 48. 린드벡은 여기서 토마스 쿤(Thomas Kuhn)의 유명한 '통약 불가능성'(incommensurability) 개념을 차용하고 있다.

38) 린드벡은 경험 - 표현론자들 중에서 특히 금세기 최고의 가톨릭 신학자라는 평가를 받는 칼 라너(Karl Rahner)와 버나드 로네간(Bernard Lonergan)의 경우가 이런 약점을 어느 정도 보완하고 있다고 평가한다. 그들은 교리의 인식상 명제론적이면서도 표현적으로 상징적인 차원과 기능을 강조하고 있기 때문이다. 그러나 린드벡은 그들 역시 "복잡한 지성적 기계체조를 벌인 끝에…… 결국 설득력이 약화되고 만다"라고 결론짓는다. *Ibid.*, pp. 16 - 7.

지난 25년 간 자신의 학문 여정 내내 명제론자와 경험 – 표현론자들 입장에 불만족을 감출 길 없었다고 고백한다.

린드벡에게 있어 그 해답은 신학에서가 아니라 철학과 사회과학에서 주어졌다. 그것이 바로 그가 '문화 – 언어적 종교 이해'라고 명명한 것으로, 그에 따르면 이 개념이야말로 신학적으로 그리고 에큐메니컬적으로 가장 유용한 교리관을 신학자들에게 선물할 수 있으리라는 것이다. 그가 말하는 문화 – 언어적 종교관이란 간단히 말해 종교는 근본적으로 문화, 언어와 흡사한 기능과 구조를 가지고 있음을 뜻한다. "하나의 종교란 삶과 생각 전체를 형성하는 문화적 또한 / 혹은 언어적 틀이나 매개체의 일종이라고 간주될 수 있다. 그것은 일종의 칸트적 선험성(a Kantian a priori) 같은 역할을 하는 것이다……."39)

문화와 언어는 인간의 삶을 구성하는 가장 광범위한 개념의 그물이다. 그 누구의 삶도 문화와 언어 없이 영위될 수 없음은 자명하다. 그런데 문화와 언어는 우리가 공들여 배울 수도 있지만 근본적으로는 우리에게 주어지는 것이다. 한국인으로서 한국말을 꼭 배우지 않으면 안 되겠다고 백일 잔칫날부터 각오하고 한국어를 배우기 시작한 사람은 아무도 없다. 대한민국에 태어난 아이는 'mommy, daddy' 대신에 '엄마, 아빠'부터 부르게 되며 된장국과 김치찌개 냄새에 군침이 돌도록 조건반사되고 무엇이든지 '빨리빨리, 많이많이' 해야 된다고 길들여진다. 이 아기가 만약 티베트 오지에서 태어났더라면 '빨리빨리'라는 말의 뜻이 '올해가 다 가기 전에'라고 이해하고 거기에 맞춰 보다 느긋하게 행동하게 될 것이다. 우리가 우리 생명과 가문과 성격을 스스로 택하여 태어난 것이 아니듯 우리가 가진 문화와 언어도 스스로 택한 것이 아니다. 문화와 언어는 우리에게 주어진 것, 소여된 것(the given)이다. 실존주의자들의 용어를 빌

---

39) *Ibid.*, p. 33.

린다면 우리는 문화와 언어 속에 '내던져졌다[棄投性]'(Geworfenheit)라고
까지 말할 수 있을 것이다.

이처럼 문화와 언어는 우리가 거부할 수 없는 우리의 숙명이다. 물론
우리는 문화와 언어를 변화시키고 개조하며 심지어 사장시킬 수도 있을
것이다. 인간은 문화와 언어의 노예가 아니고 오히려 그 주인이기 때문
이다. 그러나 문화와 언어가 우리에게 운명처럼 주어질 수밖에 없는 가
장 끈끈한 이유는 곧 그들이 언제나 우리보다 먼저 존재하고 있다는 것
이다. 즉 문화와 언어는 우리 존재들의 '칸트적 선험성'과도 같은 것이다.
하이데거가 '언어는 존재의 집'이라고 한 명언은 곧 우리 존재가 문화와
언어성(linguisticality)이라는 선험적 구조를 결코 벗어날 수 없음을 웅변
해 준다.40)

이처럼 우리들 삶과 그 세계, 삶에 대한 기대와 해석은 일차적으로 문
화와 언어에 의해서 그 골격을 갖추게 된다. 이제 한 가지 더 우리의 삶
을 구성하는 근본적 동기를 꼽는다면 그것은 '종교'이다. 문화와 언어만
큼 인간의 삶이라는 직물을 짜는 데 중요한 요소가 바로 종교이다. 어떤
아이는 갓바위 부처에게 공양하여, 혹은 서원기도의 응답으로, 혹은 삼
신할머니의 영험으로, 혹은 우연으로 잉태되었다고 믿어져서 이 세상에
태어난다. 그리고 각기 업보에 따라서, 섭리에 의해, 팔자소관으로, 혹은
굴러가는 대로 산다고 믿으며 이 한 평생을 살아갈 것이다. 물론 우리는
자신의 종교를 선택할 수도 있고 종교의 구체적 내용들을 검토하고 바꾸

---

40) 인간 존재의 문화성과 언어성의 발견은 금세기의 중요한 업적이다. 너무나 대조되
는 영미 분석철학자들과 대륙 해석철학자들이 공통으로 강조하는 것, 미개 사회를
연구하는 인류학자와 현대 사회를 연구하는 사회학자들 모두 동의하는 것이 바로
인간의 문화-언어적 성격이다. 후기자유주의 신학자 플래처의 책은 이 문제에
대한 여러 학자들의 견해를 잘 요약하여 보여 주고 있다. William C. Placher,
Unapologetic Theology: A Christian Voice in a Pluralistic Conversation (Loiusville: Westminster
/ John Knox Press, 1989).

어 나갈 수도 있다. 그러나 문화와 언어의 경우에서와 마찬가지로 중요
한 사실은 '종교'는 역시 우리보다 늘 앞서 있으면서 우리의 삶과 세계의
의미를 지시한다는 것이다. "종교는…… 인간의 경험 및 자아와 세계의
이해를 구성하는 총체적인 해석 기구로 간주된다."[41]

린드벡이 '문화 – 언어적 종교관'이라고 부르는 것은 대략 이와 같은
배경을 가지고 있다. 이것은 종교가 문화와 언어처럼 우리에게 '주어진
것'이라는 사실을 강조한다. 가장 근본적인 의미에서 종교는 우리보다
언제나 먼저 존재하고 있기 때문에 우리가 '종교적'이 된다는 것은 일차
적으로 그 종교의 의미체계들을 받아들이고 습득해 나가는 것을 뜻한다.

종교적으로 된다는 것은—— 문화적으로나 언어적으로 능력 있게 된다는
것과 덜하지 않은 의미에서—— 실습과 연습에 의해 한 묶음의 기술들을 내
면화시킨다는 것이다 (to interiorize a set of skills). 사람은 종교 전통에 순응
하면서 어떻게 느낄지, 행동할지, 생각할지, 즉 그 내면적 구조를 배우게 된
다…… 일차적인 지식은 그 종교에 대한 것도(about) 아니고 그 종교가 이
런 저런 것을 가르친다는 것도(that) 아니며 이런 저런 방법으로 어떻게
(how) 종교적으로 되느냐 하는 것이다.[42]

조금 다르게 표현한다면 종교란 일종의 관용어(idiom)와 같아서 종교
적으로 된다는 것은 얼마만큼 그 관용어를 잘 숙지하느냐는 것과 비례한
다고 할 수 있다. "종교는 사물들의 기술, 신념들의 형성, 그리고 내적인
태도, 감정, 정서 등을 경험하는 것을 가능케 하는 관용어(an idiom)에 가
깝다."[43] 특별히 인생에 있어 가장 중요한 것들, 가령 "삶과 죽음, 옳은

---

41) Lindbeck, *Ibid.*, p. 32.
42) *Ibid.*, p. 35.
43) *Ibid.*, p. 33.

것과 그른 것, 질서와 혼돈, 의미와 무의미 등의 궁극적인 문제들"을 다루기 위한 관용어가 곧 종교인 것이다.[44] 문화와 언어의 천재가 있듯이 종교의 천재도 물론 가능할 것이다. 그러나 그 어떤 사람도 문화, 언어, 종교체계를 무에서부터 창조할 수 있을 만큼 천재가 될 수는 없다. 아무리 영어를 잘하는 사람도 영어 숙어(idiom)는 따지지 않고 무조건 외워야 한다. 아니, 숙어를 많이 외우면 외울수록 더 멋진 영어를 할 수 있게 된다는 말이 더욱 정확하다.

린드벡이 옹호하는 이러한 종교관은 특히 경험 – 표현론자들의 종교 이해와 정면으로 대립된다. 문제의 핵심은 언어와 경험의 관계를 어떻게 정립하느냐에 달려 있다. 경험 – 표현적 입장에서는 언어란 인간의 경험을 표현하는 기능을 지닌 것이라 간주된다. 즉 언어는 표현의 도구일 뿐이고 주인되는 것은 역시 인간 경험인 것이다. 반면 문화 – 언어적 입장에서 보는 관점은 그 반대로서 경험이란 문화와 언어의 소산일 뿐이다. 즉 문화와 언어의 틀이 먼저 주어지고 나서 우리의 경험은 생성된다. 후기자유주의 신학자들이 즐겨 말하듯 "중재되지 않은 경험은 없다!" (There is no unmediated experience!)" 마찬가지로 개인적 종교경험이 종교의 모든 것이라고 간주하는 것은 말과 마차의 순서를 거꾸로 놓는 격이 될 것이다. 종교는 종교경험보다 선행한다. 종교의 본질은 '내면의 소리' (verbum internum)가 아니라 '외부의 소리'(verbum externum)이다. "하나의 종교란 무엇보다도 먼저 하나의 외부의 소리(verbum externum)이다. 그것은 선험적 자아나 인식 이전의 경험의 표현이거나 주제화라기보다는 자아와 그의 세계를 규정짓고 형성하는 것이다."[45]

문화 – 언어적 종교 이해는 나름대로 설득력 있는 이론이다. 종교의 소여적 특성을 강조한다는 의미에서 기존의 종교이론들이 간과하였던

---

44) *Ibid*., p. 40.
45) *Ibid*., p. 34.

측면을 보강해 주는 효과를 가지고 있다고 평가된다. 특히 종교가 지닌 공동체적 성격을 강조하는 장점을 지니고 있다. "어떤 언어나 문화처럼 종교는 근본적으로 개인들의 주관적 요소가 나타난 것이라기보다는 개인들의 주관성을 형성하는 공동체적 현상이다."[46] 바로 이 공동체적 의미를 교리의 문제에 적용할 때 린드벡의 야심적인 새로운 교리관이 등장하는 것이다.

5. '교리'의 새 의미

문화 - 언어적 종교이론은 린드벡의 『교리의 본질』을 구성하고 있는 가장 핵심적 요소이다. 그러나 그것은 이 책의 기초일 뿐이지 주제는 아니다. 역사신학자로서 린드벡이 밝히고자 하는 문제는 역시 신학적인 문제인 교리의 문제이다. 즉 그는 문화 - 언어적 종교이론을 교리에 적용시켜 새로운 교리에 대한 이해를 도출하고 그 유용성을 증명하고자 하는 것이다. 린드벡은 자신의 새 교리관을 '규칙 이론' 또는 '규제 이론'(rule or regulative theory)이라고 이름지었다. 그에게 있어 결정적인 논제는 이 규칙 이론이 얼마만큼 신학적으로 기독교 교리의 본질을 이해하도록 도와 주며 또 기독교 내의 여러 전통들 간의 에큐메니컬한 대화를 도와 줄 수 있는가 하는 것이다. 특히 기독교 교리의 "규범성, 항존성, 무오류성 주장들"(claims of normativeness, permanence, infallibility)을 지지해 줄 수 있는가 하는 문제를 심각하게 받아들인다.[47]

---

46) *Ibid.*, p. 33. 종교의 공동체적 성격을 더욱 강조하는 점에서 린드벡은 윌리엄 제임스 (William James) 등의 종교심리학적 전통보다는 뒤르켐(Durkheim) 등의 종교사회학 전통에 더 친근감을 느끼는 것 같다.

47) *Ibid.*, p. 72.

그러나 이것에 대한 그의 논증은 너무 전문적이고 너무 압축되어 있어 제한된 지면에서 자세히 소개하기는 역부족이다. 비유해 본다면 린드벡이 자신의 교리 규칙이론의 정당성을 신학적으로 증명하려는 논증은 마치 커다란 컴퓨터 파일 프로그램이 지나치게 압축되어 있는 것 같은 느낌을 준다. 그리고 그 압축파일을 풀었을 때 수많은 신학적 허점(bugs)들이 드러난다고 생각된다. 여하간 그의 신학적 정당성 논증을 일일이 설명하고 평가하기에는 이 지면의 한계가 있다. 여기서 우리는 다만 그의 규칙 이론만을 소개하고 그 신학적 의미만을 간단히 짚어 보려 한다.

린드벡이 말하는 규칙 이론은 언어의 문법 이론과 상응하는 개념이다. 그는 언어와의 유비를 통해 교리의 본질을 유추하는 것이다. 언어는 쉽게 말해 단어와 문법 두 가지 측면을 가지고 있다. 사람들은 단어들을 연결하여 문장을 만들어서 자신의 감정을 표현하고 생각을 나타내고 행동을 지시하기도 한다. 이렇게 언어를 실제로 사용하여 온갖 의미를 소통하는 것을 '제1차적 언어'(first-order language)라고 부를 수 있다. 그런데 언어사용은 나름대로의 규칙, 즉 문법을 준수하지 않으면 안 된다. 문법은 규칙이지 실제 사용되는 언어가 아니라는 의미에서 '제2차적 언어'(second-order language)라고 부를 수 있다. 총체적 의미에서 언어활동은 제1, 2차적 언어를 통괄한 것이다. 문법 없는 언어활동은 혼란스러울 수밖에 없고 단어 없는 문법은 공허할 것이다.

이러한 언어활동의 구조를 종교활동에 비유하여 본다면 '제1차적 종교활동'은 역시 신자들의 기도, 경건 생활, 교회 활동, 찬양, 전도 등이라고 할 수 있다. 그러면 '제2차적 종교활동'은 무엇인가? 린드벡에 의하면 교리가 바로 그 제2차적 종교활동을 담당하는 기능에 해당한다. 즉 교리는 마치 언어 문법과도 같은 것이다. 교리는 제1차적 종교활동을 규제하는 규칙으로서의 의미를 가지는 것이지 결코 그 자체가 제1차적 종교활동이 될 수는 없다. 명제론자들의 문제는 바로 교리를 제1차적 종교활동

154

으로 해석하여 교리의 명제를 수호하는 것 자체가 종교행위라고 해석한 것이다. 또 경험 – 표현론자들의 오류는 교리의 제2차적 규칙성을 무시하고 교리란 개인의 내면적 경험의 상징이라고 오해한 사실에 기인한다. 전자는 교리의 가변성을, 후자는 교리의 구속력을 설명해 줄 수 없다.

이처럼 문화 – 언어적 종교이론으로 교리를 조명할 때 교리는 명제적 진리 주장으로나 경험 – 표현적 상징이 아니라 "개 그룹의 정체성이나 복지에 중요하다고 간주되는 신념이나 행동에 관계된 공동체적으로 권위 있는 가르침(communally authoritative teachings)"으로 재정립된다고 린드벡은 주장한다.[48] 규칙 이론으로서의 교리의 본질은 다시 말해 종교 공동체의 행동, 대화, 예배, 기도 및 사고 전반을 관장하는 기능인 것이다. 따라서 교리를 '지킨다'는 것은 무엇보다 중요하다고 할 수 있다. 그것은 그 명제 자체가 진리라서 지킨다는 의미에서가 아니라 곧 그 공동체의 규범과 약속을 지킨다는 의미에서 강조되지 않으면 안 되는 것이다. "교리를 받아들인다는 것은 어떤 특정한 방법으로 이야기하겠다는 것에 동의하는 것을 의미한다."[49] 그래서 장로교인이 장로교 신앙고백(confessions)을 지키고 가톨릭 교인이 교황의 칙서(bulls, encyclicals)를 따르는 것은 지극히 중요한 일이다. 장로교 교인이 된다는 것은 이미 그 공동체의 규범인 장로교 신앙고백의 권위를 받아들이고 자기의 삶을 그것에 맞추어 살아가겠다는 약속을 맺었다는 의미이기 때문이다. 만약 어느 퀘이커 교인이 퀘이커 교리를 잘 지키지 않는다면 그것은 다름아니라 그가 좋은 퀘이커가 아니라는 것을 의미할 뿐이다.[50]

---

48) *Ibid.*, p. 74.

49) *Ibid.*, p. 94.

50) *Ibid.*, p. 74. 문법은 지켜져야 하는 것이지 논증되는 것이 아니다. 마찬가지로 교리도 역시 따르고 지키는 것이지 따지고 해석하는 것이 아니다. 여기에서 강한 암시를 주는 것은 비트겐슈타인의 유명한 '규칙 따르기'(obeying the rules) 논쟁이다. *Ibid.*, p. 107. 보다 전문적인 논증을 위해서는 Saul A. Kripke, *Wittgenstein: On Rules and Private*

린드벡은 이러한 교리의 본질 이해가 결코 새로운 사실이 아니라는 점을 역설한다. 이미 초대교회부터 내려왔던 이른바 '신앙의 규약' (regulae fidei)이라는 개념의 참뜻이 바로 교리의 규칙이론과 일맥상통한 다는 것이다. 초대 교부들이 교리를 가리켜 '신앙의 규약'이라고 말한 것은 교리가 신자들의 참된 삶의 방향성을 잡아 주고 규제한다는 의미에서였다. 즉 초점은 신자들의 참된 행동이지 흔히 오해되듯 참된 명제에 놓여 있던 것이 아니라는 말이다. 신앙의 규약이 지니는 뜻은 명제의 우위가 아니라 규칙의 우위성이다.

기독교 교리의 핵심이 되는 삼위일체의 경우에서 이러한 '신앙의 규약'이 가지는 의미를 확인해 볼 수 있다고 린드벡은 말한다. 그에 따르면 초대교부들은 삼위일체 교리를 신의 존재론적 실제 모습(ontological reference)에 관한 명제로 받아들인 것이 아니다. "나는 성부와 성자와 성령을 믿사오니……"라는 명제는 신에 대한 제1차 명제라기보다는 신자들이 신에 관해 이야기하는 방식에 관한 제2차적 법칙으로 이해되었다는 것이다. 즉 삼위일체 교리는 신이나 예수 그리스도 혹은 성령의 내면성에 관한 제1차적 긍정이라기보다는 기독교적 삶의 담론을 위한 제2차적 도움말(guideline)이라고 볼 수 있다. 이러한 본연의 의도가 잊혀지고 이 명제가 신의 실제 존재에 대한 무슨 형이상학적 명제인양 고정화된 것은 오로지 후기 중세 때였다고 지적한다.[51]

한마디로 린드벡은 전통적 교리가 일반적으로 말하는 '교리적 권위'를 가졌다는 것을 수정 혹은 부정한다. 적어도 그 권위가 일점 일획도 지울 수 없는 명제적 권위라는 의미에서는 거부하는 것이다. 그렇다면 삼위일체 등은 아무 구속력도 없는 고대의 유물일 뿐인가? 혹시 자유주의자들은 이와 같은 결론을 성급히 수용할지 모르지만 반대로 린드벡은 전통적

Language (Cambridge: Harvard University Press, 1982) 참조.
51) *Ibid.*, p. 94.

교리의 구속력을 인정하는 것을 중시한다. 교리는 분명히 어떤 규칙적, 규범적 원칙을 감추고 있는 것이다. 즉 교리의 문장(propositions) 뒤에 숨어 있는 공동체의 규칙(rules)을 분석해야 그 교리의 참뜻을 알 수 있을 것이다. 린드벡은 삼위일체 교리 뒤에 숨어 있는 세 가지 '규범 원칙'(regulative principles)을 지적한다. 그것은 1) 유일신론 원칙(the monotheistic principle); 하나님은 한 분이시다, 2) 역사적 구체성 원칙(the principle of historical specificity); 구세주는 곧 역사적 나사렛 예수이다, 3) 기독론적 최대주의 원칙(Christological maximalism); 신관과 상치되지 않는 한 예수에게 최대의 중요성을 부과한다. 이상 세 가지 원칙이다.52) 결론적으로 말해 삼위일체는 이 세 가지 규칙이론의 합계일 뿐이다.

이러한 분석에 의거하여 린드벡은 교리와 공식 곧 내용과 형태 (doctrine & formulation, content & form)를 구분할 필요성을 강조한다. 삼위일체의 교리에서 '위位'(hypostasis), '체體'(ousia) 등의 특수한 용어들은 얼마든지 변할 수 있다. 이런 그리스 철학적 용어들을 채택한 니케아 신조는 "기독교 정체성을 유지하기 위하여 무조건적으로 영구히 필요한 교리가 역사적으로 조건화된 공식(historically conditioned formulation)"일 뿐이다.53) 다른 말로 한다면 교리는 영구히 권위적인 패러다임(permanently authoritative paradigm)에 지나지 않는다.54) 따라서 니케아 신조의 외형은 얼마든지 변할 수 있을지 모른다.55) 교리를 지키는 데 있어 외면적 명제보다 더욱 중요한 것은 교리를 구성하고 있는 내면적 규범 원칙들에 대

---

52) Op. cit.

53) *Ibid.*, p. 96.

54) Op. cit.

55) 그러나 실제로 이 교리는 더 이상 개조할 필요가 없을 것이라고 린드벡은 성급히 덧붙인다. 니케아 신조는 아직도 예배 등의 목적에 충분히 유용하기 때문이라는 것이다. *Ibid.*, p. 95. 삼위일체가 평가되는 기준은 이 교리가 얼마나 성경과 일치하며 예배에 도움이 되느냐 하는 등 보다 실천적인(performatory) 것이지 신의 실제 양태에 대한 존재론적인(ontological) 것이 아니다. *Ibid.*, p. 106.

한 전적인 충실도이다.

6. 후기자유주의 신학을 향하여

지금까지 우리는 린드벡의 문화 – 언어적 종교이론과 교리의 규칙이론을 비교적 자세히 소개하였다. 그러면 이상과 같은 논증을 통하 린드벡이 이끌어 내는 결론은 과연 무엇인가? 그는 신학의 고립을 극복한다는 명목 아래 지나치게 일반 학문의 종교 논의를 수용하여 교리의 정통적 의미를 왜곡하고 나아가 신학이라는 학문의 위상마저 위태롭게 하지 않았는가? 그러나 린드벡은 자신이 역설하는 교리의 규칙이론이야말로 신학을 정말로 신학답게 정립할 수 있는 가능성을 열어 준다고 주장한다. 그가 말하는 가능성은 다음의 몇 가지로 정리될 수 있다.

1) 체제 – 내적 진리관(intrasystematic truth)

먼저 린드벡의 후기자유주의 신학에 대한 논의가 지닌 가장 획기적인 결론은 곧 '진리'에 관한 새로운 주장이다. 문화 – 언어적 종교론과 규칙이론적 교리관은 진리에 관한 전통적 견해들과 완전히 다른 새 진리관을 지시한다. 린드벡은 그것을 '체제 내적 진리관'이라고 이름지었다. 진리는 어떤 체제 내에서만 참일 수 있다. 그리고 모든 진리는 체제 너적인 진리일 뿐이다. 다시 말해 모든 진리는 나름대로의 문맥에서만 진리가 된다.

여기서도 린드벡의 준거틀은 언어에 대한 이해에서 찾아진다. 어떤 단어의 의미는 그 단어가 속한 언어체계 안에서 찾아져야 한다는 것은 자명한 사실이다. 가령 동양의 '용'과 서양의 'dragon'이 가지는 어감(connotation, sense)의 차이는 잘 알려져 있다. 하나는 상서로운 천상의 동물이고 다른 하나는 흉악한 지옥의 괴물이다. 그러나 문제의 핵심은 단지 어감의 차이에 있지 않고 지시대상(denotation, reference)의 차이에 있다. 한마디로 용과 dragon은 동일한 존재가 아니라 다른 존재이다. 마찬가지로 '신'이라는 말의 어감과 지시대상도 과연 어떤 언어체계 안에서 이야기되는 신인가에 따라서 달라질 수밖에 없을 것이다. '신'이 무엇을 의미하는가는 그 단어가 어떤 종교 안에서 어떻게 작용하며 어떻게 경험과 실재를 형성하는가를 검사함으로 알 수 있는 것이지 그것의 명제론적이나 경험적 의미를 먼저 확립해 놓고 그것의 용법을 재구성함으로써 알 수 있는 것이 아닐 것이다.56) 이처럼 단어의 의미와 그 지시대상은 언제나 '언어 — 내적'(intrasemiotic)으로 한계지어진다.

나아가 인류학자들은 비단 언어뿐만 아니라 우리 문화의 모든 것이 체제 내적이라고 말한다. 린드벡이 예로 들은 것처럼 가령 '8시 02분 발 뉴욕행 기차'라는 표시는 이미 현대 도시 사회라는 체제 안에 사는 사람들에게만 의미 있는 표시가 된다. 아프리카의 부시맨이 이 사인(sign)의 의미를 알기 어려운 만큼 우리도 부시맨이 외는 주문의 의미를 알지 못한다. 문화의 체제 내적 의미에 대해 많은 시사를 던져 준 인류학자는 클리포드 기어츠(Clifford Geertz)이다. 그의 유명한 '두꺼운 기술記述' (thick description) 개념이 말하듯 아무리 작은 행동—— 웃음, 제스처, 윙크 등—— 도 그 진정한 의미를 알기 위해서는 그것이 행해진 문화 전체의 의미를 자세하고 '두껍게' 설명하지 않으면 안 된다.57)

진리는 어떤 체제 내에서만 참되고 모든 진리는 체제 내적인 진리일 뿐이라는 말은 고쳐 말하면 모든 진리는 나름대로의 한계를 지닌 진리라

---

56) *Ibid.*, p. 114.
57) Clifford Geertz, *The Interpretation of Cultures* (New York: Basic Books, 1973), Ch. 1, "Thick Description: Toward an Interpretive Theory of Culture," pp. 4 – 30. 린드벡과 한스 프라이 모두 기어츠의 문화이론과 종교상징론에서 많은 영향을 받고 있다.

는 뜻이다. 포스트 시대의 가장 큰 특징은 진리의 파편화 현상이다. 앞에 'post'가 붙는 이름의 모임들마다 앞다투어 전통적 진리의 붕괴를 보고하는 것 같다. 후기 – 분석철학자(post-analytic philosophy)들은 이것을 가리켜 대문자로 크게 쓸 수 있는 진리 자체(the Truth)는 존재하지 않고 대신 수많은 소문자 진리들(truths)이 존재한다고 말한다. 포스트모던 이론가인 료타르(Lyotard)는 '거대 담론'(meta-narrative)은 사라지고 '소 담론들'(petit-narratives)만 가능하다고 말한다. 포스트리버럴 신학자 린드벡은 더이상 '존재론적 진리'(the ontological truth)는 그야말로 존재하지 않고 '행위적 진리'(performatory truth)가 더욱 의미를 가진다고 말한다. 종교적 진리의 의미는 더 이상 외부에 놓여 있는 객관적 실재나 상징에서 찾아지는 것이 아니다. 종교적 진리는 행함에서 발견된다. "종교에 의허 해석되는 대로 모든 것을 내부에서 기술할 수 있다는 강한 의미의 신학"이 곧 후기자유주의 신학의 가능성이다.[58]

2) 본문 내재성으로서의 신앙 (faithfulness as intratextuality)

체제 내적 진리관을 신학에 적용할 때 등장하는 개념이 '본문 내재성'(intratextuality)이다. 여기서 '본문'(text)이란 곧 경전을 뜻한다. 종교들은 나름대로 자신들의 경전을 가지고 있다. 그 중에서도 서구 종교 전통, 즉 유대교, 기독교, 이슬람은 특히 경전을 중요시하는 종교들이기에 혼히 '경전의 백성들'(The People of the Book)이라고 불리기도 하였다. 이들

---

58) Lindbeck, Ibid., pp. 114 – 5. 체제 내적 진리관을 뒷받침하는 이론가들은 이미 언급한 기어츠 이외에도 수없이 많다. 이와 관련하여 윌리엄 제임스의 실용주의 진리관이나 후기 비트겐슈타인의 진리관 등을 빼놓을 수 없을 것이다. 이 주제에 관한 이론들을 개관하기 위해서는 앞서 소개한 플래처의 책을 참조하기 바란. 또 이것에 대한 논의는 현대철학에서 '반기초주의'(anti-foundationalism)라는 이름으로 진행되고 있다. John E. Thiel, Nonfoundationalism (Minneapolis: Fortress, 1994)은 철학적, 신학적 반기초주의 논쟁을 소개하는 저서이다.

각 종교인들은 자신의 전통에서 가장 중요한 것으로 자신의 경전을 꼽기를 주저하지 않을 것이다.[59]

불신자들은 혹시 경전을 그저 한 권의 책쯤으로 여길지 몰라도 신자들에게 경전이 차지하는 의미는 실로 대단한 것이다. 그들은 삶의 모든 의미와 방향을 경전을 통해 계시받는다고 믿는다. 삶의 최종 권위가 바로 경전인 것이다. 린드벡의 표현에 따르면 "(종교 공동체의 경전)에 몰두해 있는 사람들에게는 그 경전이 창조하는 세계보다 더 현실적인 세계도 없다. 경전의 세계는 따라서 전 우주를 흡수할 수 있다. 그것은 신자들이 그 안에서 그들의 삶을 살고 실재를 이해하기 위해 추구하는 해석의 기틀을 제공하여 준다."[60]

신자들 삶의 전 우주를 흡수할 만큼 강한 영향력을 가진 경전은 곧 신자들 인생의 텍스트, 본문 그 자체라고 할 수 있다. 신자들의 모든 1차적 종교활동을 지시하는 텍스트인 것이다. 흔히 신자들이 본문을 읽고 해석한다고 말한다. 그러나 린드벡은 이러한 상식적인 생각을 뒤집어 놓기를 원한다. 보다 근원적인 의미에서는 신자가 경전을 해석하는 것이 아니라 오히려 경전이 신자들을 해석한다고 말해야 한다는 것이다. "말하자면 세계가 본문을 흡수하는 것이 아니라 본문이 세계를 흡수한다."[61] 후기 자유주의 신학은 이처럼 본문을 독자보다 우위에 놓는 해석학을 주장한다. 본문의 세계가 언제나 독자의 세계보다 해석학적 우위를 지니는 것이다. 린드벡은 여기에서 성경의 의미를 재발견할 수 있는 가능성을 말

---

59) 각 종교마다 자신의 경전에 부여하는 의미는 다를 수밖에 없다. 이른바 팔만대장경을 자랑하는 불교의 삼장三藏(Tripitaka)과 아랍어 원어 이외에는 어떤 번역본도 인정하지 않을 정도로 유일함을 고집하는 이슬람의 『쿠란』은 분명히 다른 의미를 보여준다. 세계 종교들의 다양한 경전 개념을 비교하면서 그 공통된 의미를 탐구하기 위해서는 Wilfred Cantwell Smith, *What is Scripture?: A Comparative Approach* (Minneapolis: Fortress Press, 1993) 참조.

60) Lindbeck, *Ibid.*, p. 117.

61) *Ibid.*, p. 118.

한다. 근대에 들어서면서 성경은 은갖 외부적인 잣대에 의해서 그 본연의 내면적 의미를 훼손당해 왔다. 본문비판, 양식비판, 편집비평, 독자비평, 문학비평 등으로 이어지는 이른바 고등 성서비판의 계속되는 공격은 성서에게 깊은 상처를 남겨 놓았다. 그러나 이제 본문 내적인 진리관은 성경의 일차적 의미를 다시 복원할 것을 꿈꾼다. "본문 내적 신학은 성서를 성서 외적인 범주들로 번역하기보다는 성서적 틀 안에 있는 실재를 재묘사한다."[62]

우리가 가진 모든 근대적 성서비판의 상식은 거부되어야 할지도 모른다. 후기자유주의 신학은 성경을 다시 한 번 성경으로서 발견하여 신학의 본문으로 삼을 것을 제안한다. 신자들은 아브라함의 이야기에서 믿음을, 출애굽 사건을 통해서 희망을 배워 왔다. 아브라함과 모세가 과연 실존했던 인물이었는지, 한 사람이 아니라 집단 지도자였는지 등 성서학자들이 제기하는 문제는 신자들의 1차적 종교행위인 성서 읽기에 아무런 도움도 영향도 끼치지 못한다. 성경의 기사는 그 자체로서 신자들에게 힘을 주어 왔고 진리가 되어 왔던 것이다. 바로 그것이 종교개혁자들이 주장했던 '언어사건'(Wortereignis)의 참 의미일 것이라고 린드벡은 말한다.[63]

3) 변명이 필요 없는 신학(Unapologetic Theology)

마지막으로 후기자유주의 신학은 포스트모던 사회에서 신학의 새로운 가능성을 제시한다. 그것이 앞으로 과연 어떤 형태의 신학이 될려는지 알 수는 없지만 적어도 한 가지 만은 분명하다. 신학은 더 이상 자신을 외부인에게 변명하는 작업에 정력을 낭비하는 헛수고를 할 필요가 없어야 한다. 그 대신 신학자들의 에너지는 외부를 향하지 말고 내부로, 자기

---

62) Op. cit.
63) 프라이(Frei)의 이야기 신학은 바로 이 본문내재성의 주제를 극대화하는 신학이다.

자신의 공동체로 향해야 한다.

이 말은 지금까지 200년 간 진행되어 온 근대 자유주의 신학이 끝나지 않으면 안 된다는 뜻이기도 하다. 자유주의 신학은 근본적으로 외부인에게 신학의 의미를 변호하는 동기에서 출발한 학문이었기 때문이다. 슐라이어마허 이후 자유주의 신학자들은 신학과 세계, 복음과 문화, 그리고 교리와 종교가 상호 연결되어야 함을 역설하였다. 그들이 이러한 '상관방법'(correlational method)을 강조한 것은 세계 속에서 신학의 위치를 확보하고 문화 내에서 복음의 의미가 사장되지 않게 하기 위한 일종의 호교론적 또는 변증론적 동기에서 비롯된 것이었다. 린드벡은 바로 이 변증론적 동기가 지닌 한계와 독소를 지적한다. 자유주의 신학자들의 호교론적 의도는 순수한 것이었는지는 모르지만 결국은 신학의 입장을 늘 변명하는 데 머무르고 말았을 뿐이었다. 그리고 신학의 위치를 확보하려던 선한 의도는 오히려 신학의 정체성 자체를 상실하고 마는 결과로까지 이어졌다는 것이다.

진리가 체제-내적인 것처럼 신학도 철저히 성서 내적이고 또 교회 내적인 것이다. 그것은 신학이라는 학문이 본연적으로 변증론적이 아니라 교리적이라는(not apologetic but dogmatic) 성격을 회복하는 것을 의미한다.[64] 더 이상 슐라이어마허와 같이 '문화적 경멸자들'을 위한 신학을 저술할 필요는 없다. 더 이상 아퀴나스처럼 '이방인'을 위한 신학서적을 쓸 필요도 없는 것이다. 대신 신학자의 시선은 자신이 속한 공동체에 고정되어 그곳에서 전개되는 모든 1차적 종교언어와 행위에 귀기울여야 한다. 이제 신학자의 임무는 분명하다. 그것은 문법으로서의 신학을 펼쳐 나가는 일이다. 제2차적 종교활동인 신학을 담당한 신학자에게 맡겨

---

64) *Ibid.*, p. 12. 그러나 린드벡은 종전의 '변명하는' 변증론을 버린 대신 '선포하는 특별한(ad hoc)' 변증론을 요청한다고 말할 수도 있을 것이다. William Werpehowski, "Ad hoc Apologetics," *The Journal of Religion*, Vol. 66, no. 3 (July, 1986), p. 283.

진 임무는 "그 종교의 신자들에게 종교의 의미에 관한 규범적 설명을 주는 것"이다.[65] 즉 신학자의 근본 임무는 신앙의 규칙들을 신앙의 공동체를 위하여 기술하는 데 있지 불신자들에게 변명하고 설득하는 데 있지 않다. 프라이의 말처럼 "설명할 필요는 없고 단지 분명하고 총체적으로 기술할 필요만" 있을 뿐이다.[66] 린드벡이 바르트를 언급하면서 이 책을 끝맺는 것은 우연이 아니다. 린드벡의 방법론적 탐구가 결론적으로 가리키는 것이 바로 바르트의 『교회 교의학』과 같은 조직신학의 가능성이기 때문일 것이다.[67]

지금까지 우리는 『교리의 본질』의 가장 핵심적인 골자인 문화-언어적 종교이론과 규칙이론적 교리관을 검토하였다. 린드벡의 발상과 용어들이 복잡할 뿐만 아니라 국내의 독자들에게 아주 생소할 것이라 생각되어 그것들을 자세히 소개하려고 하다 보니 본격적인 평가를 내리는 작업은 거의 손도 댈 수 없었다는 점이 아쉽게 느껴진다. 대신 후기자유주의 신학의 가장 중요한 텍스트가 되는 이 책을 구성하는 두 이론적 기둥을 이해함으로써 최근 영미신학계의 열띤 논쟁을 파악하는 데 조금이라도

---

65) *Ibid.*, p. 113.

66) Hans W. Frei, *Types of Christian Theology.* eds. by George Hunsinger and William C. Placher (New Haven: Yale University Press, 1992), p. 27. 이 말은 물론 비트겐슈타인의 유명한 경구, "생각하지 말고 그저 보아라!"(Don't think, but look!)를 연상시킨다. 신학자는 변증하기 위해 생각할 필요는 없다. 단지 믿고 보여 줄 뿐이다. 후기자유주의 신학의 기술적 성격에 대해서 Ronald F. Thiemann, *Revelation and Theology: The Gospel as Narrated Promise* (Notre Dame: University of Notre Dame Press, 1985), p. 82 ff. 참조.

67) Oakes가 지적하는 것처럼 바르트의 『교회 교의학』(Die kirchliche Dogmatik)에서 '교회'(kirchliche)라는 단어에 주목할 필요가 있다. 독일어에서 이 단어는 단지 '교회'(church)의 뜻에 그치는 것이 아니라 '교회공동체'(ecclesiastical)의 의미를 갖는다. 따라서 당시 바르트는 '교의학'을 썼다는 사실보다도 '교회공동체의 신앙고백으로서의' 교의학을 썼다는 면에서 자유주의 신학자들에게 더욱 물의를 일으켰으리라는 지적이다. Edward T. Oakes, "Apologetics and the Pathos of Narrative Theology," *The Journal of Religion*, Vol. 72, no. 1 (January, 1992), p. 42. 바로 이 '교회공동체'에 의한, 교회공동체를 위한 신학이 린드벡이 지향하고자 하는 신학이다.

도움이 되었다면 의의가 있으리라고 생각된다.

　"살아야 하나 죽어야 하나?" 셰익스피어가 창조한 고독한 왕자 햄릿은 지난 500년 동안 덴마크의 어느 옛 성 난간에 기대서서 이 유명한 독백을 계속해 왔다. "존재할 것인가 아니면 존재하지 말 것인가?"(To be or not to be?) 오늘날 신학자들에게는 이 고백이 바로 자신들의 고백이라는 절박감이 있다. 과연 신학을 계속할 것인가 아니면 그만둘 것인가? 신학이라는 학문은 더 이상 가능한 것인가 아니면 이미 불가능하게 된 과거의 유물일 뿐인가? 좀더 구체적으로 말해 신학자들의 고민은 과연 신학이라는 학문이 가장 정직한 의미에서 '신'에 관한 학문일 수 있는지 아닌지에 대한 고민인 것이다. 더 이상 신에 대하여 이야기한다는 것이 과연 가능한가? 신학이라는 학문은 이미 '신'(God) 그 자체에 대한 학문이기를 포기하고 대신 '신에 관한(about God) 인간들의 이야기'에 대한 학문으로 변질되지 않았던가? "신학자일 것인가? 신학자되기를 포기할 것인가? 그것이 문제로다!" 린드벡의 『교리의 본질』은 바로 이 고민에 대한 하나의 심각한 반성이다.

제5장
종교학과 신학

1. 시작하면서

지난 한 세기 동안 종교학은 장족의 발전을 거듭하여 성숙한 학문으로 정립하게 되었다. 종교학은 다른 학문과의 교류도 활발하여 종교사회학, 종교심리학, 종교인류학 등의 많은 새로운 분야가 개발되고 자리잡게 되었다. 그러나 종교학과 신학과의 관계는 아직까지 두드러지게 긍정적인 모습을 보여 주지 못하고 있는 듯하다. 적어도 우리 나라의 경우 그런 인상이 더욱 심각하다고 할 수 있다. 지난 2,000년 동안 타학문에 대하여 포용적이고 긍정적인 자세로 대화의 장을 열어 왔던 신학의 역사에 비추어 볼 때 종교학과의 소극적 관계는 예외라고 평할 수 있다.[1]

다행히 최근에는 신학자들의 종교학에 대한 관심이 여러 모로 고조되어 가고 있다. 그러나 이러한 신학적 관심의 초점이 종교학의 학문적 성

---

1) Lawrence Sullivan, "History of Religions: The Shape of an Art," in Mircea Eliade & David Tracy, eds., *What is Religion? An Inquiry for Christian Theology* (Edinburgh: T & T Clark, 1980), p. 78, 국역: 『신학과 종교학의 만남』, 위거찬 옮김 (서울: 전망사, 1991).

격 그 자체를 이해하고 그것에 기초하여 신학과의 건설적인 상호관계를 제시하는 데 놓여 있지 않다는 것에 문제가 발견된다. 즉 신학자들이 종교학을 대하는 태도는 다분히 각자의 신학적 입장에 의해 미리 고정된 것 같은 인상을 피할 길이 없다. 가령 보다 보수적인 진영에서 보는 종교학이란 결국 기독교의 절대성을 음해하려는 학문일 뿐이요, 보다 자유적 진영에서 흥미를 느끼는 종교학이란 결국 그들의 종교다원주의 또는 종교신학 등의 신학적 주장을 돋보이게 해 줄 수 있는 배경으로서의 학문일 뿐인 듯하다.

1) 우리는 바로 이러한 신학적 상황에 대한 반성으로부터 종교학의 신학적 의미의 실마리를 풀어 나가고자 한다. 과연 현대세계에서 신학은 어떤 의미를 가지며 신학이 당면하고 있는 문제는 무엇인가? 현대의 신학적 상황에 대한 조명을 통해 종교학과 대화할 수 있는 실마리를 찾고자 함이다.

2) 상황의 초점은 이른바 '종교다원주의'라고 일컬어지는 문제이다. 일반적으로 생각하듯 종교학이 종교다원주의를 옹호한다고 하는 것은 오해라고 여겨진다. 종교학이 방법론적 가설로서 종교다원화 현상(religious plurality)을 상정하는 것은 분명하지만 신학적 주장으로서의 종교다원주의(religious pluralism)와는 분명히 구분되어야 할 것이다.

3) 그러면 종교학이란 과연 어떤 내용의 학문이기에 오늘날 신학을 위한 대화자가 될 수 있는가? 종교학은 인간의 종교성(religiosity)의 의미를 규명하고자 하는 학문이다. 따라서 종교학이란 한마디로 '종교적 인간'(homo religiosus)을 연구하는 인간학이라고 할 수 있다. 인간에 대한 종교적 이해(verstehen)를 강조하는 현대종교학은 새로운 인간학, 새로운 해석학으로서의 강한 함축성을 감추고 있다. 종교학에 관한 이해를 돕기 위해 간략한 역사와 분야별 소개가 필요하다.

4) 종교학과 신학과의 올바른 관계 정립을 위해 두 학문 간의 역사적 관계가 먼저 연구되어야 하기에 몇 가지 유형으로 나누어 그 멀고도 가까운 관계를 조감하였다. 특히 종교학의 선구자들 중 많은 사람들이 신학자였다는 사실은 우리에게 시사하는 바가 크다고 하겠다. 이러한 역사적 이해에 기초하여 이제 앞으로는 어떠한 관계를 지향하여야 할 것인가를 질문해야 한다. 지난 날 신학이 철학과 과학과의 대화를 통해 변증의 능력을 더욱 넓혀 왔던 것처럼 이제 신학은 종교학과의 건설적(constructive) 관계 정립을 통해 복음증거의 새로운 차원을 가지려 한다.

5) 마지막으로 종교학의 이념과 여러 분야에 대한 이해를 토대로 간략히 신학 교육에 필요한 실제 커리큘럼을 제안할 것이다.

2. 예루살렘과 아덴

20세기 마지막 10년을 살고 있는 우리들에게 가장 절실하고 가장 설득력 있는 신학적 명제는 과연 어떤 문장 형식을 지니고 있는 것인가? 한 가지 분명한 것은 우리 시대의 신학적 담론은 더 이상 경쾌한 스타카토처럼 간결 명료하고 확실한 마침표들로 이어지는 명제들이 아니라는 점이다. 신에 대한 조직적이고도 체계적인 언표言表로서의 이른바 '조직신학'이 전통적으로 신에 대한 수많은 단답식 마침표 문장들을 신의 이름으로 신의 청중들에게 제공하던 시대가 불과 얼마 전이었다. 그러나 그 많은 신학적 명제들과 그 마침표들이 어느 틈에 유리파편처럼 잘게 부스러져 해체된 / 되어 가고 있는 인상을 지우기 힘들다.[2] 더군다나 오

---

2) 현대신학을 개괄적으로 다루고 있는 로니 클리버(Lonnie D. Kliever)의 *Shattered Spectrum: A Survey of Contemporary Theology* (Atlanta: John Knox Press, 1981)는 현대신학의 이러한 파편화 현상을 효과적으로 함축하고 있는 제목이다. 조직신학의 '해체'는

늘의 신학적 저술들은 느낌표에도 지극히 인색한 듯하다. 신학자로서 제일 많은 느낌표를 사용했다던 바르트(Karl Barth)의[3] 시대가 끝남과 더불어 감격의 신학과 그 느낌표들도 20세기의 이 마지막 계절에 모두 시들어 떨어지고 만 것 같다.[4]

그렇다면 오늘날 신학적 명제는 무슨 문장부호로 대변되는가? 태평양과 대서양 사이를 통틀어 이른바 '신학자'라고 일컬어지는 직업인들 가운데 가장 많이 교환되고 있는 부호는 다름아닌 물음표 아닐까? 현대의 신학적 명제들은 온통 물음표 일색이어서 혹시 비전문가들 눈에는 현대 신학자들이란 더 이상 어떤 신학적 대답을 주는 사람이 아니라 끊임없이 묻기만 하는 사람으로 비칠지도 모르는 일이다. 아우슈비츠에서 신은 어디 계셨는가? 신에 대하여 말한다는 것은 어떻게 가능한 것인가? 남성 중보자 '그분'은 결국 여성 '그녀들'의 한恨 많은 사연이야 이해할 수 없는 것 아닐까? 다른 종교를 따르는 사람들도 '구원'받을 수 있는가? 도대

특히 미국신학계에서 전반적으로 진행되고 있는 현상인데 그들 중에서도 가장 급진적인 주장이 이른바 '해체신학'(deconstruction theology)이라고 볼 수 있다. 왕년의 사신신학死神神學(Death-of-God Theology) 챔피언이었던 토마스 알타이저(Thomas Altizer)를 중심으로 한 일군의 '신학자'들의 '해체신학 선언'이라고 볼 수 있는 *Deconstruction & Theology* (New York: Crossroad, 1982)가 중요하고, 그들 가운데서도 특히 윌리엄스 대학의 마크 테일러(Mark C. Taylor) 교수가 가장 주목할 만하다. Mark C. Taylor, *De-constructing Theology* (New York: Crossroad, 1982); *Erring: A Postmodern A/Theology* (Chicago: University of Chicago Press, 1984); *Tears* (Albany: State University of New York Press, 1990).

3) H. R. Mackintosh, 『현대신학의 선구자들』, 김재준 역 (서울: 대한기독교서회, 1973), 309쪽.

4) 독일신학과 달리 특히 영미신학에서는 '조직신학'이라는 분야가 지난 몇십 년간 극도로 위축되어 왔다는 인상이 짙다. 그러나 최근 몇 년간 영미신학계에도 조직신학에 대한 새로운 움직임이 일고 있다는 보고가 있다. Gabriel Fackre, "The Surge in Systematics: A Commentary on Current Works," *The Journal of Religion*, Vol. 73 no. 2, (April, 1993). 또한 종교신학적 입장에서 조직신학의 문제점을 논하고 있는 Gavin D'Costa의 "The End of Systematic Theology," *Theology*, vol. XCV (September / October, 1992) 참조할 것.

체 '신학'이란 무엇이며 신학적 물음은 언제까지 어디까지 물어질 수 있는 것인가?[5] 즉 이처럼 오늘 우리들의 신학적 감성은 마침표도 느낌표도 아닌 물음표에 철저히 중독되어 있다고 보인다.[6]

이 글도 역시 위와 같은 신학적 정서에서부터 도출되었고 나아가 그 정서를 더욱 부추기는 또 하나의 시도가 되려고 한다. 즉 우리가 목적하는 바는 어느 중요한 명제 하나에 대한 '신학화'를 시도하려는 것이며 새로운 물음표를 신학적 불확실성의 반열에 확실하게 소개하려는 것이다. 그 물음은 다름아닌 "이른바 종교학이라는 학문이 신학 교육에 가지는 관계는 무엇인가?" 하는 것이다. 위의 질문은 우리에게 필히 저 유명한 수사학적 질문, "도대체 아덴과 예루살렘이 무슨 상관이 있느뇨?"를 연상케 한다. 사실 20세기 후반에 묻는 우리의 신학적 질문이 이미 2세기 초반에 제기되었던 질문의 형식과 너무나 유사하다는 것에 놀라지 않을 수 없다. "아덴과 예루살렘이 무슨 상관이 있느뇨? 대학(the Academy)과 교회가 무슨 상관이 있느뇨? 이단과 기독교가?"[7] 테르툴리아누스 (Tertullianus)가 던졌던 이 반어적 수사법은 거의 2,000년 동안 그 마력을

---

5) 이러한 신학적 질문들은 대부분 자유주의 신학 계통에서 활발히 제기되고 있긴 하지만 신학적 물음표가 자유주의 신학자들의 전유물은 아니다. 복음주의 신학자 데이비드 웰스(David Wells) 교수는 복음주의신학 상황 전반에 대해 날카로운 질문을 담은 책을 출판하였다. David F. Wells, *No Place for Truth: Or Whatever Happened to Evangelical Theology?* (Grand Rapids: Eerdmans, 1993).

6) 신학에서 느낌표와 물음표의 대비를 가장 잘 나타내는 예는 'No Other Name'이라는 동일한 책 제목을 가졌지만 뒤에 붙인 다른 문장부호들에 의해 그 내용의 상이성을 극적으로 예기하게 되는 다음 두 권의 책일 것이다. W. A. Visser't Hooft, *Kein anderer Name!: Synkretismus oder christlicher Universalismus?* (Berlin: Basileia Verlag, 1965), 국역: 『혼합주의와 기독교적 우주주의: 다른 이름은 없다!』, 임홍빈 옮김 (서울: 성광문화사, 1987); Paul F. Knitter, *No Other Name?: A Critical Survey of Christian Attitudes Toward the World Religions* (Maryknoll, N. J.: Orbis Books, 1985), 국역: 『오직 예수 이름으로만?』, 변선환 옮김 (서울: 한국신학연구소, 1987).

7) *Praescr.* 7. A. H. Armstrong & R. A. Markus, *Christian Faith and Greek Philosophy* (New York: Sheed and Ward, 1960), p. 139에서 재인용.

잃지 않고 거듭 거듭 각 시대에 맞는 신학적 문제의식을 제기하는 질문 형식이 되어 왔다.8) 복음과 문화가 무슨 상관이 있느뇨? 신학과 철학이 무슨 상관이 있느뇨? 신학과 과학이 무슨 상관이 있느뇨? 교회와 정치가 무슨 상관이 있느뇨? 그리고 이제 신학과 종교학이 무슨 상관이 있느뇨?

이러한 일련의 질문들은 곧 교회와 신학이 처했던 삶의 자리들을 어김없이 웅변해 준다. 초기 복음의 씨가 뿌려졌던 밭은 이른바 헬레니즘의 세계였고 그 세계의 근간은 다름아닌 그리스 철학이었다. 따라서 사도 바울이 아덴의 아레오바고(Areopagus)에서 행한 유명한 연설(사도행전 17:16 - 34)의 의의는 그 내용의 심각함은 차치하고라도 그 상징적 파격에서 더 뚜렷이 나타난다고 볼 수 있다. 변방 속국 유대 땅에서 온 '말장이'(spermologos)가 당대를 풍미하던 '에비구레오와 스도이고 철학자들'(the Epicureans and the Stoics) 앞에서 그들이 미처 '알지 못하고 위하는' 그 신을 제대로 알게 해 주겠다고 선포한 것은 당시 구경꾼들의 눈에는 하나의 해프닝이었겠지만 구속사적 빛에서는 엄청난 사건이 아닐 수 없었다. 그 이후 교회는 끊임없이 구경꾼들과 철학자들을 위하여 아레오바고 연설을 하지 않으면 안 되었고, 아덴은 지난 2,000년 동안 계속 예루살렘에 대립되는 문제의식으로 상징되어 왔다.

이제 신학에 대한 종교학의 위치를 묻는 것은 오늘날 교회가 처한 새로운 삶의 자리를 정확히 진단하는 작업이라는 의미를 가진다. 흔히 '종교다원주의'라고 일컫는 상황이 이 새로운 삶의 자리의 이름이며 그 상

---

8) 물론 테르툴리아누스의 질문은 예루살렘과 아덴 사이의 관계를 묻는 순수한 의미의 질문이 아니라 오히려 그들 간의 전적인 단절을 강조하고자 하는 반어적 의미의 질문임은 주지의 사실이다. 로마의 법률가 출신답게 그는 수사학의 극적인 효과를 음미할 수 있을 만큼 능숙하였다. "하나님의 아들은 십자가 형을 당했습니다. 나는 그것을 부끄러워하지 않습니다. 왜냐하면 그것은 부끄러운 일이기 때문입니다. 그것은 믿을 만합니다. 왜냐하면 그것은 믿기 어렵기 때문입니다." *De carne Christi*, 5, Armstrong & Markus, *Ibid.*, p. 140에서 재인용.

징적 도시는 더 이상 그리스의 아테네(Athens)가 아니라 인도의 바나레
스(Benares)이다. "예루살렘과 바나레스가 무슨 상관이 있느뇨?" 이렇게
종교사회학자 피터 버거(Peter Berger)는 새롭게 묻고 있다. 미국 사회에
서의 종교 변화를 날카롭게 관찰해 온 사람 중의 하나인 버거는 그의
『이단적 명령』이라는 다분히 시사적인 제목의 책에서 종교다원주의 상
황의 문제를 서구의 성지 예루살렘과 인도의 성지 바나레스 간의 문제로
상징화하고 있는 것이다. "예루살렘에게 바나레스는 무엇을 의미하는가?
종교의 미래는 대체로 이 문제에 대해 어떤 대답을 마련하는가에 달려
있다고 본다."9)

물론 유독 바나레스 시市만이 새 시대 문제의 상징성을 독점하라는 법
은 없다. 차라리 일본 불교문화의 구심점이 되는 교토京都나10) 한국 민
속종교의 중심지였던 계룡산이11) 우리들에게는 더 예리하게 파고드는

---

9) Peter Berger, *The Heretical Imperative: Contemporary Possibilities of Religious Affirmation*
   (Garden City, N. Y.: Anchor Books, 1980), p. 144. 국역:『이단의 시대』, 서광선 옮김
   (서울: 문학과 지성사, 1981)
10) 서구 기독교신학자들이 개인적으로 가장 흥미를 느끼는 타종교는 기독교와 가장
    이질적이라고 할 수 있는 불교, 그 중에서도 특히 선종禪宗 전통이라고 보여진다.
    그런 의미에서는 세계적으로 일본불교가 차지하는 비중과 특히 고도古都 교토京都
    의 불교사적 의의에 미루어 이 도시를 핵심적인 상징으로 부각시킬 만하다고 보여
    진다. 기독교와 불교 간의 관계에 관한 방대한 문헌 중 신학자들의 반응을 담은
    책으로는 다음 세 권이 흥미롭다. Donald S. Lopez, Jr. & Steven C. Rockefeller, eds.,
    The Christ and the Bodhisattva (Albany: State University of New York Press, 1987); John
    B. Cobb, Jr. & Christopher Ives, eds., *The Emptying God: A Buddhist-Jewish-Christian
    Conversation* (Maryknoll: Orbis, 1990); Roger Corless & Paul Knitter, eds., *Buddhist Emptiness
    and Christian Trinity* (New York: Paulist Press, 1990). 이른바 '교토학파'(the Kyoto
    School)에 관하여는 Frederick Franck, ed. *The Buddha Eye: An Anthology of the Kyoto School*
    (New York: Crossroad, 1982) 참조.
11) 여기서 '중심지였던'이라는 과거시제적 표현은 다분히 의도적이다. 신흥종교의
    메카였던 계룡산 신도안新都岸과 그곳에 있던 수많은 일인일교一人一敎 종교들은
    국방사령부 이전 계획에 따라 거의 모두 자취를 감추고 말았다. 예전에 갖가지 깃발
    과 청신請神하는 소리로 가득 찼던 계룡산 골짜기에는 지금 웅장한 규모의 국군

상징이 될지도 모른다. 그러나 여기서 문제의 핵심은 과연 어느 도시가 새로운 상징이냐 하는 것은 아니다. 중요한 것은 기독교가 다시 한 번 심각한 의미에서 새로운 아레오바고의 연설을 준비하지 않으면 안 된다는 상황의 인지인 것이다. 새로운 아덴이 과연 어느 곳이 되든 간에 암스테르담 대학의 저명한 종교사학자인 블리커(C. J. Bleeker)가 말하듯 지금 기독교는 "현대의 아덴에서 비기독교적 종교들과 대치"하고 있다는 현실을 직시해야만 한다. 그리하여 오늘날의 설교자들은 다시 한 번 사도 바울의 놀라운 "복음적 적응성(evangelical adaptability)"을 본받아야 할 시대적 요청에 직면하고 있다고 그는 역설한다.[12]

복음 전파를 위한 바울의 그 놀라운 순발력과 적응력은 어디에서 유래하였던 것인가? 바울에 대해 비판적이었던 다이스만(A. Deissmann)마저 "종교사의 문맥에서 뚜렷하게 세계사적인 관점을 천명한" 작품이며 "신약에서 가장 위대한 선교문서"라고 칭찬할 수밖에 없었던[13] 아레오바고의 설교는 어떻게 준비될 수 있었을까? 그것은 혹시 바울이 청년 시절에 받았던 헬라 교육, 특히 철학 교육에서 한 가닥 실마리를 찾아 낼 수 있지 않을까? 잘 알려진 것처럼 그는 크레타 시인 에피메니데스(Epimenides)의 4행시를 인용할 만큼 ("그를 힘입어 살며 기동하며": 사도행전 17:28) 그리스 문화에 깊은 조예를 가지고 있었다. 또 실제로 신약 성서로부터 시작해서 초대교회 여러 문헌들은 바울의 철학적 배경을 강조하기 위해 적지 않은 노력을 기울이고 있음을 볼 수 있다. 심지어 바울

계룡교회가 들어서 있어 찬송가 소리가 우렁차다. 계룡산은 더 이상 민속 종교의 중심지이지 않고 차라리 정복주의적 "승리자 그리스도"(Christus Victor)의 상징이 된 것이다. Gustav Aulen, *Christus Victor*, trans. by A. G. Hebert (New York: Macmillan, 1969)

12) C. J. Bleeker, *Christ in Modern Athens: The Confrontation of Christianity with Modern Culture and the Non-Christian Religions* (Leiden: E. J. Brill, 1965), p. 8.

13) Bleeker, *Ibid.*, p. 9에서 재인용.

의 용모마저도 당시에 유행하던 '철학자'들의 전형적 이미지와 의도적으
로 부합되게 묘사되지 않았을까 하는 지적도 나오고 있다.[14]

바울과 초대교회 교부들이 과연 얼마만큼 그리스 철학을 수용했을까
하는 문제는 물론 여기서 가볍게 거론될 수 있는 성질의 논제는 아니
다.[15] 대신 우리는 다음 두 가지 점을 여기서 간단히 강조할 필요를 느낀
다. 첫째, 어떤 의미에서나 어떤 정도로든 간에 그리스 철학이 바울로부
터 시작해서 초대교회 교부들의 신학적 근간을 형성하는 데 중대한 요소
중 하나였다는 사실이 중요하다. 알렌(D. Allen)교수가 명쾌하게 지적하
는 것처럼 기독교의 이른바 '신학'(theologia)이라는 특이한 분야는 이미
"본연적으로 헬라적이다." 왜냐하면 "고대 그리스에 고유했던 그런 지성
적인 호기심 없이는 '학문'으로서의 신학(theology as a discipline)은 아예
존재하지 않았을 것이기 때문이다"[16] 둘째, 초대교회에서 철학은 여러

---

14) 가령 바울의 '매부리 코, 대머리, 작은 키; 등과 그리스 영웅인 헤라클레스와의
    용모가 비교되었다. Abraham J. Malherbe, *Paul and the Popular Philosophers* (Minneapolis:
    Fortress Press, 1989), p. 165 ff.

15) 바울 및 초대교회 교부들과 그리스문명과의 관계는 오랫동안 뜨겁게 논의되어
    왔던 주제여서 그것에 대한 중요문헌만 해도 이미 감당할 수 없을 만큼 우리에게
    넘친다. 그 중에서도 특히 철학적 연관성을 탐구하는 책들에는 다음이 있다. Werner
    Jaeger, *Early Christianity & Greek Paideia* (Oxford: Oxford University Press, 1961); E. G.
    Weltin, *Athens and Jerusalem: An Interpretive Essays on Christianity and Classical Culture*
    (Atlanta: Scholars Press, 1987); Ronald H. Nash, *Christianity and the Hellenistic World* (Grand
    Rapids: Zondervan, 1984); Martin Hengel, *Judaism and Hellenism*, trans. by John Bowden
    (Philadelphia: Fortress Press, 1974); 막스 폴렌츠, 『스토아와 그리스도교』, 김창길 엮음
    (서울: 임마누엘, 1989).

16) Diogenes Allen, Philosophy for Understanding Theology (Atlanta: John Knox Press,
    1985), p. 4.
    물론 신학에 끼친 그리스 철학의 영향을 부정적으로 평가하는 시각도 만만치 않다.
    토를라이프 보만(Thorleif Boman)이 『히브리적 사유와 그리스적 사유의 비교』, 허혁
    옮김 (왜관: 분도출판사, 1975)에서 시도한 것과 같은 극단적 이원론적 구분에 입각
    한 그리스사상의 부정적 평가는 이미 James Barr에 의해서 반박되었다. *The Semantics
    of Biblical Language* (Oxford: Oxford University Press, 1961). 그러나 신학에서 헬라적인

174

가지 다양한 형태로 수용되었다는 점이 강조되어야 한다. 흔히 테르툴리아누스 類의 복음과 이성과의 예리한 단절만이 가장 정통적 반응이었을 것이라는 상식적 이해는 극히 제한적이다. 오히려 알렉산드리아의 클레멘스와 오리게네스 등은 적극적으로 철학을 수용할 것을 주장하였다. 철학은 기독교 복음의 준비(praeparatio evangelica)라고 받아들여졌던 것이다.17)

이처럼 1세기부터 여러 가지 모습으로 신학과 대화의 파트너가 되어 왔던 철학의 역할이 우리에게 시사하는 바는 무엇인가? 그것은 과거 철학이 담당해 왔던 대화의 기능을 새롭게 현대신학을 위하여 수행해 갈 학문이 있다면 바로 종교학이 그 주인공이라는 점이다. 이 글이 주장하고자 하는 핵심은 바로 종교학이 올바른 신학교육을 위해 꼭 필요하며, 종교학과 신학 사이의 협조 가능성의 미래는 바로 지난 2,000년 간 철학과 신학과의 관계에서 많은 시사점을 찾을 수 있다는 것이다. 윌프레드 스미스(Wilfred C. Smith)는 기독교 역사에서 세 가지 중요한 만남을 지적하는데 그 첫번째는 그리스 문명과의 만남이고, 두 번째는 르네상스 이후의 근대문명과의 만남이고, 세 번째는 세계종교와의 만남이다.18) 기

요소를 조직적으로 제거하자는 이른바 '脫헬라화'(de-hellenization)를 주장하는 Leslie Dewart의 외침은 아직 유효하다고 볼 수 있다. *The Foundations of Belief* (New York: Herder and Herder, 1969). 나아가 최근 해방신학, 토착화신학 및 종교신학적 입장에서 그리스 철학의 전통적 역할에 대하여 새롭게 문제를 제기하고 있음을 주목할 필요가 있다. Frederick Herzog, *God-Walk: Liberation Shaping Dogmatics* (Maryknoll: Orbis, 1988); Juan Luis Segundo, *The Liberation of Dogma*, trans. by Phillip Berryman (Maryknoll: Orbis, 1992); Robert E. Hood, *Must God Remain Greek?: Afro Cultures and God-Talk* (Minneapolis: Fortress Press, 1990).

17) E. G. Weltin, *Athens and Jerusalem*, p. 15; Henry Chadwick, ed., *Alexandrian Christianity* (Philadelphia: Westminster Press, 1954); 유스토 곤잘레스, 『(세 가지 신학의 유형으로 살펴본) 기독교사상사』, 이후정 옮김 (서울: 컨콜디아, 1991)

18) Wilfred Cantwell Smith, *The Faith of Other Men* (New York: New American Library, 1962), p. 122, 국역: 『지구촌의 신앙: 타인의 신앙을 어떻게 이해할 것인가』, 김승

독교의 정체성은 이러한 만남의 충격을 흡수하는 가운데 다져져 왔고 그러한 만남ᅳ 대립 ᅳ 수용 과정의 전위에 서 왔던 주체가 곧 신학이었다고 볼 수 있다. 신학의 임무는 안으로 자신의 정체성을 정립하고 밖으로는 외부 만남의 실체를 파악하는 것이었는데, 첫번째와 두 번째 만남 때에는 각각 철학과 과학이 기독교 밖의 세상을 알려 주어서 신학의 내면성을 구축하게 하는 데 일익을 담당하였다. 이제 진정한 의미에서 세계 종교와의 만남이 현실로 다가온 오늘날, 신학을 위하여 그들 여러 종교들을 알려 줄 수 있는 학문은 다름아닌 종교학이라는 것이다.[19]

기독교의 역사만큼이나 길었던 철학과 신학과의 대화는 이제 새로운 차원으로 이행되고 있다고 본다. 20세기에 들어서서 철학의 전통적 입지는 자꾸 좁아지는 것 같은 인상이 뚜렷하다. 20세기의 마지막 10년을 살고 있는 우리들 삶의 세계에서 제일 큰 스캔들은 이른바 '포스트모더니즘'이며 이 포스트모더니즘이라는 괴물의 제일 큰 비밀은 다름아닌 '이성의 몰락' 혹은 '철학의 종말'(the End of Philosophy)이라는 소문이 흉흉하다. 물론 마크 트웨인이 자신이 죽었다는 소문을 듣고 말했다는 재담처럼 철학과 이성의 죽음에 대한 소문은 지나치게 과장되었는지 모른다. 그러나 분명한 것은 스스로를 곧 철학의 모든 것이라고 착각해 온 '서구적' 철학(the Western Philosophy)의 오만과, 이성의 힘은 곧 합리적 효용성이라고 오판해 온 '도구적' 이성(the instrumental rationality)이 죽어 가고 있다는 사실일 것이다.[20] 이제 이러한 서양 철학의 비극적 공간을 점

혜·이기중 옮김 (왜관: 분도출판사, 1989), 166쪽.

19) 스미스의 제자인 웨일링(Frank Whaling) 교수는 이와 같은 요점에 입각하여 특별히 '신학'이라는 개념의 발달사를 추적하면서 더욱 자세히 논하고 있다. Frank Whaling, *Christian Theology & World Religions: A Global Approach* (London: Marshall Pickering, 1986), pp. 49 – 71.

20) Kenneth Baynes, James Bohman, and Thomas McCarthy, eds., *After Philosophy: End or Transformation?* (Cambridge: MIT Press, 1987); Alasdair MacIntyre, *Whose Justice? Whose Rationality?* (Notre Dame: University of Notre Dame Press, 1988); Avner Cohen and

차 채워 나가려는 것이 종교학의 야심이다. 서양 철학은 붕괴했다 해도 사유로서의 철학은 무너질 수 없고, 근대 서구의 '생각하는 자아'(res cogitans, homo sapiens)는 몰락했다 해도 전 세계의 '종교적 인간'(homo religiosus)은 건재하다는 희망을 설교하려는 것이 종교학이기 때문이다.

3. 종교다원주의와 종교다원화 현상

'종교다원주의'라는 말은 이미 신학도들의 상식어常識語가 되었다. 더구나 빠른 속도로 일반인들의 상식어가 되어 가고 있다. 그러나 이 단어는 또한 전투어戰鬪語이기도 하다. 이 말은 말하는 사람이나 듣는 사람이나 이것에 찬성하든가 반대하든가 자신의 입장을 분명히 해야 될 것 같은 압박감을 느끼게 하는 말이다. 그렇게 보면 상당히 역설적 단어이기도 한 셈인데, 곧 '다원주의'라면서 스스로에 대해서는 찬반 택일주의를 강요하는 것 같은 까닭이다. 그러나 '종교다원주의' 이 단어는 어찌됐든 '다원주의'라는 이름값에 나름대로 충실한지도 모른다. 왜냐하면 이 단어는 너무나 많은 뜻을 가지고 너무 여러 가지 용법으로 쓰이고 있는 것만은 분명하기 때문이다. 일반적으로 말해 종교 간의 대화, 종교 상호 간의 불간섭 혹은 평화 공존, 종교 간의 연합, 종교신학, 기독교 본질의 상실, 세계신학의 가능성, 종교들에 대한 연구, 비교종교학, 그리고 심지어 뉴 에이지 운동, 세속적 인본주의나 가톨릭의 음모 등 극에서 극에 이르는 다양한 의미가 '종교다원주의'에 연루되어 사용되고 있다.

게다가 우리는 과연 누가 언제부터 어떻게 이 단어를 쓰기 시작했는지도 정확히 알지 못한다. 종교다원주의에 관한 저서와 보고서들은 하루

Marcelo Dascal, eds., *The Instution of Philosophy: A Discipline in Crisis?* (La Salle: Open Court, 1989).

가 다르게 엄청난 속도로 쌓여 가고 있지만 그들 중 그 주제 개념의 역사
적 기원과 전개에 관한 상세한 검증 의지를 보이는 문헌은 거의 없는 것
같다.21) 이처럼 그 개념의 유래와 내용에 대해 납득할 만한 동의를 거치
지 않았는데도 지금같이 광범위하게 통용될 수 있다는 것, 더군다나 그
것에 대한 찬반 입장을 표명하도록 개념적 압박까지 받게 된다는 것은
위험스러운 일이 아닐 수 없다. 물론 종교다원주의 개념과 그 논쟁에 대
한 고찰이 이 글의 주제는 아니다. 그러나 신학과 종교학과의 관계를 논
하는 데 있어 종교다원주의 문제에 대한 비판적 이해가 무엇보다 필수적
이라고 믿기 때문에 간략히 검토하고 넘어가고자 한다.

축자적 의미에서 종교다원주의는 곧 종교의 다원화를 논하는 주장이
라고 할 수 있겠다. 그런데 이 개념을 이해하는 데 일차적으로 걸림돌이
되는 사실은 과연 '종교다원주의'(religious pluralism)라는 용어가 이러한
종교의 다원화를 '서술'하는 데 그치는지 아니면 보다 적극적으로 종교
의 다원화를 '권장'하는 의미인지 하는 것이다. 다른 말로 한다면 이 단
어가 갖는 최초의 어려움은 '종교 다원'(religious plural)에 있지 않고 '주
의'(ism)라는 말을 어떻게 해석하는가에 달려 있는 것 같다. 보통은 무슨
무슨 '주의'(ism)라고 할 때는 적극적으로 어떤 가치를 옹호하고 극대화
시키려는 의지적인 움직임을 가리킨다고 할 수 있다. 그렇다면 종교다원
주의는 종교의 다원화를 긍정적으로 받아들이고 더욱 다원화를 강조하
는 움직임을 뜻한다고 동의될 수 있을까?

종교다원주의에 관한 논쟁이 혼미를 거듭하는 이유 중 첫 동기는 바
로 이 두 의미소意味素가 분명하게 구분되지 않은 것 때문에 시작되었다

---

21) 예를 들면 '종교'라는 개념의 역사적 전개를 분석하고 비판한 윌프레드 스미스의
유명한 다음 저서가 좋은 보기가 될 수 있겠다. Wilfred Cantwell Smith, *The Meaning
and End of Religion* (New York: Harper & Row, 1978), 국역: 『종교의 의미와 목적』,
길희성 옮김 (왜관: 분도출판사, 1991)

고 여겨진다. 종교학이나 종교사회학자들에 의해 '종교다원주의' 용어가
처음으로 소개되기 시작했을 때의 의도는 주로 현대사회에서의 종교적
으로 다양한 삶의 총체성을 지시하려는 것이었다. 즉 이 단어는 사회과
학에서 말하는 소위 '가치중립적'(value-free) 개념으로서 주어진 현상의
충실한 기술을 목표하였다.[22] 그러나 문제가 더욱 혼미스럽게 된 것은
신학자들이 종교다원주의 논쟁에 가담하기 시작하고서부터다. 그들에게
종교다원주의란 처음부터 종교의 다양함에 대한 신학적, 규범적 시비로
받아들여졌다. 기독교 이외의 종교들이 존재한다는 것의 신학적 의미는
무엇인가? 타종교들에게서도 무슨 선한 것이 나올 수 있는가? 다양한 세
계종교들은 과연 '구원'의 걸림돌인가 아니면 디딤돌인가? 기독교는 타
종교들을 배척해야 하는가 혹은 수용해야 하는가? 신학자들의 열정은 결
정적으로 '종교다원'주의를 종교다원'주의'로 만들어 놓았다.

신학자들의 논쟁이 더욱 가열화되어 가는 것과 더불어 '종교다원주의'
의 개념이 아예 신학적 구원의 규범성에 관한 시비의 의미로 고정되어 가
는 느낌도 든다. 어떤 의미에서는 종교학자와 사회학자들이 소개했던 중
립적-기술적 용어가 신학자들에 의해 '징발'당했다고 평할 수도 있겠다.
종교학자들과 신학자들 간의 '종교다원주의'에 대한 더 이상 필요 없는 혼
란을 막기 위하여 이제라도 용어의 차등화를 시도하는 것이 바람직하다
고 본다. 여러 용법 중에 적어도 '종교다원화 현상'(religious plurality)과

---

22) 그러나 종교학자 중에서도 '종교다원주의'가 종교적 다원화 현상을 기술하는 데
국한될 것인지 아니면 종교 간의 더욱 건설적인 상호 협조관계의 목적성을 의미하
는지에 대한 논란이 활발하였다. 루돌프 오토의 '인류 종교연합'(Religiöser
Menschheitsbund)부터 시작하여 프리드리히 하일러, 윌프레드 스미스 등 신학적 경향
이 짙은 종교학자들은 세계종교들의 연합 내지는 연결을 열심히 지지하였다. 반면
신학에서 멀어지면 질수록, 그리고 사회과학에 가까워지면 질수록 종교학이 더 발
전할 수 있다고 믿는 다른 종교학자들은 종교다원화 현상의 의미를 관찰, 분석하는
데에 종교학자적 임무가 완성된다고 믿는다.

'종교다원주의'(religious pluralism) 두 가지를 구분하여 전자는 주로 현대적 삶의 세계의 종교적 다양함을 가리키는 서술용어로 사용하고 후자는 주로 이러한 종교적 다양함이 갖는 신학적 논란을 지칭하는 데 사용할 수 없을까 하는 생각이다.23) 아니면 좀더 어색하기는 해도 '기술적 종교다원주의'(religious plurality in descriptive sense)와 '신학적 종교다원주의'(religious pluralism in theological sense)라는 식으로 더욱 자세히 구분할 수도 있을 것이다. 여하튼 어떠한 용어를 선택하든 간에 종교다원주의에 얽힌 개념적 혼란을 정리해 주는 것이 중요하다고 본다. 이러한 구분은 신학과 종교학 간의 건설적 상호관계를 정립하는 데 반드시 필요한 준비 작업이 될 것이다. 한마디로 말해 종교학의 임무는 종교다원화 현상에 대한 것이고 신학의 임무는 종교다원주의에 대한 것이다. 이러한 구분은 신학적 의미의 종교다원주의 문제를 새롭게 정립하는 데에도 큰 도움이 되리라고 믿는다.

1) 종교다원화 현상

종교다원화 현상이란 먼저 여러 종교들이 한 사회에서 공존하고 있다는 사실을 인지함을 뜻한다. 그런데 공존한다고 하는 것은 문자 그대로 '같이 있음'의 뜻으로서 어느 한 종교만 독존하는 것이 아니라 여러 종교들이 상호 충돌을 일으키지 않고 같이 있을 수 있음을 말한다. 따라서 종교다원화 현상의 내용에는 그 사회의 안녕과 평화를 위하여 여러 종교 간의 상호 이해와 협력이 무엇보다도 요청된다는 필요성의 의미도 이미 함축되어 있다고 할 수 있다. 특히 20세기 후반부에 들어와서 종교다원화 현상이 강조되는 것은 지구 전체가 하나의 사회, 이른바 지구마을

---

23) 뉴비긴(Newbigin)도 'fact of plurality'과 'fact of pluralism' 두 개를 구분하고 있으나 본 논문과는 약간 다른 해석을 하고 있다. Lesslie Newbigin, *The Gospel in a Pluralist Society* (Grand Rapids; Eerdmans, 1989), p. 14.

(global village) 혹은 지구촌(world village)이 되어 가고 있는 현 상황에서 다양한 종교의 모습과 역할이 특별히 두드러져 보이는 까닭이다.[24]

'하나의 지구촌 마을'은 물론 아직은 이상이기는 하지만 그 어느 때보다도 더 실현 가능한 현실로 인류에게 성큼 가까워져 있다는 진단이다. 제2차 세계대전 이후의 급격한 정치, 경제적 세계질서의 재개편과 문화 가치의 재구성 등이 모두 지구촌의 이상을 구체화시키는 데 공헌을 하였지만 그 중에서도 가장 중요한 요인은 테크놀로지의 경이로운 발달을 꼽지 않을 수 없다. 이처럼 지구마을을 이루기 위한 외부의 물리적 여건이 점점 나아짐에 따라 그 내부의 핵심이 되는 종교들 간의 관계에 대한 관심이 급증할 수밖에 없는 것이다. 물질문명이 고성능 하드웨어를 만드는 데 성공했다면 이제 그것을 움직일 '세계윤리'(Weltethos) 소프트웨어를 개발하는 것이야말로 종교들의 임무일 지 모른다. 20세기 후반부인 오늘날 종교다원화 현상은 엄연한 지구의 현실일 뿐 아니라 곧 지구의 미래라는 인식이 점점 더 강하게 확산되고 있다.[25]

---

24) 20세기에서 지구촌의 이상과 그것을 성취하기 위하여 종교의 다원성이 갖는 역할에 대해 예언자적 통찰력을 가지고 역설한 사람은 다름아닌 아놀드 토인비(Arnold Toynbee)이다. 그가 1953년에 행한 기포드 강연(Gifford Lectures)은 아직도 역사와 미래에 있어서의 종교의 역할에 대한 좋은 지침서로 남아 있다. *An Historian's Approach to Religion* (Oxford: Oxford University Press, 1956), 국역: 『역사가의 종교관』, 강기철 옮김 (서울: 일지사, 1974).
다른 한 명의 중요한 예언가는 하버드 철학자 호킹(William Ernest Hocking)이다. 다가오는 세계 문명에 대한 격려를 담은 그의 저서 *The Coming World Civilization* (New York: Harper & Brothers, 1956)은 마침 토인비의 위의 책과 같은 해에 출판되었다. 그러나 호킹은 이미 반 세기 전부터 이 주제에 대해 연구와 발표를 거듭해 오고 있었다. *The Meaning of God in Human Experience: A Philosophic Study of Religion* (New Haven: Yale University Press, 1912). 그리고 그가 의장이 되어 편찬하였던 유명한 선교 평가서는 선교와 타종교의 의미에 관한 격렬한 논쟁의 도화선이 되었다. *Re-thinking Missions: A Laymen's Inquiry After One Hundred Years* (New York: Harper & Brothers, 1932).
25) 한스 큉(Hans Küng)의 『세계 윤리 구상』, 안명옥 옮김 (왜관: 분도출판사, 1992)은 20세기의 종교다원화 현상과 과제에 대한 좋은 스케치를 제공한다. 그러나 한 가지

그러나 종교학적 시각에서 종교다원화 현상을 살펴본다면 금세기에 들어서서 강조되고 있는 다원화 현상에 대한 역사적, 비교적 의미를 더욱 깨달을 수 있다. 그것은 첫째, 엄밀한 의미에서 종교다원화 현상이 유독 20세기만의 특별한 현상이라고 할 수는 없다는 사실과 둘째, 그럼에도 불구하고 현시대에서 특별히 강조되는 역사적 배경에 대한 것이다. 먼저 종교다원화 현상은 20세기에 들어서서 생긴 것이 아니라 언제부터인지 인류가 종교를 가지기 시작한 그 순간부터 시작되었다고 말할 수 있다. 특히 고대인들과 동양인들에게는 그들 삶의 세계가 다양한 종교와 신들로 채워졌다는 것이 극히 당연하게 받아들여졌다. 사회와 우주가 다양한 만큼 종교와 신들이 다양할 수밖에 없음이 논리적 귀결이었다. 간혹 이러한 다양성의 진리를 저버리고 유일성의 가치를 제창하는 사람이 있다면 심각한 저항에 직면해야 했다. 그런 사람들은 대부분 신을 부정하는 '무신론자'의 혐의가 씌워져 죽임을 당하기 십상이었다. 그래서 소크라테스의 정식 죄명이 곧 '무신론자'였으며 태양신 레(Re)만을 유일신으로 섬기자던 이집트 왕 아케나턴(Akhenaten)의 종교개혁은 백성들의 대단한 적개심을 불러일으켰던 것이었다.26) 바로 똑같은 이유에서 초기 기독교인들 역시 '무신론자'라는 혐의를 받아야 했다는 사실은 잘 알려져 있다.27)

동양에서 종교다원화 현상은 잘 알려진 대로 '삼교三教'(san-chiao: three teachings)의 이상에 잘 나타나고 있다. 이것은 이름 그대로 세 종교,

---

아쉬운 점은 이 책이 주어진 주제에 대한 본격적인 토론이 아니라 대충 제안하는 스케치에 그치고 있다는 사실이다.

26) Donald B. Redford, *Akhenaten: The Heretic King* (Princeton: Princeton University Press, 1984), p. 154 ff.

27) Ramsay MacMullen, *Paganism in the Roman Empire* (New Haven: Yale University Press, 1981), p. 2: "유일신론자들은 무신론자로 평가되었다. 만약 누가 다른 사람들의 신을 거부할 경우엔 자신의 신도 거부당해야 한다는 것이었다."

곧 유·불·선儒佛仙 세 가르침이 결국은 거의 비슷하기 때문에 조그마한 차이점들에 집착하지 말고 함께 큰 뜻을 세우는 데 힘써야 되겠다는 의미를 가지고 있다. 혹은 이 세 가르침의 기능적 차이에 착안하여 세상에서 출세하기 위해서는 유가儒家를 익히며 벼슬에서 물러나 양생養生에 힘쓸 때는 도가道家에 침잠하다가 죽음과 환생을 준비하며 불가佛家에 귀의하는 단계적 삼교三敎를 의미하기도 하였다. 중국인들의 대국적 현실성과 실용성이 잘 반영된 개념이라고 볼 수 있다.28)

결국 종교다원화 현상은 인류 종교사에 지극히 보편적인 현상이다. 오히려 종교의 다원화가 아닌 종교의 일원화가 강조되던 시대가 종교사적 측면에서 볼 때 예외적이라고 평할 수 있을 정도이다. 바로 그런 의미에서 기독교는 종교사적으로 특수한 위치를 차지한다. 그것은 역사적으로 가장 엄밀한 의미에서 기독교가 종교다원화 현상에 대해 가장 적대적인 종교였기 때문이다.29) 기독교가 종교다원화 현상에 대하여 이렇게 본연

---

28) 엄밀한 의미에서 말한다면 삼교일치三敎一致의 정신은 물론 이상이었지 현실은 아니었다. 당, 송 때 당시 지식인들 사이에서 유행하긴 했으나 일반 대중들 사이에서 현실로 정착되기에는 너무나 추상적인 이념이었던 것이 분명하다. 중국에서 불교와 도교 간의 끈질긴 싸움과 이른바 삼무일종三武一宗의 법란法亂등의 역사적 사건들은 종교다원화 현상이라는 것이 얼마나 정착되기 어려운 것인가를 잘 웅변하여 준다. 그럼에도 불구하고 다시 한 번 강조되어야 하는 것은 중국에서의 이상은 역시 삼교三敎였지 일교一敎가 아니었다는 점이다. 비록 현실로 정착되는 데에는 무수한 갈등이 따랐지만 삼교일치는 동양인들의 상식이었다고 하겠다. 서구의 일교 사상에 대비하여 바로 이 점을 강조하려는 것이 W. E. Soothill의 유명한 저서, *Three Religions of China* (London: Oxford University Press, 1929)의 의미라고 하겠다.

29) Bryan Wilson, *Religion in Sociological Perspective* (Oxford: Oxford University Press, 1982), p. 61. 여기서 기독교의 비관용성을 말하는 것은 비교적인 관점에서 그 특이성을 지적하고자 하는 의도이지 결코 어떤 가치론적 평가를 내리려 함은 아니다. 비관용적인 태도 자체는 보는 관점에 따라 덕德이 될 수도 해害가 될 수도 있기 때문이다. 흔히 "코란이냐 칼이냐?"라는 전투적인 이미지로 평가되는 이슬람의 경우 철두철미한 이슬람 유일 신앙을 강요했을 것이라는 상식적 판단을 하게 된다. 실로 이슬람 신앙에서 제일 중요한 것은 '하나'(*tawhid*)이고 가장 악한 죄는 '하나'를 더럽히는 것(*shirk*)이다. 그러나 이슬람의 경우 이 유일성의 교리는 대외적인 것이라기보다는

적으로 거부 반응을 보였다는 역사적 사실은 우리의 종교다원주의 논제를 심층적으로 이해하는 데 아주 중요한 의미를 지닌다. 그것은 곧 20세기에 거론되고 있는 종교다원화 현상이 기독교의 입장에서 볼 때는 역사적으로 새삼스러운 경험이라는 사실이고 바로 그렇기 때문에 이런 다원화 현상이 '문제'로 등장하고 있다는 사실이다.[30] 여기서 '새삼스러운 경험'이라는 뜻은 종교다원화 현상이 기독교의 입장에서 볼 때 아주 낯설지는 않지만 새롭다는 의미에서이다.

먼저 '낯설지 않다'는 말은 무엇인가? 기독교는 역사에 처음 등장할 때 이미 종교다원화 현상의 진수를 경험하였다고 할 수 있다. 세계종교사적 차원에서 볼 때 1세기 당시 로마 제국의 종교 상황이야말로 종교다원화 현상이 가장 극단적으로 진행된 시대 중 하나라는 사실이 흥미롭다.[31] 로마의 황제들은 주변 국가들을 정복해도 그들의 종교까지 정복하기는 원치 않았고 로마의 시민들은 피정복지의 수많은 신들에 대해 관대할 뿐 아니라 오히려 대단한 매력을 느끼고 있었다. 그리고 기독교는 철두철미하게 그런 여러 종교 가운데 하나로 당분간 만족하여야 했던 것이다.[32]

대내적인 것이다. 즉 타종교인들에게 이슬람 신앙 하나만을 강요하기보다는 이슬람 교인들이 더욱 전심전력으로 유일신 알라만을 섬기도록 강조하려는 교훈을 담고 있다. 또한 계시된 말씀으로서의 경전인 쿠란(Qu'ran)이 거의 절대적인 위치를 차지하고 있는 이슬람인지라 이방종교들이라도 경전을 가진 종교들(People of the Book)에 대해서는 존경과 관용을 표했던 역사적 사실을 볼 수 있다. Charles Le Gai Eaton, *Islam and the Destiny of Man* (Albany: State University of New York Press, 1985), p. 19.

30) 기독교와 종교다원화 현상의 관계에 대한 역사를 조감하기 위해서는 다음 두 권을 참조할 것. 아놀드 토인비, 『세계종교 속의 기독교』, 마경일 옮김 (서울: 전망사, 1971); 비써트 후프트, 『혼합주의와 기독교적 우주주의』, 임홍빈 옮김 (서울: 성광문화사, 1987).

31) Harold A. Netland, *Dissonant Voices: Religious Pluralism and the Question of Truth* (Leicester: Apollos, 1991), p. 11.

32) Everett Ferguson, *Background of Early Christianity* (Grand Rapids: Eerdmans, 1987), pp. 111 – 253.

그러나 312년의 밀라노 칙령이 기독교를 국교로 선언한 후에는 모든 종교적 상황이 급격히 변화하기 시작하였다. 그리스도 이름으로 박해받던 교회가 그리스도 이름을 위하여 박해하는 자가 된 것이다.[33) 콘스탄티누스 황제 이후 적어도 천 년 동안 기독교인들은 한 하늘 아래 기독교 종교 이외에 또 다른 종교가 신앙될 수 있다는 생각은 개념 자체가 전혀 불가능할 것이라고 여기게 되었다. 물론 이방종교(pagans, gentiles)에 대해서 몰랐던 것은 아니지만 그들은 어차피 절대자를 알지 못하는 불쌍한 사람들일 뿐이었고 이단들(heresies)은 적敵그리스도의 사주를 받는 죄 많은 영혼들일 뿐이었다. 그들은 모두 힘으로 응징하여야 마땅한 대상이었다.[34) 그래서 "언제 어디서나 누구에 의해서도 믿어지는"(quod ubique, quod semper, quod ab omnibus credum est) 보편적(catholic)인 신앙이[35) 아예 가톨릭(Catholic) 교회의 이름으로 전용되기까지 하였던 것이었다.

그러다가 이 하나뿐인 교회에 반대하는(protestant) 사람들이 세력을 얻어 신교(the Protestant)라는 또 다른 고유명사를 정당화시킨 후부터는 다음 몇백 년 동안 수많은 종파가 자립하게 되었다. 그리고 20세기에 들어와서는 마침내 별별 이단과 이방종교들도 그들의 이름을 되찾고 신자들을 얻게 된 것이다. 이제 '새로운' 종교다원화 현상의 시대가 서구에 열린 것이다. 즉 312년 이후 처음으로 새롭게 혹은 새삼스럽게 기독교는 다른 여러 종교들과 진정한 경쟁 관계에 돌입하게 된 것이다. 선교학자 핸드릭 크레이머(Hendrik Kraemer)는 20세기 종교다원화 현상이 갖는 이러한 특수한 의미를 정확히 진단하고 있다. 전체 문화 상황을 돌이켜볼 때 현재 기독교는 오히려 콘스탄티누스 이전 시대의 다종교 상황으로 되돌아가고 있는 것 같으며, 어쩌면 다시 한 번 이방 세계 속의 소수 종교

---

33) R. C. Zaehner, *Concordant Discord* (Oxford: Clarendon Press, 1970), p. 22.

34) Peter Berger, *The Sacred Canopy* (New York: Doubleday, 1967), p. 136.

35) 5세기 경 빈센트(St. Vincent of Lerins)의 이른바 the Vincentian Cannon을 말함.

가 될 수도 있다는 위기감이 '종교다원화 현상'을 20세기의 '문제'로 등장
시켰다는 것을 그는 지적하고 있는 것이다.[36]

결론적으로 20세기의 종교다원화 현상은 서구 기독교 입장에서는 근
대(modern)에 이르러 겪은 경험, 아니 근대에 의해 강요된 경험을 뜻한
다. 종교라고 하면 곧 기독교였던(Christianity as the religion) 시대로부터
여러 종교 중의 한 종교로서의 기독교(Christianity as a religion)로 변하는
과정에서 야기된 문제의식이 종교다원화 현상의 근간이 된다고 할 수 있
다. 그러므로 문제의 핵심은 기독교와 서구 사회가 통과해 온 근대라는
시기(the Modern)와 그 독특한 성격인 근대성(the modernity)을 파악하는
데 있을 것이다. 서양 외부에서 밀려왔던 타종교의 영향도 물론 중요한
요소였지만 그보다 서구 내부에서 진행된 근대화와 세속화가 교회에 일
으킨 갈등이 종교다원화 현상의 실체를 파악하는 데 더 중요한 계기가
될 것이다.[37]

우리는 여기서 '탈주술화脫呪術化'로 시작해서 '세속화'를 거쳐 '시장
화'[38]에까지 이르게 된 서양의 근대 경험과 그 종교적 해석에 대해 충분
히 논의할 여유는 없다. 그 대신 간단히 미국에서의 종교다원화 현상을
살펴봄으로써 이 개념의 현주소를 이해하고자 한다. 그것은 미국이라는
사회가 현재 세계에서 가장 분명하게 종교다원화 현상의 이념을 현실화
시키는 데 성공하고 있는 곳이라는 판단에서이다. 제임스 러더(James

---

36) Hendrik Kraemer, *Religion and the Christian Faith* (London: Lutterworth Press, 1956),
   p. 19.
37) 종교다원주의에 관한 서적 중에서 종교다원주의 문제를 특별히 근대 서구의 세속
   화 및 사상 패턴의 변화와 연결시켜 분석하고 있는 뉴비긴의 저서가 주목할 만
   하다. Newbigin, *Ibid*. 그에게 종교다원주의는 "서구의 문화적 몰락"(p. 161)과 "진실
   위에 군림하는 개인적 자아의 승리"(p. 169)로 분석된다.
38) 종전에는 권위를 가지고 무조건 군림하던 종교가 현대에 와서는 시장의 상품처럼
   종교 고객에게 팔리게 된 상황을 피터 버거는 '시장 상황'(market situation)이라고
   평한다. Berger, *Ibid.*, p. 138.

186

Rother)는 "미국인이라는 사실 자체가 포스트모더니스트가 된다"라고 했
다는데[39] 어떻게 본다면 미국인이면 자동적으로 종교다원화 현상론자라
고 말할 수도 있을 듯하다. 미국이라는 사회를 조금이라도 구경했던 사
람들에게는 종교다원화 현상으로서의 '종교다원주의'(religious pluralism)
라는 말이 그야말로 피부에 와 닿는다고 할 수 있다.

가령 유명한 교회사가인 마틴 마티(Martin Marty)가 '종교다원주의'의
일반적 용법 세 가지를 지적했다는 것 중 처음 두 가지는 보통 미국인이
면 자동적으로 이해할 수밖에 없는 것이다.[40] 첫째는 그저 경험적으로
봐서 수많은 종교집단—— 적어도 440개가 넘는 교단과 종교들—— 이
있다는 의미이다. 미국이라는 나라가 세계에서 가장 많은 종교 단체를
포용하고 있다는 사실은 '아침 뉴스 때마다' 확인된다고 마티는 풍자한
다. (혹은 뉴욕의 맨해튼을 한 시간만 관광하고 나면 누구나 틀림없이 이
러한 '관찰적 종교다원주의자'가 될 수 있을 것이다.) 둘째는 그 많은 종
교집단이 미국 사회의 법과 기준만 지키는 한 모두 동등하게 환영받는다
는 의미이다. 신앙의 박해를 받아 아메리카로 도망온 초기 청교도들이
자신들은 결코 타인의 신앙을 박해하지 않겠다고 서약한 것이 곧 정교
분리의 원칙이 되었다. 물론 이 원칙은 수없이 시험 대상이 되기도 하고
거부된 적도 있었다. 그러나 가령 몇 년 전 동네 크리스마스 조그만 장식

---

39) 김욱동,「포스트모더니즘 논의의 문제점」김욱동 편저,『포스트모더니즘의 이해』
(서울: 문학과 지성사, 1990), 14쪽에서 재인용.

40) Martin Marty, "This We Can Believe: A Pluralistic Vision" *Religious Education* 75:1
(January-February, 1980), pp. 37 - 38; Norma H. Thomson, "The Challenge of Religious
Pluralism" in Norma H. Thomson. ed., *Religious Pluralism and Religious Education*
(Birmingham: Religious Education Press, 1988), p. 10 - 1에서 재인용.
마티의 세 번째 의미는 철학적 다원주의로서 주로 윌리엄 제임스(William James)로부
터 유래된 실용주의적 가치관과 인식론을 뒷받침하는 '급진적 다원주의'(radical
pluralism)의 전통을 가리킨다. William James, *Essays in Radical Empiricism & A Pluralistic
Universe*, reprint (Gloucester, MA: Peter Smith, 1967) 참조.

물을 시비市費를 들여 설치한 것도 특정 종교의 종교 행사를 옹호한 것이라 철거해야 한다는 대법원 판결이 나올 만큼 미국 사회는 정고 분리 원칙에 심각하다.

나아가 종교다원주의의 미국적 배경이 시사하는 다른 요소도 음미할 만하다. 미국의 종교다원주의는 일찍부터 법률적으로 보장된 후에 20세기에 와서 시대적으로 강제 집행되었다고 봐야 한다. 즉 20세기 후반부에 미국에 밀어닥친 이민들, 특히 기독교를 믿는 유럽계가 아닌 아시아와 근동의 이민들이 급증하면서 그들의 이질적인 종교들도 급증하게 된 것이다.41) 결과적으로 건국 이념의 하나인 정교 분리 원칙은 가장 혹독한 시험에 직면한 셈이 되었다. 가령 공립초등학교 '기도' 시간에는 장로교식, 침례교식, 감리교식 기도를 도두 포용하는 것이 더 이상 문제가 아니라 불교의 선禪과 이슬람의 기도(salat)와 힌두의 명상까지 관용해야 한다는 과제를 안게 된 것이다. 종교다원화 현상의 바로 이러한 구체적인 '삶의 자리'를 이해할 때라야 가령 마이클 반즈(Michael Barnes)가 "종교신학은 머나먼 이국적인 문화에서부터 시작되는 것이 아니라 우리들 가운데 있는 이방인들을 경험함으로 시작된다"고 말한 뜻을 더욱 실감할 수 있는 것이다.42)

2) 종교다원주의

종교다원화 현상과 구분하여 종교다원주의는 일반적으로는 종교다원화 현상에 대한 신학적 해석을 둘러싼 논란을 뜻하고, 보다 구체적으로는 특히 그 중에서도 다양한 세계 종교들을 긍정적으로 평가하며 그들을 통한 '구원'의 가능성을 인정하는 주장을 뜻한다고 정의할 수 있다. 종교

---

41) Thomson, *Ibid.*, p. 7.

42) Michael Barnes, *Christian Identity & Religious Pluralism: Religions in Conversation* (Nashville: Abingdon, 1989), p. 6.

다원주의 문제에 대한 신학적 입장은 잘 알려진 대로 배타주의(exclusiv-ism), 포괄주의(inclusivism), 다원주의(pluralism) 세 가지로 크게 나눌 수 있는 데 이 구분은 알란 레이스(Alan Race)로부터 비롯된 것이다.[43] 신학자들의 다양한 논의가 대체적으로 이 세 가지 중 어느 하나의 유형으로 분류될 수 있다는 편리성 때문에 레이스의 도식은 상당히 성공적인 것 같다.

주목할 것은 이들 세 가지 입장 모두 현대 종교다원화 현상에 대한 신학적 응답이라는 사실이다. 종교다원화 현상 자체는 누구도 부정할 길 없는 현실이다. 그러나 그것에 대한 신학적 응답은 여러 가지로 나타나고 있는 것이다. 그 중에서도 특별히 마지막 입장인 '다원주의'는 다른 두 입장과 비교하여 굉장히 파격적인 주장을 담고 있기에 더욱 주의할 필요를 느끼게 한다. 즉 기독교인들이 추구하는 '구원'이 반드시 기독교뿐만 아니라 타종교를 통해서도 가능하다는 다원주의의 주장은 기독교 2,000년 역사상에서도 전례를 찾기 어려운 획기적인 외침이라고 하지 않을 수 없다.[44] 대표적 주장자인 힉(John Hick)이 스스로 일종의 '코페르니쿠스적 전환'(a Copernican revolution)이라고 과장되게 말하는 것에도

---

43) Alan Race, *Christians and Religious Pluralism: Patterns in the Christian Theology of Religions* (Maryknoll: Orbis Books, 1982).

44) 물론 이른바 '만인구원설萬人救援說'(universalism) 주장은 끊이지 않고 이어져 왔다고 할 수 있다. 그러나 현대의 종교다원주의 주장은 역사상에 나타났던 어떤 만인구원설과도 구분될 수 있을 것 같다. 실제로 초대 교부 중 하나인 유스티니우스(Justin Martyr)의 말은 20세기 현대 신학자에게도 파격적으로 들린다. "그리스도는 모든 사람이 참가하는 로고스이다. 이 로고스에 따라 산 사람은 모두 기독교인들이다. 그들이 설령 무신론자, 그리스인, 소크라테스, 헤라클리투스 등이었다 하더라도……"(Netland, *Ibid.*, p. 12에서 재인용). 그러나 우리가 조심하여야 할 것은 20세기 문제의식을 가지고 유스티니우스나 알렉산드리아 학파를 읽지 않도록 하는 일이다. 지금과는 달리 그 당시는 순교의 시대였고 유스티니우스 자신도 목숨을 바쳐 '순교자'(Martyr)라는 별명을 얻었던 사람이었다. 그에게 기독론은 논쟁 제목이 아니라 생사의 시금석이었던 것이다.

일리는 있다고 보일 만큼 파격적인 주장이다.[45] 이러한 파격적이고 급진
적인 신학적 주장으로부터 다른 입장들을 구분하기 위해서는 이런 주장
에만 어울리는 이름으로 한정시키는 것도 좋은 방법이 될 수 있을 것이
다. 바로 이러한 이유로 '종교다원주의'(religious pluralism)라는 말을 '신
학적 다원주의'(theological pluralism) 주장에만 해당하도록 하는 것이 바
람직하지 않을까 하는 제안을 하게 된 것이다. 즉 위의 세 입장 중 마지
막 입장인 다원주의(pluralism)가 가장 국한된 용법의, 그리고 가장 정확
한 의미의 신학적 '종교다원주의'라고 할 수 있을 것이다.

알란 레이스의 세 유형은 많이 이용되지만 이 분류법에 문제가 없는
것은 아니다. 어느 특정한 신학자를 과연 어느 유형으로 분류하느냐는
것이 그 처음 문제이며, 두 번째로는 과연 어느 유형의 입장을 가장 신학
적으로 건강한 대안으로 선택할 것이냐는 문제이다. 그리고 이 두 문제
는 실상 같은 문제의 앞과 뒤라는 것도 쉽게 알 수 있다. 가령 "종교의
폐지로서의 하나님의 계시"와 "불신앙으로서의 종교"를 주장한 칼 바르
트는 흔히 알려졌듯이 배타주의의 대표적 인물인가?[46] 아니면 그는 궁극
적으로는 다원주의 진영에 속할 수 있는 신학자로서 일종의 '익명의 다
원론자'(anonymous pluralist)라고 평해야 하는가?[47] 그런가 하면 다원주
의에서는 포괄주의를 가리켜 아직까지 기독교의 소위 '제국주의적, 정복

---

45) 이제는 유명해진 그의 '코페르니쿠스적 혁명' 개념은 1973년부터 활자화되기 시작
    한 것으로 보인다. John Hick, *God and the Universe of Faiths* (London: Macmillan, 1973),
    Ch. 9, "The Copernican Revolution in Theology."
46) 거의 모든 관계된 문헌들이 칼 바르트와 핸드릭 크레이머를 배타주의의 대표적
    주장자로 거론하고 있다. Race, *Ibid.*, p. 10 ff. Knitter, *No Other Name?*, p. 30 ff. 등
    참조.
47) 마이클 반즈는 칼 바르트의 구원관이 결론적으로는 만인구원론이라는 점에 착안
    하여 그를 배타주의자의 반열에서 제외시키고자 한다. 즉 바르트는 일종의 한정적
    배타주의자이면서 궁극적 다원주의자가 될 수도 있다는 것이다. Barnes, *Ibid.*, pp.
    29 – 34.

주의적'(imperialistic, triumphalistic) 구원관의 발톱을 감추고 있는 '익명의 배타론자'라고 평가한다.[48] 그러나 반면 다원주의자 자신들도 언젠가는 '익명의 포괄론자' 심지어 '익명의 배타론자'라는 비난을 면하기 어려울지도 모른다. 즉 타종교인들 눈에 비친 이러한 신학 논쟁들은 조금 더 폐쇄적이든 개방적이든 간에 모두 '기독교적 구원 가능성'에 대한 시비로 해석될 수밖에 없다면 가장 열린 마음을 자랑하는 다원주의자들의 입장조차도 결국은 기독교적 문제의식의 제국주의적 강요라는 반발을 살 수 있기 때문이다.[49] 이처럼 종교다원주의 문제에 대한 신학적 토론은 날이 갈수록 뜨거워져만 간다. 거의 모든 신학자들의 실명實名이 어떤 입장과 결부되어 떠돌다가 사실은 다른 입장의 익명匿名이었다는 소문으로 변한 뒤 아무도 모르게 우리들 관심으로부터 실명失名하게 되는 일들의 반복이 이어지고 있는 듯하다.

실로 종교다원주의에 관한 신학 논쟁은 날이 갈수록 열기를 더하여 가고 관계된 문헌은 놀라운 속도로 증가하고 있다. 영미 유럽의 이름깨나 알려진 신학자들이면 거의 누구를 막론하고 이 문제에 대해 자신의 입장을 한두 번 정도는 표명할 기회를 가지는 것 같다.[50] 이제는 나올

---

48) 포괄주의의 대표적 신학자라고 할 수 있는 칼 라너(Karl Rahner)의 '익명의 그리스도인' 주장에 대한 가장 혹독한 비판자는 다름아닌 그의 가톨릭 동료 신학자 한스 큉(Hans Küng)이다. 큉은 라너의 개념이 '신학적 날조'라고 일축하면서 "선한 성품의 인류 전체를 이른바 '거룩한 로마 교회'의 뒷문으로 쓸어 넣어서…… '교회 밖에는 구원이 없다'는 '무오류 교리'를 지키려 한다"고 맹공한다. Knitter, *Ibid.*, p. 131에서 재인용.

49) 이런 맥락에서 존 콥(Cobb)은 윌프레드 스미스의 '믿음'(faith) 개념을 '신 제국주의'(neo-imperialism)이라고 공박한다. 존 힉(Hick)의 다원주의 신학의 기초가 되는 이론적 개념의 하나가 곧 스미스의 '믿음'이라고 할 수 있기 때문에 콥의 반대는 결국 존 힉의 신학에까지 연장된다. John Cobb, 'Is Christianity a Religion?' in Mircea Eliade & David Tracy, eds., *What is Religion? An Inquiry for Christian Theology*, (Edinburgh: T & T Clark, 1980), p. 7. 이런 관점에서 다음의 책은 흥미롭다. Paul J. Griffiths, ed., *Christianity through Non-Christian Eyes* (Maryknoll: Orbis, 1990).

만한 주장은 거의 다 나오고 만 듯한 현 시점에서 새로운 변화가 있다면
드디어 복음적, 보수적 입장의 기독교 신학자들도 종교다원화 현상에 관
심을 가지고 종교다원주의 신학에 대한 반박을 시작한 사실인 것 같다.
이제 더 이상 종교다원주의 논의가 이른바 자유주의 신학자들의 전유물
은 아니라는 점이 주목되는 것이다.[51] 그 내용과 결론이 어떠하든 간에
종교다원주의 문제가 드디어 진보와 보수 교단 모두의 문제의식이 되었
다는 점이 무엇보다 중요하다고 여겨진다. 즉 종교다원주의 논란은 명실
공히 20세기 말 현재 기독교 내에서의 제일 큰 신학적 논쟁 제목이 되고
있다고 할 수 있다.

　신학적 종교다원주의 논쟁은 신학자들의 권리이고 의무이기도 할 것
이다. 따라서 그 논쟁의 향방은 신학자들이 결정해 주리라 믿으면서 우
리는 여기서 종교학자의 눈에 비친 신학적 종교다원주의 논쟁에 대해서
나 간단히 언급하고자 한다.

---

50) 서구 신학자들의 종교다원주의 논쟁을 잘 정리하고 있는 저서는 역시 니터의『오
　직 예수 이름으로?』라고 할 수 있다. 국내 학자의 여러 논문들 중에서는 김종서
　교수의 글이 종합적으로 훌륭한 소개를 하고 있다. 김종서,「종교다원주의와 한국신
　학적 의미」한국기독교학회 엮음,『창조의 보존과 한국 신학』(서울: 대한기독교서
　회, 1992), 407 - 45쪽.

51) 복음적이고 보수적 교단 측에서는 종교다원주의 논쟁에 대해 주로 무시하는 것으
　로 대답을 대신해 왔다고 볼 수 있다. 90년대 이전에는 이 문제에 대한 불과 몇
　권의 저술만이 눈에 띌 뿐이다. 비써트 후프트, 같은 책; J. N. D. Anderson, *Christianity
　& Comparative Religion* (London: Tyndale Press, 1970); Gerald H. Anderson & Thomas
　F. Stransky, eds., *Christ's Lordship & Religious Pluralism* (Maryknoll: Orbis, 1981) 등. 그러나
　90년대에 들어 와서는 복음주의 신학자들의 적극적인 발표가 두드러지기 시작하였
　다. Hendrik M. Vroom, *Religions and the Truth*, trans. by J. W. Rebel (Grand Rapids:
　Eerdmans, 1989); Lesslie Newbigin, *The Gospel in a Pluralist Society* (Grand Rapids:
　Eerdmans, 1989); Harold A. Netland, *Dissonant Voices: Religious Pluralism and the Question
　of Truth* (Leicester: Apollos, 1991); John Sanders, *No Other Name: An Investigation into the
　Destiny of the Unevangelized* (Grand Rapids: Eerdmans, 1992); Carl E. Braaten, *No Other
　Gospel!* (Minneapolis: Fortress Press, 1992) 등.

　종교학의 시각에서 보는 종교다원주의 논의는 종교사적인 문맥에서 상당히 흥미로운 전개가 아닐 수 없다. 그것은 이미 거론된 것처럼 종교 다원화 현상이 전 세계 종교에서는 일반적으로 용납되고 권장되기까지 했던 반면 유독 기독교에서만은 예외적으로 배격되었던 역사적 배경 때문이다. 로마 시대의 종교다원화 현상을 경험하면서도 오직 '예수 이름만으로'의 배타적 구원관을 고집한 탓에 수많은 순교자의 희생을 감수해야 했던 기독교의 역사를 무시할 수 없기 때문이다.[52] 근대(modern)를 거쳐 현대 혹은 후기 근대(post-modern)에 다다른 기독교는 이제 2,000년 동안 변함없이 간직해 온 구원의 절대성 주장을 과연 포기할 것인가? 타 종교에도 기독교와 똑같은 '구원의 효용성'(salvific efficacy)이 있다고 강조하는 종교다원주의의 주장은 기독교 역사에서 전혀 새로운 경험이라는 점을 주목해야 한다. 그리고 그것이 기독교 정체성에 가져오는 충격은 결코 과소평가되어서는 안 될 것이다.

　어찌 보면 이것은 기독교인들보다도 종교학자들에게 더욱 당황스러운 새 경험일 수도 있다. 여태껏 '기독교'(Christianity)란 이름 그대로 '그리스도'를 믿고 그를 통해 구원을 얻을 수 있음을 믿는 신앙 집단이었다. 그러나 만약 다원주의 신학자들의 이른바 "신神 중심주의"(theo-centrism) 주장처럼 '그리스도'라는 중심이 해체되고 '신'이 중심이 된다면 종교학자들은 이런 신앙 집단을 무슨 이름으로 부를 것인가? 역사적으로 볼 때 언제나 기독론에 관한 해석의 차이는 있었기에 논란은 끝이 없었지만 여하튼 기독교라는 종교의 구심점은 다름아닌 그리스도 예수였다. 그런데

---

52) 초기 기독교인들의 배타적, 절대적 신앙심은 그들의 박해자들이 남긴 자료를 통해 여실히 확인된다. 당시 로마인들의 눈에 비친 기독교인들은 "광신자, 자칭 의로운 국외자, 자신들 신앙만 옳다고 우기는 건방진 새 신도들"이었다. 기독교인을 취조하던 한 로마 관리가 "우리 역시 종교적인(eusebeia) 사람이다"라고 항변한 것은 당시 로마인들의 정서를 잘 나타내고 있다. Robert L. Wilken, *The Christians As The Romans Saw Them* (New Haven: Yale University Press, 1984), p. 63.

종교다원주의 신학자들은 타종교가 신학적으로 걸림이 되는 이유는 곧 기독교 안에 큰 걸림돌이 있기 때문이며 그것은 다름아닌 "예수 문제"라고 말한다.[53] 따라서 기독론이 약화되면 될수록 타종교와의 대화 가능성이 높아진다는 것이 다원주의자들의 공통된 의견인 것 같아 보인다.[54] 이제 이 마지막 걸림돌을 없애자는 종교다원주의자들의 주장이 받아들여진다면 기독교는 과연 '기독基督'의 종교라는 이름을 보존할 수 있을 것인가? 설령 그런 주장이 성공한다고 해도 그것은 더 이상 '기독교基督教'라는 아무 보장도 없는 것 아닐까?

기독론의 잣대를 가지고 종교다원주의자들의 신 중심주의를 "거의 자살적 혼동의 경계선에 서 있다"라고[55] 맹공하고 있는 칼 브라텐의 주장은 주목할 만하다. 무엇보다도 "기독 중심주의야말로 기독교적으로 신 중심주의적으로 되는 길이다"라는 브라텐의 논점은[56] 각 종교의 특수성을 존중하도록 훈련받은 종교학자들에게는 상당히 설득력 있게 들리는 것 같다. 그 이유는 두 가지이다. 첫째는 나사렛 예수를 통해서만 신을 알 수 있다는 것이 역사적으로 기독교의 주장이었기 때문이다. 기독교 교리사에서 신론과 기독론이 분리될 수 없음은 자명하다. 설령 보편적 그리스도(Logos Spermatikos)의 이미지가 강조되었던 경우에도 그것은 언제나 화육化肉된 그리스도(Logos Ensarkos)와 균형을 이루고 있었다.[57] 둘

---

53) 홍정수 교수가 '예수-문제'라고 한 것은 종교다원주의 신학의 정수를 한마디로 잘 요약하고 있다. 홍정수, 『다종교와 기독교』(서울: 조명, 1990), 13쪽 이하.

54) Braaten, *Ibid.*, p. 9: "the lower the Christology, the better the dialogue." 기독론을 약화시키기 위한 용도로 다양한 개념의 도구들이 발명되고 있다. 예를 들어 존 힉의 경우 예수는 "전적으로 신"(wholly God, totus dei)이었지만 "전적인 신"(the whole of God, totum dei)은 아니었다고 말한다. Hick, *Ibid.*, p. 159.

55) Braaten, *Ibid.*, p. 2.

56) Braaten, *Ibid.*, p. 9.

57) Braaten, *Ibid.*, p. 95. 조지 럽(George Rupp)은 기독론적 여러 유형들과 종교다원주의 주장들을 연결시켜 분석하고 있다. George Rupp, *Christologies and Cultures: Toward a Typology of Religious Worldview* (Hague: Mouton, 1974).

째, '신 중심주의'라는 말 자체 뜻이 너무 광범위해서 거의 쓸모가 없는 말로 들리기 때문이다. 세상의 종교 중에 신 또는 그와 비슷한 초자연적 존재를 말하지 않는 종교는 하나도 없고[58] 또 그 존재가 얼마나 다양하고 상충되는 개념의 존재인지를 잘 아는 종교학자들에게는 '신 중심주의'라는 말 자체가 모순으로 들리기도 한다. 네빌(Neville)이 말하듯 일단 '신'이라는 판도라 상자를 열어 놓고 나면 온갖 신들이 쏟아져 나올 것임이 분명하다.[59] 따라서 적어도 세계 종교의 현실에 놓고 볼 때는 신 중심주의라는 말이 너무 비현실적으로 여겨질 수밖에 없는 것이다.

따라서 존 힉이 "신은 많은 이름을 가지고 있다"고 한 말은[60] 종교학에서는 확인될 수 없고 다만 "많은 이름의 많은 신들이 있다"는 사실만큼은 얼마든지 증명될 수 있는 것이다. 물론 신 중심주의 다원론자들 주장의 핵심은 '신'의 의미에 관한 세계 종교적 현실의 확인이 아니라 앞으로 나아갈 방향성의 문제라고 생각된다. 즉 신 중심주의는 종교학적 기술記述(in re)이 아니라 형이상학적 희망(in voto)이다. 그러나 현실의 종교에 근거하지 않은 주장이 얼마나 '종교'로서 힘을 발휘할 수 있는가에 대해서는 회의적일 수밖에 없다. 일종의 종교적 에스페란토(Esperanto)어[61] 같이 신에 대한 만국공통어를 개발하려는 존 힉과 종교다원주의자들의

---

58) 일반적으로 불교는 '신'을 거부하기 때문에 무신론적 종교라고 간주되는 경향이 있다. 그러나 종교학적인 측면에서 본다면 불교에서도 초월적 존재들은 신봉되고 있고 그것도 아주 많이 신봉되고 있다고 할 수 있다. 유일한 예외가 있다면 초기 불교의 경우인데 그때만큼은 어떠한 의미의 초월자도 부정되고 있음이 분명하다. Alice Getty, *The Gods of Northern Buddhism* (New York: Dover, 1988; reprint of 1914 edition)

59) Robert Cummings Neville, *Behind the Masks of God* (Albany: State University of New york Press, 1991), p. 9.

60) John Hick, *God Has Many Names* (Philadelphia: Westminster, 1982).

61) 종교다원주의를 '보편적 에스페란토어'(an ecumenical universal Esperanto)에 비유하는 사람은 템플 대학의 스위들러(L. Swidler) 교수이다. Leonard Swidler, *After the Absolute* (Minneapolis: Fortress, 1990), p. 58 & passim.

주장의 성공 여부는 결국 이러한 철학적 골격에다 얼마만큼 종교적인 살을 붙일 수 있느냐에 따라 결정될 것이다.62) 신 중심주의의 대변자격인 니터(Knitter)가 해방신학의 관심사와 제휴 가능성을 모색하며 새롭게 "왕국 중심주의"(kingdom-centrism) 혹은 "구원 중심주의"(soteriocentrism)를 주장하는 것도 이와 같이 돌파구를 찾으려는 움직임의 하나라고 생각된다.63)

4. 종교학의 이해

종교학? 종교학과? 종교학은 아직도 대부분의 한국 사람들에게 낯선 학문이다. 그도 그럴 것이 우리 나라의 그 많은 대학 중에 '종교학과'가 설치된 곳은 불과 다섯 군데뿐이기 때문이다.64) 반면 종교학과 학문적으

---

62) 칸트의 물자체物自體와 현상계現象界의 이분법적 구분에 근거한 힉의 신관神觀은 '신 그 자체'와 '신에 대한 인간의 개념들'(human images of God)의 구분을 원칙으로 한다. Hick, Ibid., p. 95 ff. 힉의 이른바 '코페르니쿠스적 혁명'이란 곧 신에 대한 인간 개념의 한계를 인정하고 신 그 자체에 초점을 맞추자는 주장인 듯하다. 그러나 '신 자체'란 우리에게는 오로지 형식논리적으로만 가능한 개념이다. 그 누구도 신이 아닌 이상 신 자체의 내용을 말한다는 것은 논리적으로 불가능하고 신학적으로 독신瀆神(idolatry)의 위험성마저 안게 되는 것이다. 실제로 이러한 구분은 니사의 그레고리우스(Gregory of Nyssa) 등 교부 때부터 마이스터 에크하르트(Meister Eckhart)를 거쳐 고든 카우프만(Gordon Kaufman)에 이르기까지 기독교 신학에 잘 알려져 왔다. 그러나 그들 대부분은 이 구분의 형식적(formal) 의미를 더욱 중요시하여 우리 인간들의 신 개념이 어디까지나 신은 아니라는 경고의 성격에 강조점을 두었다. 반면 힉은 첫째, 신 자체가 더 중요하고 그것에 초점을 맞추려 하기 때문에 둘째, 인간들의 다양한 신 개념들은 그 개념들의 차이에도 불구하고 포용 가능하다고 주장하는 것처럼 보인다. Gordon D. Kaufman, God the Problem (Cambridge; Harvard University Press, 1972), pp. 82 – 115 참조.

63) Paul Knitter, 'Toward a Liberation Theology of Religions' in John Hick & Paul F. Knitter eds., The Myth of Christian Uniqueness (Maryknoll: Orbis, 1987), p. 187.

64) 현재 서울대, 서강대, 한신대, 효성여대에 종교학과가 있고 원광대에는 한국종교학

로 가까운 신학과 철학을 전공으로 가르치는 대학은 긴 명단을 이룬다. 가령 철학과는 전국의 주요 대학에 거의 빠짐없이 설치되어 있는 것 같다. 또 설사 철학과가 없다 해도 철학을 가르치는 전임교수는 으레 한둘 있기 마련이다. 마치 그 대학에 철학과나 철학교수가 없으면 곧 그 학교의 '철학'이 없다고 누가 오해하기라도 하는 것처럼 각 대학은 철학과와 철학교수를 자랑하고 있다. 반면 종교학은 학생들을 '종교적'으로 만드는 학문이라는 오해 때문인지 일반인 중에는 종교학과 신학이 같은 분야의 다른 이름이라고 생각하는 사람들도 적지 않고, 바로 그렇기 때문에 대학에서 종교학은 어울리지 않는다고 속단하기도 한다.65) 이처럼 우리 나라에서 종교학의 위상은 아직 상대적으로 왜소할 수밖에 없어 보인다.

그러나 우리는 시선을 조금 밖으로 돌릴 필요가 있다. 분명한 것은 지금 서양에서 종교학의 위상은 상대적으로 높아 보인다는 것이다. 특히 미국 대학에서 종교학이 차지하는 위치는 주목할 만하다. 우리 나라에서의 상황과는 전혀 반대로 미국 내에서의 종교학은 점점 더 신학과 철학보다 훨씬 빨리 더 높이 커지고 있는 느낌이다. 그것은 위에서 말한 미국의 종교다원화 현상과 밀접한 관계가 있다고 보인다. 제2차 세계대전 이후 미국 대학 사회에서 종교학의 급속한 확산과 성장은 일종의 '사건'이라고 표현될 정도로 괄목할 만한 것이었다.66) 일반대학 학부과정에는

과가 설치되어 있다.

65) '종교학'은 물론 종교에 대해 가르치는 학문이지 종교심宗教心을 가르치는 학문은 아니다. 영어로는 종교학을 보통 'Religious Studies' 혹은 'Study of Religion'이라고 하는데 점차 후자로 통일되어 가는 것 같다. 그 이유는 'Study of Religion'이라는 표현이 '종교를 대상으로 연구하는 학문'이라는 느낌이 강한 반면 'Religious Studies'라는 말은 자칫 '종교적인 학문'이라는 잘못된 인상을 주기 쉽기 때문이다. Eric Sharpe, *Understanding Religion* (London: Duckworth, 1983), p. viii.

66) 시카고 대학의 고故 기타가와 교수는 미국 내에서의 종교학 발전에 대하여 남다른 흥미를 가져 왔다. 제2차 세계대전 이후의 종교학 발전을 설명하기 위해 그가 분석한 4가지 요소는 다음과 같다. 1) 동양에 대한 관심 유행, 2) 대학에서의 종교학과 개설

'종교학과'(Religion Department) 혹은 '종교 전공'(Religion Concentration) 이 개설되었다. 아니면 '종교와 철학'(Religion & Philosophy), '종교와 신학'(Religion & Theology) 식으로 합성된 이름의 전공을 제공하는 대학들도 많아졌다. 그 중에서 '신학'(Theology) 전공으로 박사 학위를 주던 일반대학들은 거의 모두 '종교학'(Study of Religion)으로 공식 이름을 바꾸어 대학원생을 모집하게 되었다. 과연 그렇게 늘어난 종교학의 내용이 무엇이었느냐는 고사하고라도 적어도 '종교'라는 개념이 미국 대학 사회에서 확고하게 뿌리내렸다는 것은 분명하다.

불과 100여 년의 짧은 역사에도 불구하고 종교학이 이처럼 인문학의 중요한 분야로 구미 대학에서 분명하게 자리잡게 되었다는 사실은 충분히 강조될 가치가 있다. 활기에 찬 신생 학문답게 종교학은 새로운 지식의 영역을 개척한다는 학문적 흥분으로 가득하다. 금세기 초 조르단(Louis Jordan)이 "이 새로운 학문의 탄생은 인간 지식에 있어 새로운 시대의 시작을 증거한다"고[67] 공표할 때의 정열이 100년이 거의 지난 오늘날에도 종교학자들 사이에서는 식지 않고 있는 것으로 보인다. 그것은 세계 종교들에 대한 구체적 정보들과 인간의 종교성에 관한 심층적 이해가 놀라운 속도로 쌓여 가고 있는 사실에 대한 자신감에 근거한다. 나아가 "다른 어떤 인문과학의 분야보다도 더 잘 인간을 이해"하는 데 도움이 될 수 있는 학문이 바로 종교학이라는 자부심도 있다.[68] 결론적으로 종교학은 인간 이해를 위한 참된 "인간적인 지식"(humane knowledge)

유행, 3) 사회과학자들 간에 비서구적인 신화, 상징, 제의, 사회 – 문화구조 등에 대한 관심 유행, 4) 신학자들 간에 타종교와의 대화 유행. Joseph M. Kitagawa, *The History of Religions: Understanding Human Experience* (Atlanta: Scholars Press, 1987), p. 122.

67) Louis Henry Jordan, *Comparative Religion: Its Genesis and Growth* (Edinburgh: T & T Clark, 1905), reprint (Atlanta: Scholars Press, 1986), p. 4.

68) Mircea Eliade, *The Quest: History and Meaning in Religion* (Chicago: University of Chicago Press, 1969), p. 9, 국역: 『종교의 의미: 물음과 답변』, 박규태 옮김 (서울: 서광사, 1990).

198

을69) 창출해 내는 "새로운 인간학"(New Humanism)임을 널리 알리는70)
것이 현대 종교학자들의 학문적 소명감이라고 할 수 있다.

1) 종교학의 역사

여기서 우리는 종교학의 역사를 간략하게 살펴볼 필요가 있다. 종교학
이라는 학문이 공식적으로 출발한 것은 19세기 말이라고 할 수 있다. 논
란의 여지는 있지만 보통 종교학의 아버지라고71) 일컬어지는 막스 뮐러
(Friedrich Max Müller: 1823 - 1900)의 『종교학 입문』(Introduction to the
Science of Religion, 1870)이 출판된 해를 종교학의 원년으로 삼는 것이 정
설이 되고 있다.72) 뮐러는 그 자신 범어梵語(Sanskrit)에 뛰어난 언어학자
였고 비교신화학에 깊은 조예가 있었으며 당시의 기념비적인 업적인
『동방 경전 총서』(Sacred Books of the East) 전집을 발간하는 총 책임자이기
도 하였다.73) 그러나 그의 가장 큰 공로는 무엇보다도 종교학의 미래에

---

69) 윌프레드 스미스는 '인문 지식'(human knowledge, 인간에 대한 지식)과 '인간적
인 지식'(humane knowledge, 인간을 위한 지식)을 날카롭게 구분한다. Wilfred
Cantwell Smith, *Towards a World Theology* (Philadelphia: Westminster, 1981), passim.
70) Eliade, op., cit.
71) '종교학의 아버지'라는 영예가 합당한 또 다른 학자는 네덜란드의 틸레(Cornelis
P. Tiele) 교수라고 할 수 있다. Eric Sharpe, *Comparative Religion: A History* (New York:
Charles Scribner's Sons, 1975), p. 35, 하지만 드 라 소시에(Pierre D. C. de la Saussaye)를
위시한 많은 네덜란드 학자들조차 막스 뮐러에게 공을 돌리기를 주저치 않는다.
Jacques Waardenburg, *Classical Approaches to the Study of Religion*, Vol. 1 (The Hague:
Mouton, 1973), p. 107.
72) 그러나 뮐러의 다른 중요한 저술인 *Chips from a German Workshop*; Volume I, *Essays
on the Science of Religion* (New York: Charles Scribner and Company, 1869)의 출판을 종교학
원년으로 잡기도 한다. 가령 에릭 샤프가 "1859년에는 종교학이 아직 없었지만 1869
년에는 이미 존재하였다"라고 말한 근거는 바로 이 책의 출판을 기점으로 한 것이다.
Eric Sharpe, *Ibid.*, p. 28. 그러나 뮐러의 Chips는 그가 1853년부터 발표하였던 여러
비교종교학 글들을 모은 것에 불과하다. 보다 본격적인 '종교학' 시작의 영광은
역시 1870년의 『종교학 입문』이 차지할 것이다.
73) 뮐러에 대한 자세한 정보를 위해서는 다음을 참조할 것. Joseph M. Kitagawa and

대한 이상을 확고히 정립하였다는 데 있다. "종교학은 아마도 인류가 개발하기로 되어 있는 학문 중 가장 마지막 학문인지 모른다. 그러나 종교학이 개발되었을 때 그것은 세계의 면모를 바꾸게 될 것이며 기독교 자체에도 새로운 생명을 선물하게 될 것이다."[74] 이 말은 물론 다분히 낭만적으로 들릴 수 있고 실제로 뮐러는 독일 낭만주의의 전통에 깊이 뿌리내리고 있었다.[75] 그렇지만 낭만적 이상이야말로 신화와 상징을 먹고 사는 종교학도들에게는 훌륭한 영혼의 양식이 될 수 있었다. 후대의 종교학도들은 모두 "인간에 대한 인간의 마지막 학문"이라는 이 학문의 사명에 대해 깊이 공감할 수 있었던 것이다.

종교학이 태동하게 된 가장 직접적인 배경으로 낭만주의를 언급하는 것은 충분히 일리가 있다. 에릭 샤프는 종교학이 성립되기 위해서는 반드시 세 가지 필요충분조건, 곧 적절한 동기(motive), 충분한 자료(material), 적당한 방법(method)이 있어야 했다고 분석한 바 있다.[76] 바로 그 첫번째 적절한 연구 동기를 제공하는 데 일조를 아끼지 않은 것이 낭만주의라는 것이 우리의 해석이다.[77] 낭만주의는 무엇보다도 '종교'를 종교로서 논할 수 있는 분위기를 제공하여 준 것에 큰 공로가 있다. 19세기

John S. Strong, 'Friedrich Max Müller and the Comparative Study of Religion' in Ninian Smart, John Clayton, Patrick Sherry, and Steven Katz, eds. *Nineteenth Century Religious Thought in the West*, Vol. III (Cambridge: Cambridge University Press, 1985), pp. 179 - 213.

74) Waardenburg, *Ibid.*, p. 86.

75) Sharpe, *Ibid.*, p. 36. 뮐러의 아버지 Wilhelm Müller는 독일 낭만파 시인으로 그의 「물방앗간의 아름다운 아가씨」와 「겨울나그네」는 슈베르트의 연가곡으로 유명하게 되었다.

76) Sharpe, *Ibid.*, p. 2.

77) 샤프가 언급한 세 가지 요소에 대한 해석과 이 논문의 해석은 상당한 차이가 있다. 반면 드 브리(de Vries)는 낭만주의의 중요성을 역설한다. Jan de Vries, *Perspectives in the History of Religions*, trans. by Kees W. Bolle (Berkeley: University of California, 1967), pp. 43 - 58.

는 그 전의 계몽사상가들의 이성주의에 대한 반동으로 시작되었다. 프랑스 혁명을 통해 수많은 생명을 단두대에서 앗아 가게 했던 피묻은 '이성'(reason)에 대한 혐오감으로 인해 살롱(salon)에 모인 당대의 지식인들과 귀부인들은 차라리 '감정'(feeling)과 '상상력'(imagination)에 대해 토의하기를 즐겼다. 그것은 종교와 미신을 거의 동일시하며 종교에 대해 부정일변도였던 지식인들의 태도에 중요한 변화가 오기 시작한 것을 암시하였다. 상상력과 종교 논의에 많은 공헌을 한 영국의 콜러리지(S. T. Coleridge)와[78] 미국의 에머슨(R. W. Emerson) 등이 대서양 양쪽의 좋은 본보기가 될 것이다. 그러나 19세기 벽두에서 '종교'에 대한 가장 중요한 시각을 제공하여 준 사람은 다름아닌 슐라이어마허(F. Schleiermacher)였다. 1799년에 발표된 그의 『종교론』은 제목 그대로 종교에 대한 '문화적 경멸자들'의 편견을 바로잡으려는 야심작이었다.[79] 그는 '종교'를 철학자들이 가두어 놓은 이성의 감옥에서 탈출시켜 감정의 초원에서 번영할 수 있게 하려 하였다. 베를린의 이 유명한 낭만주의자－신학자－설교가 이후의 '종교'에 대한 모든 논쟁은 어떤 의미로든 그의 "절대적 의존 감정으로서의 종교" 정의를 무시하고 우회할 수는 없었다.[80]

　그러나 종교학의 출생을 위한 분위기에 낭만주의가 직접적인 영향을 준 것이 사실이라면 종교학 출현을 준비하기 위한 구체적 정보들은 계몽

---

78) Samuel Taylor Coleridge, *Biographia Literaria: Or, Biographical Sketches of My Literary Life and Opinions* (1817).

79) Friedrich Schleiermacher, *Über die Religion: Reden an die Gebildeten unter Ihren Verächtern* (1799), E. T.: *On Religion: Speeches to its Cultured Despisers*, trans. by John Oman (New York: Harper & Row, 1958).

80) Richard R. Niebuhr, *Schleiermacher on Christ and Religion* (New York: Charles Scribner's Sons, 1964), p. 175. 종교학의 선구자로서 슐라이어마허가 지니는 의의는 근대신학의 아버지로서의 슐라이어마허에 비견될 만큼 중요하다고 할 수 있다. 나단 죄더블룸, 반 델 레에우, 루돌프 오토, 프리드리히 하일러 등 중요한 종교학자들이 그의 영향을 보여주고 있다.

주의가 마련했다는 사실 또한 강조되어야 한다.[81] 즉 계몽주의는 위에서 샤프가 말한 두 번째 요소인 '자료'들을 제공하는 데 중요한 몫을 했다는 것이 우리의 해석이다. 칸트가 한마디로 요약한 것처럼 계몽주의의 정신은 "감히 알기를 힘쓰라!"(Sapere aude! Dare to know!)는 금언이 웅변해 주고 있다.[82] 아는 것을, 알게 되는 것을 무서워하지 않는 정신은 타민족과 타종교에 대한 지식의 모험 여행 떠나는 것을 겁내지 않았다. '종교'에 대한 뿌리 깊은 편견에도 불구하고 계몽주의 지식인들은 다른 종교에 대한 탐구를 멈추지 않았다. 아니, 어쩌면 자신의 '종교'에 대한 깊은 실망이 그들로 하여금 더욱 더 참된 '종교'를 찾게 했는지도 모른다. 우리는 여기에서 종교학의 근간을 이루는 중요한 이분법적 발상의 실마리를 찾을 수 있다. 그것은 실질적으로 존재하는 여러 '종교들'(the religions, Religionen)과, 그런 종교들 간의 공통분모로서 혹은 이상으로서의 '종교'(Religion)의 구분이다. 이른바 '사제들의 농간'(priestcraft)으로 전락한 당대의 기독교에 실망하면 할수록 계몽 시대의 철인들과 식자들은 참 종교의 이상을 찾기를 더욱 염원하였다. 자연종교(Natural Religion), 이신론 理神論(Deism), 그리고 소위 "고귀한 야만인"(the Nobel Savage)[83]의 이상은 바로 이러한 염원의 결과이며 종교학의 태동을 위한 좋은 시행착오가 아닐 수 없었다.[84]

---

81) 종교학을 준비하는 데 미친 계몽주의와 낭만주의적 영향은 J. Samuel Preus의 *Explaining Religion: Criticism and Theory from Bodin to Freud* (New Haven: Yale University Press, 1987)에서 다루어지고 있다.

82) "너 자신의 이성을 사용할 용기를 가져라!": Kant, 'What is Enlightenment?' in *On History*, ed. & trans. by Lewis White (Indianapolis: Bobbs-Merrill, 1963), p. 3.

83) Maurice Cranston, *The Noble Savage: Jean-Jacques Rousseau* (Chicago: University of Chicago, 1991)

84) 이신론과 자연종교 논쟁은 주로 영국에서 활발하게 진행되었다. 논쟁의 주요한 자료들은 E. Graham Waring, ed., *Deism and Natural Religion: A Source Book* (New York: Frederick Ungar, 1967)에 발췌되어 있다. 그 당시의 전반적인 종교 상황을 위해서는 다음 두 권을 참조할 것. John Redwood, *Reason, Ridicule and Religion: The Age of*

202

뒤돌아보면 계몽 시대의 종교 연구는 많은 시행착오를 경험한 것이 분명하다. 그 좋은 예 중의 하나는 바로 중국 종교에 대한 환상이었다. 마테오 리치(Matteo Ricci)를 위시한 많은 예수회 신부들의 보고서를 통해 알려지기 시작한 중국인들의 신앙 형태는 당시의 지식인들 사이에서 대단한 흠모의 대상이 되었다. "삶도 아직 모르겠거늘 어찌 죽음을 알겠느냐"[未知生이니 焉知死리요]라는 공자孔子의 말 등은 이성적 신앙을 추구하는 계몽철학자들의 취향에 너무나 잘 어울리는 명언이라고 받아들여졌다. 허버트 경(Herbert of Cherbury), 말브랑슈(Malebranche), 라이프니츠(Leibniz), 볼프(Christian Wolff) 등 당대의 이름 있는 지성인들은 한결같이 중국의 '자연주의적 인본주의'(naturalistic humanism)에 깊은 관심을 나타내었다. "파렴치한 성직자들을 분쇄하라"는 전투 구호로 악명 높던 볼테르(Voltaire)도 예외가 아니라서 이른바 '철학자 왕'이 다스린다는 중국을 공개적으로 동경하였다. 그러나 중국에 대한 지식이 계속 증가함에 따라 '중국인 현자賢者'(sage chinois)와 계몽'철학자'(philosophes) 간의 심정적 동질성에 관한 환상은 꼬리를 내리고 말았다.[85] 그렇지만 이러한 시행착오들은 부정적이기보다는 건설적인 영향을 남겼다. 타종교에 대한 지식은 꾸준히 증가하여 19세기 말에는 하나의 학문 곧 종교학을 이룰 수 있을 만큼 성장한 것이다.[86]

Enlightenment in England (Cambridge: Harvard University Press, 1976); Peter Harrison, *'Religion' and the religions in the English Enlightenment* (Cambridge: Cambridge University Press, 1990).

85) Donald F. Lach, "China in Western Thought and Culture," *Dictionary of the History of Ideas* (New York: Charles Scribner's Sons, 1968), Vol. I, pp. 353 – 73.

86) 서구인들의 타종교에 대한 지식이 얼마만큼 무지한 상태에서 현재의 상식 수준까지 이르게 되었는가를 회화적으로 잘 보여 주는 예는 '불교'에 대한 이해이다. 윌프레드 스미스가 대영백과사전(Encyclopaedia Britannica)에 실린 '불교' 항목을 역사적으로 비교하여 밝혀 주는 다음 사실은 다분히 시사적이다. 대영백과사전 1810년판에는 아예 '불교' 항목이 없고 대신 '중국' 문항 아래 "Fo라는 우상을…… 따르는

2) 종교학의 분야들

이상과 같이 오늘의 종교학은 서구 계몽주의와 낭만주의의 산물이다. '종교들'(the religions)에 대한 열정적 탐구 의욕과 '종교로서의 종교'(religion qua religion)를 볼 줄 알아야 한다는 동기 부여가 합해져서 탄생할 수 있었던 학문이다. 따라서 종교학에는 이 두 가지 유산이 그대로 상속되어 현대 종교학의 중요한 두 분야를 구성하고 있다. 종교들을 다루는 종교사학(History of Religions)과 종교의 본질을 연구하는 종교현상학(Phenomenology of Religion) 두 과목이 바로 그것으로 곧 종교학의 큰 두 영역을 차지한다고 할 수 있다. 종교학을 구성하는 또 다른 큰 분야는 종교에 관심 있는 인접 학문과의 연계로서 영어로는 보통 Religion and Allied Fields of Research라는 긴 제목으로 설명된다. 이 세 가지 분야에 대한 간단한 설명을 통해 현대 종교학의 범위와 내용을 살펴볼 수 있으리라 생각된다.

a) 종교사학(History of Religions): 종교사학이란 종교학 가운데서 세계 여러 종교 전통들에 대한 역사적 연구를 의미한다. 인류는 고대로부터 셀 수 없을 만큼 많은 종교들을 가져왔다. 그 중에는 세계적인 종교도 있고 민족종교, 지역종교도 있다. 어떤 종교는 수십 세기를 지나왔어도 아직 건강하고 어떤 종교는 나오자마자 단명하였다. 고등종교라고 일컬어지는 종교가 있는 반면 하등종교, 사이비 종교, 이단 종교, 심지어 '미신'이라고 눈총을 받는 종교도 많다. 이름이 없는 종교도 많고 스스로는 종교가 아니라고 우기는 종교도 적지 않다. 이렇게 '종교'라는 큰 울타리 개념으로 묶을 수 있는 인류 역사의 수많은 신앙 형태를 탐구하는 분야

종파"라고 중국 불교에 관해 언급하고 있다. 1842년 판에는 '붓다'(Buddha)라는 항목이 등장하는데 "비쉬누Vishnu의 두 현현顯現 중 하나"라고 적혀 있다.(비쉬누는 힌두교의 신). 1875년 판에 이르러서야 처음으로 '불교'(Buddhism)가 독립된 문항으로 등장하게 된다는 것이다. Wilfred Cantwell Smith, *The Meaning and End of Religion* (New York: Harper & Row, 1962), p. 253, f n. 36.

가 곧 종교사학이다. 종교사학이 추구하는 것은 이들 여러 종교에 관한 보다 확실한 자료와 정보이다. 때로는 오지의 종교를 알기 위해서는 마치 인류학자와 같이, 고대의 종교를 위해서는 고고학자와 같이, 역사로 기록된 종교를 위해서는 역사학자와 같이, 현대의 종교를 위해서는 사회학자와 같은 방법으로 주어진 주제를 연구할 필요도 있다. 그렇게 모은 정보들은 모두 인간의 여러 종교들이 모여들어 유유히 흘러온 인류 종교사의 흐름을 밝혀 주는 것이다.

종교사학은 종교학에서 가장 기초적이고 근본적인 분야를 이룬다. 전통적 의미에서는 종교학자가 된다는 것은 곧 종교사학자가 된다는 것을 뜻하였다고 할 수 있다. 그런 의미에서 시카고 대학 등은 아직도 종교학(Study of Religion)이라는 명칭보다 종교사학(History of Religions)이라는 이름을 고집하는 것으로 유명하다.[87] 종교학 초기의 저명한 학자들은 대부분 종교사학자들이어서 세계 여러 종교 중 어느 한 전통의 전문가로 시작한 경우가 많았다. 그런 다음 점차 다른 종교 전통에 대한 이해를 넓혀 종교사에 대한 종합적 지식을 달성한 대가大家가 되는 것이 정석이었다.[88]

[87) 세계적으로 유명한 시카고 대학의 종교학 박사과정의 정확한 이름은 Divinity School 소속, The History of Religions 전공이다(Ph. D). 미국 내에서 시카고 대학과 쌍벽을 이루는 하버드 대학의 종교학 박사과정은 두 가지로 Graduate School of Arts and Sciences 소속, Committee on the Study of Religion(Ph. D)이 있고, 또 Divinity School 소속, History of Religions 전공(Th. D)이 있다.
시카고 학파 중에서도 특별히 종교사학이라는 용어를 선호하는 듯한 학자는 일본인 기타가와 교수이다. 그는 『종교 사학』(The History of Religion)이라는 제목의 책을 무려 네 권이나 편집 또는 저술하였다.

88) 흥미로운 것은 종교학자들 가운데 아직 '기독교 종교'를 전공으로 삼는 학자는 별반 눈에 띄지 않는다는 사실이다. 그것은 여러 가지 이유로 설명될 수 있다. 첫째, 서구에서 기독교 역사는 전통적으로 '교회사'와 '교리사'로 취급되어 왔다. 이는 곧 기독교에 대한 연구는 외부적 시각이 아니라 언제나 내부적 시각에서 진행되었다는 것을 뜻한다. 둘째, 기독교는 결코 '종교'의 하나로 취급될 수 없다고 하는 신학적

그렇지만 세계 종교사에 대한 정보가 폭주하고 있는 현대 종교사학에
서는 초창기 때와 같이 한 사람이 큰 지식을 이루는 것은 더 이상 불가능
해 보인다. 이미 20여 년 전에 저명한 종교학자 엘리아데(Mircea Eliade)
는 종교사 전반에 관한 폭넓은 지식과 통찰력을 배양하는 것을 포기하고
스스로를 어느 특정한 종교의 전문가로 국한시키려고 하는 현대 종교학
도들을 질타했던 적이 있었다.[89] 이른바 '종합론자'(generalists)와 '전문
가'(specialists)의 갈등에 대한 노교수의 우려였는데, 문제는 이미 그때부
터 가속도가 붙어 증가하기 시작한 종교사학의 엄청난 정보의 양을 어느
한 사람의 '종합론적' 학자가 모두 섭렵한다는 것이 절대 불가능하다는
것이었다. 아마 몇 해 전이 타계한 엘리아데 그 자신만이 진정한 의미에
서 종합적 위업을 달성한 마지막 종교사학자였다고 기억될 것이다.[90]

b) 종교현상학(Phenomenology of Religion) : 종교현상학을 설명하는 것
은 종교사학의 경우처럼 간단하지는 않다. 아마 종교학의 길지 않은 역
사에서 가장 논란이 되어 왔던 말썽 많은 주제가 있다면 곧 종교현상학
이란 어떤 내용인가 하는 문제일 것이다. 종교현상학 논쟁은 종교학의
스캔들일 뿐만 아니라 종교학의 블랙홀이기도 하다. 일단 그 영향권 안

반발의 무게를 의식하지 않을 수 없었다. 셋째, 실제로 거의 대부분의 종교학자들은
서구 기독교 전통에서 나왔기 때문에 기독교보다는 타종교에 더욱 흥미를 가지는
것이 당연하였다. 점차적으로 비기독교 전통의 종교학자들이 증가할 경우 과연 '기
독교 종교'를 자신의 전문 주제로 삼고 연구하게 되려는지 눈여겨볼 만하다. 윌프레
드 스미스가 말하는 "협동-비판적 자아의식"(corporate critical self-consciousness)은
바로 이러한 여러 신앙인들 사이의 상호 비판적 교차 연구를 이상으로 삼고 있다고
할 수 있다. Wilfred Cantwell Smith, *Towards a World Theology* (Philadelphia: The
Westminster Press, 1981), pp 56-80 참조.

89) Mircea Eliade, *The Quest*, p. 29.

90) 엘리아데의 세 권으로 된 세계종교사는 오로지 대가만이 쓸 수 있는 대작이며
앞으로 당분간 어느 한 사람의 노력만으로는 능가하기 어려운 작품이 될 것이다.
A History of Religious Ideas (Chicago: University of Chicago Press), Vol. I (1978), Vol.
II (1982), Vol. III (1985).

206

에 들어가면 빠져나오지 못하고 비생산적인 논쟁의 소용돌이를 맴돌게
되는 분야라는 악명 때문이다. 그래서 많은 종교학자들이 공개적으로 종
교현상학을 경계하고 무시하기도 한다.91)

알렌(Douglas Allen)의 분석에 따르면 '종교현상학'이란 대략 다음과 같
은 네 가지 용법을 가지고 있다고 한다.92) 첫째, 가장 애매하고 광범위하
게 이 말을 쓰는 경우이다. '종교현상'을 연구한다는 막연한 뜻에서 이
말을 애용하는 사람들은 차라리 '종교학'이라는 평범한 말을 쓰는 편이
훨씬 나을 것이다. 둘째, 여러 종교 현상들을 비교, 분류하는 의미로서의
종교현상학이다. 셋째, 종교학의 독특한 방법론 논쟁으로서의 종교현상
학을 지적할 수 있다. 넷째, 철학적 현상학의 영향 아래 종교 현상에 대
한 현상학적 분석을 시도하는 분야의 의미이다. 이 글에서 의미하는 '종
교현상학'은 이 네 가지 중에서 두 번째와 세 번째 용법에 한정된 종교현
상학을 뜻한다.93)

---

91) Willard Gurdon Oxtoby, "Religionswissenschaft Revisited," in Jacob Neusner, ed.,
    Religions in Antiquity (Leiden: E. J. Brill, 1968), p. 597.
92) Douglas Allen, "Phenomenology of Religion," *The Encyclopedia of Religion* (New York:
    Macmillan, 1987), Vol. XI, p. 273. 알렌의 '종교현상학' 항목은 이 주제에 대한 간략
    하면서도 가장 포괄적인 설명을 제공하고 있다.
93) 특히 주의할 것은 종교학의 입장에서 볼 때 네 번째 의미의 종교현상학은 종교학보
    다는 철학이나 신학으로 분류되어야 한다는 것이다. 실제로 가장 많은 오해를 일으
    키는 것이 바로 네 번째 용법이다. 대부분의 사람들은 종교현상학과 후설(Edmund
    Husserl)의 철학적 현상학과 무슨 밀접한 관계가 있을 것이라고 짐작한다. 물론 종교
    학자들이 후설의 용어를 빌려 왔고(eidetic vision, epoche 등) 영향을 받은 측면도 많지
    만, 종교학자들의 주된 관심사는 이러한 용어의 도움을 받아 '종교현상'의 본질을
    이해하고자 하는 것이지 후설처럼 철학적 '본질의 본질'을 직관하고자 함이 아니다.
    종교학자들에게 더 직접적인 영향을 준 철학자가 있다면 그는 현상학자 후설이
    아니라 해석학자 딜타이(Wilhelm Dilthey)였다고 본다.
    그러나 이 말은 철학적 현상학에 깊은 연관을 가진 종교현상학이 불가능하다고
    하는 뜻은 결코 아니다. 다만 전통적인 종교학의 입장에서 수용하기에는 너무 철학
    적이라는 의미이다. 철학적 종교현상학을 추구하는 학자 중 대표적 인물은 철학자
    막스 쉘러(Max Scheler)와 폴 리케르(Paul Ricoeur), 그리고 신학자 에드워드 팔리

종교현상학이란 한마디로 종교현상에 대한 연구이다. 그렇다면 종교현상학의 주제가 되는 '종교현상'이란 과연 무엇인가? 이것은 다시 '종교'와 '현상'으로 나누어 볼 수 있다. 종교현상학이란 결국 이 두 가지에 대한 해답을 시도하는 학문이라고 할 수 있다. 다시 말해 첫째, 종교 '현상'들의 유형을 분석, 비교함으로써 종교현상의 구조와 의미를 밝히고 나아가 둘째 그러한 작업을 통하여 궁극적으로는 '종교'의 본질을 구명究明하려는 학문이 종교현상학인 것이다. 바로 이 두 가지가 위에서 말한 두 번째, 세 번째 용법의 종교현상학에 해당된다고 말할 수 있는 것이다.

먼저 종교현상들의 유형별 분류 및 비교(typological classification and comparison)라는 의미에서의 종교현상학은 가장 고전적인 형태의 종교현상학이다. 흔히 드 라 소시에(Pierre D. Chantepie de la Saussaye, 1848~1920)가 이러한 분류적, 유형적 종교현상학을 처음 시작한 학자라고 생각되는데 그의 의도는 여러 종교들에 나타난 현상들을 주제별로 분류하여 비교하는 것이었다. 그의 뒤를 이은 네덜란드 후학들과 유럽 학자들은 종교현상에 대한 유형별, 주제별 연구를 거듭해 대단한 학문적 성과를 거둘 수 있었다. 크리스텐센(Kristensen), 반 델 레에우(van der Leeuw), 하일러(Heiler), 엘리아데(Eliade), 비렌그렌(Widengren) 등의 학자에 의해 우주, 신, 자연, 시간, 신화, 주술, 하늘, 거석, 산악 숭배, 성性, 죄, 구원, 성전, 기도, 예술 등의 종교학적 주제에 대한 비교가 심도 깊게 행해졌다.94) 흔히 '비교종교학'(Comparative Religion, Vergleichende Religion-

---

(Edward Farley) 등을 들 수 있다. Max Scheler, *On the Eternal in Man*, tran. by Bernard Noble (London: SCM Press, 1960); Paul Ricoeur, *The Symbolism of Evil*, trans. by Emerson Buchanan (Boston: Beacon Press, 1967); Edward Farley, *Ecclesial Man: A Social Phenomenology of Faith and Reality* (Philadelphia: Fortress, 1975).

94) W. Brede Kristensen, *The Meaning of Religion: Lectures in the Phenomenolgy of Religion*, trans. by John B. Carman (Hague: Martinus Nijhoff, 1960); G. Van Der Leeuw, *Phänomenologie der Religion* (Tübingen: J. C. B. Mohr, 1956), E. T.; *Religion in Essence and Manifestation* (Gloucester: Peter Smith, 1967), 2 Vols.; Friedrich Heiler, *Erscheinungsformen*

swissenschaft)이라고 말하는 것처럼 종교학에서의 '비교' 기능은 본연적인 것인데 그 비교를 전 세계 종교를 대상으로 조직적으로 또 주제적으로 행하는 것이 종교현상학의 임무가 되는 것이다. 종교사학에서 제공되는 여러 종교에 대한 정보들은 종교현상학에서 비교를 위한 자료가 된다. 두 분야는 상호 보완적 관계를 유지하는데 그것은 종교사학의 접근 방법이 수직적, 통시적(diachronic)이라면 종교현상학은 수평적, 공시적(synchronic)이기 때문이다.

두 번째 방법론적인 의미에서의 종교현상학은 주로 종교학자들의 전문적 논의의 대상으로 심지어 적지 않은 종교학자들조차 비생산적이라고 경원하는 분야이기도 하다. 그러나 그 중에서도 '이해'의 문제와 '종교의 본질' 논쟁은 종교학자뿐 아니라 신학, 사회학, 인류학 등 인근 학문에도 중요한 영향을 미친다고 할 수 있다. 먼저 후자인 '종교의 본질' 논쟁에 관해 간단히 언급한다면, 곧 종교현상학자들이 종교를 종교답게 하는 가장 핵심적인 요소를 발견하기 위한 토론이었다고 볼 수 있다. 물론 이 문제는 종교의 정의와도 밀접한 관련을 가지지만 여기서의 초점은 단순한 정의의 차원을 넘어서는 것이다. 즉 종교학이라는 학문의 독자성을 정당화할 수 있을 만큼 그 연구 대상이 되는 '종교'에 대해 종교학만이 연구할 수 있는 무슨 본질적인 것이 있느냐는 방법론적인 논의라고 하겠다. 후설의 이른바 '본질직관'(Wesenanschauung, eidectic vision) 등의 말이 좋은 표어로 등장했고 '종교의 비환원성'(non-reducibility)은 종교학의 전쟁구호가 되었다. 그러나 정작 그 본질직관의 내용이 무엇인가에 대해서는 다양한 견해가 있는데 대체적으로 루돌프 오토(Rudolf Otto)가 제창한

---

und Wesen der Religion (Stuttgart: W. Kohlhammer Verlag, 1961); Mircea Eliade, *Patterns in Comparative Religion*, trans. by Rosemary Sheed (New York: New American Library, 1958), 국역: 『종교형태론』, 이은봉 옮김 (서울: 형설출판사, 1979); Geo Widengren, *Religionsphänomenologie* (Berlin: Walter de Gruyter & Co., 1969).

'성스러움'(Das Heilige, the Idea of the Holy)이 종교의 종교다움을 말해 준다고 하는 데 동의하고 있다.[95]

더욱 중요하고 광범위한 논의는 '이해'(Verstehen)의 문제이다. 나타난 종교현상을 과연 어떻게 이해할 수 있는가에 대한 방법론적 질문인 것이다. 현상이란 무슨 의미이며 또 그것을 이해한다고 하는 것은 무엇을 말하는가? 우선 '현상'(phenomenon)이란 그리스 원어의 의미처럼 "무엇이 나타나다"(phainomenon: "that which shows itself" "dasjenige, was sich zeigt")라는 뜻이다. 그런데 '나타나다'는 것은 반드시 '누구에게' 나타난다는 것을 의미한다. 즉 현상이란 무엇이라는 대상이 누구에게라는 인식 주체에게 나타나는 것을 말한다. 따라서 그것은 전적으로 객관적이지도 않고 전적으로 주관적일 수도 없다. 현상이란 "주관과 연결된 대상이며 대상과 연결된 주관이다."[96] 현상이 갖는 이러한 변증법적인 구조는 '이해'의 문제와 연결될 때 더욱 복잡하게 얽힐 수밖에 없다. 해석학이 보여주는 것처럼 너와 나, 전체와 부분, 전통과 창조, 본문과 문맥 등으로 이어지는 해석의 변증구조는 한결 더 복잡하기 때문이다. 그 상세한 논의는 여기서 거론될 수 없지만 종교학자들에게 딜타이(Wilhelm Dilthey)의 '감정 이입'(Einführung, empathy)과 이해(Verstehen)가 무엇보다 중요한 숙제가 되었음만은 강조되어야겠다. 크리스텐센(Kristensen)의 "신자들은

---

95) Rudolf Otto, *Das Heilige* (München: C.H.Beck Verlag, 1917,1936), E.T.: *The Idea of the Holy*, trans. by John W. Harvey (London: Oxford University Press, 1958), 국역 『성스러움의 의미』, 길희성 옮김 (왜관: 분도출판사, 1987).
　　그러나 이 말은 종교학자들이 '성스러움'을 오토가 말한 의미로 받아들인다 하는 뜻이 결코 아니다.. 오토의 저서가 갖는 중요성에도 불구하고 그의 성스러움 개념 자체는 현대 종교학자들에게 너무 '신학적'으로 여겨진다. 따라서 오토가 즐겨 쓰던 표현을 빌린다면 현대종교학에서 '성聖'이란 차라리 하나의 지시어(Ideogramm)와 같다고 할 수 있겠다.

96) G. Van Der Leeuw, *Religion in Essence and Manifestation* (Gloucester: Peter Smith, 1967), Vol. II, p. 671.

전적으로 옳다"로부터 스마트(Smart)의 '모카신 원칙'에 이르기까지 종교
학자들은 타인의 종교와 그 종교현상을 더 잘 '이해'하기 위해 그 어느
다른 분야의 학자들보다 심각하게 질문하고 있는 것이다.[97]

　c) 세 번째 종교학과 인접 학문이라는 분야는 '종교'에 대해 관심을 갖
는 주변 학문과의 연계를 뜻한다. 엄격한 의미에서 이 분야는 종교사학
이나 종교현상학 같이 종교학의 고유 영역이라고 할 수는 없다. 그러나
실제로 종교에 대한 이웃 학문들의 관심과 연구는 종교를 이해하는 데
큰 도움이 되었기 때문에 종교를 연구하는 종교학은 이러한 성과를 수용
하지 않을 수 없다고 본다. 몇몇 분야의 학문들은 종교에 관한 연구를
체계적으로 수행하여 자신의 학문 체계 안에서 독특한 합성 학문을 이미
구축하기도 하였다. 종교사회학, 종교심리학, 종교철학, 종교인류학 등이
그 대표적 예이고 종교미학, 종교음악학, 종교생물학 등이 앞으로 개발
될 가능성을 보이고 있다.[98] 원칙적으로는 어떤 학문이라도 '종교'를 연
구하기 원한다면 이처럼 '종교○○학'과 같은 합성合成 학문을 개발하는
것이 가능하고 또 그러한 방향이 요청되고 있다고 볼 수 있다. 이와 같이
여러 다양한 학문들의 이론적 관심과 관점을 적절히 활용할 수 있다는
것이야말로 현대 종교학에 큰 활력소가 되는 중요 요소라고 하겠다.[99]

---

97) Kristensen, *Ibid.*, p. 8: "역사가에게는 단지 하나의 평가만이 가능하다. '신자들은
　　전적으로 옳다'이 사실을 인지한 다음에라야 우리는 사람들과 그들의 종교를 이해
　　할 수 있을 것이다." Ninian Smart, *Worldviews: Crosscultural Explorations of Human Beliefs*
　　(New York: Charles Scribner's Sons, 1983), p. 4, 국역:『현대종교학』, 강돈구 옮김
　　(서울, 청년사, 1986), 10쪽: "아메리카 인디언의 격언 중에 '어떤 사람을 평가할
　　때는 그 사람의 신발(moccasin)을 신고 1마일을 걸어 본 다음에 하라'는 말이 있다.
　　현대 종교학의 가장 두드러진 특징은 이와 같이 남의 신발을 신고 걷기(moccasin
　　walking)이다……."
98) 언제나 문제가 되는 것은 이러한 합성 학문을 과연 누가 어느 과에서 가르칠 것인
　　가 하는 문제이다. 가령 종교인류학은 인류학과 과목인가 종교학과 과목인가? 대부
　　분은 각 대학 사정과 교수들의 관심 여부에 따라 커리큘럼을 편성하고 있고 어떤
　　교과과정 편성 원칙을 수립하지는 못하고 있다고 보인다.

물론 인접 학문들의 다양한 방법론은 종교현상학에서 추구하고 있는 독자적 방법론과 충돌을 일으키기도 한다. 그러나 대다수의 종교학자들은 이러한 마찰이 파괴적이라기보다는 창조적인 충격을 제공한다는 생각에 일치하고 있다. '종교'는 무한한 넓이와 깊이를 가지고 있는 까닭에 그것을 탐구하는 종교학은 오로지 열린 마음과 다양한 방법(polymethod)을 가질 때 더욱 성숙해질 것이라고 확신하기 때문이다.

5. 신학과 종교학의 관계

신학과 종교학이 무슨 상관이 있는가? 이제 우리는 이 글을 시작하게 한 이 물음에 답해야 한다. 여태까지의 토론을 통해 줄곧 암시된 것은 신학과 종교학의 만남이 더 이상 가정법이 아니라 현실적인 명제로 나타나고 있다는 사실이었다. 종교다원화 현상이 지구촌의 현실이자 미래로 등장하였고 이 새로운 도전에 대한 신학적 응답은 현대신학에게 맡겨진 필수 과제가 되었다. 종교다원화 현상과 가장 긴밀한 관계를 가진 학문으로서의 종교학은 현대의 대학 사회에서 확고한 학문적 위치를 부여받게 되었다. 이러한 여러 가지 신학의 내외적 상황을 고려해 볼 때 이제 신학과 종교학과의 관계는 어떤 방향으로 발전될 것인가? 아니 보다 적극적인 자세로 이 문제의식을 수용하여 다시 묻는다면, 과연 어떤 방향으로 전개되어야 가장 신학적으로 건강하고 유익할 수 있을 것인가? 신학과 종교학과의 올바른 관계 정립은 우리 시대의 중요한 신학적 과제의 하나이고 그것도 시대적 무게가 실린 과제가 아닐 수 없다.

---

99) 스마트, 같은 책, 43쪽.

1) 유형적 비교

신학에서 종교학의 의미를 살펴 볼 수 있는 좋은 디딤돌은 예전에 철학과 과학이 신학과 어떻게 연결되었는가를 되돌아보는 일이다. 이미 언급한 것처럼 역사적으로 신학은 철학과 과학과의 만남을 통하여 성숙되고 발전해 왔다. 이들 학문과의 마찰도 적지 않았고 아직도 이들을 신학의 공적公敵으로 간주하는 입장이 없는 것은 아니지만 대체로 신학은 철학과 과학을 포용하는 지혜를 아낌없이 발휘하였다고 본다. 그 만남의 긴 역사를 조감하고 미래를 설계하기 위해 도움이 되는 것은 유형적인 비교이다. 그것은 마치 복잡다단했던 역사를 축적해 놓은 지도 같아서 우리들에게 신학과 종교학 관계를 실험하는 데 좋은 도상圖上 연습을 제공할 수 있을 것이다.

신학과 철학, 신학과 과학은 구체적으로 어떤 유형의 관계들로 연결되었던가? 아마 가장 잘 알려진 유형별 분석은 리처드 니버의 고전인『그리스도와 문화』에 소개된 분류일 것이다.[100] 니버는 그리스도와 문화가 만나는 형태를 다섯 가지, 즉 대립-일치-종합-역설-변혁 모델로 구분하였다. 최근에는 새로운 모델이 소개되기도 하지만 니버의 분류는 아직도 그 고전적 가치를 충분히 인정받고 있다.[101] 그리스도와 문화라는 포괄적인 개념 아래에 신학과 철학, 신앙과 이성, 초월과 내재, 본문(text)과 문맥(context), 복음과 상황, 기독교와 한국 종교 등의 구체적인 변수들을 적용시키면서 유형별로 장단점을 가늠해 볼 수 있다. 다섯 모델 중에서 니버가 제일 바람직한 관계 유형으로 강조하는 모델은 마지막

---

100) H. Richard Niebuhr, *Christ and Culture* (New York: Harper & Row, 1951), p. 190 ff, 국역:『그리스도와 문화』, 김재준 옮김 (대한기독교서회, 1958).

101) 이를테면 잘 알려진 선교학자 찰스 크래프트는 니버의 모델을 다시 세분하여 새로운 유형을 소개한다. 특히 니버의 'God-Above-Culture' 모델이 'God-Above-but-Through-Culture' 모델로 변형되어 강조되고 있다. Charles H. Kraft, *Christianity in Culture* (Maryknoll: Orbis Books, 1979), pp. 103 – 15.

변혁 모델임이 분명하다. 그것은 그리스도의 복음이 문화를 과감히 수용하면서도 나아가 그 복음의 힘이 문화를 변혁시키는 모델(Christ the Transformer of Culture)임을 가리킨다.

그러나 니버의 유형적 분류는 그리스도와 문화라는 극히 포괄적인 두 변수를 다루는 탓에 산만한 느낌을 준다. 또한 '변혁'이라는 말이 혹시라도 소위 '정복주의적'인 어감을 주지 않는지 새삼 살펴볼 필요도 있다. 그리스도와 문화라는 포괄적 주제에는 거시적인 의미에서 '변혁'이라는 말이 어울리지만 신학과 종교학의 경우처럼 학문과 학문의 만남에 적용하기에는 공연한 오해가 있을지도 모르기 때문이다. 신학과 종교학의 관계 설정에 더 직접적으로 도움이 되는 분류는 기독교와 과학의 만남에 대한 분석에서 찾아진다. 기독교 과학철학자 이안 바버(Ian Barbour)는 대립(conflict), 독립(independence), 대화(dialogue), 통합(integration)의 네 가지 관계 모형이 신학과 과학과의 역사에서 펼쳐졌다고 보고하고 있다.[102] 바버의 네 가지 유형은 신학과 종교학이 만났던 지난 100여 년의 짧은 역사를 조감하는 데에도 많은 도움을 준다.

a) 대립적 관계: 종교학의 초기 역사는 신학과의 충돌로 점철된 역사였다. 19세기 말 당시의 신학자들은 이 신생 학문에 대해 전형적 '대심판관'(the Grand Inquisitor) 같은 의심의 눈총을 거두지 않으려 하였다. 그 이유는 대략 이념적 문제와 실제적 문제 두 가지로 분석될 수 있을 것 같다. 첫째 실제적 문제부터 언급한다면 신학자들의 눈에 종교학은 신학이 가지고 있던 자리를 빼앗으려는 음모로 비쳐졌다는 점을 지적할 필요가 있다. 가령 1877년에 제정된 「네덜란드 대학 헌장」(Dutch Universities Act)은 네덜란드의 4개 국립대학인 암스테르담, 그로닝겐, 라이덴, 유트

---

102) Ian G. Barbour, "Ways of Relating Science and Theology," in *Physics, Philosophy, and Theology: A Common Quest for Understanding*, eds. by Robert J. Russell, William R. Stoeger, and George V. Coyne (Vatican City: Vatican Observatory, 1988), pp. 21 – 48.

레히트 대학의 신학과를 종교학과로 바꿀 것으로 규정하고 있다. '대학'
에서의 연구는 특정한 종파의 간섭으로부터 독립되어야 한다는 이상에
입각하여 이들 대학의 신학과를 네덜란드 개신교회(Dutch Reformed
Church)로부터 분리하도록 한 조치였던 것이다.[103] 또 프랑스의 소르본
느 대학에서는 1885년 가톨릭 신학교수직이 폐지되고 1886년 종교학부
가 개설되어 이전에 가톨릭 신학부가 쓰던 건물을 대신 차지하였다.[104]
이러한 추세는 유럽 전역에 밀어닥쳤던 '세속화' 풍조의 한 단면이라고
볼 수 있다. 그러나 신학자들에게 가장 피부적으로 느껴진 세속화는 다
름아닌 자신들의 교수직이 없어지는 것이었고 종교학자들이 그 집행자
로 보였을 것이다.

　두 번째 이념적 문제는 별다른 설명이 없어도 이해하기 어렵지 않다.
비교연구 방법을 주장하는 종교학과 신앙적 고백을 중요시하는 신학은
서로의 학문에 대해 불신의 벽을 높이 세우게 되었다. 막스 뮐러는 일찍
이 종교학의 비교연구를 가장 중요하게 부각시키면서 "한 종교만 아는
사람은 아무 종교도 모른다"(He who knows one, knows none)라는 명언을
말한 바 있다. 이 말에 대해 가장 적대적인 태도를 공표한 사람은 놀랍게
도 당시 자유주의 신학계의 태두이던 저명한 교회사가 하르낙(Adolf von
Harnack)이었다고 전해진다. 그는 종교학이란 학문이 자칫 잘못하다가는
"불건전한 딜레탄티즘"(unhealthy dilettantism)으로 전락할 위험성이 크
다고 보았다.[105] 그래서 그는 차라리 "이 한 종교를 아는 사람은 모든 종

---

103) 에릭 샤프, 『종교학: 그 연구의 역사』, 159쪽.
104) 샤프, 같은 책, 161쪽.
105) 샤프, 같은 책, 166쪽. 사실 하르낙의 비평은 종교학자들이 귀담아 들을 가치가
　　 있다. 인류 종교사라는 너무 방대한 주제를 다루다 보면 종교학 교수들은 "너무
　　 피상적이거나 심지어 엉터리 약장사"라고 공격받을 수도 있을 것이라고 말한 사람
　　 은 옥스퍼드 대학의 종교학 교수 제이너(Zaehner)였다. R. C. Zaehner, *Concordant
　　 Discord* (Oxford: Clarendon, 1970), p. 5.

교를 안다"(He who knows one, knows all)라고 되받아 말했다고 한다. 여기서 '이 종교'는 물론 기독교였다.

신학과 종교학의 대립 과정에서 희생이 발생하였던 것은 필연적이었는지도 모른다. 이제는 잘 기억되지도 않는 사건들이지만 로버트슨 스미스(Robertson Smith) 사건이나 알프레드 로와지(Alfred Loisy)의 스캔들 등은 초창기 대립이 낳은 씁쓸한 예였다. 영국의 스미스(1846 – 94)와 프랑스의 로와지(1857 – 1940)는 각각 개신교와 가톨릭의 전통에 깊이 뿌리 내리고 구약과 신약 분야에서 두각을 발휘하던 학자들이었다. 그들은 당시 대두되기 시작하던 종교학적 접근에 관심을 가졌다는 공통점을 가지고 있었다.[106] 바로 이러한 공통 관심사 때문에 그들의 학자적 경력도 타의에 의해서 시련을 겪는 비운을 공유하게 되었다. 결국 스미스는 케임브리지 대학에, 로와지는 소르본느 대학의 종교학 교수로 정착하게 되지만 그들이 겪어야 했던 학문적 시련은 당사자들뿐 아니라 관계된 교회 당국과 종교학자들에게도 깊은 상처로 남게 되었다.[107]

b) 독립적 관계: 신학과 종교학이 상호 독립적인 관계를 유지하게 된

---

106) W. Robertson Smith, *The Religion of the Semites* (1889) & Alfred Loisy, *L'Evangelile et l'Eglise* (1902). 스미스의 연구 주제는 근동지방 종교들의 제사와 공의供犧(ritual & sacrifice) 개념이었고 그의 업적은 사회학의 효시인 뒤르켐(Emile Durkheim)에게 결정적 자극을 주었다. (Sharpe, *Ibid.*, pp. 77 – 82). '가톨릭 모더니즘'과 연관되어 많은 어려움을 당한 로와지는 1909년부터 프랑스 대학(College de France) 교수로 있으면서 많은 독자적인 작품을 발표하였으나 특별한 영향을 남기지는 못했다.

107) 간하배 교수의 논평은 새삼 음미할 만하다. "교회는 스미스의 견해가 복음을 위협하는 것으로 즉 성경의 권위와 계시의 독특함을 위태롭게 하는 것으로 간주하였다. 교회는 승리를 거두었으나, 동시에 패배의 쓴잔을 마셨다. 먼지구름이 가라앉았을 때 스미스는 자취를 감추었고 교회는 복음의 투사로 등장했다. 신앙은 방어되었다. 그러나 이 과정에서 교회는 비기독교적인 종교 전통에 관한 어떠한 과학적 연구에 대해서도 전투적인 자세를 보이는 소극적 자세를 강화시켰다." 간하배 (Harvie M. Conn), 『영원한 말씀과 변천하는 세계: 신학, 인류학, 선교의 삼자 대화』, 최정만 역 (서울: 기독교문서선교회, 1992), 91 – 2쪽.

것은 종교학이 학문의 위치를 어느 정도 보장받은 이후부터라고 할 수 있다. 위의 스미스와 로와지의 경우가 다시 한 번 좋은 예가 될 수 있을 것이다. 그들은 적극적으로 '교회'의 전통에 몸담은 채 종교학적 관심을 추구하다가 많은 좌절을 겪어야 했다. 샤프의 평처럼 로버트슨 스미스의 경우 그의 "불행은 그가 종교학의 길을 걸으면서도 동시에 복음주의적 고백에 충실하노라고 선언한 데서 비롯된 것"이었다.[108] 그렇기 때문에 그들이 케임브리지와 소르본느의 종교학 교수로 옮긴 후에는 개인적으로 신앙적 갈등은 더 심했을지 모르지만 적어도 신학과 종교학이라는 학문 간의 갈등은 피할 수 있었던 것이다. 종교학 초기에 있었던 갈등의 상처 때문인지 그 이후로는 대다수의 종교학자들과 신학자들이 상호 독립과 불간섭의 입장을 고수하고 있는 것으로 관찰된다.[109]

그러나 문제의 핵심은 이러한 상호 독립의 입장이 서로의 영역을 존중하려는 긍정적인 의도에서 나온 것만은 아니라는 데에서 비롯된다. 어떻게 보면 이 관계의 숨은 얼굴은 상호 무관심이고 나아가 그 무관심은 위장된 적개심일 수도 있다. 종교학자들이 신학자를 대하는 직업적 무관심의 표정 뒤에는 가끔 신학에 대한 깊은 불신이 감추어져 있을 때가 많다. 신학에 대한 감추어진 불신은 신학과 친근해 보이는 동료 종교학자에 대한 공개된 불만으로 표출되기도 한다. 하버드의 윌프레드 스미스나 옥스포드의 R. C. 제이너 등 저명한 종교학자들이 동료 종교학 교수들의 공격을 받는 주요 이유는 바로 그들의 '신학적 관심' 때문이다.[110] 이른

---

108) 샤프, 같은 책, 110쪽.

109) Frank Whaling, "Comparative Approaches," in Frank Whaling, ed., *Contemporary Approaches to the Study of Religion* (Berlin: Mouton, 1983), p. 206.

110) Ninian Smart, *The Science of Religion & the Sociology of Knowledge* (Princeton: Princeton University Press, 1973), pp. 5 - 6. 심한 경우에는 '학문적 정신분열증'의 위험이 있다고 공박받기도 한다. Joseph M. Kitagawa, *The History of Religions: Understanding Human Experience* (Atlanta: Scholars Press, 1987), p. 125.

바 '종교학 방법론' 논쟁에 관심 있는 종교학자들 대다수가 종교학이 신학으로부터 멀어지면 멀어질수록 더 훌륭한 학문이 될 수 있다고 생각하는 듯하다. 토론토 대학의 위베(Donald Wiebe)를 그 중에서 대표적인 인물로 꼽을 수 있는데 신학적인 요소가 조금이라도 종교학을 오염시킬까 두려워하는 그의 노파심은 너무 지나쳐서 비생산적이라는 진단이 내려지기도 하였다.[111] 그가 종교학과 신학이 상호 불간섭해야 한다고 거듭 강조하는 것을 듣다 보면 그것이 상호 학문 간에 평화 공존을 위한 제언이라기보다는 냉전 상태의 연장을 위한 제언 같다는 기분이 들게 된다. 신학자들 중에도 위베 교수에 대응하는 전투적 무관심들이 곳곳에 포진하여 있다. 종교학자를 향해 마지못해 미소짓는 어떤 신학자들 마음 깊은 곳에도 아직까지 이렇게 '이방신異邦神'이나 연구하는 사람들에 대한 연민이나 혐오가 숨어 있을지 모르는 일이다.[112]

c) 대화적 관계: 종교학과 신학 간의 갈등과 반목은 상식적일 정도로 많이 알려져 있다. 그러나 이 두 학문끼리의 관계가 상호간의 갈등으로 점철된 역사로만 설명될 수 있다는 발상은 단지 반쪽만 맞는 답이다. 다른 반쪽의 역사는 오히려 그 정반대로 두 학문 간의 대화와 협력이라는 유산을 자랑스레 보여 준다. 종교학자들과 신학자들 가운데에는 상호 간

---

111) Donald Wiebe, *Religion and Truth: Towards an Alternative Paradigm for the Study of Religion* (Hague: Mouton, 1981). 종교학 연구에서 종교적 경험의 환희(ecstasy)가 필요하다는 데이비스(C. Davis)의 주장과, 신학적이나 신비적 요소를 말하는 것은 결국 종교학의 '신경쇠약'을 보여 줄 뿐이라는 위베의 설전이 흥미롭다. Charles Davis, "Wherein there is no ecstasy" & Donald Wiebe, "The failure of nerve in the academic study of religion," in *Sciences Religieuses / Studies in Religion*, Vol. 13, no. 4 (1984). Lorne Dawson, "Neither nerve nor ecstasy: Comment on the Wiebe-Davis exchange," *Sciences Religieuses / Studies in Religion*, Vol. 15, no. 2 (1986) 참조.

112) 종교학을 거의 '마귀 장난'으로 여겼던 신정통주의가 좋은 보기로 등장한다. "dialektischen Theologie und ihrer Daemonisierung der Religionswissenschaft," Guenter Lanczkowski, *Einführung in die Religionswissenschaft* (Darmstadt: Wissenschaftliche Buchgesellschaft, 1980), S. 68.

의 생산적 관계를 통해 공동선共同善을 이루려고 노력한 인물들이 많이 있었다. 특별히 주목할 만한 점은 종교학 초기의 선구자들 중 적지 않은 학자가 이 두 가지 소명을 동시에 추구하였던 사람들이라는 사실이다. 틸레(Cornelis Tiele), 드 라 소시에(Pierre D. C. de la Saussaye), 반 델 레에우(van der Leeuw), 슈미트(Wilhelm Schmidt) 등의 유명한 종교학자들이 안수받은 목사나 신부들이었으며 그들은 종교학자로서만이 아니라 성직자로서도 성공적인 삶을 영위하였다. 스코틀랜드 작은 마을의 목사 제임스 해스팅(James Hasting)은 아직까지도 학문적 가치가 빛나는『종교 윤리 백과사전』을 편집, 출판하는 큰 업적을 이루었다.113) 루터교 목사였던 루돌프 오토(Rudolf Otto)와 그의 제자 하일러(Friedrich Heiler)도 신학과 종교학 모두에 정통하였던 중요한 인물들이다.

그러나 그 중에서도 특별히 기억해야 될 인물은 역시 스웨덴의 나단 죄더블룸(Nathan Söderblom, 1866 - 1931)일 것이다. 죄더블룸은 웁살라의 대주교까지 올랐고 교회통합 운동과 세계 평화에 이바지한 공으로 노벨 평화상(1930)을 수상할 만큼 뛰어난 교회 지도자였다. 동시에 그는 탁월한 종교학자로서 종교학의 기본 명제인 '성스러움'(Holiness)의 개념을 발견한 공로자로 인정되고 있고 이외에도 조로아스터교에 대한 저서 등 많은 종교학적 업적을 남겼다.114) 그의 유고작이 되고 만 기포드 강연 (Gifford Lecture)은『살아 계신 하나님』(The Living God)이라는 제목으로 출판이 되었는데 이 책에서 죄더블룸은 전 인류의 종교사를 통하여 살아

---

113) James Hasting, *The Encyclopaedia of Religion and Ethics*, 12 Vols. (1908 - 1921).
114) 종교학에서 가장 '거룩한' 개념이라고 할 수 있는 '거룩함' 혹은 '성스러움'에 대한 가장 유명한 책은 물론 루돌프 오토의 *Das Heilige*(1917)이다. 그러나 오토가 그의 책을 발간하기 4년 전인 1913년에 죄더블룸은 이미 해스팅의『종교윤리 백과사전』에 'Holiness' 항목을 집필하였다. 죄더블룸의 유명한 'Holiness' 설명은 이렇게 시작한다. "거룩함이란 종교에서 가장 위대한 단어이다; 이것은 신의 개념보다도 더욱 더 본질적인 것이다. 신에 대한 구체적인 관념을 갖지 않은 실제 종교들은 있을 수 있으나 성聖과 속俗의 구분이 없는 실제 종교들은 있을 수 없다."

계시고 주관하는 하나님의 구속의 손길을 증거하려 하였다. 임종 직전 그가 고백한 말이 곧 마지막 강연의 이름이 되었다고 전한다. "하나님은 살아 계시다. 나는 그것을 종교들의 역사로 증명할 수가 있다."[115]

쥐더블룸을 포함해 위에 말한 쟁쟁한 종교학자들은 거의 모두 자유주의적 신학 노선에 서 있었던 사람들이다.[116] 그렇지만 역시 자유주의 계통에서만 종교학과의 대화가 가능했으리라고 단언한다면 큰 실수를 범하는 셈이 될 것이다. 보수적 신학에서 뛰어난 명성을 자랑하면서도 종교학에 정통했던 학자들이 적지 않은데 그 중 반드시 언급되어야 할 이름이 핸드릭 크레이머(Hendrik Kraemer)이다. 크레이머가 종교학에 연관되어 등장하는 것을 뜻밖으로 받아들이는 사람들이 많을지도 모른다. 그는 주로 선교학자, 그것도 굉장히 보수적이고 배타적인 선교 이론가로 정평이 나 있기 때문이다. 이러한 평판을 얻게 된 주요 동기는 역시 그의 유명한 『비기독교 세계에서의 기독교 말씀』 때문이었을 것이다.[117] 이 저서는 일반적으로 칼 바르트의 신정통주의 "말씀의 신학"을 기초로 삼아 타종교에 대한 이해와 관용보다는 단절과 선택의 결단을 선교 원칙으로 내세운 책이라고 이해되고 있다. 이런 해석이 그의 선교신학 내용에 정당한가 하는 문제는 여기서 상술될 수 없다. 대신 우리가 강조하고 싶은 사실은 크레이머가 훌륭한 종교학도였다는 점이다. 실제로 라이덴 대학에서 종교사 교수를 역임하기도 하였던 크레이머의 종교학에 대한 높은 식견은 그의 다른 중요한 저서인 『종교와 기독교 신앙』에서 분명하게 드러난다.[118] 크레이머가 은퇴하고 나서 완성한(68세) 이 책은 그의

---

115) Yngve Brilioth, "Biographical Introduction," p. xxviii. Nathan Söderblom, *The Living God: Basic Forms of Personal Religion* (Boston: Beacon Press, 1933).

116) Sharpe, *Comparative Religion*, p. 146.

117) Hendrik Kraemer, *The Christian Message in a Non-Christian World* (Grand Rapids: Kregel Pub., 1938), 국역: 『기독교와 타종교』 (서울; 기독교문서선교회, 1992).

118) Hendik Kraemer, *Religion and the Christian Faith* (London: Lutterworth Press, 1956).

평생의 관심사이던 종교학적, 성서적, 선교학적 지식이 어우러져 있는 대작이다. 그러나 안타깝게도 이 책은 보수, 진보 신학자들에게는 물론 종교학자들에게도 거의 알려지지 않았던 것 같다.[119]

결론적으로 신학과 종교학과의 대화를 추구한 사상가들의 전통은 우리들에게 귀중한 자산이 된다. 그러나 그들의 선한 의도와 귀중한 업적이 제대로 알려지지 못하고 있는 것은 오늘날 신학자와 종교학자 모두의 책임이 아닐 수 없다. 물론 현재의 종교학자와 신학자 중에서도 이중 소명의 길을 가는 사람들이 적지 않다. 그러나 종교학 초기에는 그렇게 두 학문을 겸비하는 것이 정석으로 받아들여졌고 지금은 점점 더 예외로 여겨지게 되었다는 점이 중요한 차이일 것이다.

d) 통합적 관계: 끝으로 신학과 종교학과의 통합 모델의 경우는 논의하기에 어려움이 많다. 우선 지난 역사에서 이 유형을 지지했던 학자를 찾아보기가 쉽지 않다. 대화를 강조하는 학자들 가운데 그 주장의 강도에 따라 혹시 이렇게 분류될 수 있는 사람이 있을지는 모르지만 적극적으로 두 학문의 통합을 주장한 인물이나 학파는 아직 없었던 것 같다. 그렇다면 이 모델은 전혀 현실성이 없는 이론에 불과한 것인가? 우리에게 이 분류법을 빌려 준 바버(Barbour)에게 돌아가 보면 그가 기독교와 과학에서 통합의 예로 들고 있는 것은 '과정신학'임을 알게 된다.[120] 그는 거론하고 있지는 않지만 혹시 이른바 '창조과학'(scientific creationism, creation-science) 운동이라는 것도 이런 통합적 관계의 보기가 될 수 있을지 모르겠다.

과정신학이나 창조과학과 비견되는 움직임을 신학과 종교학 관계에서

---

119) 드코스타(D'Costa)는 크레이머가 세계종교사에 대한 뛰어난 지식을 가졌다는 점에서 칼 바르트와 구분된다는 점을 바로 지적하였다. Gavin D'Costa, *Theology and Religious Pluralism* (Oxford: Basil Blackwell, 1986), p. 54.

120) Barbour, *Ibid.*, p. 43.

억지로 찾아본다면 최근 많이 거론되는 '종교신학'(theologia religionum, Theology of Religions)이 가장 좋은 후보가 될 수 있을 듯하다. 우선 그 이름만 들어 보아도 두 학문이 합쳐서 된 새로운 분야일 것이라는 느낌이 온다. 그러나 생겨난 지 얼마 되지 않은 종교신학인지라 아직은 그 내용에 대한 책임 있는 해석을 듣기는 쉽지 않다. 종교신학이란 종교학과 신학이 균등한 의미로 통합된 것인가? 아니면 종교사회학의 경우처럼 본격적으로 '종교'에 대한 신학적 분석을 뜻하는가? 아니면 신학적 종교다원주의를 일컫는 또 하나의 미사여구인가? 만약 이것이 종교철학, 종교인류학, 종교심리학 등 독자적인 시각을 가지고 종교 현상을 연구하는 분야로 발전한다면 넓은 의미로 종교학의 중요한 한 분야로 부각될 수도 있으리라 생각된다. 그러나 현재 쓰이는 용법을 보면 실상 이 말은 주로 신학적 종교다원주의에서 주장하는 '세계신학'(World Theology)이라는 말의 대체어가 아닌가 하는 인상이 짙은 듯하다.[121] '종교신학'이라는 말을 처음 소개한 사람 중의 하나라고 생각되는 슐레테(Heinz Schlette)의 경우를 보면 전자와 후자의 의미 모두를 암시하고 있으나 역시 '기독교 신학'의 한 부분임을 분명히 하고 있는 점으로 볼 때 신학적 종교다원주의의 일종이라는 결론을 얻게 된다. 즉 "종교 역사 및 종교현상학적으로 엄격히 진행된 연구는 종교신학에 대해서 최대의 의미를 지니고 있다"라고 말하면서도 종교신학은 이러한 연구를 "항상 그리스도교적 신상발언과 비교하고 그리스도교 신학의 자기이해를 근거로 해석할 권리가 있음"을 주장하는 것이다.[122]

종교신학이 결국 신학적 다원주의의 한 변형이라고 한다면 '비교신학'

---

121) David J. Bosch, *Transforming Mission* (Maryknoll: Orbis, 1991), p. 474 ff.

122) Heinz Robert Schlette, *Die Religionen als Thema der Theologie: Überlegungen zu einer.* "Theologie der Religionen" (Freiburg: Herder, 1963). 국역:『신학적 주제로서의 종교』, 정은순 옮김 (왜관: 분도출판사, 1984), 55 – 6쪽.

(Comparative Theology)이라고 새롭게 대두되는 연구 방법은 신학과 종교학의 통합에 관한 다른 실험 모델이 될 수 있을 것 같다. 이 용어 역시 아직 정리되지 못하고 사람마다 다른 뜻으로 쓰이고는 있지만 대체로 종교학의 비교연구 방법론을 '신'이라는 주제를 파악하는 데 응용하는 분야라고 의견이 모아지고 있다. 다시 말해 비교신학은 종교신학과 비슷한 듯하면서도 정반대의 전제를 가지고 있는 것이다. 종교신학이 종교학의 자료를 이용하면서도 신학적 관심을 잃지 않는 '기독교 신학'의 한 변형이라면 비교신학은 기독교 신학의 자료를 활용하면서도 종교학적 관점을 견지하는 '종교현상학'의 한 분야가 될 수 있기 때문이다. 그럴 경우 두 분야 모두 '신학'임에는 틀림없지만 종교신학의 신학은 '기독교 신학'이고 비교신학의 '신학'은 '보편신학'(generic theology), 즉 전 세계 종교에 나타난 '신'의 개념을 비교 검토하는 신학이 된다. 그 자신 유명한 '기독교 신학자'인 데이비드 트레이시(David Tracy)도 비교신학의 중요한 전제는 '신학'이 더 이상 '그리스─기독교적'(Greco-Christian)일 필요가 없다는 것이라고 밝히고 있다.123) 따라서 '비교신학'은 기독교 신학 뿐 아니라 힌두신학, 이슬람신학, 유대교신학, 도교신학, 심지어 불교신학까지도 포함하는 포괄적 개념이 되는 것이다.

2) 건설적 제안

신학과 종교학 사이에 있었던 초기의 불유쾌한 충돌은 이미 역사의 각주가 되어 버렸고 지금 우리에게 요청되고 있는 것은 어떻게 이 두 학문이 서로의 영역을 존중하면서 상호 발전을 도모할 수 있는가 하는 숙

---

123) David Tracy, "Theology: Comparative Theology," in Mircea Eliade, ed., *The Encyclopedia of Religion* (New York: Macmillan, 1987), Vol. 14, p. 446. 엘리아데가 편찬한 『종교백과사전』의 '신학' 항목이 '비교신학'(Comparative Theology)과 '기독교 신학'(Christian Theology) 두 개로 나뉘어 있다는 사실은 상당히 시사적이다.

제를 푸는 일이다. 미래의 신학 교육에서 종교학의 의미는 한마디로 과
거 신학교육에서 철학이 담당하였던 의미와 유사하리라는 것이 이 글의
일관된 주장이다. 그리스 철학과 기독교 복음의 만남이 세계사의 중요한
지평 하나를 열었던 것과 마찬가지르 종교학과 신학의 만남은 다가오는
미래 세계를 준비하는 데 학문적으로 중대한 의미를 가지게 될 것이다.
철학과의 관계가 그러했듯이 신학과 종교학과의 관계는 상호 대립, 독립,
대화, 혹은 통합 중 그 어느 것으로도 발전할 수 있다. 그러나 그 중에서
가장 바람직한 선택은 대화의 관계임이 분명하다. 서로의 학문적 정체성
을 존중하면서도 상호 대화를 통한 협력으로 공동의 새 지평을 열 수 있
기 때문이다. 신학이 종교학과 대화의 관계를 가진다는 것은 보다 구체
적으로 다음 세 가지 의미를 지닌다. 즉 종교학은 신학에게 가정교사, 비
평가, 동반자의 의미를 가지는 것이다.[124]

a) 가정교사의 역할: 무엇보다도 던저 종교학은 신학의 훌륭한 가정교
사가 될 수 있다. 곧 타종교에 대한 모든 것을 가르쳐 주는 가정교사의
역할이다.[125] 종교학의 첫 임무는 신학도에게 타종교에 관한 많은 정보
를 제공해 주는 일이다. 종교학이란 세계 종교에 관한 귀중한 정보들이
잔뜩 쌓여 있는 보물창고이다. 그리고 이런 고급 정보들은 하루가 무섭
게 빠른 속도로 더욱 쌓여 가고 있는 중이다. 누구라도 원하는 사람들이
와서 발굴하고 배우고 활용할 수 있도록 열린 지식 시스템이다. 이렇게
풍부하고 공개된 자원을 활용하지 않는다면 신학도에게는 부끄러운 일

---

124) 이러한 대화의 관계에서 신학이 종교학에게 줄 수 있는 교훈도 많을 것이다.
무엇보다도 지난 2,000년 간 축적된 신학적 지식은 종교학자들의 무진한 보그寶庫
가 될 것임에 틀림없다. 그러나 종교학에 미치는 신학의 의미에 대한 고찰이 본
장章의 주제가 아니므로 여기서는 생략하기로 한다.

125) '가정교사'라는 표현은 가르비(Garvie)의 『그리스도를 위한 가정교사』에서 빌린
것이다. Alfred E. Garvie, *Tutors Unto Christ: Introduction to the Study of Religions* (London:
Oxford University Press, 1920).

이 아닐 수 없다. 종교학의 다음 임무는 나아가 타종교인들의 신앙을 '이해'할 수 있도록 도와 주는 일이다. 이해한다 함은 단순히 안다는 것보다 훨씬 더 어렵고 더 귀중한 것이다. 그것은 오로지 인간만이 인간을 '이해'할 수 있기 때문이다. 그리고 인간이 인간을 '이해'할 때라야만 참 인간이라고 믿기 때문이다. 내가 너를 이해한다는 것은 오직 사람만이 누릴 수 있는 권리이다. 우리가 다른 믿음을 가진 사람들을 '이해'할 수 있다는 것은 크나 큰 특권이 아닐 수 없다.

그러나 기독교인이 왜 타종교를 알아야 하고 신학자가 왜 다른 사람들의 신앙을 이해하여야 하는가? 종교학적 지식이 요구되는 이유는 무엇보다도 먼저 신학적 필요성 때문이라는 점을 인지하는 것이 중요하다. 우리가 타종교의 내용을 모르면서 먼저 그들에 대한 신학적 판단을 내린다면 그것은 논리적 모순이고 실질적 농담이 될 것이다. "불신앙으로서의 종교"를 외친 칼 바르트를 따라다니는 어떤 농담같이 말이다. 어떻게 힌두교가 불신앙인 것을 알 수 있느냐는 질문을 받자 그는 즉각 이렇게 대답하였다고 한다. "선험적으로!"[126] 물론 바르트처럼 '선험적으로' 일반계시의 가능성 자체를 부정한다고 주장할 수는 있다. 그의 신학적 매력은 어차피 '하나님 말씀'의 시각을 견지하는 철두철미한 논리적 형식성(formality)에 있는 셈이다. 그러나 칼 바르트처럼 행복하게 신의 위치에 서서 신처럼 모든 것을 볼 수 없음을 아는 우리로서는 보다 겸손하게 '후험적으로' 일반계시의 가능성을 알아 나가는 수밖에 없다. 신학적으로 일반계시와 하나님의 섭리에 대해 책임 있게 말하려 한다면 우리는 종교학적인 지식을 함께 배워 나가지 않으면 안 된다는 뜻일 것이다.[127]

---

126) D'Costa, *Ibid.*, p. 54에서 인용.

127) 그러나 위와 같은 비판이 곧 바르트의 신학과 '불신앙으로서의 종교' 사상 전체에 해당되는 것은 아니다. 바르트의 타종교에 대한 견해는 단순하지 않아서 일방적으로 '배타주의'라고 단언하기에는 어려움이 많다는 보고들이 많다. 예를 들어 몰트만은 바르트가 불신앙이라고 말한 종교는 세계 종교들을 말하는 것이 아니라 당시의

'익명의 그리스도인'으로 유명한 가톨릭 신학자 칼 라너(Rahner)는 이
점에서 칼 바르트와 좋은 대조를 이룬다. 라너는 예수 그리스도가 우주
적으로 선재先在할 뿐 아니라 절대주를 찾는 인간의 모든 기억과 노력
속에 '선험적으로'(a priori) 선재한다고 주장한다.[128] 그러나 이러한 선험
적 선재하심에 대한 주장은 '후험적으로'(a posteriori) 증명되어야 하고 그
역할을 맡은 학문이 바로 종교학이라는 것을 그는 분명히 지적하고 있
다. "만약 (인류) 신앙의 기억에 남겨진 이 절대적 구세주에 대한 갈망이
신화나 역사에서 어떤 정도로, 얼마나…… 증명될 수 있을는지를 묻는
다면 그것은 궁극적으로 단지 후험적인 방식으로 종교사학에 의해 답변
될 수 있을 것이다…… 이 시점에서 교의신학자는 이 문제를 종교사학
자에게 넘겨 주고 그의 기독교적 종교사 해석을 기다려야 한다."[129]

바르트의 착실한 추종자라고 여겨져 온 핸드릭 크레이머가 바르트와
결정적으로 차이가 나는 점도 바로 이 후험성(a posteriority)에 있다. 숙련
된 종교학자로서 크레이머는 '후험적 지식'에 입각하여 신학적 판단을
내리는 것이 얼마나 중요한지를 분명히 보여 준다. 종교학은 "하나님의
섭리 속에"(in God's Hand) 인류의 종교적 삶이 얼마나 풍부했던가를 여
실히 보여 주는 수단으로 신학자에게 주어졌다.[130] 따라서 "타종교에 대
한 신학적 판단에 대해 발언할 수 있는 최선의 길은 무엇보다 먼저 종교
학적인(religionswissenschatliche) 판단을 인지함으로 그 기초를 삼는 것"이
라고 그는 주장한다.[131] 크레이머가 호감을 가지고 거듭 인용하는 사람

서구 중산층 부르주아들의 타성에 젖은 종교였다고 주장한다. Jürgen Moltmann, *The
Church in the Power of the Spirit*, trans. by Margaret Kohl (Harper & Row, 1977), p. 154.
128) Karl Rahner, *Foundations of Christian Faith*, trans. by William V. Dych (New York:
Crossroad, 1978), pp. 318 — 9.
129) Rahner, *Ibid.*, p. 321.
130) Kraemer, *The Christian Message in a Non-Christian World*, p. 108.
131) Kraemer, *Religion and the Christian Faith*, p. 35.

은 잘 알려지지 않은 네덜란드 신학자 구닝(J. H. Gunning)이다. 바르트의 문제는 구닝이 말한 "예측의 죄"(sin of anticipation) 바로 그것이라고 할 수 있다. "종교학은 정통신학의 편협한 지평에 반대하는 필수적인 반동이다. 왜냐하면 정통신학은 타종교를 잘 알지 못함에도 불구하고 그들에 대한 가치 판단을 내렸기 때문이다. 참된 지식 없이 예측에 의해 너무 수월하고 성급하게 스스로에게 도용한 것들을 세상 학문에 되돌려 줘야 한다는 사실에 신적인 명령이 담겨져 있다"[132]

종교학이 신학을 위한 몽학 선생이라는 것을 보다 전통적인 신학용어로 말한다면 곧 "복음의 준비"(praeparatio evangelica)가 된다고 하겠다. 란츠코프스키(Lanczkowski)는 이것을 "도움 학문"(Hilfswissenschaft)이라고 표현하기도 한다.[133] 종교학은 비단 일반계시와 특별계시 같은 조직신학적 개념만을 위해서가 아니라 선교학과 같은 실천신학을 위해서도 훌륭한 준비나 도움이 될 수 있다. 실제로 종교학은 선교학에게 가장 많은 도움을 줄 수 있음에도 불구하고 가장 소원한 관계를 유지해 왔다고 여겨진다. 간하배 교수의 훌륭한 저서가 잘 요약하여 보여 주는 것과 같이 그 동안 선교학은 문화인류학으로부터 많은 정보를 얻어 왔다.[134] 그러나 종교학의 학문적 관심은 문화인류학의 그것보다 훨씬 더 넓은 영역을 포괄한다고 말할 수 있다. 문화인류학과 대화를 했던 선교학이 더 나아가 종교학의 모든 지평을 포괄적으로 수용할 수 있다면 더욱 폭넓고 강건한 학문으로 비약할 수 있지 않을까 기대해 보게 된다.[135]

b) 비평가의 역할: 종교학이 신학에 할 수 있는 또 하나의 중요한 기능

---

132) J. H. Gunning, *Godgeleerdheid en Godsdienstwentenschap* (Theology and the Science of Religion), Kraemer, *Ibid.*, p. 53에서 재인용.

133) Lanczkowski, *Ibid.*, S. 69.

134) 간하배(Harvie M. Conn), 『영원한 말씀과 변천하는 세계: 신학, 인류학, 선교의 삼자 대화』, 최정만 역 (서울: 기독교문서선교회, 1992).

135) Edmund Perry, *The Gospel in Dispute* (New York: Doubleday, 1958), p. 87.

은 비평가의 역할이다. 가정교사의 역할이 타종교인인 '너'를 가르쳐 주
는 기능이었다면 비평가의 임무는 기독교인인 '나'를 새삼 다시 보게 해
주는 것이다. 그리고 나아가 너와 나 모두 하나의 '우리'로서 '우리들'을
볼 수 있도록 해 주는 것이다.136) 그 유명한 해석학적 순환(the hermeneu-
tical circle)은 여기서도 예외가 아니다. 너와 나를 통해서 우리를 알게 되
지만 동시에 우리를 통해서만 참된 너와 나를 알 수 있기 때문이다. 부분
과 전체가 서로를 밝혀 주는 순환적인 해석의 구조를 종교학에서는 대신
'비교'의 구조라고 부른다. 종교학이 비평가의 역할을 수행하는 주된 무
기는 곧 '비교'인 것이다. 비교는 종교학의 주된 방법론일 뿐 아니라 종교
학의 존재 근거(raison d'etre) 자체라고까지 말할 수 있다.

비교방법론을 기본으로 하는 종교학은 자신의 모습을 다시 돌아볼 수
있는 기회를 신학에게 제공하여 준다. 흔히 거론되는 예는 여행의 비유
이다. 낯선 지방으로의 여행을 통하여 새로운 풍경과 사람들을 접한 뒤
다시 자신의 집으로 돌아왔을 때 우리들의 환경과 삶은 더 이상 예전과
같지 않고 완전히 새롭게 느껴진다. 여행의 진정한 매력은 이처럼 나 자
신을 변화시키는 힘에 있다. 여행의 마지막 종착지는 우리들 집이고 여
행의 궁극적 목적은 우리 자신을 재발견하고 재충전하는 것이다. 종교학
은 신학자들에게 바로 이런 탐구 여행의 기회를 제공해 준다. 세계 종교
들을 두루 돌아본 뒤 많은 지식적 기념품을 챙겨 들고 다시 집으로 돌아

---

136) 이른바 '인격주의적 접근'(personalist approach)으로 알려진 윌프레드 스미스는 타
    종교인들에 대해 우리가 이해하는 단계를 재치 있게 말해 준다. 타종교인들은 처음
    에는 1) '그것'(it)이었다가, 2) '그들'(they)이 되고, 3) '우리가 그들에 대해 말하고',
    4) '우리가 너에게 말하고', 5) '우리가 너와 더불어 말하고', 6) '우리 모두가 서로
    함께 우리들에 대해 이야기' 하는 단계로 발전해야 한다는 것이다. Wilfred Cantwell
    Smith, "Comparative Religion: Whither-and Why?' in Mircea Eliade & Joseph M.
    Kitagawa, eds., *The History of Religions: Essays in Methodology* (Chicago: University of Chicago,
    1959), p. 34.

오는 신학자는 새로운 의욕과 통찰로 충만하여 있을 것이다. 그는 이 여행을 통하여 더욱 책임 있고 역량 있는 신학자가 될 수 있는 충분한 견문과 동기를 얻게 되었다.[137] 무엇보다도 다른 종교를 통하여 자신의 종교 생활을 돌아볼 수 있었고 굳어진 종교 관습의 껍질을 깰 수 있는 계기가 주어진 것이다.[138] 노트르담 대학의 조직신학자 존 던(John Dunne)은 그가 경험한 비교종교학적 여행을 '지나가기'(passing over)와 '돌아오기'(coming back)라는 시적詩的인 표현을 통해 이야기한다. "지나가기란 관점을 바꾸는 것, 다른 문화나 다른 삶의 길이나 다른 종교의 관점으로 가보는 것이다…… 돌아오기란 그 자신의 문화와 자신의 삶의 길과 자신의 종교로 새로운 통찰력을 지니고 돌아오는 것을 뜻한다."[139]

이와 같이 지나가기와 돌아오기를 통하여 기독교인들은 자신의 참 모습을 발견할 수 있다. 다시 한 번 크레이머를 인용한다면 기독교인은 더 이상 기독교의 '우월성'을 손쉽게 주장할 수 없다. 세계 종교로의 여행은 기독교만큼 훌륭한 종교들도 세상에 많고, 또 다른 종교들만큼 기독교도 많은 약점을 가지고 있다는 것을 충분히 보여 주기 때문이다. "한 기독교인으로서 엄밀히 말한다면 우월감이란 하나님께서 복음을 통하여 의미하였고 행하셨던 것을 부정하는 것이다."[140] 다만 기독교가 타종교 앞에서 한 가지 자랑할 것이 있다면 그것은 "극단적인 자기 비판"(radical self-criticism)[141] 혹은 "극단적인 겸손"(radical humility)[142] 정신뿐이라고

---

137) Bleeker, *Ibid*., p. ix－x.

138) Zaehner, *Ibid*., p. 19.

139) John S. Dunne, *The Way of All the Earth* (Notre Dame: University of Notre Dame Press, 1972), p. ix. 존 콥은 존 던의 개념을 응용하여 '창조적 변화'(creative transformation)를 설명하고 있다. John B. Cobb, Jr., *Beyond Dialogue* (Philadelphia: Fortress, 1982), Chs. 4 & 5.

140) Kraemer, *The Christian Message in a Non-Christian World*, p. 109.

141) *Op. cit.*

142) *Ibid*., p. 128.

크레이머는 고백한다. 즉 기독교는 역사적으로 볼 때 다른 종교들 보다 더 자랑할 것도 덜 자랑할 것도 없는 여러 종교 중에 '하나의' 종교일 뿐이다. 그러나 기독교의 진정한 영어는 그 역사적 업적에 있지 않고 그 신학적인 극단성에 있다. 곧 창조주와 피조물 간의 이른바 '무한한 질적 차이'(unendlicher qualitativer Unterschied)를 고백할 줄 아는 극단적 겸손이다. 또 그것은 키에르케고르와 칼 바르트의 유명한 표현을 빌린다면 "하나님은 하늘에 계시고 우리는 땅에 있다는 것"(Gott im Himmel und du Mensch auf Erde)을 잊지 않음으로 가능한 극단적 자기 비판 정신인 것이다.

변증법적 신학이 절대자를 통해 극단적인 자기 비판 정신을 배운다면 종교학에서는 참된 비교를 통해 비판 정신을 연마한다. 종교학에서 바라는 비교는 종교들의 상동相同과 상이相似를 균형 있게 관찰하고 지적하는 것이다. 차이점만을 강조하거나 공통점만을 강조하는 비교는 균형이 잡히지 않은 조악한 비교가 될 것이다. 종교학적인 지식이 자칫 잘못 오용되기 쉬운 단서를 여기서 볼 수 있다. 어떤 특정한 교단이나 관점의 입장을 지지하기 위해 종교 간의 틀린 점이나 같은 점만을 집중적으로 조명하는 경우가 적지 않은 것이다. 타종교에 대해 배타적인 입장에서는 주로 종교 간의 차이점만을 거론하기 쉽고 다원주의를 주장하는 편에서는 공통점에만 관심을 가지기 쉬운 법이다. 두 입장 모두 종교학적으로 철저히 비판받아야 할 필요가 있다.

여기서 우리는 유명한 '종교사학파'(Religionsgeschichtliche Schule)의 경우를 간단히 검토하고자 한다. 종교사학파는 오늘날의 종교다원주의의 선구자가 되기도 하고 종교학과 신학이 만났던 역사적 한 예가 되기도 한다. 금세기 초 괴팅겐(Göttingen) 대학에서 시작된 이 운동은 궁켈(Herman Gunkel), 바이스(Johannes Weiss), 브레데(Wilhelm Wrede)와 트뢸취(Ernst Troeltsch) 같은 쟁쟁한 학자들이 주도하였던 움직임이었다. 이들의 주장의 핵심은 그 대변자 격인 트뢸취의 표현처럼, 첫째 기독교는 역사적으로 종합적(synthetic) 종교이기 때문에, 둘째 특히 기독교의 기원에 관한 연구는 더 이상 '교조적'(dogmatic) 방법이 아니라 '역사적 – 비평적'(historical-critical) 방법으로 탐구되어야 한다는 것이었다.143) 한마디로 기독교를 철두철미하게 '하나의' 종교로 취급하여 그 당시 근동, 로마 종교 상황의 문맥에서 그 기원을 설명하려 한 시도였다. 기독교는 지중해와 근동 종교들의 역사적 발전에서 최종 단계로 구현된 종교였다는 결론이었다. 종교사학파는 『종교사전』 같은 빛나는 업적도 남겼고 불트만(Rudolf Bultmann) 같은 탁월한 후배도 배출하였다.144) 그러나 그들 방법론의 가장 큰 결점은 종교 간의 차이점을 무시하고 공통점만을 강조하는 잘못된 비교 정신이었다. 기독교와 인근 종교들의 조금이라도 같은 점을 강조하기 위해 그들 사이의 큰 차이점들은 평가절하되어야 했던 것이다. 엘리스(Earle Ellis)의 날카로운 지적처럼 "비슷한 예들을 영향으로, 영향을 곧 출처로 바꿔 버리는 경향"이 이 학파의 학문적 성실성에 의문을 가지게 한 것이었다.145) 따라서 이들에 대한 평가는 그 많은 공로에도 불구하고 대체로 부정적일 수밖에 없는 듯하다.146)

---

143) Ernst Troeltsch, *Religion in History*, trans. by James Luther Adams & Walter F. Bense (Minneapolis: Fortress, 1991), Ch. 1, "Historical and Dogmatic Method in Theology(1898)" pp. 11 – 32.

144) 유명한 *Die Religion in Geschichte und Gegenwart*(일명 *RGG*: 5 Vols)는 종교사학파의 기념비적 작품이다. 불트만은 직접 종교사학파라고 하기에는 곤란하지만 부세(Wilhelm Bousset) 등으로부터 다대한 영향을 받은 '종교사학파 제 3세대' 정도에 해당한다고 할 수 있다. Kurt Rudolph, "Religionsgeschichtliche Schule," in Mircea Eliade, ed., *The Encyclopedia of Religion* (New York: Macmillan, 1987), Vol. 12, pp. 293 – 96.

145) Earle Ellis, *Paul and His Recent Interpreters* (Grand Rapids: Eerdmans, 1961), p. 29: "a tendency to convert parallels into influences and influences into sources"; *New Dictionary of Theology*, eds. by Sinclair B. Ferguson & David Wright (Leicester, England: Inter-Varsity Press, 1988), "History-of-Religions School" p. 309에서 재인용.

146) 종교사학파의 주장은 종교학에서나 신학에서나 모두 문제가 있는 것으로 판명받

결론적으로 비평가로서의 종교학의 임무는 궁극적으로 각 종교의 신자들이 더 좋은 신자가 될 수 있도록 충분한 지적 도움을 주는 일이다. 종교학을 통하여 기독교인은 더욱 좋은 기독교인이 되고 불교인은 더욱 훌륭한 불교인이 되기를 바라는 것이다. 종교학은 세계 종교들 간의 공통점을 보여 주고 각 종교의 장단점을 객관적으로 밝혀 주는 작업을 한다. 또 종교학의 비교론적인 시각은 각 종교의 특성을 뚜렷하게 드러내 보인다. 이러한 종교학적 지식을 통하여 각 종교의 신앙인들은 종교인으로서의 책임감과 자신의 종교적 정체성을 재확인할 기회를 갖게 되리라고 믿는다.

c) 동반자의 역할 : 마지막으로 종교학은 신학의 좋은 동반자가 될 수 있다. 동반자란 먼 길을 함께 가면서 대화를 나눌 수 있는 친구를 말한다. 그 동안 신학은 철학, 심리학, 과학, 사회학 등 많은 세상 학문과 교류해 왔고 도움을 주고받아 왔다. 그러나 그들 중 어느 학문도 종교학만큼 깊고 넓게 신학이 자신의 관심사항을 나눌 수 있는 학문은 없다고 보여진다. 절대자, 구원, 죄, 영원, 불멸, 내세, 희생, 축제, 예배, 성전聖殿, 경전 등 두 학문의 관심사는 거의 일치한다고 할 수 있다. 즉 신학과 종교학이 가려고 하는 목표는 같은 것이다. 목표가 같다는 것은 이 둘이 오랫동안 함께 길을 갈 수 있음을, 또 이미 함께 길을 걸어 왔음을 암시한다.

왔다. 그러나 1954년 12월에 Nag Hammadi 문서가 발견된 이래 진행되어 온 영지주의(Gnosticism) 연구는 종교사학파들의 주장을 새롭게 평가할 계기를 마련하고 있다. 지난 20여 년 간 학자들은 묻혀졌던 영지주의 문서들을 대량으로 복원하는 데 성공하였다. 종교사학파들이 가설로 만족해야 했던 부분들이 문서로 나타난 것이다. 영지주의 연구가 계속됨에 따라 종교사학자들의 가설이 어떻게 평가될 수 있을지 궁금하다. 그러나 어떤 결과가 나오든 불구하고 그들의 비교방법론이 편파적이었다는 지적은 언제나 유효할 것이다. Willis Barnstone, ed., *The Other Bible* (San Francisco: Harper & Row, 1984); Kurt Rudolph, *Gnosis*, trans. by Robert Wilson (San Francisco: Harper & Row, 1983); Marvin W. Meyer, ed., *The Ancient Mysteries: A Sourcebook* (San Francisco: Harper & Row, 1987) 등 참조.

다만 아직 제대로 대화를 서로 시작하지 못하고 있을 뿐이라 안타까운 것이다.

공통의 관심과 목표를 가지고 있다는 것을 알게 될 때 서로 친구가 될 수 있다. 그리고 서로 전혀 다른 방법과 기질을 가지고 있다는 것을 확인할 때 실망할 수도 있겠지만 오히려 더 좋은 친구가 될 수도 있는 법이다. 신학과 종교학은 이처럼 좋은 동반자가 되기 위한 필요충분조건을 모두 갖추고 있는 것으로 보인다. 두 학문은 공통적 관심에도 불구하고 전혀 다른 방법과 기질을 가지고 있기 때문이다. 잘 알려진 것처럼 신학은 '고백신앙적 – 교리적'(confessional-doctrinal) 학문이고 종교학은 '비교 연구적 – 기술적'(comparative-descriptive) 학문이다. 이러한 방법론적 차이는 두 학문의 건설적 관계 정립을 위하여 방해가 될 수도 있지만 도움이 될 수도 있다. 두 시각은 서로 상반된다기보다 서로 상이할 뿐이라서 얼마든지 상호 보완의 관계를 유지할 수 있다고 생각된다.

신학과 종교학은 마치 다른 두 개의 언어 체계와도 같다고 비유할 수 있다. 동일한 사물을 묘사하는 두 언어는 서로 모순될 까닭이 없고 오히려 상대방 언어를 통해 더욱 새로운 사실을 깨달을 수 있는 것이다. 괴테의 명언처럼 "한 언어만 아는 사람은 결국 그 언어도 모른다"는 사실은 이제 많은 사람들이 상식적으로 경험하고 있다. 학자들도 마찬가지로 자기 학문의 방법론만을 고집하는 편협성에서 탈출하여 이른바 '학제간學際間'(interdisciplinary) 연구의 중요성을 절감하고 있다. 신학과 종교학이 필요로 하는 것은 더 이상 자기 영역의 확인이 아니라 상대방 언어를 배우고 번역하려는 노력이 아닐 수 없다.

서로 다른 시각과 언어를 가진 철학과 과학 등이 신학과 조화를 이루었던 역사적 교훈을 되살리는 작업이 중요할 것이다. 그 중에서 좋은 본보기로 신학과 과학의 경우 잘 알려진 "두 개의 성경" 이론을 들 수 있다. 근대과학과 기독교의 관계는 갈릴레이나 다윈의 사건같이 갈등과 박해로만 이루어진 부정적 내용이 전부가 아니다. 오히려 근대과학의 발흥이 기독교 정신에서 유래되었다고 주장할 만큼 이들의 관계는 긍정적인 측면을 자랑하기도 한다.147) 그것을 잘 말해 주는 것이 '기록된 책'(liber scripturae)과 '자연의 책'(liber naturae), 두 개의 성경 이론이라고 하겠다. 하나님은 '말씀'(the Word)을 주셨을 뿐 아니라 '창조'(the Creation)를 주셨기 때문에 이 둘을 모두 연구하여 창조주의 깊은 섭리의 뜻을 알고자 했던 많은 신학자와 과학자들이 있었다. 자연의 책이란 곧 "수학적 언어로 씌어진 책"(scritto in lingua matematica)이라고 말하며 과학을 통해 신의 섭리를 찾고자 했던 사람은 다름아닌 갈릴레이 자신이었다고 한다.148) 이와 마찬가지로 종교학적 언어로 씌어진 책들도 창조주의 깊은 경륜을 헤아려 보는 데 빼놓을 수 없는 도구가 된다고 말할 수 있을 것이다. 윌프레드 스미스의 말처럼 이제 우리가 창조의 섭리에 의해 은하계가 존재하는 사실을 과학자들의 도움을 받아 설명할 수 있는 것처럼 바가바드 기타(Bhagavad Gita)가 수천 년 동안 인도인들의 영혼을 울려 왔다는 사실 역시 설명할 수 있어야 할 것이다.149) 타종교에 숨은 창조주의 섭리를 설명할 수 있도록 도와 줄 사람이 곧 종교학자인 것이다.

중요한 점은 신학과 종교학의 대화 가능성이 이론적 제안에 불과하지 않다는 것을 분명히 깨닫는 일이다. 두 학문 사이의 생산적인 관계가 가능한가 하는 것은 결국 역사와 미래를 통해 증명되어야 할 것이다. 여기서 우리는 두 사람의 권위 있는 학자를 인용하면서 신학과 종교학의 대

147) 근대과학의 생성과 기독교의 관련은 다각도로 검증되어 왔다. John Dillenberger, *Protestant Thought & Natural Science: A Historical Survey* (Nashville: Abingdon, 1960); R. Hooykaas, *Religion and the Rise of Modern Science* (Grand Rapids: Eerdmans, 1972); Stanley L. Jaki, *The Road of Science and the Ways to God* (Chicago: University of Chicago, 1978) 등 참조.
148) Ingolf U. Dalferth, *Theology and Philosophy* (Oxford: Basil Blackwell, 1988), p. 69.
149) Smith, *The Faith of Other Men*, p. 133.

화가 가져올 결실을 예증하고자 한다. 종교현상학자 반 델 레에우와 신학자 폴 틸리히는 모두 자신의 분야에서 탁월한 학자였을 뿐만 아니라 다른 한편의 학문에도 조예가 깊은 이들이었다. 반 델 레에우에게 신학과 종교학은 서로 모순되고 상반되는 두 학문이 아니라 신학자가 동시에 걸어가야 할 두 길의 이름이었다. 그 자신이 이 두 길을 평생 걸어 왔고 그것도 매우 성공적으로 걸었던지라 그의 증언은 어느 누구의 말보다도 힘있게 들릴 수밖에 없다.

계시와 세계라는 두 실재 사이에 존재하는 신학자들에게는 그를 목적으로 이끌어 주고 자신이 온 평생을 다해 걸어가야 할 두 길이 열려 있다. 계시로부터 세계에 이르는 길로서 내려가는 길과 세계에서 계시로 올라가는 길이다. 그 두 길은 다른 방향에서 갈 수 있는 하나의 길이 아니다. 분명히 두 가지 길이 있는 것이고 둘 다 신과 신적인 것을 토론하기 위한 목적으로 이끄는 데 필요한 것이다. 그 둘은 결코 교차되지도 않고 평행을 달리지도 않는다. 그 첫번째 길은 물론 신학적인 길이다…… 오로지 계시의 사건으로부터 우리는 세상의 일들에 이를 수 있다…… 그 두 번째 길을 우리는 종교학 곧 종교에 대한 인간의 지식의 길이라고 부른다.[150]

폴 틸리히의 종교학 수업은 주로 슐라이어마허와 종교사학파 연구를 통해 간접적으로 이루어졌다.[151] 그러다가 그가 본격적으로 종교학에 관심을 갖기 시작한 것은 공직에서 은퇴한 이후의 말년 시절이라고 할 수 있다. 특별히 시카고에서 2년 동안 엘리아데와 함께 세미나를 진행한 경

---

150) Jacques Waardenburg, *Reflections on the Study of Religion* (Hague: Mouton, 1978), p. 205, f.n. 1에서 재인용.

151) Paul Tillich, "The Significance of the History of Religions for the Systematic Theologians" in Paul Tillich, *The Future of Religions* (New York: Harper & Row, 1966), p. 84.

험이 틸리히에게 새로운 자극을 주었던 것이 분명하다. 노교수 틸리히의
증언은 신학의 새 지평이 열릴 것을 기대하는 고백이다.

> (엘리아데 교수와 2년간 진행했던) 세미나들에서 나는 기독교의 모든 개별
> 적 교리적 명제들과 예배 표현들의 의미가 새로운 강도를 더해지는 것을 경
> 험하였다. 그리고 변명 겸 자아비판적 의미에서 말한다면 나의『조직신학』
> 은 물론 이 세미나들 전에 씌어졌고 세속적인 것에 반대하는 변증론적 논쟁
> 이라는 다른 목적에서 씌어졌다는 것을 덧붙이고자 한다…… 우리는 아마
> 도 조직신학적 연구와 종교사학적 연구가 상호 침투할 수 있는 더 길고 집
> 중적인 기간을 필요하게 될 것이다…… 이것이 신학의 미래에 대한 나의
> 소망이다.[152)]

6. 맺으면서

여태껏 우리는 현대의 신학적 상황에 대한 검토에서 시작하여 종교다
원주의, 종교학의 역사와 내용, 신학과 종교학 관계의 역사와 전당을 검
토하였다. 이제 이 글을 마치기 전에 위의 토론 내용에 비추어 신학교
교과과정에서의 종교학 과목에 대하여 아주 간략히 언급하고자 한다. 최
근 들어 우리 나라에서 신학 교육 교과과정에 대한 논의가 활발하게 진
행되고 있다. 특히 4년제 신학사 과정과 3년제 신학석사 과정이 겹쳐져
서 중복되는 경우가 적지 않기 때문에 새롭게 7년제 학제로 정리하려는
움직임이 활발한 것은 환영할 만한 일이라고 생각된다. 그러나 신학교육
커리큘럼에 관한 전반적 여건을 고려하는 것은 본 논문의 능력을 훨씬

---

152) *Ibid.*, p. 91.

벗어나는 것이다. 따라서 여기서는 다만 종교학 관련 과목만 몇 개 제의하는데 만족하려고 한다.

현재 많은 신학대학들은 교직敎職 필수과목으로 '종교' 과목들을 개설하고 있다. 물론 '신학'대학에서 '종교' 전공 교직을 훈련시켜야 한다는 사실에 대해 회의적인 시각도 없지 않으리라고 생각된다. 그러나 교육부의 방침은 '종교' 전공만을 인정하고 있기 때문에 신학대학뿐만 아니라 동국대 등 타종교 관련 학과들도 교직 선택 학생들은 모두 '종교'를 전공으로 준비하고 있는 것이 현실이다. 교육부가 종교학 계통의 필수과목으로 지정한 것은 종교사, 종교학, 비교종교학 세 과목이다. 교직 필수과목이라서 어차피 개설해야 하는 이 세 과목을 잘 운영한다면 신학 교육에 큰 도움이 될 수 있으리라고 생각된다.

현재 문제는 위의 세 과목들이 이름은 지정되어 있지만 그 가르치는 내용은 제각기 틀리다는 데 있다. 특히 '비교종교학'이라는 이름은 현대 종교학에서는 거의 쓰지 않는 말인데 과연 어떤 의도로 교육부에서 지정하였는지 궁금하기도 하다. 따라서 종교학과 비교종교학은 똑같은 내용인 셈이다. 실제로 종교학과 비교종교학 강사가 다른 사람인 경우 거의 똑같은 내용을 반복하여 강의하는 사례도 있다고 한다. 그러나 이러한 명칭에 따른 혼란을 정리할 수만 있다면 위의 세 구분은 상당히 요긴하게 활용될 수 있다. 먼저 '종교학'이라는 이름 아래 종교학 개론을 강의하는 것이 필요하다고 본다. 종교학의 전반적인 역사와 개요, 의의를 소개하는 과목이 될 것이다. 그 다음 종교학의 기본이 되는 종교사학에 대한 소개는 '종교사' 과목을 통하는 것이 최상이라고 본다. 세계 종교 전반에 관한 강의이기 때문에 차라리 '세계종교사'라고 명칭하는 것도 좋을 것 같다. 마지막으로 종교현상학의 이론과 실습을 '비교종교학' 과목에서 강의할 수 있다면 종교학의 기본 골자를 성공적으로 모두 소개하는 셈이 될 것이다. 필자의 경험에 의하면 2학년에 종교학 개론을, 3학년에 세계종교사를, 그리고 4학년 때 비교종교학을 가르치는 것이 가장 바람 직 한 것 같다.

이 세 과목 이외에 선택과목을 개설할 여유가 있다면 무엇보다도 먼 저 '한국종교사' 과목을 열어야 한다고 주장하고 싶다. 아니면 '기독교와 한국 종교' 식으로 이름과 초점을 즈금 바꾸어 강의할 수도 있을 것이다. 여하간 한국의 신학도로서 한국의 문화와 종교전통을 모르고 신학을 공 부하려 한다면 부끄러운 일이다. 차라리 그것은 개념 자체가 불가능한 일인지도 모른다. 미래의 '한국의 신학'을 위해서 오늘 꼭 뿌리고 가꾸어 야 할 씨앗이 곧 '한국종교사' 과목일 것이다. 기타 종교사회학이나 종교 심리학 등 종교학 연관 과목들도 개설할 수 있으면 신학교육의 내용을 충실히 하는데 많은 도움이 될 수 있을 것이다.

이제 우리는 이 글을 철학자 베이컨(Francis Bacon)의 명언을 인용하면 서 마치려고 한다. "약간의 철학은 사람을 무신론자로 만들지만 많은 철 학은 그를 종교로 이끌 것이다."(A little philosophy makes a man an atheist; A great deal converts him to religion.)[153] 신학자들이 '얕은' 종교 학을 배척할 권리가 있다면 그와 동시에 '깊은' 종교학을 배워야 할 의무 가 있을 것이다. '깊은 종교학'은 우리를 틀림없이 절대자에게 이끌 것이 기 때문이다.

---

153) David Hume, *Dialogue Concerning Natural Religion*, pt. 1에서.

제6장
종교학의 비교방법론

1. 비교종교학

종교학에서 비교를 말한다는 것은 그 어떤 하나의 방법론을 말한다는 뜻이 아니다. 비교는 종교학에서 가장 근원적인, 그래서 가장 고유한 행위이다. 적어도 종교학에서의 비교는 한갓 방법론적 적용이 될 수 없다. 철학적 현학을 부려 본다면 비교는 차라리 종교학의 존재론적 기반 혹은 존재 근거(raison d'etre) 그 자체라고 할 수 있다. 종교학은 비교에서 시작해서 비교로 끝난다. 종교학이 없었더라도 비교는 가능했을지 몰라도 비교가 없었을 경우 종교학은 불가능했을 것이다. 이처럼 종교학과 비교는 떼려야 뗄 수 없는 관계인 까닭에 아예 처음부터 두 말을 하나로 줄여 '비교종교학'(Comparative Religion, vergleichende Religionswissenschaft, religion comparee)이라고 칭하기도 했던 것이다.

그러나 '비교종교학'이란 명칭은 더 이상 살아 있는 용어는 아니다. 극단적으로 말한다면 이 명칭은 현대 종교학자들에게 일종의 금기어가 되었다. 마치 폴리네시아 원주민이 사자死者의 마나(mana)를 두려워한다는 것처럼 종교학자들은 '비교종교학'이라는 사어死語를 터부(taboo)로 여긴

다. 따라서 '비교종교학'과 '종교학의 비교'가 같은 것이라고 혼동해서는
안 된다. 현대종교학에서 전자가 이미 죽은 말이 되어 버렸다면 후자는
그 어느 때보다도 더 왕성한 것 같아 보이고, 전자가 극히 애매하다면
후자는 분명한 형태를 보여 주기 때문이다. 그러나 조금 깊이 들여다보
면 '비교종교학'에 연루되어 있던 모든 애매하고 모호함이 다름아닌 '종
교학의 비교 방법'의 다양함으로 표출되어 있음을 알 수 있다. 비록 그
이름(nama)은 없어졌어도 실체(rupa)는 건강히 남아 있는 것이다.

예컨대 '비교종교학'이라는 제목을 가진 책들을 몇 권 뽑아 펼쳐 보는
것만으로도 우리는 이 명칭의 혼란스러움을, 그리고 종교학 비교 방법의
복잡함을 잘 증거할 수 있다. 『비교종교학』(Comparative Religion)이라는
똑같은 제목을 가진 네 권의 책을 서가에서 골라 본다. 마침 모두 영국인
학자가 쓴 저서들이다. 첫번째 책은 케임브리지의 비교종교학 교수였던
부케가 1941년에 출판한 것이다.[1] 서론과 본론에서 종교와 종교학에 대
하여 간략하게 설명한 것을 제외하고는 본문 전체가 고대종교, 인도종교,
중국종교, 유대 - 기독교, 이슬람에 대한 해설로 구성되어 있다. 따라서
부케의 비교종교학이란 거의 세계종교사를 의미하는 듯하고 '비교'란 주
로 역사적 비교의 의미를 갖는 듯하다. 두 번째 책은 런던 대학의 종교학
교수였던 제임스가 1961년에 출판한 것인데 이 책의 구성은 상당히 독
특하다.[2] 그는 원시종교를 주술, 제의, 신화의 주제로, 인도종교는 구원
의 주제로 설명한 다음, 서양 유일신교 전통의 종교들은 죄와 속죄, 희생,
예배와 기도, 불멸 등의 다양한 주제에 따라 비교하고 있다. 한마디로 제
임스가 파악한 비교종교학은 종교사학적 접근과 주제적 접근이 혼합된
방법론이라고 할 수 있겠다.

세 번째로 랑케스터 대학의 마이클 파이가 1972년에 출판한 책은 철

---

1) A. C. Bouquet, *Comparative Religion: A Short Outline* (London: Penguin Books, 1941).
2) E. O. James, *Comparative Religion* (London: Methuen, 1961).

저히 주제별 분류에 따라 종교 문헌들에서 발췌한 구절을 배치하고 있다.3) 종교적 행동, 종교적 그룹, 종교적 심리상태, 종교적 개념, 종교와 사회적 요인, 종교와 심리적 요인 등의 큰 주제 밑에 다시 총 50개의 소주제로 분류되어 있다. 마지막으로 1975년에 나온 에릭 샤프의 책은 어떤 구체적 '비교'를 보여 주기보다는 종교학 자체의 역사를 설명하고 있다.4) 지금까지 이 주제에 대한 가장 권위 있는 연구서로 인정받는 저서인데 종교학 초기 역사에 대한 정평 있는 연구서였던 루이스 조르단 저서의 대를 잇는다고 할 수 있다. 1905년에 출판되었던 조르단의 저서 역시 똑같은 제목이었던 점이 흥미롭다.5)

이처럼 임의로 고른 몇 권의 책을 통해서도 벌써 우리는 비교종교학과 비교 방법의 복잡다단함을 짐작할 수 있다. 조금 더 범위를 넓혀 '비교종교학'이라는 말이 제목 속에 포함된 책을 고른다면 더 많은 다양성을 볼 수 있을 것이다. 가령 엘리아데의 유명한『비교종교학에서의 형태들』을 빼놓을 수 없다.6) 이 책은 하늘, 태양, 달, 물, 돌, 대지, 시간 등의 주제에 따라 구성되어 있고 그러한 물체들을 통한 성현聖顯(hierophany) 현상을 다루고 있다. 종교현상학의 대가라는 엘리아데의 명성만큼 이 책은 현상학적 비교의 대작이라고 할 수 있다.

혹시 이 저서가 주로 고대종교의 자료들만 다루고 있는 것이 이상하게 생각된다면『비교종교학 독본』이라는 책을 참고할 필요가 있다.7) 비

---

3) Michael Pye, *Comparative Religion: An Introduction through Source Materials* (New York: Harper & Row, 1972).

4) Eric J. Sharpe, *Comparative Religion: A History* (New York: Charles Scribner's Sons, 1975)

5) Louis Henry Jordan, *Comparative Religion: Its Genesis and Growth* (Edinburgh: T & T Clark, 1905), reprint (Atlanta: Scholars Press, 1986)

6) Mircea Eliade, *Patterns in Comparative Religion*, trans., by Rosemary Sheed (New York: Sheed & Ward, 1958). 원제는 *Trait d'histoire des Religions*.

7) William A. Lessa & Evon Z. Vogt, eds., *Reader in Comparative Religion: An Anthropological Approach* (New York: Harper & Row, 4th ed., 1979).

록 '인류학적 접근'이라는 부제가 달려 있기는 하지만 이른바 '원시종교'에 대한 인류학적 분석으로 일관하고 있는 이 책을 보면 '비교종교학'이라는 명칭 자체에 대한 의구심이 짙어질 수밖에 없다. 이 책에 실린 많은 논문 가운데 세계종교에 대한 글은 하나도 없고, 기고한 저자가 족히 스무 명도 더 되는데 그 중에서 단 한 사람도 '종교학과' 소속의 종교학 교수는 없기 때문이다. 만약 철학과 교수의 글이 한 편도 포함되지 않은 『철학 독본』이 있다면 그것에 대한 반응은 대략 두 가지일 것이다. 그 책이 비전문적인 것이든지 아니면 '철학'이라는 학문 자체가 비전문적인 것이든지. 이렇게 '비교종교학'이라는 학문 자체의 전문성을 의심하지 않을 수 없을 만큼 수많은 비교 방법이 난립하는 것이 종교학의 현실이라고 할 수 있다.

그러나 이처럼 종교학에서의 비교는 넘치는데도 불구하고 정작 비교 방법 그 자체에 대한 논의는 별로 찾아 볼 수 없다는 사실에 더욱 놀라게 된다. 비교에 대한 반성으로서 '비교의 비교'(meta-comparison)를 시도한 논문으로는 불과 서너 편 정도 눈에 띌 뿐이다. 특별히 주목할 만한 사람은 시카고 대학의 조나단 스미스로 그의 논문은 짧지만 비교방법론 논의에 대한 중요 단서를 제공하고 있다.[8] 그는 종교학에서의 비교 유형을 민족학적(ethnographic), 백과사전적(encyclopaedic), 형태론적(morphological), 진화론적(evolutionary) 네 가지로 나누어 설명한다. 현재 전 세계 종교학계에서 가장 박식한 사람 중의 하나임이 틀림없는 스미스의 관심은 그러나 '종교학의 비교'보다는 '비교' 그 자체에 집중되어 있다. 따라서 그의 글은 비교적으로 말해 종교학적 비교보다는 철학적 비교에 가깝다

---

8) Jonathan Z. Smith, *Map Is Not Territory* (Leiden: E. J. Brill, 1978), Ch. XI, 'ADDE PARVUM PARVO MAGNUS ACERVUS ERIT' pp. 240 − 64 & *Imagining Religion: From Babylon to Jonestown* (Chicago: University of Chicago, 1982), Ch. 2, "In Comparison a Magic Dwells" pp. 19 − 35.

고 할 수 있다.

에딘버러 대학의 프랭크 웨일링의 논문은 스미스의 글과 여러 면에서 강한 대조를 이룬다.9) 무려 130쪽에 달하는 이 야심적인 논문에는 이름 있는 종교학자들 모두가 거론되었을 뿐만 아니라 사회학, 심리학, 인류학, 역사학 등에서 종교학과 관계되는 학자들도 거의 빠짐없이 언급되고 있다. 이 논문의 장단점에 대한 평가는 차치하고라도 적어도 종교학의 비교 방법의 다양함을 망라하였다는 점에서는 성공적이라 하지 않을 수 없다. 마치 국화 꽃 한 송이를 위한 소쩍새의 울음처럼 종교학에서 비교 방법을 논하려면 종교학 전체를 말하지 않으면 안 된다는 한 마디 교훈을 전해 주기 위해 웨일링은 그토록 긴 설명을 해야 되었는지도 모른다!

2. '비교'의 의미

우리에게 주어진 과제는 이처럼 종교학 전체의 외연外延 및 내포內包와 동일하게 얽혀 있는 '비교 방법'을 풀어서 제출하는 일이다. '비교의 비교'를 분석하려는 이 글의 방법적 시각은 주로 역사적인 것이다. 역사적으로 비교 방법이 달라져 온 것을 비교하여 관찰하면서 종교학의 비교 방법에 대한 개념적 지도를 그려보려고 한다. 무엇보다도 먼저 우리는 종교학에서 쓰는 비교의 의미를 살펴보는 것에서 시작해야 될 것 같다. 그것은 역사적, 내용적 두 차원에서 분석될 수 있다.

1) 역사적 분석

우선 종교학의 역사적 발생부터가 곧 비교의 동기에서 비롯되었음을

---

9) Frank Whaling, "Comparative Approaches" in Frank Whaling, ed., *Contemporary Approaches to the Study of Religion*, Vol. I (Berlin: Mouton Press, 1983), pp. 165 - 295.

주목할 필요가 있을 것이다. "한 종교만 안다면 결국 아무 종교도 모르는 셈이다"라는 비교의 원칙을 주장했던 막스 뮐러는 그 공로로 종교학의 아버지라는 명예를 얻었다. 그 자신이 기독교인이라는 점을 분명히 하였던 뮐러가 이 표어를 내세운 뜻은 결코 경건한 기독교 신자, 유대교 신자, 불교 신자 등의 신앙을 평가절하하려는 것이 아니었다.10) 단지 개인의 신앙 고백은 나름대로 소중하기는 하지만 '학문'(a science)이 될 수 없다는 사실과 학문으로서의 종교 연구는 '비교'라는 방법을 떠나서는 가능하지 않다는 점을 강조하고자 한 것이었다.11) 뮐러에게는 신생 학문인 종교학의 모델은 곧 언어학, 특히 비교언어학이었다.12) 그의 구호 자체도 괴테의 "한 언어만 아는 사람은 결국 그 언어도 모르는 사람"이라는 말에서 영감받아 나온 것이라고 한다. 마치 언어학이 세계 언어들의 비교를 통하여 그것들 속에 숨어 있는 공통적 문법의 질서와 다양한 표현의 아름다움을 밝혀 주는 것처럼, 세계 종교들에 대한 비교 연구인 종교학은 보편적 신앙의 문법과 초월적 상징의 다양한 표현을 드러내 보여 주리라고 확신하였던 것이다.13)

그러나 종교학의 근원과 그 비교의 동기는 막스 뮐러보다 훨씬 이전으로 소급될 수 있다. 종교학을 출발시킨 뮐러 자신을 가능하게 했던 것은 다름아닌 근대 서구(the Modern West) 수백 년을 통해 형성된 비판 정신, 즉 기독교 신학자 트뢸취가 '역사적 – 비판적 의식'(historical-critical consciousness)이라고 부른 정신이다. 그것은 전통적인 '교조적'(dogmatic) 방법과 날카롭게 대치되는 새로운 방법으로 성경, 교리, 교회의 전통을

---

10) Max Müller, *Chips from a German Workshop*, Vol. 1 (Chico: Scholars Press, 1985, reprint of 1869), p. xxvii.

11) Sharpe, *Ibid.*, p. 31.

12) Max Müller, *Ibid.*, p. xi & passim. 옥스퍼드 대학에서 가르쳤던 뮐러의 공식 직함은 Professor of Comparative Philology였다.

13) Müller, *Ibid.*, p. xxi.

포함한 "모든 것을 상대화시키는" 위기 의식을 가리키는 것이었다.[14] 따라서 종교학의 진정한 역사적 발원지는 비판 정신을 표방한 계몽주의까지 소급될 수 있고 중요한 의미에서 종교학은 서구 계몽주의의 산물이라고 할 수 있다.[15] 칸트의 유명한 구호처럼 "알기 위해 감히 힘쓰라!"(Sapere aude! Dare to know!)는 정신에 입각하여 다른 종교에 대해 아는 것을 겁내지 않았던 결과가 종교학이었다. 서구인들이 드디어 자신들의 종교를 다른 민족의 종교들과 '비교'할 수 있을 만큼 자료, 자원, 자의식이 넉넉해졌을 때 탄생한 학문이 곧 종교학이었던 것이다.[16]

보다 구체적으로 말해 계몽주의 시대에 종교들을 '비교'하려는 동기는 이상과 현실 모두의 필요성에 근거하였다. 우선 종교개혁과 종교전쟁 이후에 난립하게 된 여러 기독교 종파들을 평가하기 위해 '비교'해야 하는 것이 현실의 필요성이었다. 종교학의 기원을 17세기에서 찾는 피터 해리슨은 그 이유를 "이러한 교리들의 분쟁이야말로 비교종교학 발전에 가장 유일하게 중요한 요소"이기 때문이라고까지 역설하고 있다.[17] 바로 이러한 종파 간의 끊임없는 충돌과 살육의 현실로부터 탈출하여 보다 참된 종교를 찾고자 하는 지식인들의 이상 또한 '비교'의 원칙을 필요로 하였다. 즉 기독교라는 '종교'에 실망한 서구 지식인들이 타종교와의 '비교'를 통해 더욱 참된 '종교'를 찾으려던 노력에서 비롯된 결과가 종교학이었다고 말할 수 있다. 계몽주의 철학자들(les philosophes)이 기독교 전체를 이른바 '사제들의 농간'(priestcraft)이라고 매도하고 그 반대급부로서 이

---

14) Ernst Troeltsch, "Historical and Dogmatic Method in Theology," in James Luther Adams trans. *Religion in History*, (Minneapolis: Fortress Press, 1991), p. 18.
15) Smith, *Imagining Religion: From Babylon to Jonestown*, p. 104: "간단히 말해, 종교의 학문적 연구는 계몽주의의 소산이다."
16) Sharpe, *Ibid.*, p. 2.
17) Peter Harrison, *'Religion' and the religions in the English Enlightenment* (Cambridge: Cambridge University Press, 1990), p. 3.

신론理神論(Deism) 내지는 '보편 종교'(universal religion)를 추구하게 된 까닭이 여기에 있다.[18]

종교학의 발원지인 17세기 서구에서 이처럼 구체적인 '종교들'과 이상적인 '종교'에 대한 이분법적 관심이 분명하게 개념화된 사실은 후대 종교학의 내용 전개에 중요한 영향을 미치게 되었다. 계몽주의 이후에 '종교'라는 용어는 개개의 현실 종교들(the religions, Religionen)을 뜻하기도 하고 그러한 종교들의 보편적 개념으로서의 종교 일반(Religion)을 의미하게도 되었다. 가령 '종교를 경멸하는 문화인들'을 겨냥하여 '종교'를 변호하려 한 그의 고전적 저술에서 슐라이어마허가 "개개의 종교는 종교를 나타내는 구체적 형태들"이기 때문에[19] "종교들을 통하여서만 종교를 발견할 수 있다"라고 강조한 것은[20] '종교'의 이중 용법을 단적으로 보여준다. 현대종교학의 중요한 두 영역인 종교사학(History of Religions)과 종교현상학(Phenomenology of Religion)은 각각 구체적 '종교들'과 보편적 '종교'의 본질을 탐구하는 분야라고 할 수 있을 것이다.

2) 내용적 분석

종교학에서 '비교'는 그 학문적 내용의 의미에서 필수적이다. 종교학은 초창기의 이름인 '종교과학'(Science of Religion 혹은 Religionswissen-schaft가 시사하듯 종교에 대한 하나의 과학적 학문으로 정립되기를 희망하였다. 즉 철학이나 신학같이 종교의 규범성을 논하는 학문들과 스스로를 차등화시켜 종교를 기술하는 학문이 되려 한 것이다. 이런 의미에서

---

18) 흔히 이신론理神論의 원조라고 일컬어지는 허버트(Herbert of Cherbury) 경은 이러한 맥락에서 중요한 연결고리를 제공한다. J. Samuel Preus, *Explaining Religion* (New Haven: Yale University Press, 1987), pp. 23 − 39; Harrison, *Ibid.*, pp. 61 − 98.

19) Friedrich Schleiermacher, *On Religion: Speeches to its Cultured Despisers*, trans. by John Oman (New York: Harper & Row, 1958), p. 213.

20) *Ibid.*, p. 211.

종교학에서는 귀납적 관찰이 무엇보다 중요하게 부각된다. 그런데 주목할 점은 타종교와 종교인을 관찰한다는 것이 곧 '비교'한다는 것을 뜻한다는 것이다. 자연과학의 대상들은 적어도 이론상으로는 엄정 중립적으로 관찰될 수 있을지 모른다. 그러나 종교학의 대상들은 이론상으로라도 결코 객관적으로 관찰될 수 없다. 관찰하는 주체와 관찰 당하는 객체 모두 이미 '종교적 인간'(homo religiosus)일 때 종교학에서의 귀납적 관찰은 '비교'라는 특수한 인식 양태로 나타나게 된다.

따라서 '비교'의 당위성은 종교학으로 하여금 필히 '비교의 해석학'을 개발할 것을 지시한다. 종교학이란 다름아닌 인간 이해를 위한 "총체적 해석학"(total hermeneutics) 혹은 "창조적 해석학"(creative hermeneutics)이라는 엘리아데의 명제는 종교학의 '비교'라는 독특한 해석학적 요청을 잘 말해 주고 있다.[21] 유명한 '해석학적 순환'(the hermeneutical circle)은 종교학에서 '비교론적 순환'이라는 형태로 나타난다. 즉 전체를 알기 위해서는 부분을 알아야 하고 부분을 아는 것은 이미 전체에 대한 전이해 前理解가 있기 때문에 가능하다는 해석학적 공리는 종교학에서 토편적 '종교'와 개체적 '종교들'의 이해는 상호 순환적이라는 명제로 새삼 확인된다. 또한 그것은 더욱 구체적으로 말해 다른 종교들을 아는 것과 나의 종교를 아는 것은 분리하여 생각할 수 없다는 것을 의미한다. 혹은 그것은 역설적으로 말해 나 자신의 종교에 대한 지식이 타종교들에 대한 지식에 비추어 반성되지 않는 한 무식에 지나지 않는다는 것을 의미하기도 한다. 종교학에서의 비교론적 순환이란 결국 각 종교들을 서로 반사하여 주는 거울 효과(mirror-effect) 같은 것이다. 거울을 통해서라야만 스스로 자신을 볼 수 있듯이 타종교를 통해서 진정 자신의 모습을 보게 된다는 의미이다.

---

21) Mircea Eliade, *The Quest* (Chicago: University of Chicago Press, 1969), p. 58.

248

간혹 그것은 낯익은 종교적 사실들이 오히려 낯설어지고 생소한 사실
들이 오히려 친숙해지는 역설적 효과를 의미할 때도 있다. 베르톨트 브
레히트가 말한 '생소함의 효과'(Verfremdungseffekt)는 종교학적 비교의
효용을 묘사하기에 적절한 용어일 수 있다.22) 나 자신의 종교에 대한 이
해가 습관적 타성에 젖어 화석화되어 갈 때 생소한 이방종교가 던지는
충격 효과를 통해 새롭게 각성되는 사실이 곧 '생소함의 효과'이다.23) 조
나단 스미스에 따르면 바로 이러한 까닭에 비교는 '발견'(discovery)보다
는 '발명'(invention)에 가깝다. '비교'란 이미 찾기로 되어 있는 것을 보게
되는 것이 아니라 찾으려는 생각도 않던 새롭고 신기한 것을 얻게 되는
과정이라는 뜻에서다.24) 종교학적 이해의 지평은 비교론적 순환을 통해
넓어진다. 가다머의 유명한 '지평 융합'(Horizontverschmelzung)을 종교학
에서 가능하게 하는 촉매제는 바로 '비교'이다.

따라서 종교학에서의 비교란 무엇이며 왜 하느냐는 두 가지 질문은
단 한마디로 답변될 수 있다. 곧 '너'를 통해 '나'를 알려는 것이 비교의
본질이고 목적이다. 나아가 그것은 궁극적으로 '우리'를 가르쳐 주리라고
소망되는 것이다. '우리'에 대한 지식이야말로 종교학이 지치지 않고 추
구해 오고 있는 학문적 목표라고 하겠다. 초창기 공로자들인 막스 뮐러
와 루이스 조르단에서 오늘날 주도적 학자들인 엘리아데와 윌프레드 스
미스에 이르기까지 종교학의 인간학적 의의는 거듭 웅변되어 왔다.25) 그

22) Michael D. Swartz, "The Strange in the Midst of the Familiar: A Thematic Seminar
on Sacrifice" in John B. Carman & Steven P. Hopkins, eds., *Tracing Common Themes:
Comparative Courses in the Study of Religion* (Atlanta: Scholars Press, 1991), p. 101에서 재인용.
23) R. C. Zaehner, *Concordant Discord* (Oxford: Clarendon Press, 1970), p. 19.
24) Smith, *Ibid.*, p. 21.
25) Louis Henry Jordan, *Comparative Religion: Its Genesis and Growth* (Edinburgh: T & T
Clark, 1905), reprint (Atlanta: Scholars Press, 1986), p. 4: "이 새로운 학문의 탄생은
인간 지식에 있어 새로운 시대의 시작을 증거한다"; Eliade, *Ibid.*, p. 9: "다른 어떤
인문과학 분야보다도 종교학이야말로 철학적 인간학으로 나아갈 수 있을 것이다."

중에서도 이른바 '인격주의적 접근'을 주장하는 스미스는 가장 주목할
만하다. 그는 서구인들의 타종교 이해가 단계적으로 진행되어 왔음을 흥
미롭게 분석하면서 앞으로 과제를 제시하고 있다. 즉 서구인들에게 타종
교인들은 처음에는 1) '그것'(it)이었다가 2) '그들'(they)이 되고 3) 다음
'우리가 그들에 대해 말하는' 단계를 거쳐 4) '우리가 너에게 말하는' 단
계에 이르렀다는 것이다. 지금 세계는 바야흐로 5) '우리가 너와 더불어
말하는' 단계로 발돋움하고 있으며 궁극적으로는 6) '우리 모두가 서로
함께 우리들에 대해 이야기' 하는 단계[26] 즉 '협동—비판적 자아 의식
'(corporate critical self-consciousness)을 달성하는 방향으로 나아가야 하는
것이 스미스의 주장이다.[27]

3. 역사적 교훈

이처럼 종교학과 비교는 떼려야 뗄 수 없는 관계에 있는 까닭에 아예
처음부터 두 말을 하나로 줄여 '비교종교학'이라고 칭하였던 것은 극히
자연스럽고 논리적인 결정 같기도 하였다. 그러나 '비교종교학'이라는
이름에 주어진 것은 축복 대신 온갖 어려움뿐이었다. 우리는 여기서 잠
시 비교에 얽힌 역사적 교훈을 살펴볼 필요가 있다. 그 동안 종고학은
불과 1세기가 조금 넘는 역사에서 무수한 비교 방법을 시도해 오는 가운
데 많은 시행착오를 거듭하였다. 문제의 핵심은 어떤 개인적인 가치관이
나 불순한 동기를 확증하기 위하여 비교 방법이 너무나 자주 오용되어

---

26) Wilfred Cantwell Smith, 'Comparative Religion: Whither-and Why?' in Mircea Eliade
   and Joseph M. Kitagawa, eds., *The History of Religions: Essays in Methodology* (Chicago:
   University of Chicago Press, 1959), p. 34.
27) Wilfred Cantwell Smith, *Towards a World Theology* (Philadelphia: Westminster, 1981),
   p. 59 ff.

왔다는 점이었다. 비교종교학이 특정한 이데올로기에 의해 쉽게 오염되어 왔던 까닭에 그 학문 자체의 부적절함이 거론되기도 하였다. 여러 시행착오 중에서도 특히 신학적 비교와 진화론적 비교는 비교의 역기능적 측면을 보여 준 대표적 방법들이라고 할 수 있다.

1) 신학적 비교

종교학이 극복해야 할 최초의 그리고 최대의 편견은 신학적 비교였다. 이는 종교학과 신학과의 멀고도 가까운 특수한 관계에서 비롯된 것이었다. 이 신생 학문의 출현에 가장 위협을 느끼고 의심의 시선을 거둘 수 없었던 학문은 물론 신학이었다. 무엇보다도 먼저 전통적인 신학 교수직이 종교학 교수직으로 대체되기 시작한 것이 신학자들에게 현실적인 위협이 아닐 수 없었다.[28] 중세 때부터 내려오던 '만학萬學의 여왕'(regina scientiarum)으로서의 추상 같던 신학의 권위에 결정적으로 사망 진단을 내리려고 탄생한 학문이 종교학인 것 같기도 하였다. 모든 학문을 시녀로 부렸던 신학(ancilla theologiae)에게 이제는 종교학의 시녀로(ancilla religionae) 봉사해야 된다고 암시하는 것은 참기 어려웠음에 틀림없다. 종교 그 자체(the religion)였던 기독교가 하나의 종교(a religion)에 불과한

---

28) 1877년에 제정된 「네덜란드 대학 헌장」(Dutch Universities Act)은 네덜란드의 4개 국립대학인 암스테르담, 그로닝겐, 라이덴, 유트레히트 대학들의 신학과를 종교학과로 바꿀 것을 지시하고 있다. Sharpe, *Ibid.*, p. 121 ff. 이때부터 시작하여 영미 유럽 대학들에서는 점차적으로 신학과가 종교학과로 전환되어 왔다고 할 수 있다. 특히 미국의 주요 대학들은 현재 적어도 명칭만이라도 '신학과'의 간판을 내리고 '종교학과'로 대체하고 있는 점이 주목된다. 그 이유는 첫째 지난 반 세기 동안 미국에서의 종교학 급성장과, 둘째 미국에서 신학 교육이 종합대학의 신학대학(Divinity Schools)과 각 교파의 신학대학원(Theological Seminaries)으로 분업화되어 수행되어 왔다는 사실에 기인한다고 보인다. 한마디로 말해 신학대학은 점점 더 종교학과의 성격을 가지게 됨과 동시에 전통적 기독교 신학은 교파적 신학대학원에서 더욱 활발히 진행되고 있는 상황이라고 할 수 있다.

것으로 격하되고 신에 대한 학문 그 자체였던 신학이 '기독교적 신학'(Christian theology)이라는 꼬리표를 달아야 한다는 종교학의 주장은 신학자들이 참기 어려운 수모였을 것이다.[29]

로날드 녹스(Ronald Knox)가 "비교종교학은 학생들을 비교적 증교적으로 만든다"라고 빈정댄 것은 사실상 비교종교학에 대한 신학자들의 불안을 대변한 셈이었다.[30] 반대로 저명한 신학자 하르낙(Adolf von Harnack)은 철두철미 비교종교학의 준거 원칙 자체를 묵살하는 것에서 해결책을 찾았다. 그가 "한 종교만 (기독교만) 안다면 모든 종교를 아는 셈이다"라며 뮐러에게 응수한 것은 기독교야말로 모든 종교의 최고, 최선, 최종 구현이라는 신학적 자존심의 표출이었던 셈이다. 역설적으로 말해 기독교가 다른 어떤 종교와도 비교 불가능하다는 유일성의 교리는 오히려 비교종교학의 출현 이후에 더욱 구체화된 것 같은 느낌도 있다. 기독교가 절대적인가 상대적인가 하는 논란은 트뢸취에 의해 촉발되는데 그의 주장의 핵심은 세계종교사의 문맥에서 하나의 종교로서 기독교를 이해하자는 것이었다.[31] 반대로 트뢸취에 대한 가장 강력한 비판자인 칼 바르트는 복음과 종교, 신앙과 불신앙을 구분하고 복음에 대한 신앙으로서의 "기독교는 종교가 아니다"라는 신정통주의 선언을 하게 된다.

---

29) 현재 최고의 권위를 인정받고 있는 『종교백과사전』의 '신학' 항목이 '비교신학'(Comparative Theology)과 '기독교 신학'(Christian Theology) 두 개로 나뉘어 있다는 사실은 다분히 시사적이다. 더욱 흥미로운 사실은 '비교신학'을 집필한 데이비드 트레이시 자신이 저명한 '기독교 신학자'인데 그 스스로 비교신학의 중요한 전제는 '신학'이 더 이상 "그리스-기독교적(Greco-Christian)일 필요가 없다"는 것을 천명하고 있다는 점이다. David Tracy, "Theology: Comparative Theology" in Mircea Eliade, ed., *The Encyclopedia of Religion* (New York: Macmillan, 1987), Vol. 14, p. 446.

30) "Comparative religion is an admirable recipe for making people comparatively rel gious." Eric J. Sharpe, *Understanding Religion* (London: Duckworth, 1983), p. 14에서 재인용.

31) Ernst Troeltsch, *The Absoluteness of Christianity and the History of Religions*, trans. by David Reid (Richmond: John Knox Press, 1971), p. 48 & passim.

기독교는 세계종교사의 문맥이 아니라 이른바 '구속사'(Heilsgeschichte)의 문맥에서 읽어야 하기 때문에 그리스도를 통한 "신의 계시는 종교의 폐기"를 뜻한다고 항변한 것이다.[32]

어찌 보면 신학자들을 정말 참을 수 없게 만드는 것은 무엇보다도 '비교'라는 말 그 자체인 듯하였다. 그러나 역사적으로 볼 때 정작 '비교'의 방법을 즐겨 애용한 이들이 바로 신학자들이기도 하였다. 전지전능한 신이 왜 기독교 이외의 종교들을 허용하셨는가 하는 문제는 초대 교부들 시대부터 끊임없이 제기된 문제였다. 이러한 '타종교 문제'에 대한 전통적 신학의 대답은 다양한 신학적 비교를 통해 주어져 왔다고 볼 수 있다. 윌리엄 패든이 잘 보여 주는 것처럼 타종교는 사탄의 창조물이라는 부정적 평가에서 복음의 예비(praeparatio evangelio)에 해당한다는 긍정적 평가에 이르기까지 여러 가지 답변들이 있어 왔다.[33] 초대 교부들 때부터 각광받은 이론은 그리스의 역사가 에우헤메로스(Euhemerus)에서 유래된 이른바 '영웅신화설'(euhemerism)이었다. 이방 신들은 모두 인간 영웅들이 승격된 것에 불과하다는 주장이 얼마나 신학자들에게 매력 있었는지는 상상하기 어렵지 않다.[34]

그러나 신학자들을 진정 괴롭힌 문제는 타종교에서 발견되는 '비교적으로' 유사한 사실들을 어떻게 해석하느냐는 것이었다. 가령 기독교의 '창조주'와 플라톤의 '조물주'(Demiurgos)는 같은 개념인가 다른 것인가?[35] 절대자 하나님을 전하기 위해 중국과 아프리카에 간 선교사들이

---

32) Karl Barth, *Church Dogmatics*, Vol. 1, Pt. 2, Ch. 17, "The Revelation of God as the Abolition of Religion."

33) William E. Paden, *Religious Worlds: The Comparative Study of Religion* (Boston: Beacon Press, 1988), pp. 17 – 25.

34) Paden, *Ibid.*, p. 21; Sharpe, *Comparative Religion*, p. 6.

35) Diogenes Allen, *Philosophy for Understanding Theology* (Atlanta: John Knox Press, 1985), p. 15.

이미 현지인들이 유일신 개념을 가지고 있었다는 사실을 발견했을 때의 흥분, 그러나 바로 그 이유 때문에 현지인들이 기독교 복음을 새삼 받아들일 필요가 없다고 거절할 때의 좌절감은 반드시 신학적으로 설명되어야만 했던 것이다. 모든 유사성은 "참 종교와 비슷한 가짜 종교를 통해 구원을 방해하기 위한 예방주사"를 놓은 "악마의 예견과 책략"에 근거한다는 생각은 적어도 선교사들의 위기의식을 잘 반영하고 있다고 볼 수 있다.36) 혹은 표절설(plagiarism)로 유사성을 평가절하 하려고도 하였다. 호메로스의『일리아드』는 "여호수와의 여리고 성城 전투 이야기를 표절한 것"에 불과하고 심지어 힌두의 최고신 브라흐마(Brahma)는 아브라함(Abraham)의 이름을 잘못 표절한 것이었다고 주장하였던 희극적 경우도 있었다고 한다.37)

2) 진화론적 비교

진화론적 비교는 일종의 세속화된 신학적 비교라고 말할 수 있다. 위와 같은 신학적 비교의 단순함에 반발 혹은 보완 심리와, 당시에 풍미하던 진화론적 상식이 결합하여 만들어진 것이 진화론적 비교라고 할 수 있기 때문이다. 따라서 진화론적 비교에는 신학적 동기와 세속적 동기가 혼재되어 있으므로 편의상 신학적 입장과 종교학적 입장 두 가지로 구분하여 논하는 것이 좋을 듯하다. 먼저 신학적 관심에서 수용된 진화론적 비교는 타종교의 존재가 기독교에 미치는 문제의식을 과감히 수용하고 적극적으로 기독교의 위상을 세계종교사적 맥락에서 정립할 것을 목표로 하는 입장을 뜻한다. 슐라이어마허가 1822년 발표한 그의 중요한『기독교 신앙』에서 시도한 것이 바로 이러한 새로운 변증론이었고 바로 이

---

36) Arnold Toynbee, *An Historian's Approach to Religion* (London: Oxford University Press, 1956), p. 155.
37) Paden, *Ibid*., p. 19, 21.

점에서 그는 근대신학의 시조라는 평가를 받게 된다. 종교의식의 세 단계를 구분하여 인류는 우상 숭배, 다신론, 유일신론의 단계를 거쳐 왔다고 본 그는 유일신론 중에서도 오로지 기독교야말로 "배타적 우월성"을 가진 최상의 종교일 수밖에 없다고 단언하였다.38) 슐라이어마허 이후의 자유주의 신학자들은 대체적으로 이와 비슷한 비교 틀 안에서 기독교를 종교적 진화나무의 최종 열매로 해석해 왔다고 볼 수 있다.39) 기독교에 대한 이러한 '진화론적 절대성' 주장에 비판적이었던 트뢸취조차도 기독교는 모든 종교 발전의 "수렴점일 뿐 아니라 완성점"이라고 고백하면서 기독교의 "상대적 절대성"을 주장하였던 것이다.40)

종교학적 관점에서 수용된 진화론적 비교는 철학자 헤겔에게서 그 단서를 찾아볼 수 있다. 잘 알려진 것처럼 그는 백과사전적 지식과 완벽한 체계에 대한 관심을 가지고 절대정신의 역사적 구현을 절대적으로 증명하려 하였다. 이러한 헤겔의 독특성은 그의 종교관과 종교철학에서도 여실히 증명되고 있다. 그는 생전에 '종교철학' 강의를 네 차례 하였다고 하는데 최근에 출판된 강의 노트를 보면 그가 얼마나 심각하게 '종교들'에 대한 철학적 사고에 고심하였는가를 알 수 있다.41) 일반적으로 종교

---

38) Friedrich Schleiermacher, *The Christian Faith*, trans. by H. R. Mackintosh & J. S. Stewart (Edinburgh: T & T Clark, 1928), p. 38: "기독교와 다른 종교와의 이와 같은 비교는 그 자체로 기독교가 사실상 가장 고도로 발달된 종교 형태 중에서도 가장 완벽한 종교라고 말할 수 있는 충분한 근거가 된다."

39) 예를 들어 오늘날 옥스퍼드 대학의 영향력 있는 신학자 존 맥쿼리의 조직신학 입문서에도 종교 진화를 나타내는 도표가 제시되어 있다. John Macquarrie, *Principles of Christian Theology*, 2nd ed. (New York: Charles Scribner's Sons, 1977), p. 167.

40) Troeltsch, *Ibid.*, p. 114. 그러나 그가 사망하기 직전에 완성한 원고에서 기독교의 '상대적 절대성' 평가가 일종의 '문화제국주의적 과오'였다고 고백하고 그 대신 기독교의 '절대적 상대성'을 주장한 것은 유명한 일이다. Ernst Troeltsch, *Christian Thought: Its History and Application* (Westport: Hyperion Press, 1979), pp. 3 - 35.

41) '종교철학' 강좌는 1821, 1824, 1827, 1831년 네 번에 걸쳐 베를린 대학에서 개설되었다. 강의 노트는 1984년부터 3년 간 독일어판과 영어판이 같이 3권으로 발간되었

철학이라고 하면서도 실제로는 기독교만을 다루는 경우가 많은데 헤겔은 당시에 알려진 종교들에 대한 모든 정보를 종합하여 체계적인 종교철학을 이루려고 노력하였던 점이 역시 헤겔답다고 해야 할 것이다. 절대정신이 어떻게 역사 속의 종교들을 통하여 스스로를 구현해 갔는지에 대한 그의 사색에서 마지막 완성된 종교의 영예는 기독교에게 주어졌다. 물론 엄밀히 말한다면 헤겔이 절대종교(Absolute Religion)라고 찬양한 기독교는 교회에서 예배되는 기독교가 아니라 철학자의 사변 속에서 가꾸어진 지극히 철학적인 기독교라고 해야 더욱 정확할 것이다.[42)

헤겔의 철학은 곧 이성주의(rationalism)의 승리를 의미하였고 그의 철학적 유산은 19세기 전체에 걸쳐 유효한 정신적 양식이었다. 오귀스트 콩트, 찰스 다윈, 그리고 심지어 헤겔의 철학을 "거꾸로 세워야 한다"고 비난하던 칼 마르크스에 이르기까지 이 세기의 사상가들에게 공통된 요소는 진보를 가져오는 이성의 힘에 대한 믿음이었다. 따라서 19세기 말에 등장한 신생 학문인 비교종교학 역시 헤겔의 이성주의적 가치관과 진화론적 사고방식이라는 시대 정신에 물들지 않을 수 없었을 것이다. 초기에 이른바 '종교기원 논쟁'이 그토록 많은 관심을 불러일으켰던 것과 또 하등종교, 원시종교, 고등종교 등의 개념이 상식화된 것은 진화론적 가치관이라는 큰 틀 안에서 가능했다고 이해할 수 있겠다.[43) 또 E. B. 타

다. Hegel, *Lectures on the Philosophy of Religion*, 3 Vols. ed. by Peter C. Hodgson (Berkeley: University of California Press, 1984 – 1986).

42) H. R. 매킨토쉬, 『현대신학의 선구자들』, 김재준 옮김(서울: 대한기독교서회, 1973), 114쪽.

43) Sharpe, *Ibid.*, Ch. 3, "Darwinism makes it all possible" pp. 47 – 71. 이 당시의 철학, 종교학, 신학의 분위기를 짐작할 수 있는 이정표에 해당되는 저자로서 옥스퍼드 대학의 에드워드 케어드를 언급할 수 있다. 유명한 '기포드 강좌'(Gifford Lectures)에 두 번씩이나 초청받을 만큼 명예를 누렸던 그는 종교와 철학과 신학의 진화에 대한 확신을 강연하였다. Edward Caird, *The Evolution of Religion* (Glasgow: James MacLehose and Sons, 1893), 2 Vols. & *The Evolution of Theology in the Greek Philosophers* (Glasgow:

일러가 주술을 '사이비 과학'(pseudo-science)으로 규정짓고, 나아가 제임스 프레이저가 주술, 종교, 과학이 그 순서대로 진화하였다고 본 것 등은 이성주의적(intellectualistic) 접근의 좋은 예가 된다.44)

그러나 진화론적 비교가 얻게 되는 논리적인 결론은 결국 프레우스(K. T. Preuss)의 표현처럼 종교가 인류의 '원초적 우둔함'(Urdummheit)에서 비롯되었다는 것 이상일 수 없었다.45) 인간이 곧 '털 없는 원숭이'라는 결론이 주는 거부감만큼이나 종교가 '진화된 우둔함'이라는 명제도 많은 사람들에게 참을 수 없는 거부감을 불러일으켰다. 이른바 '원시인들의 최고신들'(High Gods of Low Races)에 대한 가설을 내세운 앤드류 랑(Andrew Lang)에서 시작하여 쇠더블룸(Nathan Söderblom), 오토(Rudolf Otto), 슈미트(Wilhelm Schmidt) 등에 이르는 일군의 학자들은 종교의 기원에 대한 진화론적 이론에 줄기차게 도전하였다. 또 타일러와 프레이저의 이성주의적 주술관도 말리노프스키(B. Malinowski)와 레뷔－브릴(Lucien Levy-Bruhl) 이후로 크게 수정되지 않을 수 없었음은 이미 잘 알려진 사실이다. 결론적으로 19세기 전체를 풍미했던 진화론적 사고가 20세기에 들어서면서 퇴조하기 시작하였던 것과 같이하여 종교학에서의 진화론적 비교 역시 시대착오적 유물이 되고 말았다.46)

James MacLehose and Sons, 1904), 2 Vols.

44) Stanley J. Tambiah, *Magic, Science, Religion, and the Scope of Rationality* (Cambridge: Cambridge University Press, 1990), p. 53 & passim.

45) Sharpe, *Ibid.*, p. 68.

46) 그러나 1970년 로버트 벨라가 '종교 진화'에 대한 글을 발표하여 격렬한 논쟁을 일으킨 이후로 이 주제에 대한 긍정적 검토가 적지 않다. Robert N. Bellah, *Beyond Belief* (New York: Harper & Row, 1970), Ch. 2, "Religious Evolution" pp. 20－50; Michael Horace Barnes, *In the Presence of Mystery* (Mystic, CT: Twenty-Third Publication, 1984).

4. 비교의 새로운 의미

위에서 살펴본 것처럼 결국 '비교'는 서구와 기독교의 커다란 음모였다는 소문이 만인의 상식이 되면서 '종교학'은 '비교'라는 간판을 내리지 않을 수 없게 되었다. '비교'라는 단어는 부당한 가치판단, 우월적 사고방식, 타문화에 대한 서구적 편견 등 모든 알려진 해악들을 상징하게 된 것이다. 종교학의 세계는 상징으로 충만한 세계이다. 종교학도는 그의 삶의 세계 어느 구석 어느 모서리에서도 어떤 상징적 의미를 읽어 내는 연습을 게을리 하지 않는다. 그것은 인간의 초월적 상징 체계들로 이루어진 세계가 곧 종교의 세계이고 그러한 상징들을 연구하는 것이 곧 종교학이라는 학문이기 때문이다. 위의 간단한 역사가 웅변하듯 '비교'라는 말은 종교학도들에게 다분히 상징적이다. 먼저 '비교'는 희생양의 상징성을 가진다. 신생 학문이 유년기에 범하기 쉬운 온갖 오류와 시행착오의 누명을 짊어지고 희생된 셈이 되었다. 그러나 '비교'는 종교학에서 가장 아끼는 상징 중 하나인 죽음과 부활의 상징일 수도 있다. 죽음과 파괴는 오로지 새로운 창조와 부활을 준비하기 위한 몸짓이라는 종교학적 진리처럼 비록 비교의 옛 의미는 죽었지만 이제 비교의 새로운 의미가 탄생되는 것을 보게 되는 것이다. 어떻게 비교를 다시 비교되게 할 것인가? 현대 종교학자들이 비교의 새로운 의미에 대하여 제시하는 여러 처방들을 간단히 살펴보고자 한다. 곧 역사적 비교, 현상학적 비교, 주제별 비교 세 가지가 그것이다.

1) 역사적 비교

종교학에서의 역사적 비교의 의미는 아무리 강조해도 지나치지 않다고 할 만큼 중요하다. 그것은 종교학의 가장 기초를 이루는 분야가 곧 종교사학(history of religions)이기 때문이다. 전통적인 의미에서 종교학자가 된다는 것은 어느 특정한 종교 전통을 전공하는 종교사학자가 된다는 것을 뜻할 만큼 종교학에서의 종교사학의 위상은 뚜렷하다. 그래서 아직도 적지 않은 학자들이 '종교학'이라는 말 대신 '종교사학'을 고집하기도 한다.47) 종교사학자들의 일차적 관심은 세계 여러 종교들의 역사적 전개에 대한 확실한 지식과 정보를 확보하는 것이다. 불과 한 세기라는 짧은 기간임에도 불구하고 개개 종교들에 대한 방대한 양의 지식을 얻는 데 성공적이었으며 계속 놀라운 속도로 새로운 정보를 발굴하고 있는 중이다. 종교사학이 종교학의 여러 분야 중 가장 기초적인 자료를 제공하여 주는 기초 학문이라고 할 때 역사적 비교 역시 다른 여러 형태의 비교를 가능하게 하는 기초적 역할을 수행한다고 말할 수 있다. 신학적 비교, 주제적 비교, 공시적·통시적 비교, 현상학적 비교 등의 모든 비교가 정확하고 정직하게 이루어지기 위해서는 역시 확실한 역사적 자료와 건전한 역사적 관점이 선행되어야 하기 때문이다.48)

그런데 역사적 연구가 깊어질수록 세계의 많은 종교들이 여러 가지 다양한 형태로 서로서로 연결되어 있다는 역사적 진실들이 드러나게 되었다. 마치 전혀 다른 두 꽃의 뿌리를 각각 연구해 내려가다 보니 서로 수많은 잔뿌리들로 엉켜 있는 곳을 발견하고 놀라게 되는 것처럼 전혀 이질적이라고 생각하던 어느 두 종교가 역사의 실뿌리들로 연계되어 있음을 발견하고 흥분하게 되는 것이다. 그래서 종교사학자들의 역사적 관심은 자연히 비교적 관심으로 발전하게 된다. 가령 중세 때 유럽에서 유행했던 발람(Barlaam) 성자聖者와 요사파트(Josaphat) 왕자의 전설이 좋은 예가 될 수 있을 것이다. 세상의 환락에 염증을 느낀 왕자가 구도의 고행을 거듭한 끝에 성자를 통해 진리를 발견한다는 내용의 이야기이다. 이 전

---

47) 예컨대 세계적으로 종교학 연구를 주도하여 온 시카고 대학은 아직도 '종교학'이라는 말을 기피하고 '종교사학'이라고 주장하는 것으로 유명하다.

48) Whaling, *Ibid.*, p. 172.

설이 지닌 종교적 의미와 그 유래를 추적하여 전 세계와 세기를 연결하는 역사적 지도를 그려내는 윌프레드 스미스의 통찰력은 경탄할 만 하다. 유럽 전역에서 사랑받았던 이 설화의 저자는 8세기 신학자 다마스커스의 성 요한(John of Damascus)이라고 알려졌으나 사실은 이슬람에서 유래된 이야기였고 그것은 또 중앙아시아의 마니교도를 통해 전해졌던 불교 설화에서 나왔다는 것이다. 여러 세기에 걸쳐 전파되는 과정에서 주인공의 이름도 다양하게 변했다. 원래 불교에서는 보디사트바[보살菩薩(Bodhisattva)] 즉 붓다佛陀의 이야기였던 것이 마니교에서 보디사프(Bodisaf)가 되고, 이슬람의 유다사프(Yudasaf), 그리스의 로아사프(Loasaph)를 거쳐 중세에서 요사파트(Josaphat)라는 라틴어 이름으로 알려지게 된 것이다.[49]

스미스가 이 설화 전승을 소개하면서 얻고자 하는 교훈은 곧 세계종교들 간의 보이지 않는 역사적 유대감이다. 인류 전체가 세계종교 역사를 함께 만들어 온 공동구성원임에도 불구하고 우리는 이 사실을 아직 깨닫고 있지 못하다는 것이다. 왜 이 이야기가 그렇게 많은 나라, 민족과 시대를 통해 사랑받고 감동을 줄 수 있었는가? 심지어 현대에 들어서 톨스토이가 이 전설에 큰 감명을 얻었고 또 간디가 톨스토이를 통해 깊은 인상을 받았던 사실까지 연결시키면서 스미스는 수천 년 동안 세계일주를 하고 다시 20세기 인도의 간디에게 돌아온 이 전설을 통해 인류에게 공통된 정신적, 영성적 일체감을 읽으려고 한다.[50]

---

49) Wilfred Cantwell Smith, *Towards a World Theology*, p. 9.
50) Smith, *Ibid.*, p. 17. 나아가 20세기 언어철학의 거물인 비트겐슈타인이 톨스토이의 우화집을 무엇보다도 사랑하였고, 톨스토이와 그의 이야기 주인공들이 설교한 것과 같은 담백하고도 깊은 영성 생활을 끊임없이 흠모하였다는 사실을 추가로 지적해 보는 것도 의의 있을 것이다. Ray Monk, *Ludwig Wittgenstein: the Duty of Genius* (New York: Penguin Books, 1990), p. 116. 특히 비트겐슈타인의 철학과 불교의 선禪 사상을 비교하는 작업이 한동안 유행했던 것을 생각하면 이러한 역사의 긴 연결고리를 통해 부처와 비트겐슈타인을 상상으로 맺어 보는 것도 흥미로울 것이다.

위의 예가 보여 주는 바와 같이 역사적 비교는 여러 가지 알려지지 않았던 흥미로운 사실들을 발굴하여 줄 뿐만 아니라 토인비나 스미스가 희망한 것처럼 인류가 하나되는 토대를 확립시켜 주는 긍정적 역할을 할수 있을지 모른다.[51] 그러나 마치 과학자들의 '가치 중립적' 연구의 이상이 실제로는 세계 군비 확장을 도와주는 데 악용될 수 있는 것같이 종교사학자들의 역사적 연구도 자칫 교리적, 종파적 목적을 위해 악용될 소지를 다분히 가지고 있다. 역사적 비교가 봉착할 수밖에 없는 어려운 문제의 하나는 여러 종교들 간의 역사적 연결을 지적하는 것이 흔히 종교간의 우열을 지적하는 것으로 오해될 소지가 많다는 점이다. 여기에는두 가지 종류의 상식적 신화가 고질적으로 이러한 오해를 부추기고 있다. 첫째는 먼저 있던 종교가 보다 순수한 것이고 나중에 나타난 종교는모방과 혼합이라는 상식적 발상이다. 하기는 이미 고대의 헤로도투스 같은 탁월한 역사가도 "페르시아인들의 종교는 모두 다른 종교에서 베껴온 것이다"라고 경멸을 감추지 못했던 일이 있었다.[52] 이른바 '혼합주의'(syncretism) 혹은 '표절주의'(plagiarism)라는 표현에서 풍겨 나오는 극도로 부정적인 어의語義의 진원은 여기에서 연유된다. 두 번째는 나중에나오는 종교가 보다 완벽한 종교, 보다 확실한 계시라는 믿음이다. 유대교에 대한 기독교, 기독교에 대한 이슬람, 힌두교에 대한 불교, 소승에대한 대승의 우월감은 바로 이처럼 진리란 더욱 새로워지고 더욱 완성되는 것이라는 확신 없이는 설명이 불가능한 것이다. 이러한 태도는 흔히'계승주의'(supercessionism)라고 일컬어진다.

---

51) "모든 종교는 동일하다"는 입장의 대표자로 토인비와 스미스를 다루고 있는 니터의 책을 참조. Paul F. Knitter, *No Other Name?* (Maryknoll: Orbis Books, 1985), pp. 37 - 54.

52) 여하간 여러 종교를 '비교 관찰'한 최초의 역사가라는 의미에서 헤로도투스 (Herodotus)야말로 종교학의 아버지이고 인류학의 조상이라고 평해지기도 한다. Jonathan Smith, *Map Is Not Territory*, p. 245.

거대한 역사의 그물 안에 이리저리 이렇게 저렇게 연결되어 있기 마련인 세상의 수많은 종교들은 시기에 따라, 또 상대에 따라 혼합주의를 앞세워 다른 종교를 꾸짖기도 하고 계승주의를 내세우며 타종교를 동정하기도 한다. 가령 기독교가 유대교를 대할 때에는 '새 이스라엘'의 계승주의를 앞세우게 되고 이슬람에게 대해서는 혼합주의를 경고하기 마련이다. 흔히 '셈족 종교'(the Semitic religions)라 칭하는 유대교, 기독교, 이슬람 세 종교의 관계는 사실 역사적 비교의 좋은 연습 대상인 셈이다.[53] 예를 들어 『히브리 성경』과 『구약성서』[54] 창세기 39장, 그리고 『쿠란』(Qu'ran) 제12장(Surah)에 나오는 유명한 요셉 이야기는 언제나 흥미로운 '비교'거리를 제공해 왔다. 유대교와 기독교는 같은 본문을 놓고 전혀 다른 해석의 전통을 이어 왔고, 이슬람은 상당히 상이한 본문에 대한 독특한 해석의 역사를 가지고 있다. "동네 아낙들이 요셉을 보자 그의 아름다운 자태에 너무 놀라 탄성을 지르며 자신들의 손을 찌르고……" 등으로 풀어 나가는 『쿠란』의 기사는 유대교인과 기독교인의 눈에는 천박한 표절로 보였고 이슬람교인에게는 무함마드를 통한 알라 신의 거룩하고도 달콤한 최종 계시로 받아들여졌던 것이다.

역사적 비교는 종교간의 일치와 화해보다는 오히려 더 큰 분쟁과 반목을 일으킬 소지를 더 많이 감추고 있는지도 모른다. 토인비가 경고한 '우리들 주의主義'(nosism)와 같은 집단 이기심에 역사적 비교의 정보가 악용될 가능성은 없는가?[55] 위의 불교의 보디사트바(Bodhisattva)와 기독

---

53) F. E. Peters, *Children of Abraham* (New York: New York University Press, 1971)

54) 『구약』(Old Testament)이란 이름이 우리들에게 너무 친숙하여 진 탓에 실상 이것이 기독교의 『신약』(New Testament)에 대비할 때에만 가능한 이름이라는 사실을 잊게 될 때가 많다. 정작 이 경전만을 유일한 계시로 받아들이는 유대교인에게는 『구약』이란 신성모독적 개념인 것이다. 그래서 현대 종교학자들은 『구약』과 『신약』 대신 『히브리 성경』(the Hebrew Bible)과 『기독교 성경』(the Christian Bible)이라는 용어를 선호한다.

교의 요사파트(Josaphat) 이야기로 되돌아가서 스미스의 말을 인용해 보자. "역사적 사실은 이 이야기를 통하여 천여 년 동안 부처가 기독교의 성자였다는 것이었다."[56] 이런 파격적인 표현의 의미는 곧 역사를 역사로 인정할 수 있는 용기를 가지고 종교간의 대화를 위한 공통분모로서의 역사적 연관성을 밝히자는 것이다. 그러나 실제로 이런 발언이 특정 호교론자들에 의해 상대방 종교를 비방하는 데 쓰인다면 불행한 일이 아닐 수 없다. 최근 불교계와 기독교 일각에서 진행되고 있는 논란을 보면 이러한 우려가 현실로 다가오는 듯한 느낌도 있다.[57] 이른바 '인도에 갔던 예수' 등의 이야기가 그럴 듯하게 각색되어 역사의 비밀로 전해지기도 한다.[58] 이런 이야기에 혹시라도 매력을 느끼는 불교인이 있다면 소위 '노자화호설老子化胡說'의 코미디를 되새겨 보는 것이 좋을 듯하다. 중국에서 한창 불교와 도교가 세력다툼을 할 때 불교를 음해하려고 퍼졌다는 이 이야기의 내용은 곧 중국의 노자老子가 은퇴하고 인도에 가서 석가釋迦가 되었다는 것이었다.[59] 또 불교로부터 공격받는 기독교인들도 이번

---

55) Arnold Toynbee, *Christianity Among the Religions of the World* (New York: Charles Scribner's Sons, 1957), p. 97.

56) Smith, *Ibid.*, p. 20.

57) 로이 아모르, 『성서 속의 붓다』 (서울: 정신세계사, 1988); 윤청광, 『불경과 성경: 어느 쪽이 먼저 베꼈는가』 (서울: 동국출판사, 1987); 민희식, 『법화경과 신약성서』 (서울: 불일출판사, 1986) 등 참조.

   기독교와 불교 간의 대화와 비교에 관한 문헌은 이미 엄청난 양인데다가 또 나날이 빠른 속도로 쌓여 가고 있다. 여러 면에서 서로 강한 대조를 이루는 이 두 종교를 비교하는 것은 분명 매력적인 작업이다. 그러나 이렇게 방대한 양의 문헌을 소화해야 하는 고된 작업이기도 하다. 최근에 출판된 선디의 책은 특히 부처와 그리스도의 탄생설화를 중심으로 두 종교의 역사적 연관성을 비교하고 있는 훌륭한 연구서이다. Zacharias P. Thundy, *Buddha & Christ: Nativity Stories & Indian Traditions* (Leiden: E. J. Brill, 1993).

58) "Jesus in India" 이야기가 어떻게 퍼졌으며 결국 어떻게 조작극으로 판명나게 되었는지에 대한 설명은 Per Beskow, *Strange Tales about Jesus* (Philadelphia: Fortress Press, 1983), Ch. 9, "Jesus in India"에 잘 나와 있다.

기회에 초기 기독교의 이른바 '그리스 모세'(Attic Moses)설을 돌이켜 보면서 역사의 역설적 교훈을 되새겨 볼 필요가 있을지 모른다. 그리스 철학을 대표하는 플라톤이 사실은 모세의 제자 내지는 모세의 분신이었다는 웃지 못할 이 이야기가 한때는 정설처럼 전해지기도 하였다는 것이다.[60]

2) 현상학적 비교

현상학적 비교를 이해하기 위한 좋은 개념적 반사경은 바로 구시대적 발상으로서의 가치론적 비교이다. 기독교 신학자와 진화론에 입각한 초기 비교종교학자들이 목소리를 합해 내린 결론은 원시종교로부터 여러 종교를 거쳐 진행되어 온 종교 발전이 기독교에서 최종 완성되었다는 것이었다. 헤겔, 슐라이어마허, 죄더블룸, 오토뿐만 아니라 가장 비판적이라는 트뢸취까지도 이러한 신학적, 진화론적 편견에서 벗어나지 못한 것을 우리는 이미 관찰했다. 이른바 종교현상학(phenomenology of religion)이라는 분야는 바로 이러한 가치론적 선입견을 일절 배제하고(epoche, '괄호넣기') 종교현상을 있는 현상 그대로 보자는 주장을 하였다. 후설(Husserl)의 "사물 그 자체로 돌아가자!"(Zu den Sachen Selbst)는 구호는 철학적 내용면에서라기보다는 상징적 의미에서 종교현상학에서도 중요하게 등장하였다. 현상의 심리적 환원과 사회적 환원을 반대하였던 철학적 현상학의 반환원주의(anti-reductionism)에 영향받아 종교현상의 원래 의도를 복구해야 한다는 기치를 내세우게 된 것이 곧 종교현상학이었다.

---

59) 구보 노리따다, 『도교사』, 최준식 옮김 (왜관: 분도출판사, 1990), 117 – 20쪽. 그러나 구보 노리따다는 정작 『노자화호경老子化胡經』과 이야기의 발상지는 도교가 아니라 불교 쪽이었을 것이라고 결론 내리고 있다.

60) E. G. Weltin, *Athens and Jerusalem* (Atlanta: Scholars Press, 1987), Ch. 1, "Plato an Attic Moses?" pp. 5 – 20.

또 한 가지 종교현상학이 철학적 현상학에서 차용한 중요한 항목이 있다면 그것은 바로 사물의 다양성과 본질에 관한 관심이라고 할 수 있다. 현상학은 의식의 지향성이 연출하는 삶의 세계(Lebenswelt) 속의 수많은 다양성(Mannigfaltigkeit)을 통해 본질직관(Wesensschau, eidetic vision)을 파악하는 것을 목표로 하였다. 종교현상학자들도 마찬가지로 종교현상의 다양성을 검토하고 또한 다양성 속에서 종교의 본질을 파악하려는 것을 학문의 목표로 내세웠다. 가령 프레드리히 하일러Fredrich Heiler의 『종교의 현현과 본질』(Erscheinungsformen und Wesen der Religion, 1961) 같은 저서든가 반 델 레에우(Van der Leeuw)의 유명한『종교의 본질과 현상』(Religion in Essence and Manifestation, 1933)은 제목부터 종교현상의 다양성과 본질, 두 가지 학문적 초점에 대한 종교현상학자들의 관심을 잘 말해 준다.

더글라스 알렌의 분석에 따르면 종교현상학이란 주로 이 두 가지, 즉 여러 종교현상의 다양성을 비교, 분석하는 작업과 그것을 통하여 종교의 본질과 종교학의 방법론을 탐구하는 작업을 뜻한다.61) 따라서 종교현상 학자들에게 비교란 우선 종교현상의 다양성을 관찰할 수 있는 수단이었고 궁극적으로는 종교의 본질을 해독하기 위한 목적을 지닌 것이었다. 이런 의미에서 우리는 두 가지 약간 상이한 현상학적 비교를 언급할 수 있다. 첫째는 철두철미하게 분류하는 방법으로서의 비교(typological classification and comparison)로 나타나는 종교현상을 여러 가지 항목으로 분류하고 정리하면서 비교를 행하는 것이다. 성스러운 장소, 물체, 시간, 신화, 성性, 성전, 거석 신앙, 기도, 제사, 대지, 하늘 등이 대표적으로 애용되는 주제들이었다. 보통 암스테르담 대학의 드 라 소시에(Pierre D.

---

61) Douglas Allen, "Phenomenology of Religion" in Mircea Eliade, ed., *The Encyclopedia of Religion* (New York: Macmillan, 1987), Vol. XI, p. 273. 알렌의 '종교현상학' 설명은 이 주제에 대한 간략하면서도 가장 유용한 소개라고 보여진다.

Chantepie de la Saussaye)의 『종교학 입문』(Manual of the Science of Religion, 1891)이 이런 분류적 비교의 시작이었다고 인정되고 있다. 그의 뒤를 이은 네덜란드의 크리스텐센, 반 델 레에우 및 독일의 하일러, 비덴 그렌 등의 학자들에 의하여 분류적 비교는 대단한 학문적 업적을 이룩하게 되었다.[62]

두 번째 비교는 역시 마찬가지로 분류적 비교이긴 하지만 그것을 통해 궁극적으로 어떤 원형을 발견하고자 하는 의도가 분명하게 표시된다는 점에서 처음 것과 구분된다. 유형학적 비교(morphological comparison)라고 칭해지기도 하는 이러한 비교의 대표는 역시 엘리아데라고 할 수 있다. 그의 저서에는 위의 분류적 종교현상학자들과 같이 여러 종교적 주제에 대한 관심이 폭넓게 나타나 있다.[63] 그러나 엘리아데의 진정한 관심은 종교적 현상들의 수집이나 분류에 그치지 않고 그것들의 원형을 찾는 데 있다. 그의 시선은 아득한 '그 옛 시간'(illud tempus)에 고정되어 있으면서 괴테가 말한 '원초적 식물'(Urpflanze)의 전설 같은 종교적 몸짓의 원형을 찾는다. 종교의 본질은 다름아닌 영욕의 역사적 시간으로부터 탈출하여 영원히 반복되는 신화적 시간으로 들어가고자 하는 데 있다는 것이다. 태초로, 본향으로, 원점으로 돌아가려는 종교적 의지를 엘리아데는 '초의식'(transconsciousness)이라고 부른다.[64] 이 말은 물론 즉각적으로

62) W. Brede Kristensen, *The Meaning of Religion: Lectures in the Phenomenology of Religion*, trans. by John B. Carman (Hague: Martinus Nijhoff, 1960); G. Van Der Leeuw, *Phänomenologie der Religion* (Tübingen: J. C. B. Mohr, 1956), E. T.: *Religion in Essence and Manifestation* (Gloucester: Peter Smith, 1967), 2 Vols.; Friedrich Heiler, *Erscheinungsformen und Wesen der Religion* (Stuttgart: W. Kohlhammer Verlag, 1961); Geo Widengren, *Religionsphänomenologie* (Berlin: Walter de Gruyter & Co., 1969).

63) Mircea Eliade, *Patterns in Comparative Religion*, trans. by Rosemary Sheed (New York: New American Library, 1958), 국역:『종교형태론』, 이은봉 옮김 (서울: 형설출판사, 1979).

64) Guilford Dudley III, *Religion on Trial: Mircea Eliade & His Critics* (Philadelphia: Temple

융의 '집단무의식'을 연상시킨다. 종교의 원형과 그 상징적 의미에 대한 지대한 관심을 공유한다는 측면에서 엘리아데는 융과 자주 비교되고 가끔은 레비-스트로스의 구조주의적 주장과 비견되기도 한다.[65]

현상학적 비교는 종교학에 다대한 공로를 남겼다고 평가되고 있다. 종교현상의 다양성을 파악하려는 많은 거창한 저술들이 성공적으로 씌어졌다. 그러나 종교현상학자들의 이른바 본질직관이라는 또 다른 목표는 그들에게 오히려 큰 짐이 되고 말았다. 종교현상학자 개개인마다 다 틀린 내용의 '종교 본질'을 '직관'하였다는 사실은 가혹한 농담이 아닐 수 없었다.[66] 가치판단적 편견을 배제하고자 시작된 종교현상학이 결국 다른 의미에서 자의적인 본질직관을 강요하는 모순에 빠졌다는 결론이 가능하였다. 나아가 현상학적 분류 그 자체도 실제로는 개인적 가치가 부여된(value-laden) 비교였다고 지적되었다. 어떤 항목을 설정하느냐는 것 그 자체가 결국 주관적 선택에 근거했을 뿐이라는 주장이었다.[67]

3) 주제별 비교

최근 들어 가장 활발한 움직임을 보이고 있는 것은 주제별 비교이다. 위의 현상학적 비교와 역사적 비교의 단점들을 충분히 절감하고 새로운 돌파구를 열려는 시도라고 보여진다. 우선 여러 가지 주제를 선정하고 광범위한 자료를 비교한다는 점에서는 종교현상학의 분류적 비교와 비슷하다고 할 수 있다. 그러나 그것과의 중요한 차이점을 지적한다면 주

University Press, 1977), p. 63 ff.

65) Whaling, *Ibid.*, p. 219.

66) Willard Gurdon Oxtoby, "Religionswissenschaft Revisited" in Jacob Neusner ed,. *Religions in Antiquity* (Leiden: E. J. Brill, 1968), p. 597.

67) 잘 알려진 인류학자인 에드먼드 리치(Edmund Leach)는 엘리아데의 이론을 "잘못된 역사…… 잘못된 민속학…… 잘못된 심리학"이라고 혹독하게 비판한다. Dudley, *Ibid.*, p. 37.

제별 비교는 곧 '분류'라는 거창한 개념을 거부한다는 사실이다. 분류를 하기 위해서는 이미 전체를 알아야 할 텐데 바로 그것이 종교현상학자들을 잘못 이끈 함정이었다는 것이다. 주제별 비교론자들은 분류와 전체와 본질에 대한 환상을 의도적으로 거부한다. 대신 이들은 차근차근 하나 하나의 주제를 실증적으로 연구 검토하기를 제안한다. 커다란 이론을 먼저 상정하고 그 이론의 구색을 맞츠기 위한 비교가 아니라 아무 이론적 부담 없이 주어진 주제의 다양성을 깊이 음미하기 위한 비교를 제창한다. 중요한 의미에서 주제별 비교는 종교학의 귀납적 성격을 가장 잘 살리려는 비교라고 하겠다. 그야말로 순수비교의 묘미를 마음껏 맛브게 해주는 비교라고 할 수 있는 것이다.

이러한 작업 가설의 차이로 인해 연구 결과도 다른 면모를 보이게 된다. 종교현상 전체를 분류하고 분석하려 했던 종교현상학자들의 저서들은 대부분 다양한 주제들을 한 권의 책 속에 백과사전같이 나열하였다. 그러나 지금 학계에 발표되는 저서들은 대부분 하나의 주제만을 집중적으로 분석하면서 전 세계 종교를 통해 비교하는 형식을 가지고 있다. 이른바 '비교 단행본'(comparative monograph)이라고 일컬어지는 책들은 대개 이런 유형의 저서들이라고 여겨진다. 영국의 제프리 파린다와 존 보우커는 이 방면의 선구자들이라고 할 수 있다.[68] 하버드의 월프레드 스미스는 세계종교 속에서의 '믿음'이라는 주제와 평생 씨름하여 오고 있다.[69]

---

68) Geoffrey Parrinder, *Mysticism in the World's Religions* (New York: Oxford University Press, 1976) & *Sex in the World Religions* (New York: Oxford University Press, 1980); John Bowker, *Problems of Suffering in Religions of the World* (Cambridge: Cambridge University Press, 1970), *The Religious Imagination and the Sense of God* (Oxford: Clarendon Press, 1978) & *The Meaning of Death* (Cambridge: Cambridge University Press, 1991).

69) Wilfred Cantwell Smith, *Belief and History* (Charlottesville: University Press of Virginia, 1977) & *Faith and Belief* (Princeton: Princeton University Press, 1979).

물론 이러한 차이는 종교학적 정보의 크기와도 비례한다. 상대적으로 정보의 양이 빈약했던 지난날에는 한 사람의 훌륭한 종교현상학자가 그 모든 것을 소화할 만했을 것이다. 그러나 지금처럼 종교학이 눈부시게 발전하는 데 그 모든 정보를 흡수하여 '전체'를 조감한다는 것은 어느 개인에게든 불가능하게 보인다. 심지어 한 사람이 어느 한 주제에 대해 충분히 아는 것도 이미 힘들게 되었는지도 모른다. 이런 상황을 반영하듯 미국의 종교학과에서는 '공동 강의'(team teaching)나 '공동 저술'(team writing)이 활발하게 실험되고 있는 모습을 볼 수 있다. 존 칼만은 종교적 주제들에 대한 비교연구를 위해 이제부터라도 학자마다의 개인적 연구를 지양하고 자연과학자들 같이 공동 연구를 지향할 수 있어야 된다고 강조한다.[70] 한마디로 종교학은 다시 한 번 '종교과학'의 이상을 실현하여야 하고 그 목표를 달성하기 위한 방법이 다름아닌 귀납적 관찰과 비교라는 것이다. 시간, 성, 신, 기도, 죽음, 예배, 조각, 음악, 경제, 질병, 순례, 근대화 등등 거의 모든 가용한 주제들에 대한 '비교'가 가능하고 공동으로 연구, 발표되고 있다.[71]

---

70) John B. Carman & Steven P. Hopkins, eds., *Tracing Common Themes: Comparative Courses in the Study of Religion* (Atlanta; Scholars Press, 1991), p. 315.

71) 관계된 주제들에 대한 도서목록은 그것 자체만으로도 두툼한 책 한 권이 될 것이다. 여기서는 최근에 나온 저서 몇 권만을 보기로 들어 본다. 죽음: Hiroshi Obayashi, ed., *Death and Afterlife: Perspectives of World Religions* (New York: Praeger, 1992). 종교철학: Frank Reynolds & David Tracy, eds., *Myth and Philosophy* (Albany: State University of New York Press, 1990). 인간: Hans G. Kippenberg, ed., *Concepts of Person in Religion and Thought* (Berlin: Mouton de Gruyter, 1990). 여신: Larry W. Hurtado, ed., *Goddesses in Religion and Modern Debate* (Atlanta: Scholars Press, 1990). 악: David Parkin, ed., *The Anthropology of Evil* (Oxford: Basil Blackwell, 1985). 성인: John S. Hawley, ed., *Saints and Virtues* (Berkeley: University of California Press, 1987). 치유: Lawrence E. Sullivan, ed., *Healing & Restoring: Health and Medicine in the World's Religious Traditions* (New York: Macmillan, 1989). 근본주의: Martin E. Marty, ed., *Fundamentalism Observed* (Chicago: University of Chicago Press, 1991).
국내에서도 이러한 공동 연구가 지난 수년 간 활발하였다. 한국종교학회 엮음, 『죽

5. 열린 질문

이상과 같이 우리는 종교학에서의 '비교'의 근본적 의미와 그 문제, 그리고 몇 가지 주요한 비교방법에 대하여 간단하게 살펴보았다. 그러나 정작 종교학에서 '비교'가 제기하는 구체적인 문제점들에 대해서는 전혀 토론을 하지 못한 점이 아쉽다. 예컨대 단순 비교의 위험, 상동相同과 상이相似의 균형 문제, 각 종교의 유일성唯一性 논란, 각 종교의 이상과 현실 비교, 그리고 동질성과 기능성의 비교 등이 현대종교학에서 '비교'가 풀어야 할 숙제들이라고 할 수 있다. 그 중에서도 우리는 그 문제의 심각함과 어려움에 비추어 아직 전혀 거론조차 할 수 없었던 문제에 대해 잠시 언급하는 것으로 결론을 대신하고자 한다. 그것은 바로 이제껏 모든 비교가 결국 종교의 외면적인 것, 관찰 가능한 것만을 비교한 것이 아니냐는 질문이다. 이 질문이 감추고 있는 가시가 있다면 그것은 종교학의 비교란 어떤 형태이든 간에 불필요하고 불가능하지 않을까 하는 의구심이다. 물론 이 질문의 논리적 연장은 곧 종교학이란 학문 자체가 불필요하고 불가능하다는 말이 될 수도 있다. 여하간 논의의 핵심은 '너'를 통해 '나'를 알고 '우리'를 알아보자는 '비교'의 취지에 충실하기 위해서는 종교의 내면적인 것의 비교가 더 중요하지 않느냐는 것이다.

종교와 종교학에서 내면적인 것과 외면적인 것 사이의 갈등은 뿌리깊은 것이다. 인류학에서 말하는 내면(emic)과 외면(etic)의 이분법과 그 형식은 같아도 그 의미는 더욱 심각하다고 할 수 있다. 종교의 모든 외적인 것은 종교의 껍질일 뿐이고 종교의 참 뜻은 오로지 내면적인 것에서만 발견될 수 있다고 믿는 수많은 종교인들이 있다. 그리고 그들 종교인들이야말로 종교학의 연구 대상이라는 점에서 종교학자는 종교인들의 발

음이란 무엇인가: 여러 종교에서 본 죽음의 문제』(서울: 도서출판 창, 1990); 한국정신문화연구원 엮음, 『악이란 무엇인가』(서울: 도서출판 창, 1992).

언에 심각하게 귀 기울이지 않을 수 없는 것이다. 크리스텐센이 말한 것처럼 "신자들은 언제나 옳다"라고 말할 수 있는 사람이 더 좋은 종교학자가 될 수 있고 윌프레드 스미스의 지적처럼 "광객이 보는 소가 아니라 힌두가 보는 소"를 볼 수 있는 사람이 더 훌륭한 종교학자가 될 수 있다고 믿기 때문이다.

종교학에서의 '비교'는 결론적으로 하나의 크게 열려진 해석학적 질문이다. 타인을 이해하고 나를 이해하고 우리를 이해하기 위한 '비교'는 끊임없이 새로운 이해의 가능성을 질문하지 않을 수 없는 것이다.

제7장
포스트모더니즘, 그 이후

이 세대를 무엇으로 비유할꼬 비유컨대 아이들이 장터에 앉아 제 동무를 불러
가로되 우리가 너희를 향하여 피리를 불러도 너희가 춤추지 않고 우리가 애곡하여
도 너희가 가슴으로 치지 아니하였다 함과 같도다.   (마태복음 11:15-17)

1. 포스트모더니즘이란?

과연 우리가 살고 있는 이 시대를 무엇이라 이름지으며 우리의 세대
를 무엇에 비유할 것인가? 한 시대를 개념화한다는 것은 결국 한 사람의
이름을 짓는 것만큼 중요할 수도 무의미할 수도 있을 것이다. 언어철학
자들을 오랫동안 괴롭혀 왔던 문제, 곧 "이름이란 특별한 의미소意味素
(meaningful description)인가?" 아니면 "한갓 인식표認識票(a mere designa-
tion)인가?" 하는 질문은 20세기 말 오늘의 시대와 세대에 걸맞은 이름을
찾고 있는 우리들에게 시사하는 바가 크다. 지금 세상에는 온통 '포스트
모더니즘' 타령이 한마당 너질러져서 너도나도 모두 다 지금 이 시간은
포스트모더니즘 시대요 우리는 그 세대라고 야단들인 것 같다. 예술가도
문학가도 건축가도 철학자도 심지어 신학자도 포스트모더니즘 논쟁의
마차를 얻어 타려고 안간힘을 쓴다. 미국 사람들 말처럼 "The circus is
in town!"(마을에 서커스가 들어왔다.) 그러나 이 포스트모더니즘이라는
이름이 과연 중요한 의미소인지 아니면 단순한 이름표인지, 과연 20세기
말의 시대 정신인지 아니면 한갓 유행어인지를 가름할 수 없다는 것이

많은 사람들의 공통된 당혹감이다.

그러나 서커스란 으레 점잖은 사람들의 눈살을 찌푸리게 하지 않을 수 없는 법이고 우리의 근엄한 일상의 주름살 뒤에 숨은 어떤 파격의 홍소哄笑를 이끌어 내는 데에 그 의의가 있는 법이다. 포스트모더니즘이라는 이름의 서커스도 역시 우리들의 당혹감을 볼모로 잡은 채 일상과 전통을 잠시라도 잊고 함께 더덩실 어우러지기를 요청한다. 물론 이 말은 포스트모더니즘이란 곧 세기말의 문화적 서커스라고 미리부터 단언하는 것이라고 오해되어서는 안 된다. 단지 지금 세상의 장터에는 이들의 놀이마당이 한창이고 우리는 동시대인으로서 기꺼이 참여할, 적어도 귀동냥할 필요가 있음을 강조함이다. "이 세대를 무엇에 비유할꼬." 예수는 같이 웃을 수 있는 여유에 인색하고 같이 슬퍼할 수 있는 연민에 옹색한 그의 동시대인들을 한탄하였다. 2,000년이 지난 오늘날 우리는 가끔 위의 한탄의 화살이 방향을 바꿔 교회와 신학자들에게 날아오는 것을 목격하기도 한다. "이 시대의 신학자들을 무엇에 비유할꼬. 그들은 문화의 피리를 불어도 춤추지 아니하였고 상황의 애곡이 넘쳐나도 울지 아니하였노라!"

20세기 말, 그 마지막 일이십 년의 사회적 문화적 철학적 상황을 가장 잘 함축한다고 하는 이름이 곧 포스트모더니즘이다.[1] 포스트모더니즘 논의는 굉장히 진한 종교적 의미를 함축하고 있다. 이른바 '현대 종교경험'을 이해하는 데 있어 무엇보다 먼저 요구되는 것은 그 삶의 환경으로서의 '현대' 경험에 대한 이해라는 점이다. 대표적 문화신학자 틸리히의 책 제목이 적절하게 표현하듯 오늘의 종교성을 이해하기 위해서는 먼저 오늘의 '종교적 상황'을 이해하지 않으면 안 된다.[2]

---

1) 현대 사회를 묘사하는 수많은 명칭에 우리는 이미 익숙하여 있다. 가령 앙리 르페브르는 "현 사회를 어떻게 명명해야 할까?"라는 스스로의 물음에 대해 소비사회, 전시사회, 기술사회, 풍요사회, 여가사회 등의 여러 이름을 검토하고 있다. 『현대세계의 일상성』, 박정자 옮김 (서울: 세계일보사, 1990), 83－100쪽.

2) Paul Tillich, *The Religious Situation*, trans. by H. Richard Niebuhr (Cleveland: The World

우리 나라에서도 그 동안 포스트모더니즘 논쟁이 활발하게 진행되어서 소수의 전문가들뿐만 아니라 일반인들도 한 번쯤은 이 단어를 들어보았고 관심을 가졌을 정도로 상식화되었다. 그러나 포스트모더니즘에 대한 소문은 많이 들어 보았지만 정작 무엇이라고 단정짓기는 힘들다는 것이 아마 대다수 사람들의 반응일 것이다. 포스트모더니즘이라는 유령이 자신의 이름을 널리 알리는 데에는 성공했는지 몰라도 자신을 제대로 이해시킨다는 점에서는 실패하고 있는 듯하다.[3] 그래서 그저 막연히 포

Publishing Company, 1932). 또한 그의 사후에 편집되어 출판된 다음 저서도 흥미롭다. *The Spiritual Situation in Our Technical Society*, ed. by J. Mark Thomas (Macon: Mercer University Press, 1988).

물론 틸리히와 그의 신학적 방법론을 따르는 미국의 신학자들에게 종교와 문화는 불가분의 상호 관계를 가지는 것으로서 궁극적으로 볼 때 신학이란 곧 그가 처한 '종교적 상황'을 연구하는 것 이상이 아니다. 그래서 문화신학이란 신학의 한 분야라기보다는 현대에서 신학이 신학이 될 수 있는 유일한 가능성이기도 한 것이다.

3) 사실 '포스트모더니즘'이라는 말은 너무나 광범위하고 복잡하게 사용되어서 아예 개념으로서의 기능을 상실했다고 진단받기도 하였다. 흥미로운 관찰은 보통 포스트모더니스트라고 분류되는 많은 사상가들이 포스트모더니즘의 모호성을 이유로 정작 이 용어의 사용을 거부한다는 점이다. Richard Rorty, *Consequences of Pragmatism* (Minneapolis: University of Minnesota Press, 1982), p. xx 등. 따라서 포스트모던이 내세우는 최대의 주장이 곧 가치의 다원화라고 할 때 그것을 가장 분명히 보여 주는 예는 다름아닌 포스트모더니즘 자신의 다양한 의미라는 역설적 지적도 설득력 있어 보인다. 또 이미 10년 전부터 데이비드 하비는 포스트모더니즘이라는 개념이 벌써 노쇠하고 있다고 증언하고 있었다. David Harvey, *The Condition of Postmodernity* (Oxford: Basil Blackwell, 1989), p. 1. 그래서인지 성급한 이들은 미리부터 post-post-modernism을 논하기도 한다.

그러나 이 용어를 둘러싼 이러한 개념의 혼란은 긍정적으로 평가될 수도 있을 것이다. 그것은 포스트모더니즘이 무엇인지 아직 분명치 않을지는 몰라도 적어도 아직 고정화되지는 않았다는 위안감이다. 다시 말해 포스트모더니즘을 정확히 진단할 수 없다는 것은 이 개념이 빈사 상태에 빠져서라기보다는 오히려 그것의 왕성한 활동력 때문이라고 말할 수도 있을 것이다. 그렇다면 포스트모더니즘을 둘러싼 혼돈은 이 개념의 종말을 시사한다기보다는 오히려 이 개념의 여명을 암시한다고 평가될 수도 있다.

스트모더니즘이란 기발나고 괴상야릇하고 실소를 자아내게 하는 것이라고 여기는 무책임한 상식이 성행하는 느낌이 든다. 단적으로 말해 논리에 어긋나는 것, 상식에서 벗어나는 것, 혹은 잘 이해할 수 없는 것 모두를 싸잡아 표현할 수 있는 편리한 단어가 곧 포스트모더니즘이라고 간주되고 있는 것이다. 실제로 '포스트모더니즘'이라는 개념은 그 동안 지나치게 자유롭게 사용되어(used) 그만 아무 특별한 뜻도 지닐 수 없게 오용되어(abused) 온 것도 사실이다. 가령 적지 않은 수의 사람들에게 포스트모더니즘이란 곧 20세기 말에 일어나는 그 모든 것들을 휘어잡아 대변하는 극히 모호한 지칭어로 사용되는 것을 볼 수 있다.

  포스트모더니즘이 비상식적인 것이라는 일반적 느낌은 사실 지극히 합당한 셈이다. 결국 기존 질서와 가치를 뒤집으려는 반항적 성격이 포스트모더니즘의 두드러진 특성 중 하나라는 점만은 분명하기 때문이다. 포스트모더니즘의 대변자 격인 안드레아스 후이센(Andreas Huyssen)이 한마디로 요약하듯 "포스트모던은 '백인 이후' '남성들 이후' '인본주의 시대 이후' '청교도 이후'의 세계라는 가능성"을 추구하는 체제저항적 운동이라는 점에는 이론의 여지가 있을 수 없다.4) 또한 포스트모더니즘이 우스꽝스러울 만큼 이상한 것들을 대변한다는 인상도 극히 정당화될 수 있다. 그것은 포스트모더니스트들 스스로 유치하고 조잡함을 뜻하는 '키치'(kitsch)를 무엇보다 자랑하고 사랑한다고 주장하기 때문이다. 그래서 그들은 의도적으로 이른바 '고상한' 예술이나 고전음악을 거부하고 광고 포스터, 대중음악 등 '유치한' 매체를 통해 자신을 표현하려고 노력한다. 사실 문학의 고전들을 읽기는 싫어해도 텔레비전 주말연속극은 빠지지 않고 보며 서정시 한 편 외우지는 못해도 상품 광고문은 줄줄 외우는 오늘의 이른바 'X 세대'들은 결국 모두 익명의 포스트모더니스트인지도 모

---

  4) 안드레아스 후이센, 「포스트모더니즘의 위상정립을 위해」 정정호·강내희 엮음, 『포스트모더니즘론』 (서울: 도서출판 터, 1989), 289쪽.

른다.5)

그러나 이러한 인상들은 포스트모더니즘과 정당하게 연관되기는 하지만 역시 표피적이고 피상적인 현상이라고 할 수 있다. 더욱 중요한 것은 포스트모더니즘의 본질을 밝히는 일일 것이다. 물론 여기서 '포스트모더니즘의 본질'이라는 표현은 다분히 역설적이다. 본질이나 실체, 가치, 현존 등 이른바 '현존의 형이상학'(metaphysics of presence)을 부정하려는 것이 포스트모더니즘의 일관된 주장인 까닭이다. 따라서 우리가 논의하려는 본질이란 그 어떤 가치론적 시비에 관한 것이 아니라 포스트모더니즘의 구조적 본질을 의미한다. 즉 넓은 의미에서 포스트모더니즘은 두 가지 계기를 가진 구조라고 분석될 수 있다는 것이다. 그것은 단기적(미시적) 의미와 장기적(거시적) 맥락에서의 포스트모더니즘 논쟁에 관한 구분이다. 이 이중적 구조를 분명히 파악할 때라야만 우리는 포스트모더니즘이라는 전체 숲의 윤곽을 보게 될 수 있을 것이다.

---

5) 켐벨(Campbell soup) 통조림 포스터로 유명해진 앤디 워홀(Andy Warhol)로부터 시작해서 비디오 아트(video art)의 백남준, 미니멀리즘(minimalism) 음악의 필릅 글래스(Philip Glass), 그리고 오락영화의 귀재 스티븐 스필버그(Steven Spielberg)에 이르기까지 포스트모더니즘의 기수들은 모두 현대 대중문화의 영웅으로 일컫기에 부족함이 없다. 잠실 롯데월드의 거대한 상업적 놀이 공간으로부터 시작해서 텔레비전의 상품광고에 나선 대학교수들에 이르기까지 우리 나라도 언제부터인가 포스트모더니즘의 대중문화적 필요충분조건을 잘 갖추게 된 것 같다. 서울의 압구정동이 한국적 포스트모더니즘의 진원지라고 지적되기도 한다. "바람부는 날이면 압구정동을 가야 한다"고 읊었던 유하는 키취를 시상화詩想化하는 대표적 음유시인으로 등장하였다. 또한 흥미로운 것은 압구정동에서 불고 있는 또 하나의 바람, 곧 대형 교회의 바람이다. 미국 포스트모더니즘의 진원지에 서 있던 피들러는 이미 오래 전에 "기존의 기독교 교회의 공식적인 대변자들은 알아차리고 있지 못하지만 종교의 대부흥이 일고 있는 것도 대체로 기계…… 덕분이다"라고 지적한 바 있었다. (레슬리 피들러, 「경계를 넘어서고 간극을 메우며」, 정정호・강내희 엮음, 『포스트모더니즘론』, 59쪽.) 여기서 "기계……" 대신에 "압구정동……"을 삽입한다면 우리는 성聖과 속俗이 왕성하게 공존하는 강남 포스트모더니즘의 역설성을 대략 짐작할 수 있을지 모른다.

276

2. 포스트모더니즘 대 포스트모더니티

포스트모더니즘의 내용을 분석하는 데 중요한 계기가 되는 것은 이 논쟁 전반에 나타나는 두 가지 흐름을 인지하고 분리시키는 일이다. 그 것은 특히 포스트모더니즘의 두 가지 역사적 문맥에서 유래하는 것이다. 문자 그대로 포스트모더니즘이란 '모더니즘 이후'(post+modernism)라고 할 수 있다.6) 곧 포스트모더니즘이란 다름아닌 모더니즘이라는 말로 대 표되던 특정한 생활양식, 사유방식이 수정, 비판되고 나아가 극복, 재구 성되는 것을 뜻한다고 적어도 축자적으로 풀이할 수 있는 것이다. 미국 건축가 골드 버거의 "모던 아닌 것은 모두 포스트모던이다"7)라는 지독 히 애매한 표현이 차라리 정확하게 들리는 것 같은 까닭이 여기 있다. 그렇다면 포스트모더니즘이란 곧 그 전이해前理解로서의 '모더니즘'이 과연 어떤 내용이었느냐에 따라 이해될 수 있다는 공식이 가능해진다. 그러나 포스트모더니즘을 논하는 거의 대부분의 저자들은 이러한 모더 니즘−포스트모더니즘 간의 순수 형식적 변증관계에는 동의하지만 가 장 관건이 되는 '모더니즘'이 과연 무엇이냐에 대해서는 그야말로 십인 십색十人十色으로 제각기 불협화음을 연출하고 만다. 다시 말해 '어디로 향한 극복'(post for what?)이냐는 질문은 곧 '어디로부터의 극복'(post from what?)이냐는 답변에 종속되어 있는 것인데 바로 이 후자인 모더니 즘에 대한 개념적 동의가 조성되지 않는 한 전자인 포스트모더니즘에 대

---

6) 여기서 포스트모더니즘의 'post'를 과연 어떻게 해석할 것인지에 대해 두 가지 입장이 나타나고 있다. 송두율 등은 '포스트'를 보다 적극적 의미로 해석하여 '탈脫 근대'라고 풀이하고 있고 한정선 등은 보다 시대사적 의미로 해석하여 '후기後期 근대'라고 풀이한다. 송두율,『현대와 사상』(서울: 한길사, 1990), 157쪽; 한정선·안 드레아스 호이어 지음,『현대와 후기현대의 논쟁』(서울: 서광사, 1991), 13쪽.
7) 원정수,「포스트모더니즘과 건축」김욱동 엮음,『포스트모더니즘과 예술』(서울: 1991, 청하), 154쪽에서 재인용.

한 이해는 계속 혼미상태 속에 헤맬 것임에 틀림없다.

　이처럼 다양한 여러 의견들 가운데에도 '모더니즘'에 대한 이해는 대략 두 가지 형태로 대별될 수 있다. 그 첫째는 협의의 의미에서 20세기 초 혹은 중반부터 태동되기 시작한 문화와 예술 각 분야에서의 모더니즘 운동을 가리키는 것이다. 가령 건축에서의 모더니즘은 20세기 초의 바우하우스 학파(Bauhaus School)를 일차적으로 일컫는 것이며, 문학에서의 모더니즘은 1920년대 로버트 프로스트, 조이스, 토마스 만 등 거장들로 대변되는 한 흐름을 일차적으로 가리킨다.[8] 둘째 유형은 보다 광의의 의미에서 본 모더니즘으로 18세기부터 진행되어 온 계몽주의(Aufklarung, Enlightenment)의 역사적 전개와 유산을 모더니티(modernity) 혹은 근대성이라고 일컬을 때 모더니즘(modernism)은 다름아닌 계몽주의적 가치를 더욱 극대화시키려는 의식화 운동이라는 보다 폭넓은 역사적인 의미를 부여받게 된다. 이처럼 두 종류의 '모더니즘'을 구분할 수 있다고 하면 그것을 비판, 극복 혹은 대체하려는 '포스트모더니즘'도 두 유형으로 나타날 것이다. 이와 같이 두 가지 의미의 모더니즘과 그것에 상응하는 두 가지 유형의 포스트모더니즘을 분리하는 것이 가능하다면 더 이상의 개

---

8) 데이비드 하비(David Harvey)에 따르면 문학에서의 모더니즘은 1910년과 1915년 사이에 그 분수령을 이루었다. 프로스트의 『백조의 길』(1913), 제임스 조이스의 『더블린 사람들』(1914), 로렌스의 『아들과 연인』(1913), 토마스 만의 『베니스에서의 죽음』(1914) 등이 집중적으로 발표된 때가 바로 이 시절이었다. 이 1920년대는 문학 이외의 다른 분야에서도 천재들이 대거 출현한 스타 전성 시기이기도 하였다. 가령 1913년 뉴욕에서는 마티스, 피카소, 끌리, 칸딘스키 등의 작품들이 한자리에 전시되어 엄청난 화제를 일으키고 있었으며 같은 해에 스트라빈스키는 그의 '봄의 제전'을 초연함으로 쉰베르크, 바르톡, 베르그 등으로 이어지는 무조無調음악 시대를 열었다. *David Harvey, The Condition of Postmodernity* (Oxford: Basil Blackwell, 1989), p. 28. 비록 하비는 언급하지 않았으나 우리는 금세기 최고의 신학자 칼 바르트의 획기적인 『로마서 주석』이 1919년 발표되었다는 사실을 '신학 모더니즘'의 원년으로 기억해도 좋을 것이다. 또한 현대분석철학의 원조가 되는 비트겐슈타인의 *Tractatus*도 역시 1919년에 완성되어 출판만을 기다리고 있었던 것도 흥미롭다.

넘의 혼동을 막기 위해서라도 각기 다른 명칭으로 분별하여 주는 것이 바람직하다고 보여진다. 여러 이름이 가능하겠지만 그 중 포스트모더니즘(postmodernism)과 포스트모더니티(postmodernity)라는 두 용어가 위와 같은 개념의 차등화를 제일 잘 설명할 수 있는 것 같다.[9]

첫째 '포스트모더니즘'은 건축, 미술, 문학비평, 음악, 의상, 연극, 영화 등 문화 예술의 여러 분야에서 진행되고 있는 논의들을 지칭하는 것으로서 주로 20세기 전반과 중반에 걸쳐 각 분야에서 대두되었던 여러 가지 '모더니즘'에 대한 반성과 극복을 그 내용으로 하는 움직임이라고 할 수 있다. 즉 단기적 맥락에서의 포스트모더니즘 논쟁은 주로 20세기 안에 일어난 사건들에 초점을 맞추고 있다. 보다 정확히 말한다면 1960년대에 미국에서 씨가 뿌려진 후, 70년대 잠복기를 거쳐, 80년대 전성기에 달하게 된 일련의 논쟁들을 지시한다. 주로 문학, 예술, 건축, 영화 등 문화 분야 전반에 걸쳐 진행되었던 논쟁으로 일명 문화적 포스트모더니즘이라고 명할 수 있을 것이다. 우리 나라에서 논의된 포스트모더니즘은 대부분 이 유형에 해당한다고 보여진다. 특히 국내에서 문학평론가들을 중심으로 포스트모더니즘 논쟁이 계속되었던 점을 감안한다면 쉽게 이해가 가는 일이다. '키치' '혼성모방'(pastiche) '풍자'(parody) '반소설'(anti-novel) 등의 용어가 친숙하게 된 것은 문화적 포스트모더니즘의 공로라고 할 수 있다.

---

9) 여러 저자들이 포스트모더니즘과 포스트모더니티를 의도적으로 구별하여 사용하고 있다. 가령 안소니 기든스(Anthony Giddens)는 '근대성의 본질에 관한 미학적 성찰'로서의 포스트모더니즘과 근대의 여러 인식상황에 대한 반성으로서의 포스트모더니티의 구분에 대해 간략하게 언급하고 있다. 안소니 기든스, 『포스트모더니티』, 이윤희・이현희 옮김 (서울: 민영사, 1991), 58쪽. 또 국내에서는 도정일 교수가 그 누구보다도 분명히 이와 같은 차이점을 분명히 직시하고 있는 것으로 보인다. 도정일, 「포스트모더니즘─무엇이 문제인가」, 『창작과 비평』 (19권 1호, 1991 봄), 304-5쪽; "좌담: 포스트모더니즘의 이해를 위하여" 정정호・강내희 엮음, 『포스트모더니즘의 쟁점』 (서울: 도서출판 터, 1991), 17쪽.

이처럼 20세기 후반부의 문화 예술적 반성이라는 보다 좁은 의미로서
포스트모더니즘을 제한할 때 포스트모더니즘은 철두철미하게 귀납적인
방식으로 파악할 수 있을 것이다. 즉 총체적 의미로서의 포스트모더니즘
이해는 먼저 각 분야에 대한 개별적 접근과 파악이 선행된 뒤 수렴될 수
있을 것으로 보여진다. 가령 건축에서의 포스트모더니즘 논쟁과 문학비
평에서의 포스트모더니즘 논쟁을 각개전투 식으로 각각 살핀 후에라야
과연 두 영역 간에 어떤 공통점과 차이점이 발견되는지를 논할 수 있고
그런 식으로 다른 여러 분야에 대한 선별적 반성을 거쳐야만 포스트모더
니즘의 진정한 내포와 외연이 더 분명하게 부각될 수 있을 것이다.[10]

둘째 반면 장기적 문맥에서의 포스트모더니즘 논쟁은 지난 수십 년에
관한 것이 아니라 지난 수세기에 걸친 사상적 변천에 초점을 맞추고 있
다. 특히 계몽주의 이후 삼, 사백 년 동안 전반적인 사상사 영역에서 발
견되는 패러다임 변화(paradigm switch or shift)를 검토하는 작업이라고
할 수 있다. 즉 '포스트모더니티' 논의는 보다 철학적 혹은 사회이론적
개념으로서 근대철학사와 사상사의 맥락에서 논의되어 왔던 이성의 규
범성과 합리적 사회에 대한 반성을 그 기초로 하고 있는 것이다. 따라서

---

10) 문화와 예술 전반에 걸쳐 논의되고 있는 포스트모더니즘에 관한 좋은 입문서로는
Steven Connor, *Postmodernist Culture* (Oxford: Basil Blackwell, 1989)와 David Harvey, *The
Condition of Postmodernity* (Oxford: Basil Blackwell, 1989) 두 권을 들 수 있다. 또한 국내의
각 방면의 학자들이 포스트모더니즘을 진단한『포스트모더니즘과 예술』, (김욱동
엮음, 서울: 청하, 1991)도 포스트모더니즘의 문화 예술적 전체적 스펙트럼에 대한
훌륭한 안내서가 되어 준다. 문학, 연극, 건축, 음악, 미술, 영화, 아트, 댄스 등 각
분야에서의 포스트모더니즘 논쟁이 여러 전문가에 의해 다방면으로 분석되고 있다.
그러나 위와 같은 단행본과 달리 단 하나의 논문 안에 이러한 제 방면에서의 포스트
모더니즘 논쟁을 산뜻하게 요약하여 보여주는 것이 바로 프레드릭 제임슨의 유명한
논문, 「포스트모더니즘 ─ 후기자본주의 문화논리」이다. (정정호·강내희 옮음,『포
스트모더니즘론』, 서울: 도서출판 터, 1989, 139 ─ 202쪽에 수록) 비록 마르크스주의
적 편파적인 시각에서라는 제약은 있지만 문화 예술적 문맥에서의 포스트모더니즘
논쟁에 대한 탁월한 보고서가 아닐 수 없다.

포스트모더니티 논쟁에는 철학자와 사회학자 등이 주로 참여하고 있으며 일명 철학적 포스트모더니즘 논쟁이라고 칭할 수 있을 것이다.[11] 그 주요 논제는 하버마스(Jurgen Habermas)가 '계몽주의의 계획'(the project of the Enlightenment)이라고 칭한 바 있는 이성과 합리성의 가치 우위성에 대한 찬반 시비라고 할 수 있다. 따라서 포스트모더니티에 대한 고찰은 이른바 '근대 서구'(the Modern West)가 형성되어 온 지난 수백 년에 대한 통시적 이해를 전제 조건으로 요구하고 있다. 사회학자, 철학자, 신학자들이 거론하는 포스트모더니즘은 보다 정확한 의미에서는 포스트모더니티인 셈이며 가령 후기구조주의(post-structualism), 해체 – 건설 이론(deconstruction theory), 프랑크푸르트 학파와 비판 이론(Frankfurt School and the critical theory), 신실용주의(neo-pragmatism), 후기분석철학(post-analytic philosophy) 등에서 진행되고 있는 논쟁은 모두 이 유형에 속한다고 할 수 있다.

　문화적 – 귀납적 – 협의적 개념으로서의 포스트모더니즘과 철학적 – 연역적 – 광의적 개념으로서의 포스트모더니티의 개념 구분은 그 동안 이 논쟁이 진행되어 온 과정을 이해하는 데에도 많은 도움을 준다. 안드레아스 후이센이 간결하게 잘 요약한 것처럼[12] 1950년대 후반부터 미국

---

11) 철학적 포스트모더니즘에 관한 문제를 다루고 있는 국내의 저서들은 대략 다음과 같다. 송두율, 『현대와 사상』 (서울: 한길사, 1990); 윤평중, 『푸코와 하버마스를 넘어서』 (서울: 교보문고, 1990); 김성기, 『포스트모더니즘과 비판사회과학』 (서울: 문학과 지성사, 1991); 한정선·안드레아스 호이어 지음, 『현대와 후기 현대의 논쟁』 (서울: 서광사, 1991); 마단 사럽(Madan Sarup), 『데리다와 푸코, 그리고 포스트모더니즘』, 임헌규 편역, (서울: 인간사랑, 1991); 김욱동 엮음, 『포스트모더니즘과 포스트구조주의』 (서울: 현암사, 1991); 안소니 기든스, 『포스트모더니티』 (서울: 민영사, 1991); 안드라스 게도 외, 『포스트모더니즘의 도전』, 김경연. 윤종석 편역 (서울: 다민, 1992); 로이 보이네·알리 래탄시(Roy Boyne & Ali Rattansi) 엮음, 『포스트모더니즘과 사회』, 김보현·신명아 공역 (서울: 한신문화사, 1992); 휴 실버만 엮음, 『포스트모더니즘: 철학과 예술』, 윤호병 옮김 (서울: 고려원, 1992); 스코트 라시(Scott Lash), 『포스트모더니즘과 사회학』, 김재필 옮김 (서울: 한신문화사, 1993) 등.

의 소설과 비평 분야에서 제기되기 시작한 포스트모더니즘 논쟁은 곧 건축 분야로 전파되었다. 1970년 초기부터는 무용, 연극, 회화, 영화, 음악 부문 등 문화 예술 전반에 걸쳐 포스트모더니즘에 관한 광범위한 토론이 시작되었다. 그러다가 1970년 후반부터 파리와 프랑크푸르트를 통해 유럽 지식인 사회에 포스트모더니즘 열풍이 불기 시작하면서부터 새로운 양상으로 전개되기 시작하였다. 이때부터 논쟁의 주제는 문화 예술 영역에서의 포스트모더니즘에서부터 점점 사회이론과 철학에서의 포스트모더니티로 그 무게 중심을 옮기기 시작하였다. 그것은 물론 아메리카라는 '신생국'과 유럽이라는 '노후국'이 경험한 '근대'가 얼마나 질적으로 차이가 나느냐 하는 것으로부터 유추할 수 있는 변이인 것이다.[13] 그 후로 논의의 추세는 포스트모더니즘에서 포스트모더니티로 점차 확산되고 옮겨가고 있는 것으로 관찰된다.[14]

---

12) 후이센, 「포스트모더니즘의 위상정립을 위해」, 272 – 3쪽.

13) 송두율, 『현대와 사상』, 158쪽.

14) 포스트모더니즘에 대한 논의를 이처럼 두 가지 차원으로 나누어 고찰하는 것은 대단히 중요한 일이다. 그것은 우선 우리에게 포스트모더니즘이라는 개념을 보다 정확하게 이해할 수 있게 해 줄 뿐만 아니라 포스트모더니즘에 대한 신학적 반응들을 이해할 수 있도록 도와 준다. 어떤 신학자들은 미시적 – 문화적 포스트모더니즘에 흥미를 느끼고 그것이 신학에 주는 도전과 의미를 밝히려 노력한다. 이런 성향의 신학자 중에서 제일 잘 알려진 사람으로는 하비 콕스(Harvey Cox)를 꼽을 수 있을 것이다. 1965년에 『세속도시』를 발표해서 전 세계적으로 유명해진 이후 그의 신학적 관심사는 줄기차게 최근의 문화 경향과 신학과의 만남에 초점이 맞추어졌다. 그가 발표한 수많은 작품 가운데 특히 1984년에 출판한 『세속도시에서의 종교』는 특별한 관심을 모았던 적이 있었다. 그것은 세속화되어 가는 도시 문명권에서 전통적 종교는 점차 자취를 감출 것이라고 『세속도시』에서 예언한 뒤 꼭 20년 후에 자기 자신의 예측이 얼마나 빗나갔는지, 세속도시에서 종교가 얼마나 아직도 왕성한지를 고백하는 흥미로운 저서였기 때문이었다. 마침 이 책은 '포스트모던 신학을 향하여'라는 부제를 달고 있는데 콕스가 논의하는 포스트모던 신학은 결국 지난 20년 간의 사건에 한정되어 있음을 쉽게 알 수 있다. Harvey Cox, *Religion in the Secular City: Toward a Postmodern Theology* (New York: Simon and Schuster, 1984).

그러나 포스트모더니즘을 논하는 대부분의 신학자들의 관심은 미시적이기보다는

　그것은 우리 나라에서도 마찬가지로서 지금까지 우리 학계에서 진행되어 온 포스트모더니즘 논쟁은 주로 협의의 의미에서 파악된 포스트모더니즘에 대한 것이었고 그것도 집중적으로 문학비평 내에서의 포스트모더니즘에 국한되었던 것임을 반드시 지적할 필요가 있다. 물론 그 이유는 우리 나라에 처음으로 포스트모더니즘을 소개하고 그것에 대한 찬반 양론의 토론을 격렬하게 진행시킨 사람들이 백낙청, 정정호, 김성곤, 도정일, 김욱동 등 대부분 영미문학 비평가들인 때문이다. 1980년대의 포스트모더니즘 논쟁이 이처럼 문학비평가들에 의한 전문적 지엽적 성격을 지녔다면 90년대에 들어와서는 사회학자들, 철학자들이 주축이 되어 전반적인 포스트모더니티에 대한 논의가 열기를 더해 왔다고 생각된다.

3. 문화적 포스트모더니즘

1) 내용

　그렇다면 문화 예술 분야에서의 포스트모더니즘 논의는 어떤 내용을 가지고 있는가? 워낙 다방면에 걸쳐 유행처럼 논의되고 있는 포스트모더니즘인지라 그 내용을 간편하게 요약한다는 것은 그리 쉽지 않은 듯하

거시적이라고 보여진다. 즉 미시적 – 문화적 포스트모더니즘보다는 거시적 – 철학적 포스트모더니즘이 신학에 있어 중요한 논제로 등장하고 있는 것이다. 철학적 포스트모더니즘에서 문제의 핵심은 지난 수백 년간 서구 사회를 주도해 온 이성과 합리성의 가치 우위론에 대한 찬반 시비이다. 곧 하버마스가 '계몽주의의 계획' (the Project of the Enlightenment)라고 칭한 바 있는 근대와 근대성의 정신이 이제 종언을 고할지도 모른다는 위기의식에서 비롯된 논란인 것이다. 위르겐 하버마스, 「모더니티 – 미완성의 계획」, 정정호·강내희 엮음, 『포스트모더니즘론』, 105 – 22 쪽. Jurgen Habermas, *The Philosophical Discourse of Modernity*, trans. by Frederick Lawrence (Cambridge: MIT Press, 1987) 그렇게 볼 때 신학자들의 포스트모더니즘에 대한 관심은 다음 한마디로 요약될 수 있다. "근대 정신의 종말은 신학에 무엇을 의미하는가?"

다. 여러 학자들이 포스트모더니즘의 공통분모가 되는 성격을 공식화하려고 노력하고 있는데 가령 데이비드 로지(David Lodge) 같은 이는 포스트모더니즘의 특징으로 첫째 모순성, 둘째 비연속성, 셋째 임의성, 넷째 과잉, 다섯째 단락 등 모두 다섯 가지를 거론한다.[15] 국내에서 포스트모더니즘에 대해 가장 왕성하게 소개해 온 김욱동 교수의 경우 '7+7' 공식으로 모두 열네 가지의 특성을 거론하고 풀이하고 있다.[16] 그러나 그 중 포스트모더니즘의 성격에 관하여 가장 조직적이고 체계적인 반성을 시도한 사람은 이합 하산(Ihab Hassan)으로 그의 긴 목록은 (표 1 참조) 다른 많은 학자들로부터 공감을 얻고 있는 것으로 보인다. 하산은 특별히 모더니즘과의 대비를 통해 포스트모더니즘이 지향하는 가치를 더욱 선명하게 보여주려 하고 있다.

사실 하산의 도표는[17] 포스트모더니즘의 성격에 관한 필요충분한 정보를 성공적으로 농축시켜 놓은 고단위 영양제 같다고 할 수 있다. 다만 문제는 이렇게 고도로 압축된 암호 같은 단어들의 의미를 어떻게 풀어내어 쉬운 말로 설명하느냐 하는 것이다. 가령 해체, 차연差延, 흔적痕迹, 기술성記述性 등의 개념을 충분히 설명하기 위해서는 데리다(J. Derrida)

---

15) 김욱동, 『포스트모더니즘과 포스트구조주의』, 232쪽.
16) 김욱동, "포스트모더니즘의 개념과 본질," 김욱동 편저, 『포스트모더니즘의 이해』 (서울: 문학과 지성사, 1990), 417 - 59쪽. 이 논문은 아마도 국내 학자에 의해 씌어진 글 중 가장 포괄적이고 체계적으로 포스트모더니즘을 설명하고 있다고 생각된다. 김 교수는 포스트모더니즘의 성격을 도두 열네 가지로 규정짓고 그 중 모더니즘과 공통되는 특성 일곱 가지와 포스트모더니즘 나름대로의 특성 일곱 가지를 구분한다. 전자에 해당되는 것은 1) 전통과의 단절, 2) 불확정성, 3) 파편화, 4) 반反리얼리즘, 5) 전위적 실험성, 6) 아이러니와 패러독스, 7) 비역사성과 비정치성 등이고, 후자는 1) 자아와 주관성에 대한 새로운 입장 2) 패러디와 패스티쉬, 3) 행위와 참여, 4) 임의성과 우연성, 5) 주변적인 것의 부상, 6) 탈장르화나 장르 확산, 7) 자기 반영성 등이다.
17) 표 1은 하비(Harvey) 책에 나온 목록과 국내 번역(이충무 역) 목록을 합한 것이다. Harvey, *Ibid.*, p. 43; 이합 하산, 「포스트모더니즘의 개념정립을 위하여」, 69 - 70쪽.

모더니즘(modernism)	포스트모더니즘(postmodernism)
낭만주의 / 상징주의(romanticism / Symbolism)	패러피직스 / 다다이즘(paraphysics / Dadaism)
형식(연결적, 폐쇄적)form(conjunctive, closed)	반형식(분열적, 개방적) antiform(disjunctive, open)
목적(purpose)	유희(play)
의도(design)	우연(chance)
계급질서(hierarchy)	무질서(anarchy)
통제 / 로고스(mastery / logos)	소모 / 침묵(exhaustion / silence)
예술 대상 / 완성된 작품 (art object/finished work)	과정 / 공연 / 해프닝 (process / performance / happening)
거리(distance)	참여(participation)
창조 / 총체화 / 종합 (creation / totalization / synthesis)	탈창조 / 해체 / 대조 (decreation / deconstruction / antithesis)
존재(presence)	부재(absence)
집중화(centering)	분산화(dispersal)
장르 / 경계(genre / boundary)	텍스트 / 상호 텍스트성(text / intertext)
의미론(semantics)	수사학(rhetoric)
계열 관계(paradigm)	결합 관계(syntagm)
종속적 구문(hypotaxis)	병렬적 구문(parataxis)
은유(metaphor)	환유(metonymy)
선별(selection)	조합(combination)
뿌리 / 깊이(root/depth)	근경 / 표층(rhizome / surface)
해석 / 독서(interpretation/reading)	반해석 / 오독 (against interpretation / misreading)
시니피에(signified)	시니피앙(signifier)
읽을 수 있는(lisible / readerly)	쓸 수 있는(scriptible / writely)
내러티브 / 장대한 사건 (narrative / grande histoire)	반내러티브 / 사소한 사건 (anti－narrative / petite histoire)
전체 통제 부호(master code)	개인 방언(idiolect)
증후(sympton)	욕망(desire)
유형(type)	돌연변이(mutant)
생식기의 / 남근男根의(genital / phallic)	다형의 / 양성의(ploymorphous / androgynous)
편집증(paranoia)	정신분열증(schizophrenia)
기원 / 원인(origin / cause)	차연差延 / 흔적(difference-difference / trace)
성부(God the Father)	성령(The Holy Ghost)
형이상학(metaphysics)	아이러니(irony)
확정성(determinacy)	불확정성(indeterminacy)
초월성(transcendence)	내재성(immanence)

표 1. 모더니즘과 포스트모더니즘의 비교

의 해체 이론 전체를 살펴보지 않으면 안 될 것이다. 또한 근경根莖이라는 낯선 단어는 들뢰즈(G. Deleuze)와 가타리(F. Guattari)가 소개한 '리좀' (rhizom) 이라는 대나무과의 식물에서 유래된 것이다.[18] 원한다면 포스트모더니즘이 더 이상 남성적이지 않고, 그렇다고 페미니스트들 주장처럼 여성적이지도 않고, 남녀 양성적(androgynous)이라는 관찰도 흥미롭게 풀이할 수 있겠다.[19] 그러나 지금 우리에게는 어쩌면 설익은 유식함보다 잘 익은 무식함이 때로는 더욱 득도得道하기 쉬울 수 있다고 일갈—喝하던 옛 선사禪師들의 가르침이 좋은 변명이 될 수 있을 것 같다. 공연히 하산의 도표에 관한 섣부른 설명을 더 얹히는 것은 마치 뱀의 그림에 다리를 붙이는 것 같이 포스트모더니즘 사족이 될지도 모를 일이다. 그 대신 우리는 차라리 포스트모더니즘 논쟁의 출발점으로 거슬러 올라가 그 수원지에서의 가느다란 물줄기 하나라도 분석하면서 후에 큰 흐름을 이루게 될 단초端初를 몇 가지 살펴보는 것이 더욱 실용적이고 실리적일 것 같다는 생각을 하게 된다.

---

18) '리좀'은 땅속줄기를 통해서 번식하는 대나무과 식물이다. 들뢰즈와 가타리는 서로 간에 일정한 간격을 유지하면서 상호 번식하는 대나무 군락과 자기 혼자 우뚝 자라나는 상수리나무를 대조시킨다. 즉 상수리나무는 근대 서구의 전형적인 주관주의, 개인주의, 패권주의를 상징하는 반면, 리좀은 상호 관계의 중요성과 공동체 의식 (solidarity)을 의미한다. 송두율, 『현대와 사상』, 180—1쪽.

19) 인간에게 '성性의 의미'(human sexuality; sex와 혼동하지 말 것)에 관한 토론은 포스트모더니즘 논의에서 빼놓을 수 없는 중요한 항목이다. 우선 기존의 가부장적 전통에 반기를 드는 여성주의(feminism) 그 자체가 포스트모던 현상의 일환이라는 점은 분명하다. 그런데 페미니스트 이론가들이 남자 우월성 신화를 가능케 한 주범으로 지적하는 것이 다름아닌 남자의 성(male sexuality), 보다 구체적으로는 남근의 상징성이다. 그것에 대한 반발로 여자의 성(female sexuality)을 연구하고 그 상징성을 찬양하는 작업이 한창 기세를 올리고 있는 것 같다. 심지어 일단의 급진적인 여성 신학자들도 이런 작업에 동참하고 있다. Mary Daly, *Pure Lust: Elemental Feminist Philosophy* (Boston: Beacon Press, 1984) 등 참조. 그러나 성(sexuality)에 대한 관심은 페미니스트들의 전유물은 아니라서 푸코(Michele Foucault)의 3부작 『성의 역사』등은 이 문제에 대한 포스트모더니스트들의 지대한 관심을 대변하고 있다.

2) 근원

대부분의 학자들은 포스트모더니즘이 본격적으로 등장하기 시작한 것은 1960년대 후반과 70년대 중반 미국에서였다고 동의하고 있다. 물론 정확히 어느 시점에서 누구에 의해 포스트모더니즘이 생성되기 시작했는가에 대해서는 여러 이론들이 많을 수밖에 없는데 그것은 과연 포스트모더니즘이란 무엇인가 하는 정의론적定義論的 숙제를 아직 풀 수 없기 때문이다. 가령 영국의 저명한 역사가 토인비(Arnold Toynbee)는 이미 1940년대에 '포스트모던'이라는 용어를 역사 시대 구분의 한 매듭으로 소개하고 있고 문학비평의 경우 어빙 하우(Irving Howe)와 해리 레빈(Harry Levin)은 1950년대 후반에 '포스트모더니즘'이라는 보다 구체적인 용어를 소개하고 있다.[20]

그러나 문학비평에서의 진정한 포스트모더니즘 효시로 일컫는 것은 1969년에 발표된 레슬리 피들러(Leslie Fidler)의 논문 「경계를 넘어서고 간극을 메우며」(Cross the border Close the gap)이다.[21] 이 기념비적 논문에서 그는 문학 모더니즘의 대가들인 로버트 프로스트, 제임스 조이스, 토마스 만, T. S. 엘리어트 등으로 대변되던 "전통적인…… 진지한 소설과 진지한 비평"을 거부하고 "홀연 엘리어트적 교회당을 떠날 것"을 권면한다.[22] 그의 글은 문학계의 거인들 시대의 황혼을 예고하고 소인국의 도래를 알리는 불길한 나팔소리와도 같았다. 모더니즘의 기라성 같은 천

---

20) 하산, 「포스트모더니즘의 개념정립을 위하여」 57쪽; 후이센, 「포스트모더니즘의 위상 정립을 위해」 272쪽.

21) 레슬리 피들러, 「경계를 넘어서고 간극을 메우며」 정정호·강내희 엮음,『포스트모더니즘론』, 29 - 61쪽에 수록.

22) 피들러, 「경계를 넘어서고 간극을 메우며」 34쪽. 백낙청 교수에 따르면 T. S. 엘리어트(1888 - 1965)야 말로 모더니즘을 얘기할 때 빼 놓을 수 없는 중요한 인물이다. 백낙청, 「모더니즘에 관하여」,백낙청 편,『리얼리즘과 모더니즘』(서울: 창작과 비평사, 1984), 446 - 64쪽 참조.

재들은 마치 '벌거벗은 임금님' 우화 속의 임금님처럼 그들의 진지함과 장엄함, 엘리트 의식과 사명감으로 인해 조롱받게 된다.[23] 피들러의 글은 몇 가지 중요한 면에서 앞으로 70년대, 80년대에 전개될 포스트모더니즘 모습을 예견하고 있다. 그 첫째는 반문화적 성격이고 둘째는 대중문화적 성격이고 셋째는 유희주의적 성격이다.

3) 반문화성

우선 우리는 포스트모더니즘이 등장하기 시작한 시기에 주목할 필요가 있다. 특별히 1960년대 말 미국에서 처음으로 가시화되기 시작하였다는 점은 포스트모더니즘의 내용과 앞으로의 전개 방향에 대해 많은 시사를 주는 것 같다. 주지하듯 그 당시 미국의 상황은 월남전, 흑인 민권운동, 마틴 루터 킹 목사의 암살 등으로 깊은 수렁에 빠져들고 있었으며 젊은이들은 기성세대에 대한 반발로 대거 히피족이 되었고 이른바 반문화(counter-culture)의 기치를 높이 올렸던 때였다. 전통적 가치와 제도는 그것이 전통적이라는 이유 하나만으로도 충분히 분노의 표적이 되던 분위기 속에서 마침 포스트모더니즘은 태어난 것이다. 린다 허천(Linda Hutcheon)은 1960년대가 1980년대의 포스트모더니즘을 위한 '관념 형성의 시대'였으리라는 점을 지적한다.[24] 이것은 포스트모더니즘의 시작이

---

23) 김성곤 교수는 소설에서의 모더니즘과 포스트모더니즘을 다음과 같이 비교하고 있다. 김성곤,「모더니즘과 포스트모더니즘」,『현대시사상 3: 포스트모더니즘』(서울: 고려원, 1989), 88쪽 : "모더니스트들은, 작가란 사회로부터 스스로를 분리시킨 특별한 존재이며, 그렇기 때문에 전지 전능한 신적인 존재라는 낭만주의적 신념을 갖고 있었다. ……포스트모더니스트들은 작가가 독자들에게 제시해 줄 수 있는 어떤 보편적 진리는 이제 더 이상 존재하지 않으며, 작가들 또한 그런 일을 할 수 있을 만큼 우월한 위치에 있지 않다고 말한다. 그러므로 작가들은 이제 성단에서 내려와 청중석에서 독자들과 더불어 공동창작을 해야 된다는 것이다."

24) "나는 1960년대가 비록 포스트모더니즘에 대한 정확한 정의를 내리지는 못했을지라도 그것에 대한 배경은 제공했다고 주장한다." 린다 허천,「포스트모더니즘 시학」

당대의 반문화 운동, 히피 운동, 아방가르드 운동(avant-garde movement)
과 밀접한 관계를 가지고 있으며 그들로부터 기성의 권위와 가치 체계에
대한 반항정신과 거부의 몸짓을 공동으로 상속받았다는 것을 의미하였
다. 이들은 모두 "우상 파괴적이며 반귀족적이며 자유주의적"이며 "전체
주의적 억압 구조에 저항하여 주관성과 개체의 자유를 찬양"하는 정신을
공유한다.[25]

특히 포스트모더니즘과 아방가르드와의 관계는 많은 관심을 집중시켰
다. 잘 알려져 있듯 아방가르드의 중요 목표는 '제도로서의 예술'을 비판
하는 것이었다.[26] 그런데 포스트모더니즘의 목표 또한 "대중매체에서 대
학에 이르기까지, 그리고 박물관에서 극장에 이르기까지 제도들"의 권위
에 도전하는 바로 그것이다.[27] 영국의 마르크스주의 평론가 테리 이글톤
(Terry Eagleton)은 이러한 연관성에 착안하여 포스트모더니즘이란 다름
아닌 모더니즘과 아방가르드가 잘못 결합된 문화라고 생각한다. 즉 "포
스트모더니즘은 혁명적 전위예술을 겨냥한 특히 변태적인 농담인 듯하
다"고 평가한다.[28]

김욱동 편저, 『포스트모더니즘의 이해』, 159쪽.

1960년대와 1980년대의 연관 가능성에 대한 흥미로운 예는 바로 신학에서 발견된
다. 60년대에 반짝 유행했던 이른바 '사신신학'(Death-of-God Theology)은 신학에서
의 대표적 아방가르드 운동이라고 말할 수 있을 것 같다. 그런데 80년대에 등장한
'해체신학'(Deconstruction Theology)은 기질면에서 '사신신학'과 여러 면에서 많은
유사성을 보인다. 나아가 대표적 사신신학자였던 토마스 알타이저(Thomas Altizer)는
이제 '해체신학'을 주장하는 젊은 신학자들과 더불어 다시 신학 활동을 전개하는
의욕을 보이고 있다. Thomas J. J. Altizer, et. al., *Deconstruction & Theology* (New York:
Crossroad, 1982).

25) 김성곤 교수의 말을 한상진·김성기, 「포스트모더니즘, 이렇게 보아야 한다 — 하나
의 논쟁을 위하여」 정정호·강내희 엮음, 『포스트모더니즘의 쟁점』, 287쪽에서 재
인용.

26) 마단 사럽 외 지음, 『데리다와 푸코, 그리고 포스트모더니즘』, 임헌규 편역 (서울:
인간사랑, 1991), 148쪽.

27) 허천, 「포스트모더니즘 시학」, 160쪽.

4) 대중성

다음으로 우리는 특별히 '미국'이라는 장소가 포스트모더니즘의 발생과 전개에 대해 가지는 의미를 음미할 필요가 있다. 주지하다시피 '신대륙' 미국의 역사는 고색창연한 유럽의 전통에 비해 빈약하기 그지없지만 그 대신 미국은 그 짧은 역사 속에서 봉건제, 전제주의 등을 한 번도 경험하지 않고 민주주의를 즐길 수 있었다. 또한 이민移民의 후손들로 건설된 이 나라는 원칙적으로 그 어떤 특권층도 인정하지 않는 평등주의의 이상을 견지하였다. 미국의 이러한 대중 민주주의적 풍토는 여러 면에서 모든 기존 가치의 전도顚倒를 통한 평등화를 부르짖는 포스트모더니즘이 용출할 수 있었던 안성맞춤의 땅이었던 것 같다. 우열의 가치라는 이분법적 사고를 지향해 왔던 전통적 가치관이 귀족주의적이라면 가치의 평등화를 주장하는 포스트모더니즘은 극히 민주주의적이라고 할 수 있기 때문이다. '깊음'보다는 '얕음'에, '의미심장함'보다는 '부질없음'에, '높음'보다는 '낮음'에, '클래식'보다는 '팝 아트'(pop art)에 더욱 친근감을 느낀다는 포스트모더니스트들은 문화 엘리트주의를 철저히 배격한다.[29] 전통에 대한 일종의 커다란 반어법으로서의 포스트모더니즘은 따라서 청바지와 햄버거와 더 잘 어울릴 수밖에 없다. 그래서 안드레아스 후이센(Andreas Huyssen) 같은 이는 미국 아닌 유럽에서는 포스트모더니즘이 일어날 수 없었을 것이라고까지 공언하는 것이다.[30] 아니 제임스 러더

---

28) 테리 이글튼, 「자본주의, 모더니즘, 포스트모더니즘」 정정호·강내희 엮음, 『포스트모더니즘론』, 204쪽. 특히 223 – 4쪽.

29) 위에서 언급한 피들러 역시 포스트모더니즘의 대중성과 팝 아트와의 긴밀한 관계에 대하여 역설하고 있는데 무엇보다도 그의 그 획기적인 논문이 처음 발표된 곳이 전문적인 학술지가 아니라 바로 플레이보이(Playboy) 지紙(December, 1969)였다는 사실은 이 모든 의미를 함축적으로 웅변하여 주고 있다. 피들러, 「경계를 넘어서고 간극을 메우며」, 29쪽.

30) 후이센, 「포스트모더니즘의 위상정립을 위해」, 283쪽.

(James Rother)가 촌평하듯 "미국인이라는 사실 그 자체가 포스트모더니스트가 된다"고까지 말할 수 있을지 모른다.[31]

5) 유희성遊戲性

미국인의 기질은 단순하고 명랑한데 경박스러울 정도라고 유럽인들은 흉보곤 한다. 바로 그것이 모든 미국인을 타고난 포스트모더니스트로 만드는 것일까? 포스트모더니즘의 가장 큰 특징은 어쩌면 놀 줄 알고 즐길 줄 알고 웃을 줄 안다는 것에 있는지도 모르겠다. 포스트모더니스트들은 삶의 모든 것에서 재미를 발견하고 그것을 즐길 줄 아는 사람들이다. 그 중에서도 특별히 싸구려 것, 괴상한 것, 지저분한 것, 말이 안 되는 것, 유치한 것, 조잡한 것을 통해 더욱 큰 즐거움을 찾아 내고 기뻐할 줄 안다. 이른바 '키치'(kitsch)라 함은 저속한 공예품을 뜻하는 독일어 단어인데 포스트모더니즘은 키치스러운 것의 미학을 예찬한다. 진지함은 제발 질색이고 절대 사양이다. 인생이란 어차피 참을 수 없을 만큼 가벼운 것이다.[32] 모든 심각한 것들, 어려운 것들, 잘난 척하는 것들에게 포스트모더니즘은 해맑은 경멸의 시선을 던지고 싶어한다.[33] 그래서 진지한 소설이나 철학, 종교, 학술서적보다는 일명 '바보 상자'(fool box)라는 텔레비전과 컴퓨터 전자오락기 등에서 더 생생한 삶의 아름다움을 발견한다.

---

31) 김욱동, 「포스트모더니즘 논의의 문제점」, 14쪽에서 재인용.

32) 체코의 망명작가 밀란 쿤데라(Milan Kundera)의 출세작, 『참을 수 없는 존재의 가벼움』(Unbearble Lightness of Being)의 제목에 이렇게 정반대의 포스트모던적 해석을 붙여 볼 수 있을까?

33) 다시 한 번 피들러의 예언을 상기해 본다. 피들러, 「경계를 넘어서고 간극을 메우며」, 36쪽. "어쨌든 진지한 강의가 15세기의 기술공학의 발달로 쇠퇴하였듯이, 또 진지한 교회의 예배가 18세기와 19세기의 문헌학에 의해 퇴색하였듯이, 진지한 소설과 진지한 비평 역시 20세기의 기술공학과 언어학에 의해 빛을 잃었다고 보아야 한다. 강의와 기독교 예배 의식이 그랬던 것처럼 소설과 비평은 자기 인식을 통해 그 자신의 부조리함 혹은 불가능함을 인지하지 않으면 안 된다."

결국 오늘의 진짜 바보는 컴퓨터 문맹이면서 '바보 상자'의 가공할 설득력에도 눈이 먼 고상한 사람들인지 모른다. 포스트모더니스트들은 셰익스피어의 희극보다는 최불암 시리즈를 보며 깔깔 웃고 롱펠로의 시를 외우기보다는 광고문을 줄줄 외운다. 특별히 상품 광고는 포스트모던 세대를 사로잡는 서정시이며 광고 카피라이터들은 이 세대의 음유 시인들인 셈이다.

우리 나라에서도 몇몇 젊은 시인들은 드디어 '키치' 시를 자랑스레 발표하기 시작하였다. 「바람부는 날이면 압구정동에 가야 한다」(1991)를 발표한 스물아홉 살의 유하 씨가 그 좋은 예이다.

> 압구정동은 체제가 만들어낸 욕망의 통조림 공장이다.
> 국화빵 기계다 지하철 자동 개찰구다……
> 이곳 어디를 들러보라 차림새의 빈부 격차가 있는지
> 압구정동 현대 아파트는 욕망의 평등 사회이다 패션의 사회주의 낙원이다……
> (「바람부는 날이면 압구정동을 가야 한다 2」에서)

압구정동, 잠실 롯데월드, 주윤발의 홍콩 무술영화, 텔레비전 광고 등을 시의 소재로 삼아 시작詩作을 하는 유하와 그의 동료들은 이러한 일상적인, 아니 '저속한' 소재를 택함으로써 전통적으로 시詩란 이른바 서정성을 지녀야 한다는 요청을 인위적이라고 거부함과 동시에 상업문화에 중독되어 가는 우리 모두의 자아를 고발하고자 한다. 유하의 「수제비의 미학, 최진실 론論 : 안 이쁜 신부도 있나, 뭐」라는 시는 이 점을 너무나 코믹해서 슬플 정도로 잘 말해 주고 있다.

> 수제비도 압구정동 레스토랑에서 팔면 고급음식이 되듯
> 그 어떤 후진 시들도 활자화시켜서 시집으로 묶어 놓으면

그럴 듯해 보이듯, 귀엽게 삐죽대는 최진실의 말처럼

시집가는 날 식장의 신부치고 안 이뻐 보이는 신부는 없다.

—남편 사랑은 가끔 확인해봐야 해요

그러나 확인이 안 되는 세상……

6) 평가

지금까지 포스트모더니즘에 대한 비판은 주로 마르크스주의적 비평가들에 의해 전개되었다. "정치적 차원에서 포스트모더니즘은 마르크스주의에 대한 공격이다"라는 마던 사럽의 말처럼[34] 마르크스 진영의 평론가들은 포스트모더니즘에 대해 의구심과 일종의 피해 의식을 떨칠 길이 없었다. 그 중 제일 많이 알려진 비평가는 역시 제임슨(Jameson)으로 그는 포스트모더니즘을 '후기자본주의 문화논리'로 규정짓고 그것과 부르주아적 대중소비사회의 상업주의와의 관련성을 분석하고 고발한다. 우선 그는 에르네스트 만델(Ernest Mandel)의 자본주의 3단계 이론——시장자본주의, 독점단계 또는 제국주의 단계, 후기산업주의 또는 다국적 자본주의——을 받아들여 이것과 문학비평에서의 3단계 곧 리얼리즘, 모더니즘, 포스트모더니즘과 연결시킨다.[35] 즉 포스트모더니즘의 출현은 다국적 자본주의 출현과 밀접한 관계가 있으며 나아가 미국의 신식민주의적 패권 논리를 강화시키려는 기제機制일 것이라는 의심을 전개시켜 나간다.[36]

---

34) 마던 사럽, 『데리다와 푸코, 그리고 포스트모더니즘』, 169쪽.

35) 제임슨, 「포스트모더니즘—후기 자본주의의 논리」, 179쪽.

36) "전세계에 퍼진 미국적 포스트모더니즘 문화가 세계 전반에 걸친 미국의 군사적, 경제적 지배라는 아주 새로운 물결의 내부적·상부구조적 표현이라는 점을 상기시켜야 할 계제임을 분명히 해야겠다. 이런 의미에서 문화의 저변에는 계급 역사의 전반에서와 마찬가지로 피와 고문과 죽음과 공포가 깔려 있다." 제임슨, 「포스트모더니즘—후기자본주의의 논리」, 145쪽.

우리 국내에서의 포스트모더니즘에 대한 거부 논쟁도 대체로 제임슨의 논지를 따르고 있다고 보여진다. 가령 그 대표적 비판가인 백낙청 교수의 경우 포스트모더니즘은 다국적 기업을 앞세운 신식민지적 문화 침략의 이론적 미끼로 이해하고 있다. 즉 포스트모더니즘이란 일종의 "식민지적 문화 침투의 형태"이거나 "신식민지적 간접 지배를…… 뒷받침할 문화 수출과 문화 지배"에 버금한다는 것이다.[37] 물론 여기서 우리는 우리 나라에서 포스트모더니즘이 거론되기 시작했던 80년대 중반이 바로 민중문학과 민족문학의 이론이 거세게 용출되기 시작한 때와 겹친다는 점을 상기할 필요가 있다. 그야말로 생사를 걸고 민중과 민족을 위한 문학이론을 정립하려던 일군의 평론가들에게는 오직 리얼리즘만이 있을 뿐이고 포스트모더니즘은 기껏해야 소시민적(petit bourgeoisie) 패배주의 이외로는 용납되지 않았을 개연성이 충분히 보인다. 김성곤 교수가 "1980년대 한국 문단이 당면했던 가장 큰 시련은 모든 것을 리얼리즘 아니면 모더니즘으로 나누는 그러한 이분법적 오류에서 비롯되었다"고 회고할 만큼 그 당시 양 진영 간의 갈등은 뿌리깊은 것이었다.[38]

그러나 제임슨이나 백낙청이나 모두 그들의 포스트모더니즘 비판이 "이데올로기적 선명성은 클지 모르나 객관적 인식으로는 지나치게 단순하고 조야하다"는 비난을 귀담아 들을 필요가 있다.[39] 제임슨은 지나치게 마르크스주의에 채색된 눈으로 포스트모더니즘을 분석하기 때문에 현상의 다른 면모에 전혀 무관심하며 따라서 편협적일 때가 많은 것 같

---

37) 한상진·김성기, 「포스트모더니즘, 이렇게 보아야 한다 — 하나의 논쟁을 위하여」 정정호·강내희 엮음, 『포스트모더니즘의 쟁점』, 290쪽에서 재인용.
38) 김성곤, 「모더니즘과 포스트모더니즘」 85 — 6쪽. 80년 대 한국 문학계에서의 리얼리즘 대 모더니즘과 포스트모더니즘 논쟁은 뜨겁게 진행되었다. 포스트모더니즘이 주로 문학비평과 관계되는 이론일 것이라는 일반인들의 인상은 아마 이런 과거에서 연유하는 것 같다.
39) 한상진·김성기, 「포스트모더니즘, 이렇게 보아야 한다」, 292쪽.

다. 가령 포스트모더니즘과 다국적 기업과의 연관성 및 상업성은 잘 알려진 포스트모던 이론가인 료타르(Lyotard)에게도 인정되고 있다. 그러나 료타르는 상업주의, 자본주의와의 관계를 물어 포스트모더니즘을 이데올로기적으로 정죄하려는 태도가 아니라 반대로 그 구조적 의미를 보다 심층적으로 이해하려 한다. 결국 그가 발견하는 것은 20세기 말 기술정보 사회에서 지식이 갖는 상품적 효용성이다. 료타르가 '지식의 상용화'(mercantilization of knowledge)라고 말한 것처럼 포스트모던 사회에서는 지식, 정보가 화폐와 같은 교환 기능을 가져, 가령 '지불용 정보'(payment knowledge)와 '투자용 정보'(investment knowledge) 등이 가능할 수도 있다고 전망한다.[40)]

포스트모더니즘의 전체적 모습은 아직도 안개 속을 더듬듯이 희미하기 때문에 그것에 대한 정당한 평가를 말하기에는 너무 이르다는 의견도 충분한 설득력이 있다. 그러나 포스트모더니즘에 관한 우리들의 지식이 충분하지 않고 또 충분할 수 없음에도 불구하고 그것에 대한 인상만큼은 단편적이나마 강하게 남을 수밖에 없다. 포스트모더니즘에 대한 두드러진 인상 중 하나는 이것이 혹시 일종의 세기말적 증상이 아닌가 하는 의심이다. 마치 19세기 말 유럽 지식인들 사이에 열병처럼 번졌던 '세기말 징후(fin-de-siecle syndrome)'가 다름아닌 부르주아 계층의 퇴폐주의, 허무주의, 탐미주의였던 것처럼 20세기 말의 포스트모더니즘도 데카당티즘의 냄새를 진하게 피우는 것이 사실이다.[41)] 그래서 그것은 어찌보면 100

---

40) Jean-Francois Lyotard, *The Postmodern Condition: A Report on Knowledge* (Minneapolis: University of Minnesota Press, 1984), pp. 7 – 8.

41) 예를 들면 로저 셰터크(Roger Shattuck)가 전해 주는 19세기 후반의 낭만주의 분위기와 포스트모더니즘과 유사점을 주목할 수 있다. 셰터크는 19세기 말을 다음 네 가지로 특색짓는다. 첫째, 어린 시절을 숭배한다. 둘째, 유머를 즐긴다. 특별히 부조리한 유머를 즐겼다. 셋째, 현실과 환상을 혼동한다. 넷째, 명백한 것보다 애매한 것을 더 좋아한다. Kenneth A. Myers, 『대중문화는 기독교의 적인가 / 동지인가』(서울:

년마다 돌아오는 일종의 급성 문화 유행병 같은 것이 아닌가 의심되기도 하는 것이다.

4. 철학적 포스트모더니티

이제 우리의 포스트모더니즘 논의는 여기에서 한계에 부딪치고 만다. 여태껏 우리는 포스트모더니즘이 시작된 것 같은 어느 한 가닥 가느다란 물줄기를 살펴본 것에 불과하다. 아직도 큰 숙제로 남아 있는 것은 이합 하산의 도표의 항목 하나 하나를 이해하는 일이다. 그러나 사실 그것보다 더 큰 숙제가 우리를 기다리고 혹은 가로막고 있다. 그것은 이합 하산의 목록이 나올 수밖에 없었던 지성사적 배경을 이해하는 일이다. 즉 포스트모더니즘의 의미를 더욱 큰 문맥인 포스트모더니티의 조명 아래에서 보다 뚜렷이 인식할 수 있어야 한다. 바로 이 점에서 포스트모더니즘 논의는 자연스럽게 포스트모더니티에 대한 논쟁으로 전이轉移될 수 있고 또 그렇게 심화되어야 한다. 17세기부터 시작하여 이른바 근대와 근대성을 형성하여 온 계몽주의 정신의 역사적 전개와 그것에 대항하는 반계몽주의 움직임의 큰 마디를 읽어 내지 않고는 결국 포스트모더니즘도 단편적으로 이해될 수밖에 없다. 데카르트의 사고하는 자아로부터 시작한 근대철학이 어떻게 칸트와 피히테, 헤겔을 거쳐 절대정신의 관념론까지 이르렀으며 과연 어떻게 그 절대정신의 거대한 체계가 허물어져 내렸는지를 총체적으로 이해하지 않을 때 20세기 말의 포스트모더니즘은 고립된 현상으로만 파악되고 말 것이다.

따라서 포스트모더니티 논쟁은 필연적으로 서구 근대사상사를 총체적

나침반사, 1992), 155쪽에서 재인용.

296

으로 재검토하는 것을 그 근본 문제의식으로 삼는다. 오늘날 유럽과 미국의 유수한 철학자들과 사회 사상가들을 사로잡고 있는 것은 바로 이 '근대 서구'에 대한 문제의식이다. 각자 접근하는 방법과 해결책은 틀려도 이들은 모두 어떤 위기의식에 대한 공감대를 형성하고 있는 것으로 보인다. 영미 철학과 대륙 철학 사이의 전통적 체질 차이에도 불구하고 대서양 양쪽의 철학자들은 모두 한 목소리가 되어 20세기 말의 서구 사상의 위상을 점검하느라 여념이 없다.[42] 하버마스(Habermas), 아펠(Apel), 가다머(Gadamer), 데리다(Derrida), 푸코(Foucault), 료타르(Lyotard), 퍼트남(Putnam), 로티(Rorty), 매킨타이어(Alasdair MacIntyre) 등 다양한 이름만큼이나 다양한 사상적 성향의 철학자들이지만 포스트모더니티의 문제의식이 던져 주는 사태의 심각성에 대해서만은 인식을 같이하고 있다.

근대(modern), 근대성(modernity), 이성(reason), 합리성(rationality)의 몰락! 그것은 말하기는 쉬워도 설명하기는 어려운 사건이다. 설명은 할 수 있다 해도 충분히 이해하기는 아예 불가능할지도 모른다. 우리들의 삶은 이미 이러한 개념에 의해서만 가능한 삶이기 때문이다. 20세기 삶의 세계는 근대가 가져다 준 셀 수 없을 만큼 많은 선물들에 의해 건설되어 있다. 가령 과학과 기계문명의 발달이 없었다면 우리는 아직도 동굴 속에서 불씨를 아끼며 살고 있을지 모른다. 수많은 피의 혁명 뒤에 얻은 민주주의가 없었다면 아직도 노예나 농노, 상놈의 운명을 감수해야 했을지도 모른다. 또한 우리의 일상생활은 지극히 합리적으로 하루 24시간 1년 365일로 짜여 있다. 그야말로 분, 초를 아끼며 나노(nano) 초(second) 단위로까지 쪼개어 시간을 관리하는 '시時테크'를 논하는 우리의 삶은 더 이상 이성적이고 합리적일 수가 없을 정도이다. 그런 까닭에 근대성

42) Avner Cohen and Marcelo Dascal, eds., *The Institution of Philosophy: A Discipline in Crisis?* (La Salle: Open Court, 1989); Kenneth Baynes, James Bohman, and Thomas McCarthy, eds., *After Philosophy: End or Transformation?* (Cambridge: MIT Press, 1987).

과 합리성의 종말을 얘기한다는 것, 그것을 설명하고 이해한다는 것은 결코 쉬운 일이 아니다.

그러나 언제부터인가 우리 삶의 진실은 위와 같은 근대적, 이성적 가치만으로 설명될 수 없다는 의문이 싹트기 시작하였다. 근대와 이성에 대한 의심은 아마 근대가 시작되던 그 순간부터 줄곧 숨어 있었는지도 모른다. 가령 '이성理性의 여신'을 숭배하며 출발했던 프랑스 혁명이 결국 '단두대'(guillotine)의 신에게 수많은 목을 바치는 것으로 끝맺고 말았던 기억이 있다. 이성의 힘을 강조했던 계몽주의 철학자들의 잉크가 마르기도 전에 낭만주의 사상가들이 감정의 '노도와 광풍'(Strum und Drang)을 찬양하였던 적도 있었다. 이성주의의 최고봉인 헤겔이 절대정신의 철학이라는 화려한 궁궐을 완성하였다고 자랑했지만 실존주의 창시자인 키에르케고르는 차라리 단독자單獨者의 오두막집에 살겠다고 거부하기도 하였다.43) 이처럼 근대와 이성에 대한 의심은 서구 역사에서, 그것도 서구 근대사에서 새로운 사실은 아니다. 어떤 의미에서는 이성과 이성에의 불신이 일종의 변증법적 관계를 유지해 왔다고도 볼 수 있다.

그러나 20세기 후반부에 들어서서 서양의 지성계에는 전혀 새로운 양상이 전개되기 시작하였다. 이젠 더 이상 이성의 우위를 인정해서는 안 되는 위기 상황에 직면하였다는 목소리가 여기저기서 한꺼번에 터져 나오게 된 것이다. 그리고 더불어 이성이 군림해 온 근대라는 왕국도 끝나

---

43) 키에르케고르는 현대 포스트모더니스트들에 의해 실존주의의 창시자가 아니라 철학적 포스트모더니즘의 창시자로 재조명되기 시작하였다. 특히 해체신학의 기수로 등장한 마크 C. 테일러는 일찍부터 키에르케고르에 대한 재평가를 거쳐 데리다의 철학을 수용하기에 이른다. Mark C. Taylor, *Journeys to Selfhood: Hegel & Kierkegaard* (Berkeley: University of California Press, 1980). 왈쉬에 따르면 "포스트모던 저술가들은 데리다 이전에 키에르케고르가 있었다"는 것을 새로 발견하고 있는 중이다. Sylvia Walsh, "Kierkegaard and Postmodernism," *Philosophy of Religion*, 29 (1991), p. 113; John D. Caputo, *Radical Hermeneutics: Repitition, Deconstruction, and the Hermenentic Project* (Bloomington: Indiana University Press, 1987) 참조.

야 한다는 것이었다. 이성과 근대에 대한 고발이 너무나 강력하고 또 동시다발적이기 때문에 과거의 비판과는 그 강도와 범위 면에서 전혀 새로운 모습으로 전개되고 있다고 할 수 있는 것이다.

이미 오래 전에 사회학자 막스 베버는 합리성을 실체적 합리성(substantive rationality)과 도구적 합리성(instrumental rationality) 두 가지로 구분한 적이 있었다. 이성주의자였던 베버가 염려하였던 것은 바로 도구적 합리성이 가져올지도 모르는 역기능이었다.44) 그의 예언자적 염려는 드디어 세계 1, 2차 대전을 통해 여실히 증명되었다. 아우슈비츠의 나치 전범들은 후에 재판을 받을 때 자신들이 "단 5분의 오차도 없이" 유대인 학살을 집행한 "합리적이고 선량한 시민들"이었을 뿐이라고 강변하였다. 학살의 현장에서 미국으로 도피한 유대인 철학자들인 아도르노(Adorno)와 호르크하이머(Horkheimer)는 나치의 이러한 도구적 합리성이 얼마나 잔인할 수 있는지를 체험한 바 있다. 그래서 그들은 합리성을 내세운 "계몽주의의 자멸 현상"을 경고하기 위한 비판철학을 집필하게 되었던 것이다.45)

폴 코너톤(Paul Connerton)이 적절히 표현한 것처럼 '계몽주의의 비극'은 이렇게 시작되었다.46) '계몽주의'는 근대와 이성의 모든 해악을 상징

---

44) 베버의 합리성과 근대성 논쟁을 위해서는 Sam Whimster and Scott Lash, eds., *Max Weber, Rationality and Modernity* (London; Allen & Unwin, 1987) 참조.

45) Max Horkheimer and Theodor W. Adorno, *Dialectic of Enlightenment*, trans. by John Cumming (New York: The Seabury Press, 1944 & 1972), p. xiii; Max Horkheimer, *Critique of Instrumental Reason*, trans. by Matthew J. O'Connell (New York: The Seabury Press, 1974). 이 책에서 호르크하이머는 역설적으로 아우슈비츠의 악명 높은 살인마였던 아히히만을 용서할 것을 호소하고 있어 흥미롭다. "전범 한 사람의 처형으로 세계사의 폭력적 흐름이 속죄될 수도 없고 유대인의 무고한 고통이 씻겨질 수도 없을 바에야 악의 도구였던 이 한 생명을 벌함으로 무엇을 얻자는 것인가?"라고 그는 반문한다. "The Arrest of Eichmann," *Ibid.*, pp. 119 – 23.

46) Paul Connerton, *The Tragedy of Enlightenment: An Essay on the Frankfrut School* (Cambridge: Cambridge University Press, 1980), p. 61.

하는 가해자로 등장한 것이다. 토마스 쿤(Thomas Kuhn)이나 파이어아벤드(Feyerabend) 같은 과학철학자들은 계몽주의가 자랑하는 '과학의 확실성'이 불확실하다고 조롱한다. 과학의 발전은 객관적, 논리적 정당성에 의한 것이 아니라 주관적, 심리적 자의성에 따른 것이라는 쿤의 주장이다. 과학혁명이 종교적 회심(conversion)보다 결코 더 논리적일 수 없다는 발언은 대단히 충격적인 것이다.47) 미셸 푸코(Michel Foucault) 같은 후기 구조주의 철학자는 계몽주의가 이겨 온 '인간의 존엄성'이란 구호가 실제로는 얼마나 위선적이고 억압적이었는가를 폭로한다. 그는 정신병원이나 감옥소의 기록을 뒤져서 소외되고 억눌렸던 사람들에 대한 구겨진 기억들을 재발굴하였다.48) 푸코의 결론은 근대만큼 인간성(humanity)이라는 구실로 인간을 억압한 시대도 없다는 것이다. "이성의 중심이라고 믿는 '나'가 세계 구성의 주인이라는 철학에 대하여 푸코는 '이성은 고문이다'(La torture, c'est la raison)라고 항변하고 이 이성이라는 고문의 도구가 사실은 '나'라고 주장한다."49) "간단히 말해 휴머니즘이란 서구 문명에서 권력에의 의지를 제한하여 온 모든 것을 가리킨다."50)

　푸코의 주요 관심이 권력과 지식이 어떻게 유착되어서 근대라는 체제를 유지해 왔는가에 집중됐다면51) 자크 데리다(Jacques Derrida)의 관심은 서구라는 체제 그 자체를 유지해 온 음모를 밝히려는 데 있다. 데리다의 해체 이론(deconstruction theory)이 목표하는 것은 서구의 전통에 깊이

---

47) Thomas Kuhn, *The Structure of Scientific Revolutions*, 2nd ed. (Chicago: University of Chicago Press, 1970).

48) 오생근, 「미셸 푸코, 지식과 권력의 해부학자」, 『미셸 푸코론』 (서울: 한울, 1990), 35 – 56 쪽.

49) 송두율, 『현대와 이성』, 162 쪽.

50) Michel Foucault, *Language, Counter-memory, Practice* (Ithaca: Cornell University Press, 1977), p. 221.

51) Michel Foucault, *The Archaeology of Knowledge & the Discourse on Language* (New York: Harper & Row, 1972) & *Power / Knowledge* (New York: Pantheon, 1980).

뿌리박혀 있는 형이상학적 편견을 '해체'하는 일이다. 그는 우리 의식 깊이 자리잡은 이분법적 가치의 편견을 끊임없이 공격한다. 서구 전통에서 가치의 이분법적 편견을 가장 잘 상징하는 것이 곧 글(writing)보다 말(speech)을 우위로 간주하는 음성중심주의(phonocentrism), 언어중심주의(logocentrism)라고 분석한다. 이것에 대항하여 그는 문자중심주의로의 역전을 시도하고 그것을 통해 이분법적 '현존의 형이상학'(metaphysics of presence)에 도전한다.52)

푸코와 데리다 등 일군의 프랑스 사상가들의 화려한 수사학은 고대의 소피스트들을 연상시키기도 한다.53) 그러나 이성과 계몽주의에 대한 마지막 일격은 영미 분석철학자들의 몫으로 남겨져 있었다. 이성을 중시하는 서구 철학의 전통 속에서도 특별히 '논리'의 엄정성과 최종적 권위를 주장해 왔던 영미 철학자들이었다. 그런 까닭에 이들이 논리의 효용성을 공개적으로 의심하기 시작한 것은 합리성을 수호해 온 철학과 계몽주의 전체에 대한 중요한 도전이 아닐 수 없었다. 비트겐슈타인(Wittgenstein)은 유명한 '언어 놀이'(language game) 이론을 통하여 언어가 세계를 충실히 반영할 수 있다는 논리적 신화를 고발하였다. 콰인(Quine)과 셀라(Sellar)가 시작했던 분석철학의 기초를 흔드는 작업은 리처드 로티(Richard Rorty)에 의해 요란한 폭발음을 내며 완성된다. 그의 대표작『철

---

52) Jacques Derrida, *Of Grammatology*, trans. by Gayatri C. Spivak (Baltimore: The Johns Hopkins University Press, 1976). 엄밀한 의미에서 그의 해체철학은 파괴를 목적하는 투쟁적 해체라기보다는 숨겨진 사상적 배리 구조의 폭로를 목표하는 비판적 해체라고 하는 것이 더욱 정확할 것이다. 난해한 데리다의 철학에 대한 해설서로는 김형효 교수의『데리다의 해체철학』(서울: 민음사, 1993)이 다른 어떤 외국서적들보다도 훌륭하다고 생각된다.

53) 데이비드 콜브는 하버마스와 료타르의 논쟁을 독일의 플라톤(German Plato)과 프랑스의 소피스트(French sophist)의 논쟁이라고 희화화하였다. David Kolb, *Postmodern Sophistications: Philosophy, Architecture, and Tradition* (Chicago: University of Chicago Press, 1990), p. 42 ff.

학과 자연의 거울』은 전통적으로 철학이 자신만의 고귀한 특권이라고 간주해 온 '본질을 밝히는 능력'이 얼마나 허구적인 환상이었나를 폭로하는 역작이다. 즉 본질을 비추어 준다는 인식의 거울은 이미 깨지고 없는 것이다. 로티는 서둘러서 '인식론'을 버리고 '해석학'으로 탈출할 것을 제안한다.[54]

이러한 비판은 곧 '과학의 종말'과 '인간의 종말'이라는 구호로 이어지게 되고 결국은 '철학의 종말'이라는 문제로까지 비화하게 된다. 이런 소문들이 모두 사실이라면 이는 실로 엄청난 사건일 것이다. 지금 서구의 지성계에는 무슨 치명적인 전염병이 유행하는 것 같다. 잘은 모르겠지만 'post'라는 귀신이 이름 앞에 붙기만 하면 곧 초상이 난다고 야단인 것이다. 'post-marxism' 'post-structuralism' 'post-philosophy' 'postanalytic philosophy' 'post-history' 'post-science' 'post-humanism' 'postcriticism' 'post-novel' 'post-poetry' 'post-narrative' 'post-industrialism' 등 '포스트'

---

54) Richard Rorty, *Philosophy and the Mirror of Nature* (Princeton: Princeton University Press, 1979). 특히 제7장("From Epistemology to Hermeneutics")과 제8장("Philosophy Without Mirrors")을 참고할 것.

주목할 만한 것은 분석철학자들의 고발이 다른 누구의 공격보다도 더 '고백적'인 동기를 가지고 있다는 사실이다. 비트겐슈타인(Wittgenstein)과 리처드 로티(Richard Rorty)가 바로 그 좋은 예가 된다. 잘 알려진 것처럼 비트겐슈타인은 평생 철학의 극복을 위해 고뇌한 철학자였다. 절대로 철학을 가르칠 생각을 하지 말라고 제자들에게 강조했던 캠브리지의 이 전설적인 철학 교수는 결국 교수직을 사퇴함으로 자신의 철학을 삶을 통해 증거한 셈이 되었다. 프린스턴의 로티도 이제 철학은 더 이상 가능하지 않다면서 버지니아 대학의 영문학과 교수로 자리바꿈을 해서 사람들을 놀라게 하였다. 이 두 사람의 경우는 물론 예외적인 현상이지만 철학의 위치에 대해 다분히 상징적인 의미를 전해 준다고 하겠다. 반대로 우리는 푸코에게 던져진 질문을 상기해 볼 수 있다. "이성과 대학의 종말을 이야기하면서도 당신은 왜 아직도 대학에서 가르치고 있습니까?" 여기에 대한 푸코의 대답은 극도로 모호하다. Language, Counter-memory, Practice, p. 223. 앞에서 콜브가 독일의 플라톤과 프랑스의 소피스트라고 한 말에 우리는 영미 소크라테스를 덧붙여 볼 수는 없을까? 이들은 적어도 자신의 철학 교수직을 '순교'시킨 철학자들이기 때문이다.

가 지나간 자리에는 어디서나 '종말' 논쟁이 극성이다. "그 밤에…… 애굽에 큰 호곡이 있었으니 이는 그 나라에 사망치 아니한 집이 하나도 없었음이었더라."(출 12:30) 애굽의 장자들의 죽음과 근대 여러 학문들의 종말! 계몽주의의 진정한 비극은 이처럼 자신이 피땀으로 기른 자식 같은 여러 학문들과 개념들의 죽음인지 모른다.

5. 포스트모더니즘과 종교

그렇다면 근대의 몰락이 우리 종교학도들에게 시사하는 의미는 무엇인가? 계몽주의의 비극을 보며 우리는 과연 어떠한 감정을 준비하여야 할 것인가? 철학의 종말 논쟁이 종교학자 혹은 신학자와 무슨 상관이 있는가? 이러한 일련의 질문들은 결국 거시적 – 철학적 포스트모더니즘 논란이 현대인의 종교성에 미치는 영향을 묻고자 함이다. 이제 우리는 특별히 포스트모더니즘이 기독교 신학에서 무엇을 뜻하는지에 남은 논의의 초점을 맞추고자 한다. 포스트모더니즘 논쟁이 서구 유럽에서 시작되었을 뿐만 아니라 서구의 문맥 안에라야 제대로 이해될 수 있다는 지금까지의 논의가 정당하다면 서구의 기독교야말로 포스트모더니즘의 종교적 의미를 분명하게 드러내 줄 수 있으리라고 여겨지기 때문이다.

이제 우리는 기독교 성서를 통해 다시 한 번 영감을 받으면서 논의를 이어가고자 한다. 위의 성경 구절은 계속 이어진다. "밤에 바로가 모세와 아론을 불러서 이르되 너희와 이스라엘 자손은 일어나 내 백성 가운데서 떠나서 너희의 말대로 가서 여호와를 섬기며……"(출 12:31) 오로지 큰 호곡 뒤에라야 출애굽이 가능했던 것처럼 근대는 이제 신학자들에게 "너희는 일어나 가서 너희의 말대로 여호와를 섬기라"면서 큰 해방을 약속할 것인가? 근대 몇 백 년 동안 계속된 신학의 바벨론 노수는 언제 끝날 것인가?

기독교와 근대의 관계를 말하려면 먼저 긍정적인 측면부터 놓치지 말고 언급할 필요가 있을 것이다. 분명한 사실은 근대에 기독교가 많은 양적 팽창을 가져 왔다는 점이다. "가서 모든 족속으로 제자를 삼아……"라는 지상 명령에 부끄럽지 않게 정말 '모든 족속에게' 이를 수 있었던 것은 결국 근대에 와서야 가능하였다. 어떤 의미에서는 선교의 열정을 북돋은 것이 다름아닌 근대정신이라고 말할 수 있을지도 모른다.[55] 또한 근대정신 혹은 모더니즘과 개신교의 사상은 많은 공통점을 지니고 있었다는 평가도 일리가 있어 보인다. 특별히 기존 전통에 대한 근대의 비판정신은 하나님만을 두려워하는 개신교의 경건성과 연결되어 있다.[56]

그러나 역시 근대와 기독교의 관계는 긍정적인 것보다는 부정적인 이미지들로 점철되어 있다. 한마디로 근대는 기독교에 유난히도 잔인한 시기였다. 근대는 기독교에 너무나 많은 고통을 주었고 셀 수 없을 만큼 많은 상처를 남긴 시대였다. "파렴치한을 분쇄하라"고 외친 볼테르(Voltaire)와 계몽주의 철학자들뿐만 아니라 거리의 시민들까지도 교회의 지고한 권위를 조롱하는 데 가담했던 시대가 근대였다.[57] 라이마루스(Reimarus)로부터 불트만(Bultmann)에 이르기까지 신학자들이 역사비평이라는 이름 아래 성경의 권위를 실추시키는 데 앞장선 시대 역시 근대였다.[58] 이처럼 바로 근대에서 사제들은 조롱당하고 교회는 불신당하고

---

55) William R. Hutchison, *The Modernist Impulse in American Protestantism* (Cambridge: Harvard University Press, 1976).

56) Edward Farley, "The Modernist Element in Protestantism," *Theology Today*, XLVII, no. 2 (July 1990), p. 141.

57) 칸트는 계몽주의의 주요 초점이 곧 스스로 야기된 정신적 미숙함, 특히 종교적 미숙함으로부터의 탈출이라고 강조하였다. 이러한 계몽주의 정신이 어떻게 근대적 무신론으로 이르게 되는지 그 과정을 버클리는 자세히 보여 주고 있다. Michael J. Buckley, *At the Origins of Modern Atheism* (New Haven: Yale University Press, 1987).

58) Hans W. Frei, *The Eclipse of Biblical Narrative: A Study in Eighteenth and Nineteenth Century*

성경은 의심받기 시작하였다.

근대에 신학의 위치는 이러한 정황을 잘 반영하고 있다. 불신당하는 기독교를 위해 신학은 언제나 변명을 준비해야 하는 역할을 맡게 되었다. 이른바 '교양 있는 문화적 경멸자'들을 향해 종교심 자체에 호소하는 방법으로 기독교의 의미를 변호해야 했던 슐라이어마허가 '근대신학의 아버지'라는 칭호를 얻게된 것은 결코 우연이 아니었다.[59] 근대가 던지는 조롱과 불신의 압력에 맞서 신학은 어쩔 수 없이 변명의 학문이 된 것이다. 그 이름을 무엇이라고 하든, 그 방법을 어떻게 고안하든 간에 근대신학은 근본적으로 변증론(apologetics)의 역할을 수행하였다. 가령 틸리히의 상관 방법(correlational method)이나 가톨릭의 기초신학(fundamental theology)은 이름과 내용은 틀려도 기독교 신앙이 현대인의 경험에 합당함을 옹호하려는 동일한 의도를 가지고 있다고 할 수 있다.[60]

신학자는 더 이상 하나님 말씀을 일방적으로 선포하는 사람이 아니라 그 말씀을 해석해 주는 사람이 되었다. 다시 한 번 슐라이어마허로 돌아가 본다면 그가 자신의 신학 저서를 전통적 호칭인 『교의학』(Dogmatik)이라고 칭하는 대신 『신앙 강좌』(Glaubenslehre)로 부르기 원했다는 사실

Hermeneutics (New Haven: Yale University Press, 1974); Eta Linnemann, *Historical Criticism of the Bible: Methodology or Ideology?*, trans. by Robert W. Yarbrough (Grand Rapids: Baker house, 1990).

59) Friedrich Schleiermacher, *Uber die Religion: Reden an die gebildeten unter ihren Verachtern* (1799), E.T. *On Religion: Speeches to its Cultured Despisers*, trans. by John Oman (New York: Harper & Row, 1958).

60) 이 문맥에서 '변증론'은 신학 중에서 특별한 한 분야를 말하는 것이 아님을 분명히 할 필요가 있을 것이다. 여기서 변증론은 기독교적 복음을 동시대인에게 이해하도록 한다는 넓은 의미로 쓰였다. 린드벡이 그의 문제작인 『교리의 본질』에서 경험 – 표현적(experiential-expressive) 신학이라고 부른 것이 바로 이것으로 그에 따르면 근대의 거의 모든 신학은 경험 – 표현적 변증신학에 해당한다. George A. Lindbeck, *The Nature of Doctrine: Religion and Theology in a Postliberal Age* (Philadelphia: Westminster, 1984), p. 31 & passim.

이야말로 근대 신학의 의미를 더 잘 상징하는 것이다.[61] 점점 세속화되어 가는 대학 사회에서 학문으로서 살아 남기 위하여 신학은 이름을 바꾼 것이다. '학문'의 인정을 받기 위해 신학은 자신의 '선포권'을 포기한 셈이었다. 결과적으로 신학자는 대학에 남을 수 있었지만 설교 강단을 지키겠다는 의지와 의무와 권리는 실종되고 말았다.[62]

옥스퍼드의 종교철학자 베질 미첼(Basil Mitchell)은 신학의 이러한 곤경을 강을 따라 내려가는 화물선에 비유한다. 신학이라는 배는 근대의 강을 항해하다가 흄(Hume)과 칸트(Kant) 같은 모래톱을 만나게 되고 좌초할까 두려워하여 닥치는 대로 실은 짐을 던지다 보니 심지어는 창조주와 그리스도까지도 던져 버리고 말았다는 우화이다.[63] 근대에서의 신학은 언제나 방어적이고 변명적이었다. 옥스퍼드 사회학자인 브라이언 윌슨(Bryan Wilson)에게 비친 근대 신학자들이란 "시궁창에서 근대 세계에 의해 이리저리 발길로 차이는 것을 너무 걱정한 나머지 아예 그 시궁창에 서둘러 스스로 몸을 던져 매를 피하려고 하는" 사람들 같았다.[64] 그

---

61) 'Dogmatik'와 'Glaubenslehre'라는 명칭을 의도적으로 대조시키기 시작한 사람은 슐라이어마허였지만 결정적으로 전자를 포기하고 후자를 택하여 신학을 전개한 사람은 트뢸취이다. Brian Gerrish, "From 'Dogmatik' to 'Glaubenslehre': A Paradigm Change in Modern Theology?," in Hans Küng & David Tracy, eds., *Paradigm Change in Theology* (New York: Crossroad, 1989), pp. 166 – 7; Walter E. Wyman, Jr., *The Concept of Glaubenslehre: Ernst Troeltsch and the Theological Heritage of Schleiermacher* (Chico, CA: Scholars Press, 1983) 참조.

62) 신학의 의미에 대한 이러한 해석은 주로 예일 학파의 시각을 반영한 것이다. 예일의 한스 프라이와 데이비드 켈지는 신학의 두 유형을 대조시키는데 특히 말씀의 선포로서의 신학을 주장하는 칼 바르트와 학문(Wissenschaftslehre)으로서의 신학을 논하는 하르낙(Harnack)을 대표로 분석한다. Hans W. Frei, *Types of Christian theology* (New Haven: Yale University Press, 1992), p. 95 & passim; David H. Kelsey, *Between Athens and Berlin: The Theological Education Debate* (Grand Rapids: Eerdmans, 1993).

63) Diogenes Allen, *Christian Belief in a Postmodern World* (Louisville, Ky: Westminster/John Knox, 1989), p. 7에서 재인용.

64) William J. Abraham, "The State of Christian Theology in North America," *The Great*

렇기 때문에 신학은 타학문의 작은 호의에도 쉽게 감격하곤 하였다. 헤겔 철학에 대한 신학자들의 태도를 비꼰 페어베언(Fairbairn)의 논평은 근대 신학자 모두가 경청할 만하다.

신학을 그렇게까지 활발하게 한 사상에 대하여 신학자들이 감사했다는 것은 당연한 일이었다. 그들은 지금까지의 교리를 개념적인 언어로 번역하여 높은 철학적 진리가 되게 한 데 대하여 기뻐하였다. 하나님이 사람의 본질이 되고 사람이 하나님의 사실성(actuality)이 되었다. 신학은 자기에게 주어질 최고의 행운에 대하여 행복을 느끼었다. 그의 옛 원수의 생각과 일치되는 사상을 지금의 나 자신의 사상으로 자신 있게 말할 수 있는 것을 행운으로 느낀 것이었다. 아름답고 소망에 가득 찬 평화의 날이 옛부터의 논쟁의 전투장에 밝아 왔다.[65]

이처럼 긍정적 의미에서든 부정적 의미에서든 근대는 기독교의 운명과 너무나 깊은 관계를 가지고 있다. 그 누구보다도 이 관계를 직시한 사람은 에른스트 트뢸취(Ernst Troeltsch)였다. 그에게 "근대(Die Neuzeit)란 종교와의 관계, 혹은 더욱 구체적으로 역사적 기독교와의 관계에 해당하는 것이다." 즉 "근대의 역사성(Histotizität der Neuzeit)은 구체적으로 기독교와 관계된 것이라고 단언한다"고 할 수 있을 정도로 근대와 기독교는 떼려야 뗄 수 없는 관계를 맺고 있다고 보았다.[66] 그렇다면 렌토르프(Rendtorff)가 묻는 것처럼 "우리는 과연 근대(die Neuzeit)를 극복할

Ideas Today 1991 (Chicago: Encyclopoedia Britanica, 1991), p. 245에서 재인용.

65) H. R. 매킨토쉬, 『현대신학의 선구자들』, 김재준 옮김 (서울: 대한기독교서회, 1973), 115쪽에서 재인용.

66) Trutz Rendtorff, "The Modern Age as a Chapter in the History of Christianity; or, The Legacy of Historical Consciousness in Present Theology." The Journal of Religion, Vol. 65, no. 4 (October, 1985), pp. 496 – 7에서 재인용.

수 있을 것인가?" 물음에 대한 트릴취의 대답은 분명하다. "역사로서 역
사를 극복"할 때 근대는 극복될 수 있을 것이다.[67]

　'역사로서 역사를 극복'해야 한다는 트릴취의 예언자적 성찰이 이루어
진 것이 곧 지금 우리에게 벌어지고 있는 포스트모더니즘 현상인지도 모
른다. 기독교가 근대라는 과거를 극복할 수 있는 유일한 희망이 후기 근
대라는 미래인가? 프린스턴 신학교의 디오기네스 알렌(Diogenes Allen)교
수는 이 질문에 대해 힘차게 "예"라고 답변한다. 그에 따르면 근대 세계
의 종언이 의미하는 것은 지성인과 대학 사회에 만연하던 세속주의의 횡
포가 끝난다는 것, 그리고 기독교가 새롭게 태어날 수 있으리라는 가능
성 바로 그것이다. 이제 후기 근대의 기독교는 "편협하고, 억압적이고,
질식시키는 것 같던 근대 세계의 압제로부터 해방"되리라고 전망하는 것
이다.[68] 후기 근대의 세계에서 기독교인들은 또한 "더 이상 방어적일 필
요가 없다." 왜냐하면 이제 기독교는 다른 어떤 세속적인 학문만큼 "지
적으로 합당한"(intellectually relevant) 전통임을 포스트모더니즘이 보장
하기 때문이라고 그는 역설한다.[69]

　드류 대학교의 신학자 오덴(Thomas Oden)의 포스트모더니즘 논평은
훨씬 더 극적이고 고백적이다. 그는 스스로를 근대의 유혹에 빠졌다가
회개하고 돌아온 탕자에 비유하면서 포스트모던이란 모든 신학자들이
자기 본향의 집을 찾아갈 수 있는 기회임을 역설한다. 『근대 이후
에…… 무엇?』라는 그의 저서는 아직도 회심의 흥분이 가시지 않은
구舊 자유주의 신학자의 속죄부 같다.[70] 그는 "종교적 적응성이라는 설

---

67) Trutz Rendtorff, *Ibid.*, p. 495.
68) Diogenes Allen, "The End of the Modern World," *Christian Scholar's Review*, Vol. XXII
　no. 4 (June, 1993), p. 340.
69) Diogenes Allen, "Christian Values in a Post-Christian Context," in Frederic B. Burnham,
　ed., *Postmodern Theology: Christian Faith in a Pluralist World* (San Francisco: Harper & Row,
　1989), p. 23, 25.

사병"에 걸린 "근대 국수주의자" (modern chauvinist)들이 신학에 끼친 해악을 한꺼번에 싸잡아 공격한다.[71]

> 우리는 기독교 언어가 시민 종교주의자들에 의해 순해지고, 논리실증주의자들에 의해 잘 다듬어 지고, 실존주의자들에 의해 '비역사화'되고, 과정신학자들에 의해 '비절대화'되고, 행태주의자에 의해 자연화되고, 상황윤리 학자들에 의해 감상화되고, 마약지향적 신비주의자들에 의해 '화학약품'인 양 변질되고, 사신신학자들에 의해 세속화되고, 사회운동가들에 의해 정치화되고, 성 해방주의자들에 의해 모든 속박으로부터 풀려나는 것을 보아 왔다. 이 모든 경우에 있어 그들은 기독교를 19세기, 20세기, 21세기의 삼위일체 이름으로 재세례하였던 것이다.[72]

따라서 오덴에게 근대의 종말은 신학에게 큰 은혜인 것이다. 근대의 신학자들의 가장 큰 죄는 옛 복음을 버리고 새 상황에 아첨하였던 것 바로 그것이다. 근대 혹은 모더니즘은 "현재의"(modernus)라는 말뜻 그대로 모든 것을 현재화시키려는 유혹이었다. 그래서 그 유혹에 빠진 신학자들은 끊임없이 새 것, 새 신학만을 찾아 헤매는 방탕에 빠졌다고 오덴은 질책한다. "new와 change라는 말을 주문처럼 사용하는 것을 중지하라…… 나는 (새 신학을 향한) 무의식적인 유행병에 대한 더 좋은 처방

---

70) Thomas C. Oden, *After Modernity…… What?: Agenda for Theology* (Grand Rapids: Zondervan, 1990). 흥미롭게도 이 책은 보수주의 출판사에서 발간되었을 뿐 아니라 잘 알려진 보수주의 신학자 패커(J. I. Packer)가 추천하는 서문까지 곁들이고 있다. "더욱 더 많은 방랑자들이, 근대라는 소용돌이 속에서 오랜 세월 동안 엎치락뒤치락 하던 뱃멀미에 지쳐서, 이제 고향으로 돌아오고 있다…… 어서 오게나, 형제여!"라고 패커는 적고 있다. *Ibid.*, p. 10.

71) *Ibid.*, p. 28, 36. 이 책에서 오덴의 어법은 지극히 전투적(polemical)이라서 귀에 거슬릴 정도이다.

72) *Ibid.*, p. 24.

을 알지 못한다."73) 지금이야말로 태양 아래 모든 모던적인 것들, 온갖
새 신학들을 버리고 충실한 옛 복음으로 돌아갈 때이다. 그는 심지어 그
의 묘비에 이런 글귀가 새겨질 것을 꿈꾸며 미소짓는다. "그는 신학에 아
무 새로운 공로도 남기지 아니하였노라!" 아무런 새 신학도 창조하지 않
은 나는 하나님 보시기에 얼마나 착하고 충성스런 종이란 말인가?(the
dream of unoriginality)라고 오덴은 반문하고 있는 것이다.74)

이제 오덴의 흥분을 좀 가라앉히고 보다 냉정하게 근대의 종말이 신
학에 주는 의미를 정리할 필요가 있다. 케임브리지 대학의 종교철학 교
수 밀뱅크(Milbank)가 마침 이 임무를 맡아 간추려 준다. 그는 후기 근대
사회에 나타날 신학적 미래를 42개의 짧은 명제로 정리하고 있다. 처음
몇 가지만 소개하면 다음과 같다. 첫째, 아직 완료되지는 않았지만 계속
다가오고 있는 근대의 종언은 보편적 이성에 기초한 유일한 진리 체계
(single system of truth)의 종말을 의미한다. 둘째, 이 종말과 더불어 신학
의 근대적 곤경도 역시 종언을 고할 것이다. 이제 더 이상 과학적 진리나
규범적 이성 같은 세속적 기준을 받아들여 평가할 필요가 없기 때문이
다……. 셋째, 후기 근대에는 개별적인 이야기들(narratives)과 밀접하게
관계된 수없이 많은 진리가 가능하다……. 넷째, 구조적 관계에 부여된
우위성은 신학으로 하여금 전前근대(pre-modernity)로 일종의 반쯤 귀로
돌아가게 한다…….75)

여기서 흥미롭게 등장하는 것은 '전근대'(premodern)라는 단어이다. 포
스트모더니즘과 프리모더니즘(pre-modernism)의 관계는 어떻게 정립될
수 있는가? 이 둘은 모더니즘(modernism)의 前(pre-)과 後(post-)라는 도식

---

73) *Ibid.*, p. 42.

74) *Ibid.*, p. 22.

75) John Milbank, "Postmodern Critical Augustinianism: A Short Summa in Forty Two
    Responses to Unasked Questions," *Modern Theology* 7:3 (April 1991), p. 225.

으로 연결되어 있다. 즉 '후기 근대'와 '전근대'는 모두 '근대'라는 공통분모에 의해 규정된다고 할 수 있다. 프리모더니즘은 모더니즘이 극복하려던 대상이었고, 포스트모더니즘은 모더니즘이라는 대상을 극복하려는 주체이다. 그렇다면 마치 적군의 적군은 아군이 되는 이치와 같이 후기 근대와 전근대는 서로 닮은 꼴이라고 할 수 있지 않을까? 적어도 모더니즘과 공유하는 것보다는 훨씬 더 많은 것을 포스트모더니즘과 프리모더니즘이 서로 공유할 수 있는 가능성이 있지 않은가? 근대를 벗어난다는 의미의 후기 근대란 어떤 면에서는 전근대로의 복귀를 뜻하는 함축성을 지니는 것 아닌가? 결론적으로 말해 움베르토 에코(Umberto Eco)가 묻고 있듯 포스트모더니즘이란 새로운 중세라고 말할 수 있는 것인가?[76]

이 점에서 송두율 교수의 논평은 충격적이다. "'탈현대'가 의미하는 현대의 '극복'이라는 의미는 동시에 탈현대가 '현대 이전'(Vormoderne)이나 전통과의 재접촉을 포괄하고 있다. 여기에 탈현대가 신보수주의가 아닌가 하는 의혹을 사고 있는 근거가 있다."[77] 흔히 급진 자유주의 일색일 것이라고 생각되던 '포스트모던'이라는 형용사가 오히려 보수주의로의 회귀를 의미할 수도 있다는 가능성은 여간 흥미로운 것이 아니다. 하버마스가 데리다, 푸코, 료타르 등 일련의 프랑스 포스트모던 사상가들을 "젊고 위험한 보수주의자"(young wild conservatives)라고 역설적으로 평하는 이유도 이런 맥락에서 이해될 수 있을지 모른다.[78]

---

76) 움베르토 에코, 『포스트모던인가 새로운 중세인가』, 조형준 옮김 (서울: 새물결, 1993). 아마 에코 자신이야말로 이 물음에 대해 전세계에서 가장 확실한 답변을 줄 수 있는 사람일 것이다. 그것은 그가 탁월한 중세 학자이면서 동시에 현대기호론의 개척자이기 때문이다. 에코는 전근대와 후기 현대를 동시에 살고 있는 매우 특이한 천재이다.
77) 송두율, 『현대와 이성』, 178쪽.
78) 위르겐 하버마스, 「모더니티 ─ 미완성의 계획」, 정정호·강내희 엮음, 『포스트모더니즘론』, 108쪽.

물론 이로 인해 포스트모더니즘이 곧 보수로의 회귀를 뜻한다고 오해
되어서는 안 될 것이다. 단지 포스트모더니즘의 다른 가능성 하나를 지
적해 보고자 하는 것이다. 포스트모더니즘은 진보와 보수, 그 두 가지 중
아무 것도 아니면서 동시에 둘을 모두 가지고 있는지 모른다. 문학비평
가 중 포스트모더니즘의 성격에 관하여 가장 조직적이고 체계적인 반성
을 시도한 바 있던 이합 하산은 포스트모더니즘의 특징을 불확정성과 내
재성 두 가지로 요약하고 그것을 한마디로 "불확정 내재성"이라고 요약
한 바 있다.[79] 이 두 가지 요소가 상호 모순되는 개념이라는 점에 하산이
분석하는 포스트모더니즘의 비밀과 매력이 숨어 있다. 먼저 불확정성에
해당하는 것으로는 창조보다는 파괴, 존재보다는 부재, 언설보다는 침묵,
정형보다는 무정형, 계획보다는 우연, 위계질서보다는 무질서, 완성보다
는 과정, 중앙집권적보다는 지방분산적, 중심보다는 확산, 문법보다는 수
사학, 깊이 대신 표면, 큰 이야기브다는 작은 이야기, 독서를 통한 이해
보다는 독서를 통한 오해의 가능성 등이다. 반면 내재성은 여러 상징들
을 통해 자기 자신을 구현하고 더욱 본질적인 영역을 밝혀 나갈 수 있는
인간 정신의 능력이라고 하산은 정의한다. 내재성을 종교적인 의미로 해
석하지 말 것을 당부하면서도 그가 내재성의 예로 드는 것은 다름아닌
아버지 하나님(God the Father)으로부터 성령(The Holy Ghost), 초월
(transcendence)로부터 내재(immanence)로의 전이轉移이다.[80] 포스트모더
니즘은 이러한 불확정성과 내재성 간의 창조적 긴장으로 설명된다. 전자
는 중심에서 떨어져나오려는 원심력으로, 후자는 중심으로 회귀하려는

---

79) 이합 하산, 「포스트모더니즘의 개념정립을 위하여」, 69 – 70쪽.

80) 김성곤 교수는 리얼리즘, 모더니즘, 포스트모더니즘의 차이를 설명하기 위한 흥미
로운 비유를 들고 있다. 즉 그는 출애굽(해방자 모세와 리얼리즘), 그리스도의 초림初
臨(영적 해방자 예수와 모더니즘), 그리스도의 재림再臨(심판자 예수와 포스트모더
니즘)의 예를 들고 있다. 김성곤, 「도더니즘과 포스트모더니즘」, 90 – 1쪽.

구심력에 비견될 수도 있을 것이다.

하산의 '불확정 내재성'은 포스트모더니즘의 본질적인 이중성을 보여 주는 흥미로운 개념이다. 현재 포스트모더니즘에 대한 여러 반응과 학파들은 단적으로 말해 과연 이 딜레마에서 어느 쪽 논리의 뿔을 잡느냐에 따라 그 성격과 운명이 정해지는 것 같다. 불확정성과 원심력의 좌측 뿔을 잡을 것인가 내재성과 구심력의 우측 뿔을 잡을 것인가? 포스트모더니즘을 대하는 신학자들의 반성 역시도 이와 같은 딜레마에 봉착하여 있다고 보여진다. 데이비드 그리핀(David Griffin)이 분석하는 포스트모던 신학의 네 가지 유형은 좌·우의 이중성을 잘 보여 준다.81) 즉 그들은 첫째 건설적 혹은 수정적 신학, 둘째 해체적 혹은 파괴적 신학, 셋째 해방적 신학, 넷째 복구적 혹은 보수적 신학 네 가지로 그 중 처음과 마지막은 포스트모더니즘을 반성과 회귀의 계기로 삼으려는 신학이고 가운데 둘은 해체와 이탈의 계기를 더 강조하려는 신학이라 하겠다.82)

이처럼 포스트모더니즘은 매우 복합적이고 역설적인 개념으로 누가 어떻게 삼키느냐에 따라서 치명적 독이 될 수도 있고 기사회생의 약이 될 수도 있다고 여겨진다.83) 그런 의미에서 포스트모더니즘은 현대인의

---

81) David Ray Griffin, "Introduction," in David Ray Griffin, ed., *Varieties of Postmodern Theology* (Albany: State University of New York Press, 1989), p. 3.

82) 넓은 의미의 포스트모던적 신학으로는 해체신학, 과정신학, 후기자유주의 신학, 이야기 신학, 여성신학, 종교다원주의 신학, 정치신학, 제3세계 신학 등 거의 최근 신학의 움직임 모두가 거론되고 있다. 물론 지금 이때가 포스트모더니즘 시대이기 때문에 최근의 신학 모두를 포스트모던 신학이라고 정의할 수는 있다. 그러나 그것은 최근 신학이라는 말을 쓸데없이 복잡하게 만들고 포스트모던 신학이라는 말을 쓸모없이 단순화시키는 일이 될 것이다. 역시 포스트모더니즘이라는 문제와 정면에서 씨름하는 신학이라야 포스트모던 신학이라고 명할 수 있지 않을까 생각된다.

83) 자크 데리다의 유명한 지적처럼 원래 독과 약은 동일한 사실의 두 용도일 뿐이다. 그는 보통 '약'으로 번역되는 그리스어 'pharmakon'의 분석을 통해 언어의 이러한 이중성을 밝히고 나아가 우리들 사고의 이중적 구조를 폭로 혹은 '해체'한다. 현란한 데리다의 수사학은 이어서 '처녀'라는 단어에서 '순결'과 '음란'을 동시에 읽어 내고

종교성에 위기로 다가온다. 즉 그것은 문자 그대로 위험한 / 위험하지만 기회인 것이다. 근대를 뛰어넘자는 후기 - 근대(post-modern)의 전투 구호는 현대인의 종교성을 완전히 태워 버릴 수도, 혹은 신선하게 재생시킬 수도 있을 것이다. 그러나 그 어느 쪽 가능성이 현실로 나타나든 간에 분명한 사실은 우리가 어떤 의미로든 근대를 극복할 수 있을지는 몰라도 근대를 잊을 수는 없다는 것이다. 그 어느 누구도 마치 지난 수백 년 간 아무 일도 일어나지 않았던 것처럼 전근대로 돌아갈 수 있으리라고 믿는 사람은 없다. 우리는 이미 생각된 것을 안 생각할 수는 없다(cannot unthink the thought). 다만 아직 생각하지 않은 것을 생각할 수 있는 지혜가 필요한 것이다(but think the unthought).[84] 따라서 문학비평가, 철학자, 신학자 등을 망라한 포스트모더니스트들의 진정한 과제는 바로 이것이다. 어떻게 근대의 역사적 교훈을 망각하지 않고 근대 이후의 역사를 만들어 나갈 수 있는가?

따라서 문제의 핵심은 역시 지난 수백 년 간 서구 사회를 주도하여 온 계몽주의 정신에 대한 평가로 집약된다. 이성과 합리성의 깃발 아래 시작된 계몽주의의 계획은 결국 이성적, 합리적 세계를 건설하는 데 실패하고 만 것인가? 계몽주의 정신을 잘 요약한 칸트(Kant)의 구호, "알기 위해 감히 힘쓰라!"(Sapere aude! Dare to know!)는 말처럼 근대인은 지식 얻는 것을 두려워하지 않았는데 그 지식이 결국 인간을 해방시키기보다 더 억압하게 된 것 아닌가?[85] 이미 제1차, 제2차 세계대전을 통하여 이

'현존'에서 '부재'를 읽어 낸다. Jacques Derrida, "Plato's Pharmacy," in *Dissemination*, trans. by Barbara Johnson (Chicago: University of Chicago Press, 1981).

84) 이른바 '반사고'(unthought)라는 말은 포스트모더니스트들이 애용하는 또 하나의 애매한 유행어이다. '생각을 안 하기, 이미 생각한 것을 생각 안 하기, 반사고反思考, 생각되지 않은 것' 등으로 '생각'할 수 있을 것이다. David Couzens Hoy, "Foucault: Modern or Postmodern?," in Jonathan Arac, ed., *After Foucault: Humanistic Knowledge. Postmodern Challenges* (New Brunswick: Rutgers University Press), p. 15 ff.

성과 합리성을 표방한 계몽사상의 허울좋은 신화는 산산조각 나지 않았는가? 나치의 집단수용소는 지극히 '합리적'으로 운영되어 단 5분의 오차도 허용하지 않고 살인 집행을 계속 진행할 수 있음을 자랑하였다. 지식을 향한 인간의 끝없는 탐구가 가져온 선물은 결국 히로시마 하늘을 가른 원자폭탄이었다. 이 모든 것을 목격한 독일의 호르크하이머 (Horkheimer)와 아도르노(Adorno)가 '계몽주의의 자멸 현상'을 경고하기 위한 목소리를 높이지 않을 수 없었던 이유는 무엇인가? 폴 코너톤(Paul Connerton)이 '계몽주의의 비극'이라고 적절히 표현한 것처럼 계몽주의는 결국 자본주의의 시녀로, 전제주의로, 파시즘으로 전락하고 마는 것일까?

그것은 오늘 20세기 말의 시점에서 볼 때 서구 문명 전체가 침몰하고 있을지도 모른다는 위기의식이다. 지난 수백 년 간 세계사의 높은 파고를 헤치고 역사의 물길을 주도해 왔던 '근대 서구'호號는 이제 과연 어디로 가고 있는가에 대한 불안감이 이 배에 타고 있는 지식인 승객들에게 전염되고 있다. 문예부흥, 종교개혁, 민주혁명, 산업혁명 등을 거치며 숨가쁘게 자유와 풍요 그리고 진보의 이상을 향해 달려왔던 긴 항해는 이제 끝나려 하는가? 돌이켜 보건대 '진보의 교의教義(idea of progress)는 서구호의 항해에 큰 길잡이가 되어 준 별 같은 이상이었다. 그런데 동방박사의 별같이 근대 서구의 진로를 밝혀 왔던 진보에 대한 믿음이 그만 실종되었고 배는 방향 감각을 잃고 표류하고 있는 것 같다는 소문이 더욱 커지고 있다. 더 이상 역사의 목표가 사라지고 없다는 것은 결국 역사 그 자체가 종말을 고할 수밖에 없다는 말인가?[86] 오늘 저녁에도 뉴욕과 파리

---

85) 모더니티와 포스트모더니티의 지식에 대한 입장은 정면으로 충돌한다. 베이컨(F. Bacon)이 "지식은 힘이다"라고 했던 유명한 말은 푸코(Foucault)에 의해 "힘을 가진 자가 지식을 좌우한다"라는 말로 굴절되어 돌아온다. M. Foucault, *Power/Knowledge* (New York: Pantheon Books, 1980).

86) 근대 서구의 역사관은 특별히 그 강력한 목적론적(teleological) 구심점으로 인해

와 프랑크푸르트 카페 테이블 위에 무수히 쏟아질 '역사의 종말'(the End of History)을 주제로 하는 대화들은 곧 목표가 상실된 역사를 어떻게 역사로 받아들일 것인가에 대한 서구인들의 고민을 뜻한다. 그 중 누군가가 어디서 들었노라고 하면서 다음과 같은 이야기를 들려주는 것이었다.

다른 문명이나 다른 시대의 역사관과 구별되어 왔다. 이른바 '영원회귀의 신화'(the Myth of Eternal Recurrence)의 세계관에 기초한 고대 문명이나 동양 문화의 역사관에는 역사의 최종 목표가 뚜렷하게 밝혀져 있지 않다. 다만 돌고 도는 역사가 있을 뿐으로 보다 정확히 말한다면 그들에게는 시간은 있어도 역사는 없다고 평가되는 것이다. 즉 서구인의 관점에서 본 진정한 역사는 물리적 시간으로서의 역사(Historie, chronos)가 아니라 의미론적 시간으로서의 역사(Geschichte, kairos)인데, 그 의미의 기제機制는 역사의 완성 목표를 통해 주어진다고 믿었다. 계몽주의의 이성, 헤겔의 절대정신, 마르크스의 사회주의 천국, 데이야르 샤르뎅의 Omega Point로서의 우주적 그리스도 등은 역사의 목표(telos)에 대한 몇 가지 예들이다. [회귀적인 우주순환론에 관한 자세한 설명을 위해서는 G. E. 케언즈 著, 「동양과 서양의 만남: 우주와 인간역사의 목표와 의미」, 이성기 옮김 (서울: 유림사, 1977) 참조.]

6. 反(半)포스트모더니즘적 결론 – 어떤 우화寓話

〈이성가理性家의 희비극喜悲劇〉

호화 유람선 '근대 서구'호의 일등실 승객들 사이에 번지기 시작한 소문은 사실인 것 같기도 하였다. 그들이 타고 있는 배가 표류하고 있다는 것과 그 이유는 방향에 대한 시도視度가 극도로 불량하기 때문이라는 것이었다. 선장인 '이성理性' 씨에게 항의하기 위해 선장실로 찾아간 그들은 경악스럽게도 마침 선장이 비틀거리며 쓰러지려는 것을 목격하게 되었다. '근대 서구'호의 명성에 못지 않게 명망이 높은 캡틴 '이성' 씨(Mr. Reason), 일명 합리성合理性 씨(Mr. Rationality)는 오랫동안 서양 승객들의 큰 자존심이었다. 매사에 정확하고 투철하며 기품과 절개 또한 대단하다는 평판이었다. 실제로 다른 배들, 가령 '동양'호나 이제는 폐선되고 없지만 '고대'호 등의 승객들이 그 동안 정말 부러워했던 것은 '근대 서구'호의 멋진 장식보다는 바로 선장 '이성' 씨였다. 그런데 그 멋쟁이 신사가 그만 쓰러지려 하고 있는 것이다. 그것뿐만이 아니라 그의 옆에는 그의 가족으로 보이는 두세 사람이 같이 신음하고 있는 것을 목도할 수 있었다. 이게 과연 무슨 변괴란 말인가? 눈이 휘둥그레진 승객들에게 선장은 고통으로 꽉 다문 이빨 사이로 한 음절씩 힘들게 그러나 분명하게 토해 내었다. "모두가 다 그놈의 포ㅡ스트ㅡㅡ모ㅡ더ㅡ니ㅡ티 때문이오.

포스트모더니티라니? 승객들은 처음 듣는 이 단어가 과연 무엇인지, 아니 누구인지, 전혀 짐작할 길이 없었다. 괴물인가? 독약인가? 아니면 자객인가? 치명적인 것인가? 아니면 잠깐 현기증이나 발작이 왔다는 말일까? 아니면 단순히 가정불화를 뜻하는 말인가? 오직 한 가지 분명한 것이 있다면 그들 눈앞에 이성 씨뿐만 아니라 그의 가족들이 비틀거리고 있다는 것뿐이었다. 선장의 오른편에 얼굴이 벌겋게 되어 앉아 있는 사람은 쉽게 알아 볼 수 있었다. 그는 선장의 막내아들 '과학科學' 씨(Mr. Science)였는데 워낙 잘 알려진 출중한 인물이었다. 과학 씨야말로 아버지 이성의 뜻을 제일 잘 받들은 귀염둥이고 또 능력이 워낙 뛰어나 엄청난 재산을 모았다고 알려져 있었다. 그래서 이성의 위대함을 알고 싶으면 그 아들 과학을 보면 되고,

과학의 성공 비밀을 알고 싶으면 그 아버지 이성을 보라는 말이 유행하기도 하였다. 과학 씨의 능력과 발전 가능성에 대한 일반인의 신뢰는 거의 종교적인 것이어서 세상의 그 어떤 것도 —— 주술이나 종교나 운명이나 명상이나 그 아무 것도 —— 서구인들을 과학에 대한 사랑과 믿음으로부터 끊을 자가 없을 것 같은 대단한 인기였다. 그러나 언제부터인지 그에 대한 수상한 소문들이 떠돌아다니기 시작하였다. 그가 사업에 성공한 것은 사실 야비하게 남을 조종하고 농간해서 남의 땅을 갈취했기 때문이라는 것이었다. 특히 순진하기 그지없던 자연自然 양孃(Miss Nature)의 농장을 야금야금 뺏어 갔다는 비난은 과학 씨의 명성에 지울 수 없는 흠이 될 것 같았다. 지금 그녀의 농장은 거의 다 뺏기고 말았는데 그나마 손바닥만큼 남겨 놓은 밭 위에 또 무슨 '폐기물'이라는 쓰레기를 계속 쌓아 놓는 것도 역시 과학의 짓이라는 악소문이었다. 또 다른 소문은 그가 돈밖에 모르고 눈앞의 이익을 위해서라면 무엇이든 할 수 있는 파렴치한이라는 것이었다. '테크노피아'(technopia) 운운하면서 인간을 위한 기술 천국을 이룩한다고 선전하지만 실상 진짜 고도의 기술은 모두 정밀한 대량살상 무기를 만드는 데 쓰인다는 말이었다. 그러고 보면 그가 더욱 부자가 되는 까닭은 매년 전세계의 막강한 국방비 용역을 받기 때문인 것 같기도 하였다.

과학의 옆에 웅크리고 있는 사람은 어디선가 본듯한 낯익은 인상을 주는 얼굴의 중년 노인이었다. 깊이 패인 주름살과 마른 팔뚝 위에 불거져 나온 핏줄로 미루어 보건데 꽤나 고생을 많이 한 것 같은 이력이 느껴졌다. 파리하게 질려 한쪽 구석에 넘어져 있는 그를 어느 승객 하나가 드디어 생각해 내었다. "그래, 바로 '철학哲學' 씨(Mr. Philosophy)야!" 그제야 사람들은 이 낯설지 않은 얼굴, 그러나 오랫동안 잊어버리고 살던 얼굴의 이름을 제각기 미리 알고 있었다는 듯 고개를 끄떡였다. 철학! 그는 이성 가족 중 가장 수수께끼의 인물이었다. 형제 중 제일 맏이인 그는 항상 까다로운 사람이어서 언제나 이성 가의 권위와 전통을 지키는 데 그 누구보다도 열성이었다. 세상 만사에서 제일 중요한 원리는 자기만이 설명할 수 있다고 늘 주장하고 다닌 까닭에 '제일 철학第一哲學'(First Philosophy)이라는 별명을 얻기도 하였다. 그러나 그것 외에는 그에 대해 별로 알려진 것이 없었다. 언제나 깐깐하게

'이성의 긍지'만을 입버릇처럼 외치는 탓에 일반인들로부터는 별난 사람 취급이나 받던 그였기에 실제로 그에 대해 조금이라도 잘 알고 있는 사람은 찾아보기 힘들었다. 참, 한 가지 소문이 있다면 그것은 철학 씨가 실속 없는 빈털터리라는 내용이었다. 그 동안 살림은 돌보지 않고 '진리'니 '영원의 관점'이니 하는 보이지도 잡히지도 않는 것을 찾는다고 하다가 그만 가산을 다 탕진했으리라는 추측이었다. 그래서인지 요즘 철학은 오랫동안 자기가 구박했던 동생 과학 씨에게 오히려 얹혀 지내고 있을 것이라고 수군거리기도 하였다. 과학 위에 군림한다 해서 '형이상학' 혹은 'meta-physics'라고까지 뻐기던 옛날에 비하면 놀랄 만한 일이기도 하였다. 근대에 들어서면서부터는 나날이 더 부자가 되어 가는 어린 동생 과학에게 부러운 시선을 던지다가 급기야는 과학의 뒷바라지를 하는 일을 자기의 천직으로 삼게 될 만큼 천성이 변했다는 소문이 간간이 들리던 철학이었다. 그러던 그가 왜 이렇게 힘없이 주저앉아 있는 것일까?

마지막 사람은 첫눈에 보기에도 위의 사람들과는 뭔가 다른 분위기를 가지고 있었다. 그의 얼굴에는 지금 아픈 것인지, 오히려 즐거운 것인지, 아니면 아예 넋이 나간 것인지 도무지 짐작하기 어려운 표정이 연출되어 있어 보는 사람들로 하여금 당황케 하는 것이었다. 그래도 그는 꽤 알려진 편이어서 승객들은 곧 그가 신학神學 씨(Mr. Theology)라는 사실을 확인할 수 있었다. 그는 과학처럼 특별히 명성이 높은 것은 결코 아니었지만 상당히 대중적이어서 많이 알려진 사람이었다. 특히 말하기를 좋아하는 그는 까다로운 철학 형이나 무뚝뚝한 과학 동생하고 말다툼하며 지내는 것 보다 일반인들과 얘기하는 것을 더 즐겨 하는 것 같았다. 그래서인지 신학 씨가 사실은 이성 씨의 친자식이 아니라는 말이 널리 퍼져 있었다. 그렇지 않고서야 그렇게 철학이나 과학하고 틀리게 생길 수 있겠느냐는 말들이었다. 또 이성 씨를 위시해 모두가 차가운 성격의 소유자인데 유독 신학 씨만은 흥분하기 좋아하는 격정적 성격이라는 점도 이상하다면 이상하였다. 그러나 분명한 사실은 그 역시 이성 가의 정식 혈통을 이어받았다는 것이었다. 다만 차이가 있다면 유독 그만이 이스라엘 출신 복음福音 씨와 그리스 출신 이성 씨 사이에서 태어났다는 점이었다. 사실

신학은 처음에는 언제나 다른 형제들보다 늘 최고라고 떠받들어졌었고 별명까지 '만학의 여왕'(Queen of the Sciences)이라는 거창한 것이었다. 그러나 근대에 들어와서 그의 부모가 분가하면서부터 그의 방황은 시작된 것 같았다. 복음 씨를 따라갈 것인가? 이성 씨의 남은 자식들과 같이 살 것인가? 특히 예전에 신학의 하녀에 불과하다고까지 괄시받던 철학의 보복은 대단한 것이어서 자신도 과학의 눈치를 살피는 형편에 신학에 대한 간섭과 구박이 보통 심한 것이 아니었다.

하여간 이런 복잡한 사정 때문인지 지금 신학 씨는 우는 것 같기도 하고 웃는 것 같기도 한 표정으로 쓰러지려는 자기 가족을 바라보고 있었다. 그의 얼굴에는 온갖 회한과 기대, 놀라움과 두려움, 고통과 희망이 한꺼번에 얼룩져서 무슨 한 폭의 추상화 같은 표정이 그려져 있었다. "포-스-트-모-더-니-티(post-modernity)라니! 곧 모더니티(modernity)가 끝난다는 말이구나!" 그의 모든 어려움이 시작된 것은 곧 모더니티라는 근대의 시작과 더불어였던 것을 그는 분명히 기억하고 있었다. 그 모더니티가 끝나고 있다는 것은 과연 그에게 무엇을 의미할 것인가? 그것은 갈라졌던 자기의 부모, 복음 씨와 이성 씨가 다시 화합하는 것을 의미하는가? 신학이 아직도 소중하게 기억하고 있는 그런 행복한 시절은 다시 올 것인가? 아니면 이 시간은 더 큰 혼란과 핍박의 시작일 뿐인가? 이러다간 아예 모든 것이 파멸하고 모든 것이 무의미하게 되는 종말의 시대로, 모든 가치를 삼켜 버리는 거대한 블랙 홀로 빠져드는 것 아닌가? 별별 감정이 뒤섞인 표정의 신학 씨를 바라보는 승객들의 마음에도 역시 희망만도 절망만도 아닌 야릇한 느낌이 솟아나는 것이었다. 그것은 마치 그 옛날 신학 씨를 통해 '돌아온 탕자' 설교를 들을 때 느꼈던 기분과 비슷하였다. "이 이야기의 가장 깊숙한 비밀은 바로 이것입니다. 우리들이 고향에 돌아갈 수 있는 것은 돌아갈 집이 있기 때문입니다."[87] 과연 이 배는 누가 다시 운전하여 고향으로 돌아갈 것인가? 아니, 우리들의 고향은 아직 거기 있는 것일까?

---

87) Helmut Thieliche, *The Waiting Father*, trans. by John W. Doberstein (New York: Harper & Row, 1959), p. 29.

찾아보기

322

326